声攻先心

心を打つ剣道

立つときに
吸いた息を
声に出し
打突の気合を
続けて高めよ

丹田を
前に引かれた
構えから
さらに打たんと
攻め渡のごと

一拍子
動く刹那を
先に打つ
斬り手の冴えは
前に出ながら

残心は
打った勢い
そのままに
正中に預け
すぐに離れよ

平成三十年三月
石渡康二

はじめに　自分らしい「心を打つ剣道」に近づく「七つの知恵」のおすすめ

私は、剣道の専門家ではないですし、輝かしい戦歴もありません。だからこそ、一般の剣道人が知りたいことや悩みが分かります。そこで私は、安全に剣道を稽古するための「剣道用具マニュアル」と、剣道の理解を深めるガイドブックとしての「心と技の道標」を書きました。そして、地元の東大泉（ひがしおおいずみ）剣友会で青少年育成を四十年以上する中で、剣道がうまくなりたくて、師匠についたり、警視庁の先生方にお願いしたり、その他の先生や仲間と稽古を重ねて来ました。そうするうちに、お相手や見ている人が「おー」と声が出てしまうような「心を打つ剣道」には以下の三つの特徴があることが分かりました。

① 真、攻めて打ち抜ける本当の強さ
② 善、無心で真っ直ぐな心
③ 美、しなやかな動きによる鮮やかな冴えの美しさ

若い圧倒的な体力や天才的な技にも感動しますが、本当に心を揺さぶられ、自分もなりたいと憧れるのは、**勝敗や強弱ではなく、真善美を共感することだったのです。**そして、借り物や受け売りでない、自分らしい、自分だけの「心を打つ剣道」に高めていきたいのです。

一生かかってもできないかもしれません。しかし具体的な手段が見えて来ました。それは、全身を重力に従ってしなやかに使う「七つの知恵」です。この「七つの知恵」を実践すれば、自分に備わっている運動機能や真っ直ぐな心を健康に無理なく成長させていくことができると思います。

この本で留意したこと

この本では、以下の五つを重視して、「智恵」を提示したいと思います。

第一に、抽象的な「大きく」は「四十五度」、「重要」は「どうすればどうなる」、「正しく」は「どのようにする」と具体的に５Ｗ１Ｈで具体的に表現する。

第二に、「グッと腰を入れて」という「暗黙知（tacit knowledge で言葉に表していない知）」は「丹田が正中線上の前に引かれた構えにして不安定にする」と「形式知（explicit knowledge）言葉に表せる知」にする。

第三に、いくつかの要素で構成されている動きは、構造的に表にして全体を明らかにし、関係性を理解する。

第四に、「権威ある意見と異なることを言うのは失礼」という「見えざる掟（norm）」や「暗示的規範」」そっと乗り越える。

第五に、骨格や筋肉の構造や運動力学などを参考にする。

第一編から第三編の構成は、下図のように段階的にしました。

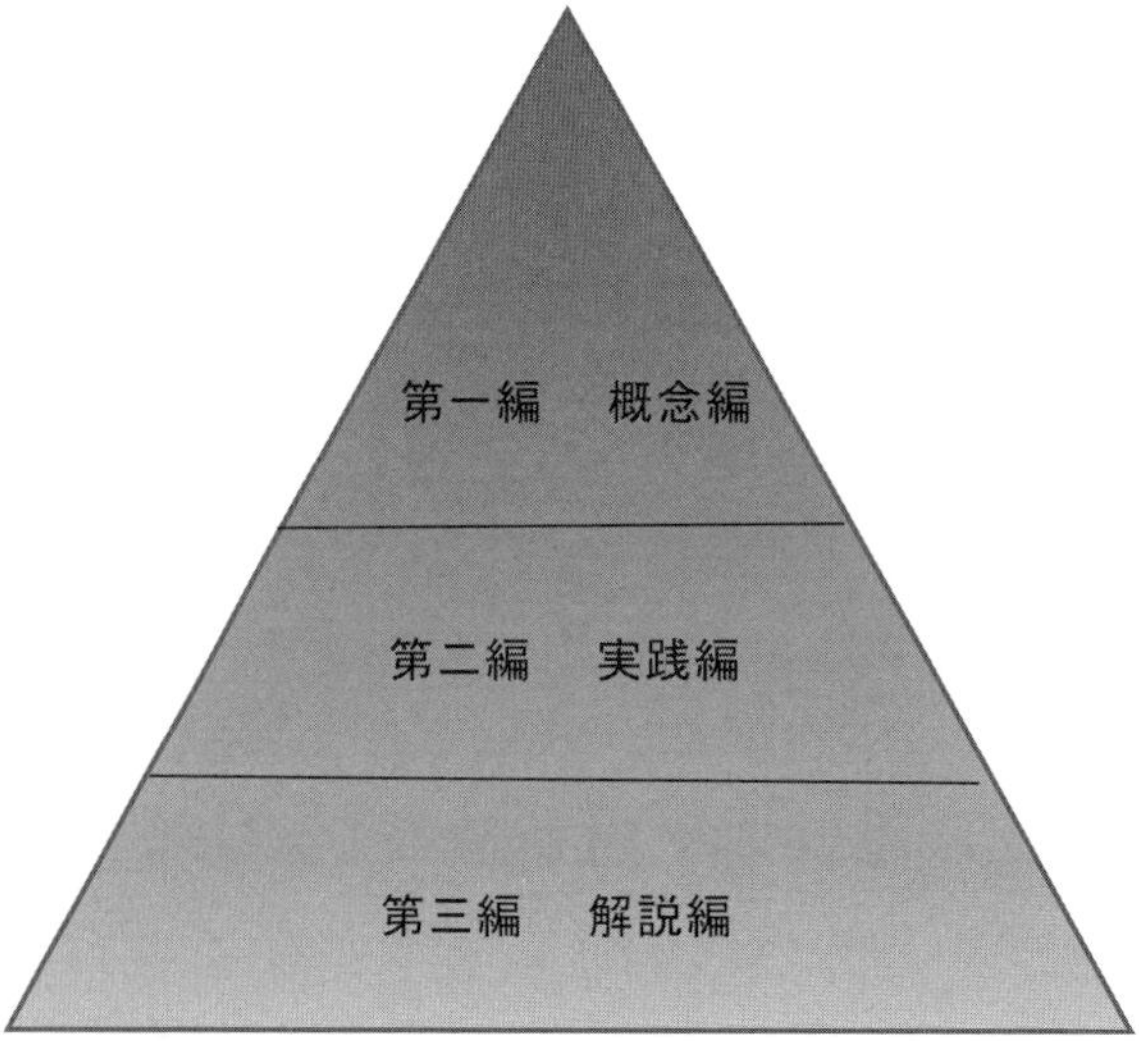

第一編　概念編

第二編　実践編

第三編　解説編

もくじ

第一編 なぜ「心を打つ剣道」を目指すのか？

第一章、堀江先生の剣道は圧倒的だった。

私の師匠は宮本孝雄先生です。その宮本師匠の師匠が徳島の堀江幸夫範士八段です。私が初めて稽古をお願いしたのは、私が四十一歳、堀江先生は七十八歳の、一九九八年八月のことでした。この時初めて「心を打つ剣道」を知りました。

堀江先生は私が打とうとしたときに、面を鮮やかに打っていなくなってしまったのです。私があわてて振り向くと構えていらっしゃる。ずっと同じパターンの稽古が続きました。後で知りましたが、堀江先生はサンヨン（三尺四寸）の竹刀！私の方はサンク（三尺九寸）ですから約十五センチメートルも長くて有利なのに当らないどころか、すべて先に打たれたのです。私が終わった後堀江先生の稽古を拝見していると、どのお相手も私と同じように打たれていました。こんなすごい先生がいるのか。こんな剣道ができるのか。大変なショックを受けました。初対面でしたが、止むにやまれずに、堀江先生に「どうしてあんな面が打てるんですか」と伺ってしまいました。堀江先生は「あなたは大きな巌（いわお）なんだけれども、私はあなたが向かってくるときに、巌の裂け目が見える。その裂け目に刃を当てれば、巌が二つに裂けて割れて飛んでいってしまう」と話されました。

剣道は、稽古を重ねればうまくなると漠然と思っていた私には驚きでした。「有効な打突は理合と残心からなっており、理合を要素と要件に分けると、要素には、間合・機会・体さばき・手の内の作用・強さと冴えが含まれる。要件には、姿勢・気勢（発声）・打突部位・竹刀の打突部・刃筋が含まれる。残心は、打突後の身構え・気構えである」という文章は、実際に味わった堀江先生の剣道を充分には表現していないように感じました。「技」を支える「心」については具体的に表現されていなかったのです。

堀江先生の稽古はすべて「真の打ち」だったのです。攻めて、お相手の心や体の動きに合わせて、自由に無理なく打つのです。避けることなど必要ないのです。心が動かず、ただひたすらに有効打突を打つだけなのです。何のこだわりも、力みもない静かな世界なのです。

筆者註・「巌」というのは、武蔵の剣の極意の「**巌の身**（いわおのみ）」から来ていると思われます。『兵法三十五箇条』では「うごく事なくして、つよく大なる心」、『五輪書』では「盤石のごとくに成て、万事あたらざる所、うごかざる所」です。「生死の両頭を脱した寂然不動の境・・・」なので（大森曹玄『剣と禅』P. 52）、私はずいぶん買いかぶられました。

2002 年 8 月 9 日 82 歳の堀江幸夫先生

第二章、ビデオを見てはじめて、どう打たれたか分かった。

その後毎年夏、宮本師匠と徳島に行き、堀江先生に稽古をお願いしました。徳島県警察の特錬に参加させていただきもしました。春には徳島県剣道連盟の宿泊する僧坊に泊まらせていただき、京都大会の朝稽古や散歩をご一緒させていただきました。しかし、堀江先生に稽古をお願いするたびに、真綿で包まれたように思い通りにならず、どうなっているのかが知りたくて、ビデオを撮ることをお願いしました。二〇〇二年八月九日に、ビデオ撮影を許していただきました。私はやっと六段に合格した四十五歳。堀江先生は八十二歳でした。

このビデオで、やっとどうなっているのか分かったのです。八本私が打って行き、私が打ち抜けたように見えます。しかし、実際はすべて先に打たれていたのです。堀江先生にとって私の動きはすべて分かっており、私の打つところを先に打っておいでになるのです。①私が面に行くところを小手、②私が面に飛ぶところを抜き胴、③小手に行くと先に小手、④どうしようもなくなって面に飛ぶと返し胴、⑤攻められて面に飛ぶところを小手、⑥切り落とし面、⑦擦り上げ面、⑧出小手。堀江先生は下がらず、前に出てきます。そこで私が打たなければ、面を打たれて抜けられていたでしょう。しかし、私が打って出るので、それに対応する自然で流れるような動きだったのです。

第三章、堀江先生の剣道は「心を打つ剣道」だった。

堀江幸夫先生が「上方（ぜえろく）武士道（司馬遼太郎）に良いことが書いてあるよ」とおっしゃいました。以下書き抜きます。


「四つ足。ええか、四つ足になる以外に剣法の奥義はない」

「夜中、針が落ちても犬は目を覚ます、猫なら楼上から落とされても地上で立つ、人もまた大昔はけものと同じ機能を持っていた」

「剣法の真の奥義というのは、木刀の先で自分のなかにある太古の素質を掘り起こすことであり、人間の退化の大道であり、おのれを退化せしめられぬ者はいくら剣術を学んでもしょせんは棒振りに過ぎない」

「けもののもつ反射能力こそ武芸者の終極の理想だ」

「相手の太刀から受ける恐怖感を除くことを実技の眼目」

「剣法というものは、要するに相手の間合の中に放胆に踏み込むほかに手のないものだ。踏み込んで、相手を圧倒威嚇することによって、恐怖を起こさせ、瞬間ながらも麻痺した相手の反射能力の停頓（すき）につけ入って斬り下げる。要諦はそれ以外にあるまい」


これを読んで、堀江先生の技の根本には、「心」があるのだと思いました。表面上は「獣になれ」と書いてありますが、実は小賢しい技に頼らず、捨てきって、避けずに打つことこそ重要であると言っているのです。心の迷いを取り去っているから瞬息の打ちができるのです。これが「**真**」なのでしょう。勝ちに拘わったり打たれるのを恐れて姿勢や態度や技を崩すことなく、基本に忠実で理合（間合、正中線、中心取り、「剣の理法」などのの修練）の極みである、「攻めて打ち切る」ことを目指し、それ故に「冴えた打ち」ができ、強い、ということです。堀江先生は、波が打ち寄せるような攻めから、水が高いところから低い所へ流れるように自然に、打つべくして力まず打つムリ・ムダ・ムラのない「真」に強い技を追求してやまなかったのです。

「善」は心の世界です。普段から、お相手を尊重し、感謝し、対等に扱い、正々堂々とし、へこたれずに学ぼうとし、偉ぶることを良しとせず、自分に厳しく他人に優しく、家族思いで、面を付ければ武人としての厳しい「無漏の善（良いことをしているんだとか褒められたいという煩悩のない善い行い）」の心です。

「美」は、「真」と「善」が高みに達した、しなやかで鮮やかな状態です。堀江先生の剣道が美しいと思ったのは、私だけではなかったと思います。

二〇〇五年七月五日、八十五歳で亡くなりましたが、「理想の剣道」をする大師匠として私の心の中に燦然と輝き続けています。

堀江幸夫・ほりえさちお　一九二〇年六月二十七日生まれ。十三歳のときに剣道を始め、城東商業高校（現・大阪商業大学）、日本大学大阪専門学校（現・近畿大学）在学中は、武徳会大阪支部（天王寺）や大阪府警に通い酒匂久範士より薫陶を受ける。戦後は自動車会社に勤務。自営を経て一九六二年四月に徳島県警察剣道師範（徳島県警察本部技術吏員）となる。一九七九年に退職後、同年より徳島県警察学校術科専任教師を一九八八年まで務める。徳島県剣道連盟会長、名誉会長、全日本剣道連盟理事、徳島県体育協会理事、徳島大学剣道部師範等を歴任。一九九二年徳島県知事表彰、一九九三年文部大臣表彰、一九九五年全日本剣道連盟表彰、一九九九年勲五等瑞宝章を受章。明治村剣道大会は第一回から連続六回出場し、第五回（一九八一年）は三位入賞（優勝は小沼宏至）。国体十一回、全日本東西対抗大会十一回、全日本都道府県対抗大会八回出場。二〇〇五年七月五日、八十五歳で逝去。

第四章、打たれる恐ろしさを越えて攻める心の修行

堀江先生が目の前にいるだけで「攻め」を感じ、自分の起こりを「打ち抜け」られるという恐怖を感じました。「難攻不落の城がある」という「何もしなければ身は安全である」という状況ではなく、下がることさえ打たれる機会になるという、既に心が折れている窮地です。この窮地を出ようともがき、前後に動いてみたり、竹刀を押したり、叩いたり、突き出したり、下げたり、上げたりしますが、それらがまったく先生の心を動かさないので、打って行く隙がないのです。ままよと打って出ると、打たれてしまうのです。あらかじめこちらがどのようにどこを打つのか分かっているような、「そこを打たれちゃどうしようもない」と思える打たれ方です。しかし、気付きました。どんなに恐ろしくても、その恐怖に打ち勝って、打つ途中の動きとして一歩前に攻めなければ、何も起こせないし、お相手が攻めて来るのです。先生は**「自分から窮地に入らないと攻め込まれる一方だよ」**と教えてくれたのです。

触刃の間合から上からお相手に乗る気持ちで竹刀をお相手の竹刀に添わせて、打つ途中の動きとして、①丹田を前に出したり、②右足を滑らせて前に出始めたり、③小さく一歩出始めたり、④竹刀を動かしたりして、お相手が四戒に入りそうでなければ、交刃部の間合の手前で打つのを中止し、出たときよりは小さく退いて、また触刃の間合から・・・。

ＫＨ先生のためのデザイン

第五章、正中をまっすぐに勢いよく打ち切れば打たれない。

打たれる恐ろしさを何とか越えて攻めたとしても、今度は打つのが怖いのです。一瞬一拍の冴えある面を打てる自信がないのです。打つのを途中で止めたり、思い切りが悪く遅かったり、力んで大振りをしたり、打たれないように斜め前に踏み込んだり、「避けよう」と斜めに竹刀を振ったり、体を曲げて打ったりします。

ところが実は、**正中をまっすぐに勢いよく打ち切れば、打たれることはめったにない**のです。正中をまっすぐに打ち切っていなかったところを打たれていたのです。心が弱くて技の修練をおろそかにしていたのです。そこで、「自分は正中をまっすぐに勢いよく打ち切る」と一点集中するのです。そのとき「**お相手の正中に吸込まれる**」ことだけを想像します。お相手の動きに惑わされまいとするのではなく、自分のしたいことに集中すれば、打たれることは頭から消えて、自分の心を自由にできるのです。もちろん正中をまっすぐに勢いよく打ち切る特訓をして、最速の面打ちができる技と自信を待たなければなりません。**自分から、攻めて、竹刀が自然に上がって一瞬一拍の冴えある面打ちをする**、という心と技の稽古によってのみ、心の平静を保ちながら自信を持って攻めて打てる技と心（勇気）が体得できるのです。構えから小心に攻め、機会と感じたら大胆不敵に面を打つ心の修行をするのです。

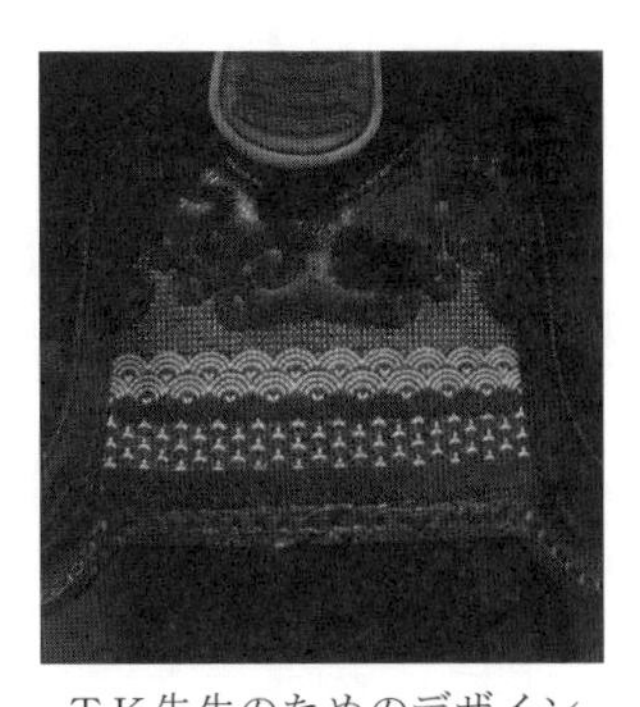
ＴＫ先生のためのデザイン

第六章、「刃」で斬る修行で、真っ直ぐに速く振る。

「竹刀と日本刀の技は異なる」という人もおいでになるでしょう。しかし「竹刀道」ではなく「剣道」にしたのは「剣」の「道」だからです。さらに全日本剣道連盟は日本剣道形から剣道の原点である「**剣の理法**」を学ぶことを必要条件としています。「剣の理法」とは、「剣の理合」と「剣の法則」によって竹刀を効果的に使って、相手から一本をとる方法です。「**剣の理合**」は昔の優れた人たちが苦心の末に到達した真理である「**打突の合理性**」です。打突の機会、間合、正中線などの要素を工夫して「隙があったら打つ、隙がないときは打たない、隙がないときは崩して打つ」ことだと思います。「**剣の法則**」は、①刃筋を立てて切る、②押し切りまたは引き切り、③物打で切るの三つです。この三つにはないのですが、「**鎬と刀勢**（しのぎととうせい）」が重要だと思います。剣道の名人が居合や古流をやっていたのは、日本刀の「鎬と刀勢」を生かすには「真っ直ぐに速く振る」ことが要求されたからではないでしょうか。

真剣の刀法というと、大きく振りかぶっておいて巻き藁を一刀両断する「**斬りおろし**」の刀法を連想する人が多いと思いますが、日本刀は、持ってみると重くて自由に振れず、逆にちょっとでも切っ先に触れられれば、戦闘意欲を失うでしょうし、逆に血を見て逆上するかもしれません。ですから昔の流派では、剣を小さく速く握ることで、親指を切ったり、脇の下を切り上げたり、眉間をちょっと切って出血で見えなくする、などの「**斬りつけ**」の刀法を工夫しました。この後で、二の太刀、三の太刀で「斬りおろし」て仕留めることを想定している場合が多いです。このことからも「真っ直ぐに速く振る」ことが要求されます。

一方で、達人は、刀の「**重ね**（かさね・厚みのこと）がある以上、お相手かこちらかのどちらかしか正中ではないことに気付き、斬り結んだとき、正中を制すれば、お相手の刀は「**鎬**」で弾かれて外れ、切り落としや擦り上げという、最小限の動きで最大限の効果を生む究極の理合になることを知ったのです。江戸末期の武士は甲冑をつけずに「素肌」で斬り合ったのですが、相手の刀を自分の刀で避けようとしたら、自分の刀が折れて頭蓋骨を叩き割られたとか、避けた自分の刀の峰が次自分の額に食い込んだという記録が残っています。避けても斬られることがあり、しかも避けたのではお相手を斬れません。それなら相打ち覚悟で、自分の刃が先に当たることを念じて斬り合った方がまだ生き残る確率が高いのです。そして「鎬と刀勢」を使って切り落としや擦り上げをすることに気付いたのでしょう。ここでも、お相手より「真っ直ぐに速く振る」ことが要求されたのです。

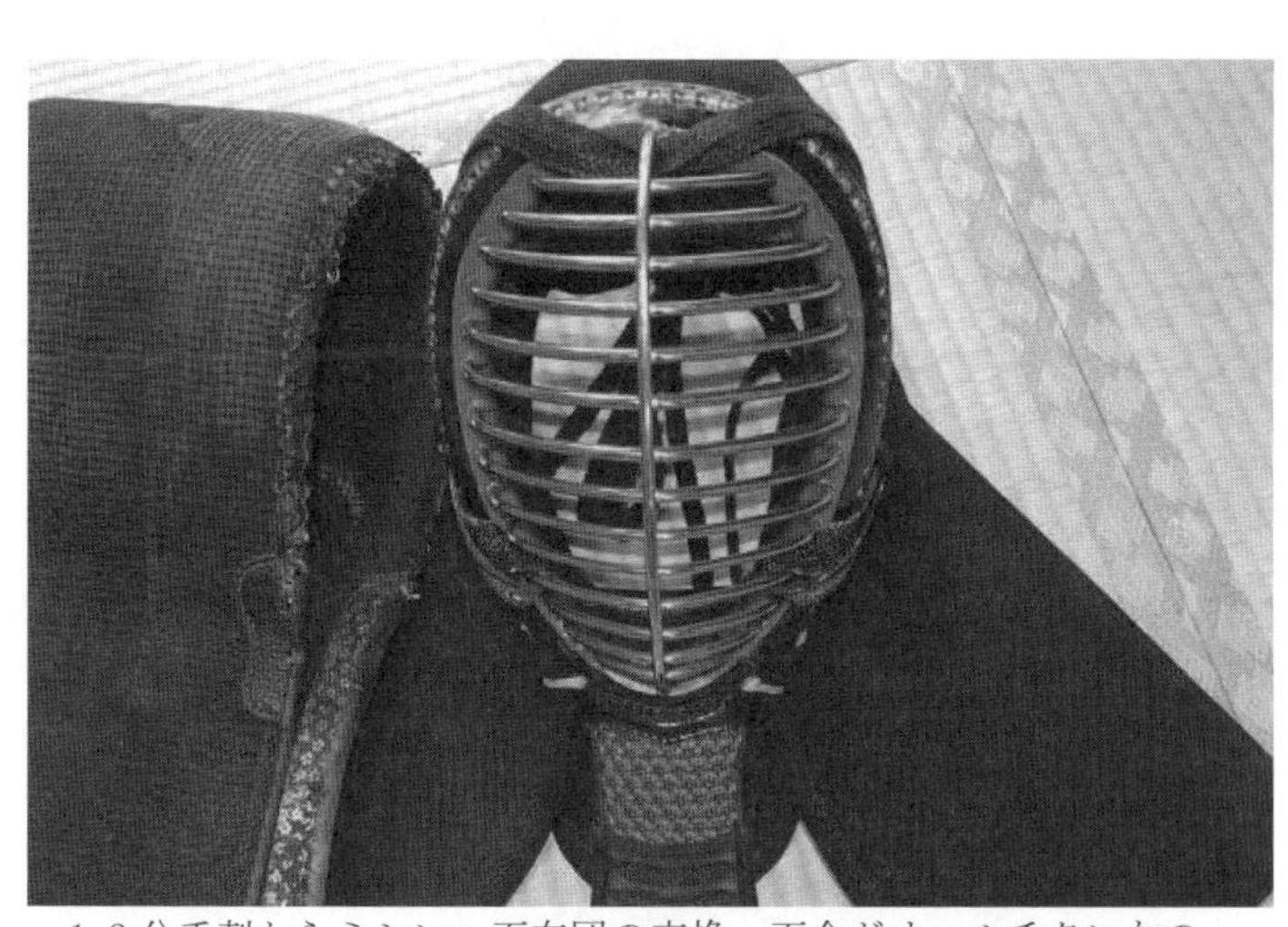

1.2分手刺からミシンへ面布団の交換。面金がオールチタンなので、1.7㎏までしか減量できませんでしたが、首が痛くなくなりました。ストレートネックには軽いことが重要だったんですね。

切り落としや擦り上げは、お相手が斬り込んでくることと、自分がそれを恐れずに斬り込んでいくことを必要とします。柳生流では「**鳥飼い間ぎり**（とりかいひぎり）」という稽古で、幼い頃からギリギリで反射的にかわす訓練を積んだようです。袋竹刀（ふくろしない）が失敗して頭や顔に当たっても瞬き一つしないようになり、やがて獣のような危機察知力と反射能力を得て、突然切りかかられても自然にかわせるようになったようです。この避けない心法が必要です。

針谷夕雲は、お互い真っ直ぐに打つと、双方同時に当たる「相打ち」から、さらに精妙の段階に達して、お互いに当たらなくなる「相（合い）抜け」になったそうです。多分切り落としだと思います。

このようなことから、竹刀であっても「正中を制する」ために、先の位で**刃筋**の正しさと**刀勢**を究極まで高めて真っ直ぐに速く振る、心と技を修行することが普遍的な「真」に近づくことだと思います。竹刀の振り方も刀の振り方も同じであるべきだと思う所以です。

第七章、心は呼吸に表れる。

「息」という字は、「自分」と「心」という字で成り立ち、「息」をすることは、自分の「心」と密接な関係にあります。息を呑む、息が上がる、息が切れるなど、自然な呼吸ができなくなったときは、集中できなくなったり、感情的になっています。息を吐ききったときや吸っているときは、文字通り気が抜けて動けません。「息」を吐くか止めるかしていれば、不動心、無心など心が自由でしかも明鏡止水と言われるように敏感になり、「機先を制する」事が可能になります。さらに「気」が出て、威圧感が生じます。

息を静かに長く吐き続けながら、攻め、打ちぬける修行をすれば、迷いなく打ち切ることができるようにはなるのです。そこで、先人は禅を学び、長呼気丹田呼吸法（「数息観」すそくかん）で、丹田に意識を集中させて吸う息を短く、吐く息をできるだけ長くできるように訓練しました。高段者は、立ち上がって初太刀から残心まで息を吐くか止めるかだけで、息を吸いません。息を吸うのは間合を切ったときや、お相手の竹刀を制しているときです。そして**心は声に表れます。打ったときから残心まで発声を続けて最後の音を上げるのです**。これができて初めて残心まで平常心で打ち切ったことになるのです。

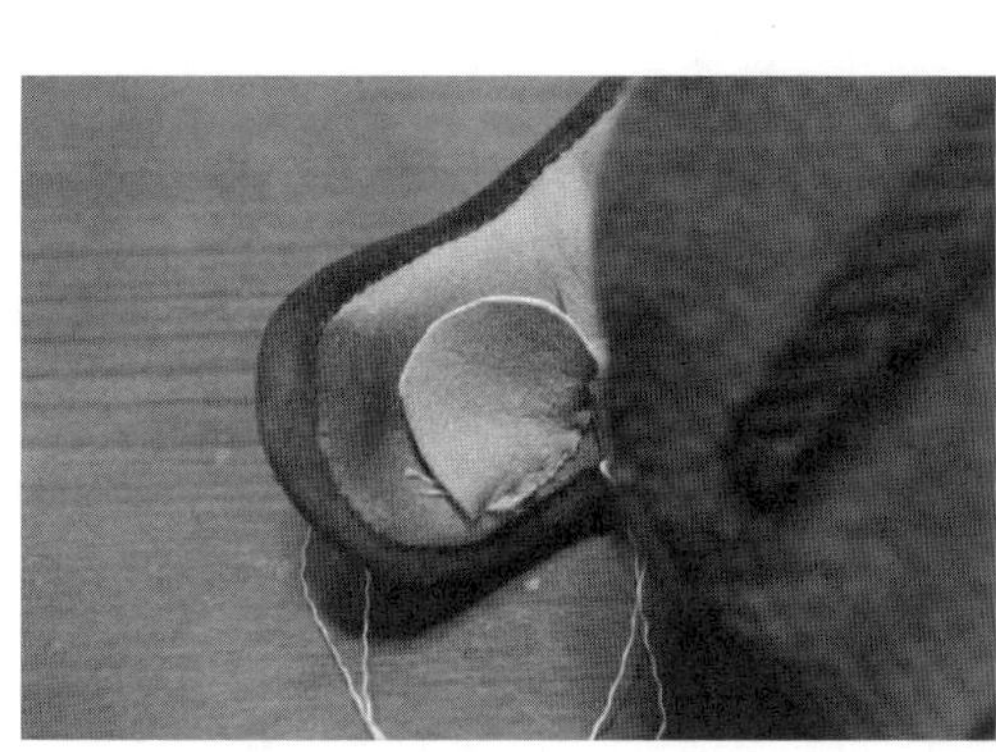

針を引き抜くのにラジオペンチが必要です。茶革は購入。普通の木綿針。糸は革工芸用のナイロン糸。「丈夫な糸」が必要条件です。

第八章、攻めて、機会で打つ、心と技の修行が、「正しい剣道」。

攻めによってお相手がどんな形になったらこちらの打突が有効になるかは、修行によって自分の技として自得するしかないのですが、まずは、**「自ら窮地に入って、正中をまっすぐに勢いよく斬る」**「**打たれに行って打つ**」という、恐れない心や勇気、自分の技への自信を得ることが前提です。ですから、「**声を出し、自分から攻め出て、機と見るや一瞬に正中を刃筋正しく一拍子で振り、圧倒的な面を打ち、お相手の正中に吸い込まれ、体を預けて跳ね返る**」という稽古をしましょう。「**攻め打ち**」です。この段階では、小手、胴、突きは打突せずに、面だけを稽古します。次の段階として「攻め崩して打つ」、「鎬で落して打つ」などの「**攻めから打突の機会を作り、勝ってから打つ**」という心と技（面、小手、胴、突き）を獲得したいものです。

「打った、打たれた」の稽古は、騙しや変化による技の面白味はあっても、偶然が多く、従って普遍的に強い「真」ではなく、またお相手を尊重・感謝する「善」がなく、鮮やかさや美しさがないので「心を打つ剣道」ではありません。引き技や意外な動きによる打突での「おー」は驚きであって、真善美を感じたからではありません。稽古で打たれたとき、「見事にやられた」と脱帽するときは真善美を感じるので、「自分も同じようにできたらいいな」と思います。「この人とずっと稽古していたい」、終わってからも「またお願いしたい」と思うのです。この「**真善美を共感する**」のが「**正しい剣道**」です。

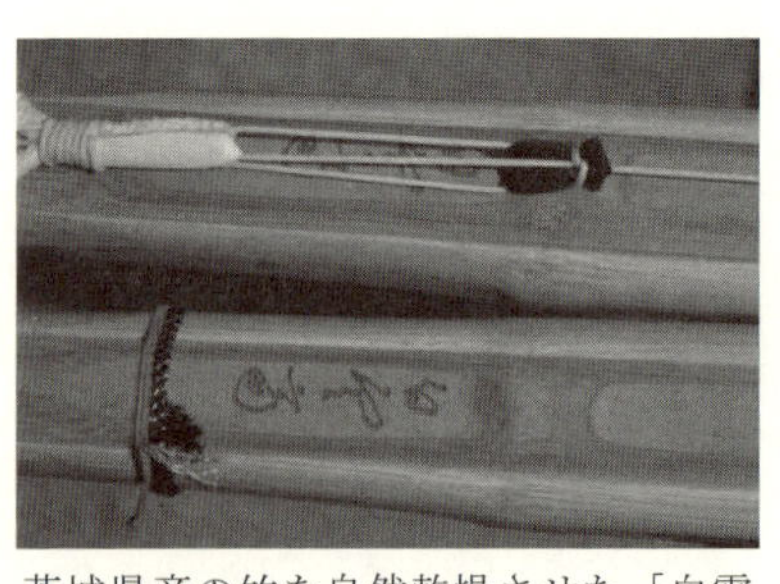

茨城県産の竹を自然乾燥させた「白雲斎」は張りがあって長持ちしました。

第九章、「捨てきれない剣道」の反省

京都大会でも東京剣道祭でも、六段、七段が**「三処避け」**をします。「打たれないようにしておいて攻防の隙間を打突する」試合が見られます。さらに、もっと若手の試合は、引き技が多く、竹刀を回して斜めに面を下がりながら打つような手品のような技ばかりです。鍔迫り合いから別れるときは逆交差するのが当り前になっています。確かに試合では打たれてはいけないわけで、たとえお相手がどう動いても、打たれる方が負けです。何をしても勝てればいいのが試合ですし、古来から「奇策」こそ勝敗を分ける良策でした。「想定外」の技であっても、想定していない方が準備不足ですし、経験不足です。しかし、このような剣道の勝利の要因は、打たれる機会をなくすことと、鍛え上げられた若い体力による爆発的な力です。「打たれないこと」と「打つ」ことを分離しているのです。「楯と矛」を持った戦いに似ています。

「打たれずに打つ」、精神的・心的な高みを求めて技を磨いていくべきなのに、「『避けよう』という意識を捨てられず、『打つ』ことだけに集中できない稽古」をする人とは、稽古したくありません。打たれたときに「そこか！やられた！」と心底から感動することはないからです。目指すところが違うのです。「真善美」を目指していないのです。

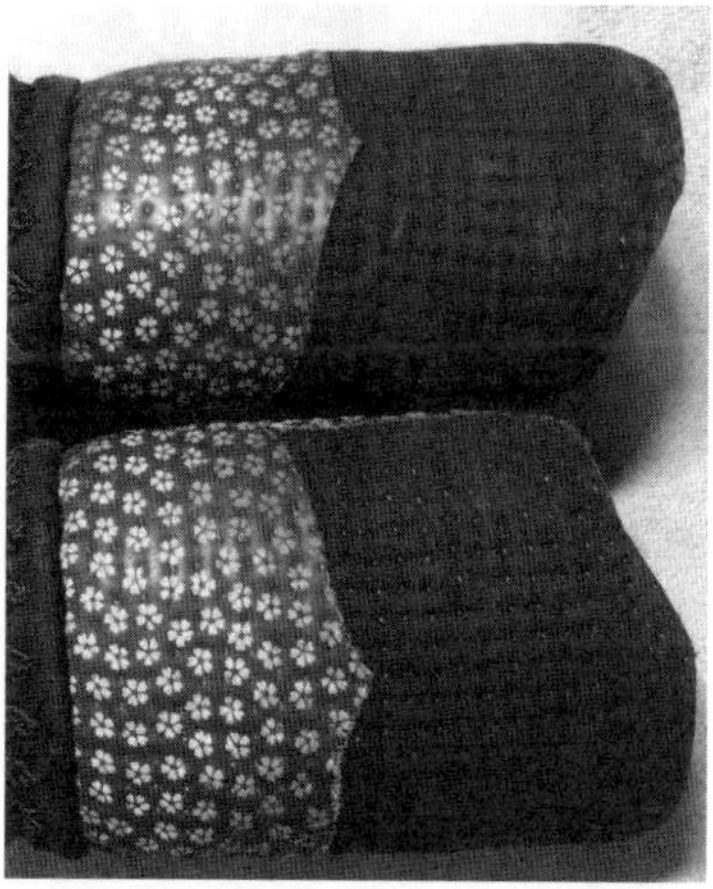

毛氈ならぬ赤いフェルトと普通の綿で自作しました。約１メートル以上の厚みの布団を縫い縮めました。「圧縮綿」なら簡単ですが！

第十章、攻め打ちをする剣道が「正しい剣道」。

剣道は一般人にとって馴染みのないものです。日本で剣道の公式試合がテレビで放映されるのは、年に一度、十一月の文化の日に全日本剣道連盟が主催する全日本剣道選手権大会だけです。この大会の参加資格は満二十歳以上であれば段位は問わず、東京は四人、大都市は三人、中都市は二人、その他は一人という枠で、各地方の予選を勝ち上がってきた選手が日本一を競う大会です。

一般の人にとっては、「三本勝負（二本先取した方が勝ち）」という規則は理解できても、どちらが勝ったかはほとんど分からないと思います。背中に紅白のタスキ（正式には「目印」）があっても、動きも打突も早くて、打突が交錯すれば、どちらが「有効」だったか見えません。また、スロー再生されると打突部位に当たってないことすらあります。しかしそれは誤審ではなく、バレーボールのようにビデオ判定で打突部位に当たっているかどうかを確認することに正しさがあるのではなく、「打たれた」と判断されるような打突だったことに正しさがあるのです。剣道の判定の分かり難いところですが、技だけでなく心も加味されている証左でしょう。

しかし、この全本剣道選手権大会の剣道が最高の剣道かというと、必ずしもそうでもありません。トーナメントを六回も勝ち上がっていく、という体力の問題は別として、高段者の中にも強い人はおいでになります。ちなみに高段者とは、六段、七段、八段（九段、十段は過去にあった）で、六段の最年少取得者は二十八歳、七段は三十四歳、八段は四十六歳です。

ではなぜ高段者は出場しないのか。その理由は、高段者にとっては技の勝負意外に、心という目指すものがあるのです。剣道は「試合の勝ち負け」というスポーツ（運動競技）の側面以外に武道としての要素があるのです。一九七五年三月二十日に全日本剣道連盟が制定した「**剣道の理念**」には、「剣道は剣の理法の修練による人間形成の道である」とし、また「**剣道修練の心構え**」に、「剣道を正しく真剣に学び、心身を練磨して旺盛なる気力を養い、剣道の特性を通じて礼節をとうとび、信義を重んじて誠を尽くして、常に自己の修養に努め、以って国家社会を愛して、広く人類の平和繁栄に寄与せんとするものである」とあるのです。勝負を目的とするとは書いていないのです。「技の強さ」を求めて稽古を重ねるうちに、「心の正しさ」を求める高段者になっていきます。これが高段者が全日本剣道選手権大会に出場しない理由でしょう。

真善美を目指して自己を鍛え上げようとするのが正しい剣道なのです。普段の稽古は、きれいに打つことに最大の努力をすることになるはずです。そして、どんなにやりにくいお相手に対してもきれいに打てるようになることこそ最大の関心事なのです。剣道では、力の強い若者でも、老齢の高段者に歯が立たないことがあります。迷わない心（高い精神）と熟達した技（知恵）を磨く、「**正しい剣道**」をすることによって、歳をとっても強い「永遠の強さ」というものを得られるのです。「正しい剣道」とは、全日本剣道連盟の制定した剣道の理念にいうところの「剣の理法の修練による人間形成の道」です。相手に勝つことより、自分に勝って迷いを断つ精神を鍛える稽古です。「捨て切って打とうと思っていても、いざとなると避けながら斜め振りをしてしまう」「相面を制することより打たれないようにとりあえず避けてしまう」というような迷いは、努力し続ければ解消します。また、自分の打突が当たっても、相手が納得するかどうか謙虚に反省し欠点を矯正し、打たれたときには、自分の欠点を相手から教えてもらったということですから感謝する、「打って反省、打たれて感謝」の稽古をします。**「攻めて、さまざまの機会で打つ、心と技の修行で、『真善美』を求める剣道」が正しい剣道です。**

もし、正しい剣道をする人が試合に強い人と試合をしたらどうなるか。もちろん、何が何でも勝とうとする人が勝つでしょう。試合の上手な人は、運動能力が非常に高く、強い力でお相手の竹刀を叩き落としたり、自分の腱を痛めて手術が必要になるほど早い動きができます。また、打つ機会を作る特殊な動きをしたり、特殊な感覚を持っていたりします。しかし、このような基本を崩した理合に合わない強さには普遍性はないのです。正しい剣道を志す人は歳をとるほどに経験を知恵に変えて強くなる可能性がありますが、勝とうとばかりしている人は加齢によって運動神経や体力の衰えと共に勝てなくなっていくのです。

私は、基本や理合に忠実でない、勝てばいいと姿勢や技を崩して特殊な打ち方をしたり、合気を外して騙し打ちばかりをする「真」を目指さない人とは早々に稽古を止めます。また、どんなに理合に合った剣道をしていても、正々堂々と攻め合って打ち合わないで、突き止めや、打たせて返す技のみの「殿様稽古」をする大先生には、お相手を尊重・感謝して対等に扱う「善」を感じられませんので、早めに切り上げます。

「**善**」であって「**真**」を極めていくから「**美**しい」のだと思います。そして、尊重・感謝する心の正しい「善」は、どんなお相手とも和することができるのです。「争心」はないので、自我に執着するのではなく、お互いの命という人間の根源を大切にして、現状を受け容れ、謙虚に、打って反省し、打たれて素直に感謝し、彼我の差を楽しみ、自己究明するために、お互いの技を磨き合い、「真」に近づく剣道をするのです。

堀江先生は「只管剣道」と仰いました。道元禅師の「只管打坐（しかんたざ）」から、ひたすら稽古することの重要性を教えてくださいました。百錬自得しかないのです。堀江先生はいつも師匠である酒匂（さこ）先生は「どうしたか、どうするか」考えながら稽古していました。酒匂先生と堀江先生は十三歳ほど離れており、堀江先生が大学生だった、第二次世界大戦前の一九四〇年からの四年間しか稽古をお願いしてないのですが、酒匂先生を一生涯の師匠としていました。

酒匂先生は、戦後一九五一年五月に、郷里の鹿児島県の蒲生町（かもうちょう、二〇一〇年三月二十三日付けで姶良町・加治木町と合併して姶良市）の町長に初めての町長選挙で第一号の町長に就任しましたが、激務のため九月に四十三歳で病没しました。戦後は一九五二年まで剣道は禁止されていましたので、戦後は酒匂先生と堀江先生は稽古していないようです。

なお、酒匂先生は、京都の大日本武徳会武道専門学校のトップ選手だったのですが、一九三七年京都の五月大会で東京の国士舘の二期生で豪傑として名を知られた馬田誠に惨敗し、酒匂先生の師匠である大阪警察本部剣道師範志賀矩範士に桐の木刀を振るように言われ、さらにたいへんな稽古を積んで、一九三七年十月二十八日、十一月二日、三日の第九回明治神宮体育大会では一般成年部で優勝しました。戦争が激しくなった一九四二年十月三十一日から十一月三日の第十三回明治神宮国民錬成大会の府県代表個人で優勝したように、当時最強だったのではないでしょうか。その酒匂先生に堀江先生は武徳殿に稽古に行ったときに出会ったわけです。

曹洞宗の開祖である道元禅師がお書きになった『学道用心集』の十カ条のうち前の五カ条を剣道に置き換えるとよいと、平成九年の鳴門教育大学の教育セミナーでの講演で堀江先生は述べています。以下内容を私なりに要約します。

「第一は菩提心を発すること。心を磨いて真理に近づくということを剣の修行の目的にする。第二は正法を見聞して必ず修習すべきこと。基本と礼法を身に着けること。『三儀（辞儀、行儀、書儀）』を日常で行いましょう。第三は行ずる、稽古することです。徹底的に技術を磨く。日本精神の、言葉にして自己主張することを避ける『**言挙げ**（ことあげ）するな』は、徹底的にやり抜いて自分の血肉になったものを口にしろということです。『只管剣道』が座右の銘ですが、『稽古見性』つまり悟るために稽古すると、壁に何度も突き当り、稽古で乗り越え、稽古でまた壁に突き当たる、徹底的に行ずることが大切です。第四は『有所得心不可』。見返りを期待してはいけません。自分だけ打って相手には打たせないというのは、『自分だけが良い子になって相手には良い子にさせない』ということで、切磋琢磨をしないということです。勝った負けたの名利心や果報を得たいと願うのではなく、打たれることを怖がる心と、打たれることを嫌がるこだわる心を除くために打たれてもいいと思い、『自分の剣先が相手の心の平安を乱して打つ、あるいは引き出して打つ』という理を求めていく稽古をしましょう。第五は正師につけ。（これ以降のページが逸失しています）」

二〇〇三年六月発行の「徳島の剣道・第十九号 P.113」で「老剣士のつぶや記」を堀江先生は書かれています。抜粋します。

「沢庵禅師も不動智神妙録で「無明住地煩悩」と言い、仏法を通して剣を説き、更に剣に生きる姿勢について、人が人として生きるにはどうすべきか、どうあるべきか説いてくれます。それは「**太阿**(だいあ)」という二つとない利剣を例えにして、人がすべてこの利剣のようになりたいと思えば、そのための努力と工夫を積み重ねるなら、必ずなれる。利剣になれないのは求める心がなく、工夫と努力が足りないだけであるというのが、沢庵禅師の教えなのです。平易で分かりやすく説いてくれています。しかも沢庵禅師は仏法を太阿という利剣に例えて、剣は殺人刀ではなく活人剣でなくてはならないというのです。人に人間としての尊さを感じ取らせず人間として生きる喜びを与えない剣客は、剣の技に秀でても人間として秀でない限り、欠けた人間であると真に耳の痛い話であります。我々剣道人は、襟を正さなければなるまいと深く反省させられます。(筆者註・『沢庵 不動智神妙録』池田論・訳、タチバナ教養文庫の中の『太阿記』P. 244~249)

今日の剣道人は、楽をして高段者に昇り、その段位の上にどっかりと安坐しているように見えますが、老人の僻目でしょうか。徳島だけではありません。剣道界全体に蔓延していると言っても過言ではありません。一人ひとりが謙虚に自覚して真摯に生涯修行することがいかに大切かに目覚めることです。哲学者の森信三先生は道の修行について、次の三つを教えています。拝借します。(筆者註・「修身教授録」P. 346 下学雑話〈十三〉)

① 天下第一等の師につきてこそ、人間も真に生き甲斐ありというべし

② 人はすべからく終生の師を持つべし。真に卓越せる師をもつ者は、終生、道を求めて留まることなく、その状、あたかも北斗星を望んで航行するが如し、いくら行っても、到りつく期になければなり。

③ 師説を吸収せんとせば、すべからくまず自らを空しうするを要す。これ即ち敬なり。故に敬はまた力なり。真の自己否定は、所謂お人好しの輩と相去ることまさに千万里ならむ。(筆者註・「すべからく」は「すべて」とか「みんな」とかの意味ではなく、「当然」「是非とも」の意味)」です。

私が堀江先生にお会いできたのは七年間に満たず、稽古をお願いしたのは十回ぐらいでしょうか。しかし堀江師匠の愛弟子（堀江師匠は「弟子」と言わず「お友達」などと言っておいででしたが）である宮本師匠が月に一度、稽古においでいただけるので、私は勝手に堀江先生を大師匠として私淑させていただいています。

柄が面白い、型押しの牛革。軽いのが良いです。

竹刀は斬れないが、心を打てる。

刀で斬り合った場合、例えば相面だったら双方即死でしょうか？それとも、先に斬られた方が瞬間的に崩れて、振っていた刀から力が抜けるのでしょうか。これが胴と面の場合、同時に当たったら面を斬られた方は即死。腹を斬られた方は30分ぐらい苦しんでから死ぬのでしょうか。相打ちは双方ともに傷つく可能性が高いですが、究極の心の強い達人は伸びのある「刃筋と刀勢」で、相打ちにならないで斬られずに斬るのではないでしょうか。黒澤明監督の『七人の侍』で久蔵が浪人との果し合いで、間を読んで、ほぼ同時に斬り下げるも一寸の差で自分は斬られず、浪人は斬られました。

竹刀剣道でもこの「お相手より先に斬る」ぶれない心と、その発露である「刃筋と刀勢」が理想なのではないでしょうか。「声を出し、攻め、先に打ち、残心」という「攻め打ち」が感動する、心を打つ剣道だと思います。

第十一章、心とは何か？

一、心はどこにあるか？

私の剣友会の子供たちに、「**心**はどこにあるのか？」と質問したことがあります。みんな答えに窮しました。聞かれて胸が「ドキドキ」したので心臓にある。考えたり想像することだから脳にある、のどちらかでした。万学の祖アリストテレスは胸（心臓）にあると考え、医術の祖ヒポクラテスは脳にあると考えました。中世の哲学者ルネ・デカルトは心身二元論で物質に対する精神なので体にはないと言いました。漢字の世界からは、「心」という字は心臓を象っており、感情は心臓がつかさどっていると考えられていました（「漢字の成り立ち事典」P. 30）。

「心」を定義すると、「人間の行動や態度に表れる元にある精神的な智情意（知識、感情、魂、精神、意識、霊、意志、思いやりなど）」と言え、主に善悪とか美醜とかの価値観を指すのでしょう。ですから心は脳にありますがその変化は体に表れるのです。脳で感じた心の焦りが「心臓がドキドキ」と体に表れます。逆に、素晴らしい態度や動きは、その人の素晴らしい考え方や信念の発露なのです。その人の心の素晴らしさが態度に表れているので感動するのです。

「心を打つ剣道」は、打たれた方が素晴らしい打ちをした人の素晴らしい心、いわば悟った所を見て、自分も悟れるかもしれないと思える嬉しさを感じているのでしょう。堀江先生の剣道は「**弘法救生**（ぐほうぐしょう）」の功徳があり、私は迷わず修行すればいいと、救われていたのです。

か。

二、「心が強い」とは迷わないこととめげないこと。

「心が強い」には二つあると思います。一つは迷わないこと、もう一つはめげないことではないでしょうか。

迷わないことについては多くの達人たちが禅を学んで「心を鍛え」、斬られるかもしれない怖さを乗り越えてきました。私たちも、打たれるのが怖いと、自分が打っているにも関わらず力んで固くなって、思い切りの良い鋭い面が打てないので苦労します。小学生以前から剣道をしている人は、打たれ続けて来て、打たれること自体には鈍感になって、打って勝つ方に気持ちが行きますが、青年以上になって剣道を始めた人、特に男性は、打たれることになかなか慣れないようです。また、力があるだけに、「緊張しても力まない」ということに本能的に矛盾を感じます。「人間の体は積極的な時ほど自由に動く」「打たれる前に打つためには力まない方が速い」ということをとことん理解しないと、この「捨てきる」「死中に活」の壁は乗り越えられないようです。

もう一つの「めげない心」は大きく語られることが少ないようですが、こちらの方が「人間形成」の中心であると思います。一本取られた後の逆境、時間が無くなった困難などに対するたくましさ、負け続けても、成長が見えなくても努力を怠らないこと、などに対する、自発的治癒力、精神的回復力、抵抗力、復元力、耐久力を鍛えることが「心を強くする」大きな部分ではないでしょうか。人間の心は時々折れます。他人の善意や外部からの刺激を肯定的に受けられず、辛くなったり苦しくなったり悲しかったり怒ったり、精神的に病むことすらあります。自分の折れた心と向かい合って原因を見つけて平穏な心にする力こそ精神力の強さであり、人格を向上させる基礎ではないでしょうか。

堀江先生が、「『忍』という字は仰向けに寝転がって、日本刀の刃を咥えている形です。怖いねー」と仰っておられましたが、まさに辛いことを我慢する、弾力性のある強い心を鍛えることの大切さを、何気ないお話の中でされていました。

心理学、精神医学で自発的治癒力をレジリエンス(resilience)というそうです。「脆弱性(vulnerability)」の反対の概念です。そしてレジリエンスを鍛える方法は、「**高い理想を持って努力と工夫をし続ける**」ことです。独楽は回っているから立っているように、自分を回し続けることによって副次的に、①ネガティブ感情や思い込みの悪循環から脱出でき、②現実を受け止め、③自分の強みと弱みを知り、④自己効力感や自信を高め、⑤心の支えとなる師匠や友人を作り、⑥感謝やプラス思考を高め、⑦痛い体験から真理を学ぶことができ、心が磨かれるようになるのではないでしょうか。

特に指導者は、「めげない心」を育てることが大切だと思います。後述の「用語集」に「動機付け」の項目でJ.W.アトキンソンの「達成動機づけ理論」を紹介しましたが、「小さな成功を誉める」ことで、失敗しないように逃げる気持ちから、「うまくいったら嬉しいからやってみる」に変化させましょう。**めげない心、自発的治癒力を高めていく**ことが心の成長なのではないでしょうか。

三、感動する素晴らしさ

人は感動すると、力が湧いてきます。音楽や絵画や芸能などの高いレベルの表現を見聞きすると心が動きます。これは影響力 influence であり共振力です。社会性や協調性によって集団になって大きな仕事をする人間は、「喜、怒、哀、楽、愛（いとしみ）、憎（にくしみ）」を共感します。

では、何に感動するのでしょうか。それは、「天賦の才能を必死の努力で伸ばす」ことではないでしょうか。その人が卓抜・特殊なる能力を持ったとき、自信となり、矜持＝プライドとなります。それは一方で他人の模範となり、勇気づけ、導けるのです。高い理想を持って、自己研鑽を怠らず、一生成長し続けることは、誰もが尊敬する生き方なのです。魅力があり、憧れの対象なのです。

そしてその修行の道は、歯を食いしばって、眉間に皺を寄せて進んでいくのではなく、達成可能な目標を立てて成功していく、笑顔あふれる生活でありたいものです。笑うことのできる動物は人間だけなのです。

「**過去と他人は変えられない。未来と自分は変えられる。変えるのは、『今、ここで』**」と考え、自分の好きなことを伸ばすのです。楽しくて充実した生活です。『梁塵秘抄』（りょうじんひしょう。後白河法皇の作。一一八〇年前後）に、「遊びをせんとや生れけむ、戯れせんとや生れけん、遊ぶ子供の声きけば、我が身さえこそ動がるれ」なのです。その「真善美」を求めて「**打って反省、打たれて感謝**」して「心を打つ剣道」を志す求道の自然で主体的な修行を自分に課すとともに、その真摯な姿に共感する人や後進と共に修行し、道を弘めていく「弘法救生」が心の在り方だと思います。

第二編 七つの知恵

第一章、「七つの知恵」の概要

次の表が、この本で推奨する「丹田からの全身運動としての打突をする七つの知恵」と、従来の「前傾を伴う打突」との比較です。

声を出し	項目	丹田からの全身運動としての打突をする七つの知恵	従来の「前傾を伴う打突」の概要
攻め	① 構え	足の前後を狭くする。**丹田が正中線上の前に引かれた構え**にする。打つ寸前の不安定な形になり少し左踵が上がる。	左踵を上げ、踏みしめる。打つ前に準備動作が必要。
攻め	② 手の内	右手は力を抜いても外れない「**斬り手**」にしておく。左手を拳二つ分前に出す。	構えと打ったときで、握り方や力の入れ方を変える。
攻め	③ 攻め	**ノック**。イ、丹田を出して打ち始める。ロ、右足を滑らせて前に出始める。ハ、小さく一歩出る。ニ、竹刀を動かす。	前傾が打突の始めを教えてしまうので、守りを中心に、様子見。
先を打つ	④ 打突の機会	お相手が四戒に入る「**動く先**（イ、居つく。下がる。ロ、打ってくる。ハ、打たれないために正中を守って固くなる。」を感じる。	理論的にも感覚的にも分からない。
先を打つ	⑤ 踏み込み	**右膝を抜重**して正対したまま腰の入った姿勢で、一瞬に低く遠くに踏み込める。左足が付いて来る。	前傾して左足で蹴って跳ぶ。右足を振る大きな動作で時間がかかる。
先を打つ	⑥ 振り	腹筋からのしなりと重力を生かし、胸鎖関節から腕を長く使って上から前へ、**加速度のある面打ち**を一拍子で。	腕のみで打とうとするので、等速度運動で勢いがない。斜め振り。
残心	⑦ 残心	**お相手の正中に吸い込まれ**て勢いを預けて跳ね返る（お相手がずれれば抜けて振り返る）まで、気合を出し続けて最後の音を上げて残心を終える。	打って止まる、バンザイする、残心を示さない場合が多い。

第二章、「七つの知恵」の構造

「七つの知恵」をマスターして、「**声**を出し、**攻**めて、**先**に打ち、残**心**を取」ります。

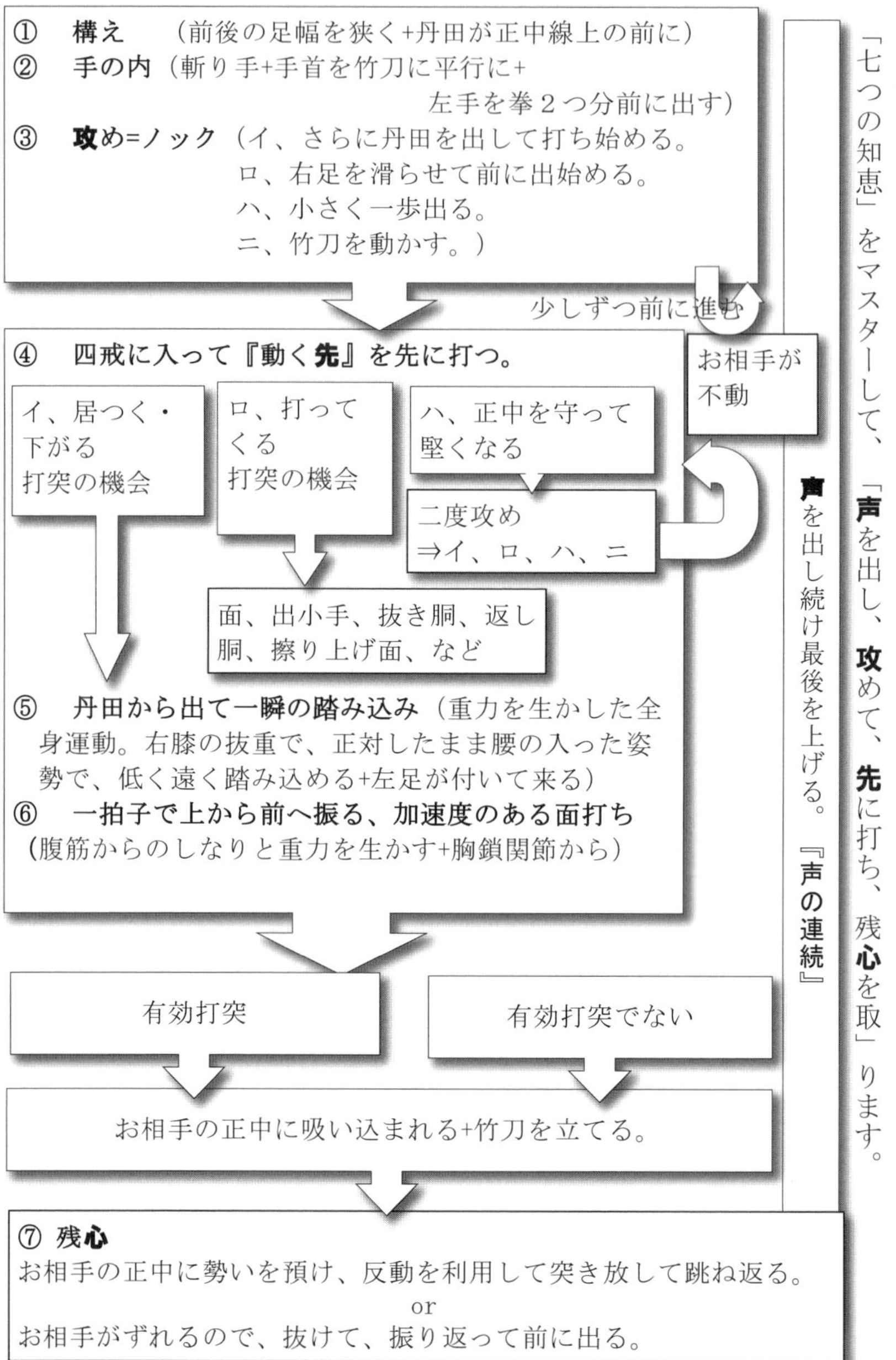

第三章、「構え」の目的はいつでも打てること

一、構えの足の前後を狭くする。姿勢が良くなる。

足幅が前後に広いと、腰が引けた、力んだ姿に見えます。避けたり余したりするのはやりやすいのですが、若く筋力があればともかく、スタート地点である左足が後方もあれば遠くへ踏み込めませんし、左足を寄せる（「隠し足」）、二足一刀で勢いをつける、打つ前に体が左右に揺らすなどの、踏み込む前の「起こり」が大きくなって隙になります。「打たれたくない人」という見方をされがちです。

下図のように、左足を引いて、足の中ぐらいに左の足先を置くようにします。立ち姿がきれいになるだけでなく、**「起こり」が小さくなります。**さらに**背中の筋肉を緩めることができる**ので、丹田からしなやかな全身運動としての踏み込みと面打ちを可能にします。「攻め」の剣道をしようという姿になります。いわゆる**「正しい姿勢」**です。

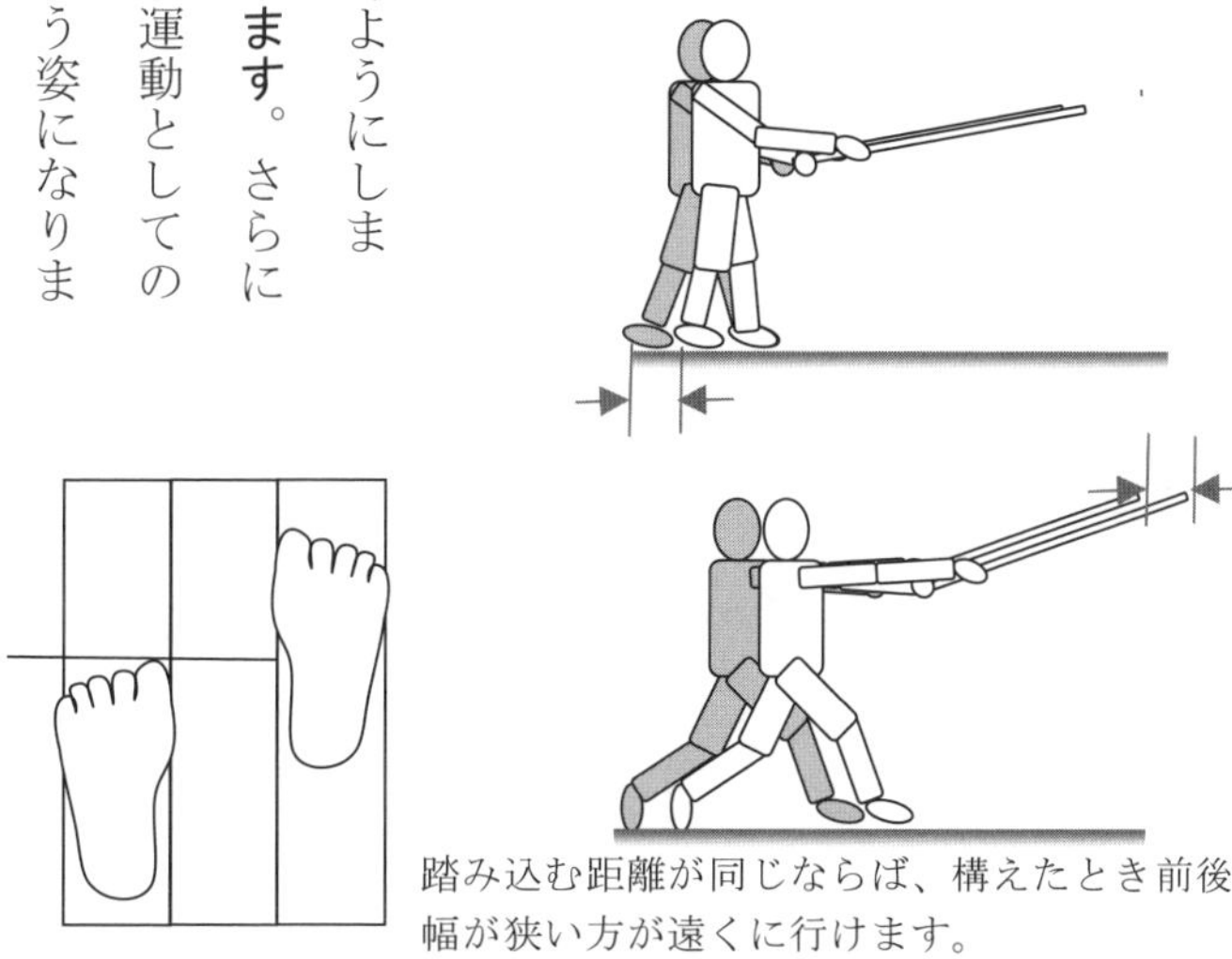

踏み込む距離が同じならば、構えたとき前後の足幅が狭い方が遠くに行けます。

二、丹田が正中線上の前に引かれるようにする。

安定していると動作の「起こり」が必要になりますが、「不安定」な状態であれば「起こり」は小さいです。サッカーや野球でスライディングをするにはそれなりの事前の動きが必要ですが、氷の上で転ぶときは一瞬です。「不安定」から「転ぶ」ときは「起こり」がありません。

下図のように。前後の足を近づけて狭くし、丹田（重心）を正中線上の前（少し左）に引かれた構えにします。このとき腰を出そうとすると、左足に力が入り、背中の筋肉に力が入り、丹田は出ません。背中の筋肉を緩めて、大垂を引っ張ってもらうと、感覚がつかめます。しなやかなスクリーンの真中を押し出す形です。

この**転んでしまいそうな「不安定」な形**なだから、我慢していた右膝を抜重すれば「起こり」が分からず、一瞬で踏み込めます。「不安定」と言っても、外見上は姿勢は崩れていません。

構えは、**「丹田が正中線上の前に引かれた、すぐに打てる状態」**なのです。

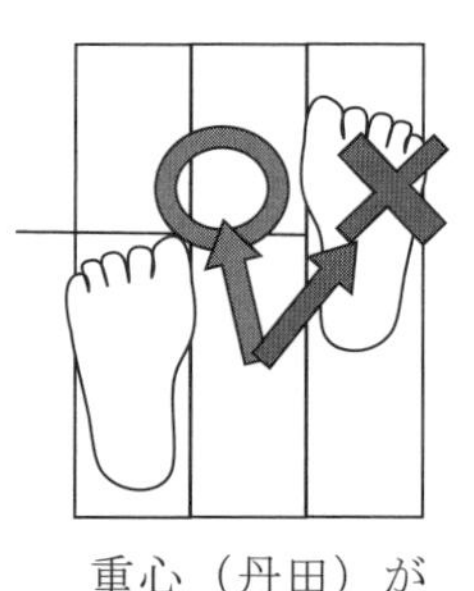

重心（丹田）が
正中線上に

第四章、「斬り手」は脱力しても外れないから、冴えが出る。

一、前腕の上筋の力を抜かないと、加速度のある面打ちができない。

面を打ったとき、振った竹刀が手から外れないように親指と人差し指に力を入れて握ると、前腕の上筋（橈側手根屈筋〈とうそくしゅこんくっきん〉）が締まり、「振り下ろさない」力となって振り下ろしが遅くなります。一拍子に振れない、振りが遅い、右手に力が入る、前で止められないなどの問題が生じます。前腕の上筋に力を入れないで腕の下筋（尺側手根屈筋〈しゃくそくしゅこんくっきん〉）だけで竹刀を振ればば「冴え」ある打ちになります。そのために次の項の「**斬り手**」の手の内にします。

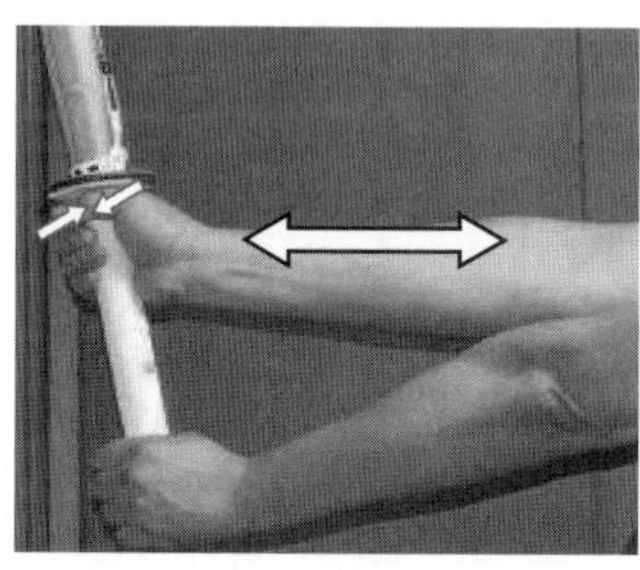

親指と人差し指を握ると、
前腕の上筋が動く

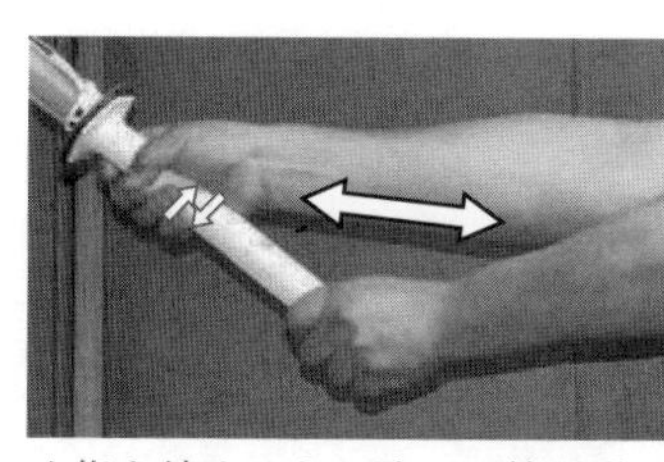

小指を締めると、腕の下筋が動く

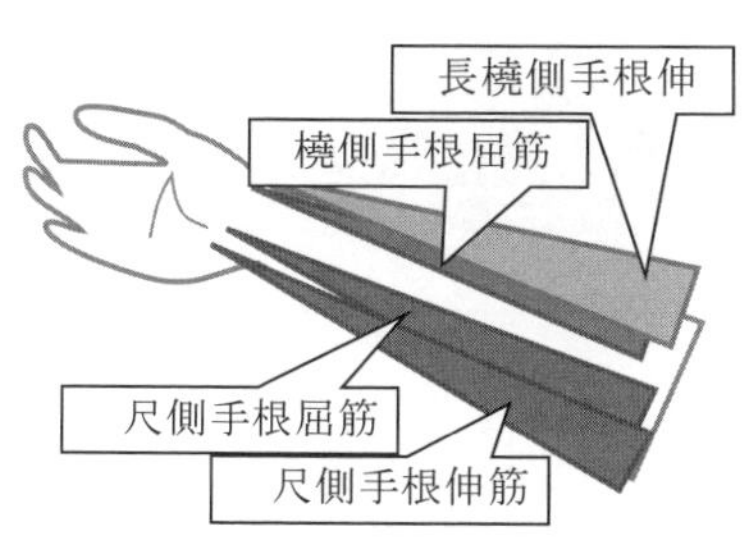

二、「斬り手」は、前腕の上筋の力を抜くのに竹刀が飛ばない。

下図のように、自分の右手の「小指丘（ししきゅう）」が柄の上に載っていると、小指と薬指は下から、小指丘は上から竹刀を挟み込む形になります。刀を持つと、柄巻きの凸凹が自然に**『斬り手』**を誘導してくれます。この「斬り手」ができていれば、「手首を縦に回転させる」「手首の被せ」「指ぱっちん」など打ったときに形を変えて握らなくても、**缶切りのテコの原理で、竹刀が引っかかり、抜けなくなります。**竹刀が重力で落ちてくるのに下筋のみで加速して、思いっきり前に投げ出せるのです。羽賀忠利範士八段も一九九九年三月に発行した『剣道の詩』で、「右左小指丘を柄の上に小指薬指をしぼるごと持て」とお書きになっていいます。柳生の「龍の口」もこれではないかと。

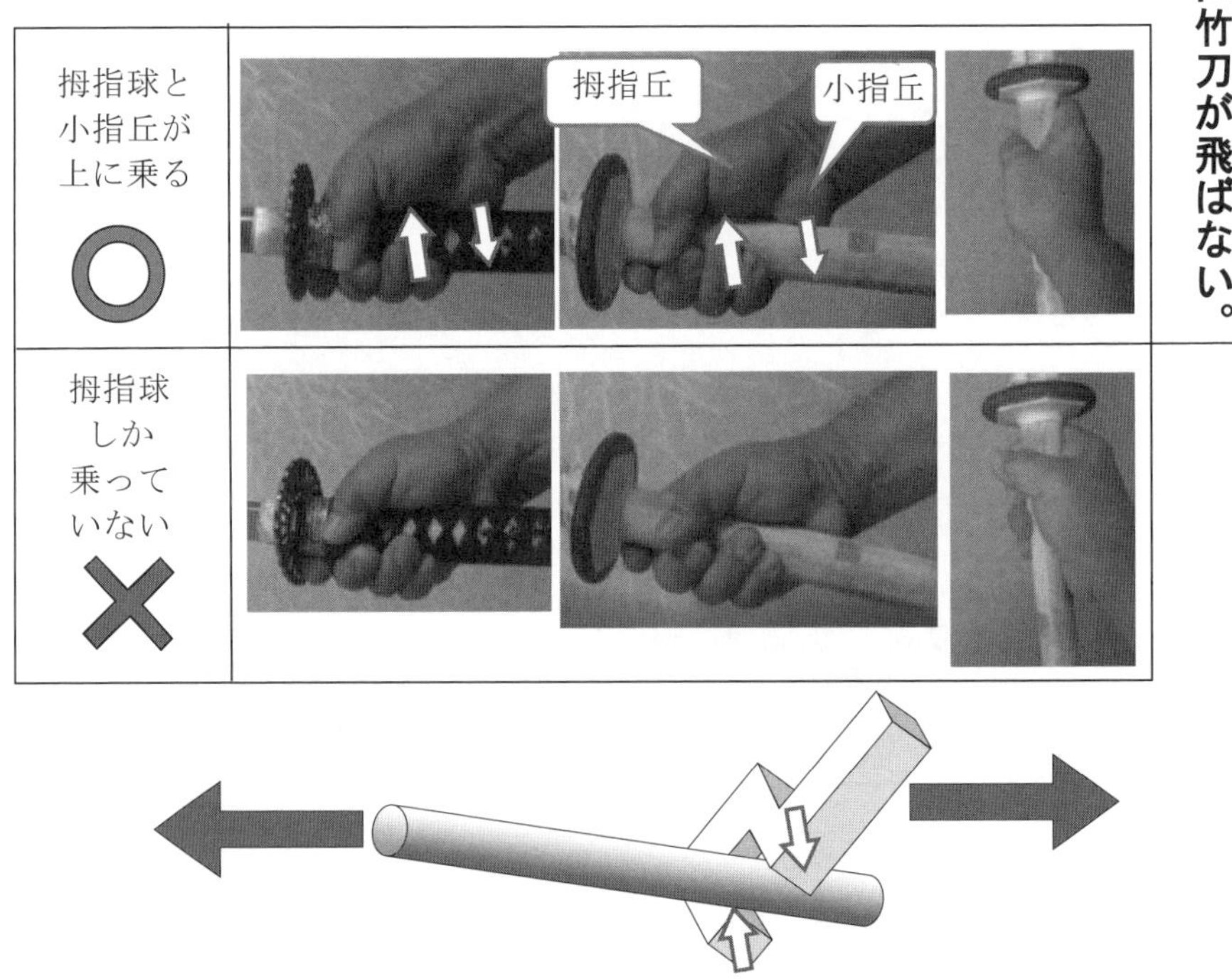

三、「斬り手」で、手首を下げたまま振る。

下の写真のような右手の形は、指が浅く引っかかっているので手が外れやすいですし、既に手首を上げた状態なので前腕が内側に回っているので竹刀を上げにくくなります。**「斬り手」**であっても、手首を上げれば、前腕は内側に回り、竹刀の上げ下げがぎこちなくなります（「手首のスナップ」が良くない理由です）。

そこで手首がぶら下がった、前腕は外側に回って縦になった状態にしておいて、そのまま持ち上げて、手首を下げるだけで振ります。こうすることではじめて、**前腕の上筋の無駄な力が抜けて、刃筋がぶれずに速く振れます。**樋の入った居合刀や日本刀を振ると、振り初めから終わりまで風を切る気持ちの良い音が鳴ります。

右手は人差し指が鍔から一ミリメートル程離れる位置に、左手の位置は親指が正中線に、左右の親指と人差し指でできるVの形が「棟（峰）」に同一線上になるようにします。すると「風に柳」になります。

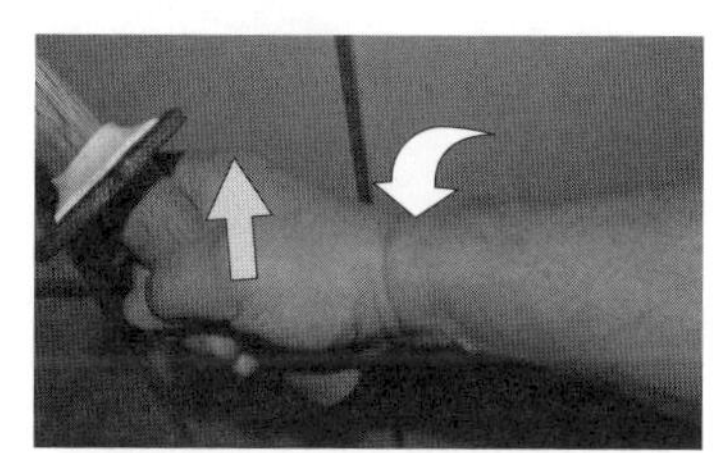
手首を上げる（外転）と、
前腕は内側に捻れます（回内）。

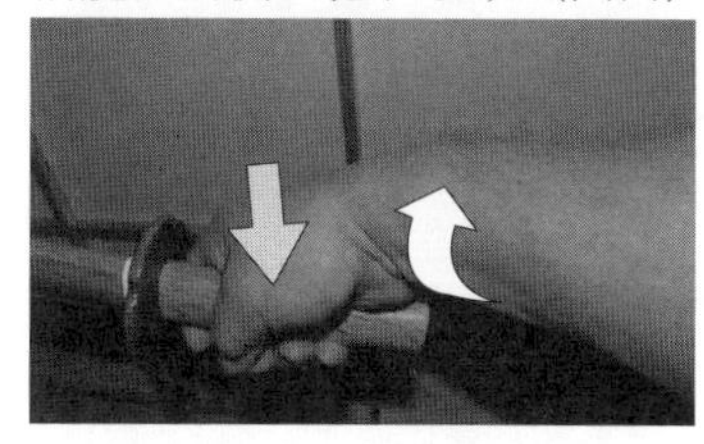
手首を下げる（内転）と、
前腕は外側に捻れます（回外）。

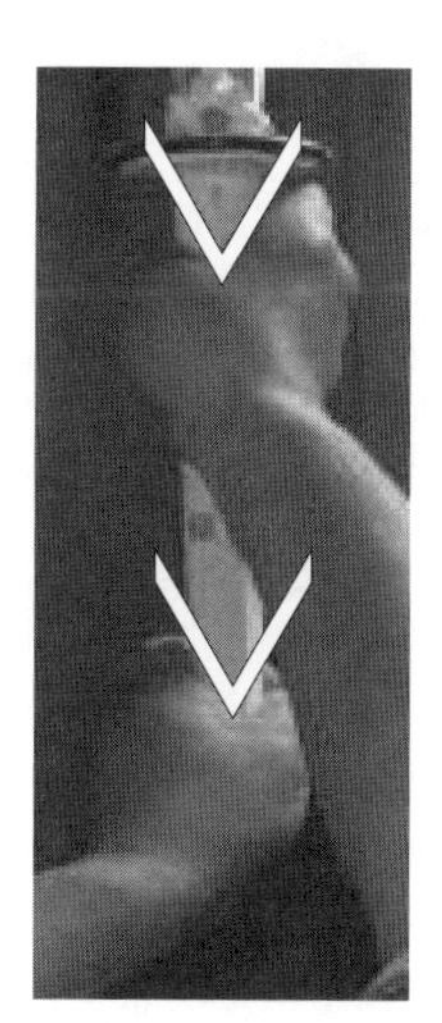

四、左拳を体から二拳ぐらい前に出すと、右手打ちにならない。

左手は柄頭に「**小指半掛け**」になるようにし、小指・薬指と小指丘を常に密着させ、振りかぶっても、打突しても緩めず密着させます。しかし、鶉（うずら）の卵を掌に入れているぐらい柔らかく、『五輪書』にあるように、親指と人差し指をやや浮かすような心持ちとします。

右手を中心に振る人の多くは、構えたときに左拳を体に近く下げています。そこで、左手を拳二つ分前に出して構えます。すると、右腕が遠くに行くので動かしずらくなります。右手で竹刀を振り上げにくくなり、**丹田からの動きを両腕に伝達して両手で振り上げて一拍子で腹筋を利用して体全体の動きとして面打ちが**できるようになります。

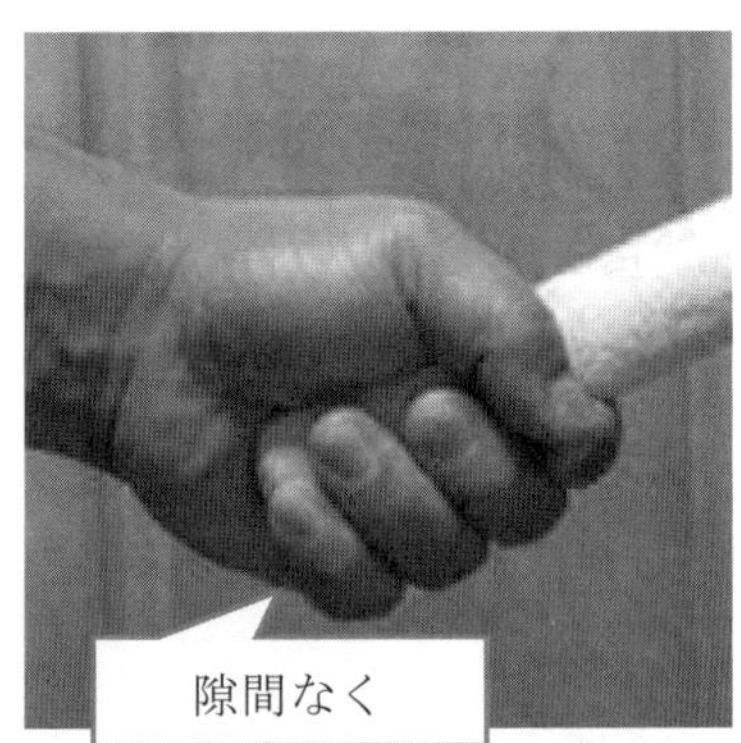
隙間なく

井上義彦（いのうえ・よしひこ）先生のひとこと

理想的な「手の内」は、肩関節、肘関節、手首、手のひら、指と、すべての関節を柔らかく、しなやかに使える状態にしておくことでしょう。関節を、ある一定の向きに動かし、それが止まるまで曲げた（あるいは伸ばした）状態で竹刀を振ってはいけません。たったひとつの関節の動きが悪くなっただけで、その他の関節の動きも連動して悪くなってしまうからです。

よく、手首を絞るようにして竹刀を持て、と指導されますが、絞り過ぎてしまうと、関節に「遊び」がなくなって、スムーズな攻めができなくなりますので、注意が必要です。

また、竹刀を振る際には、親指と人差し指に力を入れてはいけません。それをしてしまうと、手首の動きが固くなってギクシャクしてしまいます。手首が固くなると、肘も肩も動きにくくなる。ですから、むしろ、小指と薬指でしっかりと握るようにして下さい。試してみればよく分かりますが、そうやって握った方が、手首から先が思い通りに動くはずです。」

1928～2015 年 4 月 87 歳。「剣道上達大事典・剣道攻めの極意」2010 年 6 月 30 日ベースボール・マガジン社

第五章、攻めとはノック。「打ちますよ」という打ち始めの動作。

「**攻め**」は、ただ前に出るのではなく、こちらが「打ち始める」のでお相手が反応するのです。触刃の間合から、上からお相手に乗る気持ちで竹刀をお相手の竹刀に添わせて、打つのを我慢しながら、以下の四つを大小、遅速でします。

イ、**丹田が正中線上の前に引かれた構え**にしている。すぐに打てる不安定な構えから、**さらに丹田を前に出す**（＝「溜め」）。「丹田」が体全体を引っ張る、大垂を引っ張られるようなイメージ。

ロ、右足を滑らせて前に出始める。

ハ、小さく一歩出る。

ニ、竹刀を動かす。上下左右、押えたり払ったり。

この**ノック**に対してお相手は、「いや許しませんよ」と竹刀を抑えたり、「どうぞ、返し胴を打ちますから」と画策したり、「まだ駄目です。中途半端なのでお互い止めておきましょう」という雰囲気だったりして、こちらの攻めが利かないときは、いったん戻ります。また攻める、攻め返されるという「剣先の会話」、「剣先の攻防」になります。浜に寄せる波のように、小さく大きく、出ては下がる形です。

触刃の間合からの打ち＝遠間からの打ちが届くことを前提にして、一足一刀で打とうとするところに、お相手の心が動くのです。「遠間からだと届かないので近づくために攻める」のは、お相手は踊りを見ているのと同じで、何の威圧感も感じません。「攻めがない」＝「打ち始めていない」です。

第六章、攻めが利いてお相手の心が動いた「動く先」を打突する。

攻めが効いて、お相手の心が動いて四戒に入ると「**動く先**」が次のイロハのように感じられます。イとロが「打突の機会」です。

攻めてもお相手の「動く先」が感じられなければ、打たれないように交刃の間合の手前で打つのを中止し、波のように寄せては返す動きです。三十ミリメートル攻めて、引いたのが二十九ミリメートルなら一ミリメートル前に出たことになります。これを繰り返すのが「**退（ひ）かない**」ということです。少しずつ前に出て、お相手に圧迫感を与えます。「陣地を広げ」ます。「一歩も退かない」稽古をしましょう。技は攻めから始まるので、攻めずに打つと勢いがありません。「攻め打ち」以外は考えてはいけません。

イ、居つく。下がる。**↓丹田を出して自分の竹刀が自然に上がるなら、一拍子で打ちます。**お相手は打たないのですから、「打ち切ってお相手の正中に吸い込まれ」ます。

ロ、打ってくる。↓捌けば打たれず打てるので、出小手、抜き胴、返し胴、擦り上げ面などを打ちます。

ハ、打たれないために正中を守って固くなる。↓攻め直します。

ニ、避ける。↓攻め直します。

まずは、一番理想的なイの場合の、「真っ直ぐに打ち切ってお相手の正中に吸い込まれる」稽古をしましょう。「イだと思ったら、ロ、ハ、だった」ときでも、正中線上を打ち切れば、当たらなくても打たれることはめったにありません。もしお相手が、「動く先」をわざと見せて誘ったとしても、お相手の正中に吸い込まれるスピードが早ければ、有効打突にはなりにくいです。

第七章、踏み込みの目的は一瞬で低く・遠く出ること。

第五章のイの「丹田が正中線上の前に引かれた不安定な構えから、さらに丹田を前に出しながら打つのを我慢する」攻めをすると転びそうになります。そのとき**右膝を抜く**（抜重）と、我慢していたので爆発的に、右足は振り出さなくても一瞬で低く大きく前に出、左足が床から離れて付いてきます。前傾をしてから右膝を上げて踏みこむより、十センチメートルは前に出られ、**触刃の間合から一足一刀で面打ちが届く**ことに驚きます。さらに面を打ったとき、速くなったことにも驚くでしょう。

左下図のように、スクリーンの中央を押し出すとしなやかに四隅も引き連られるイメージです。つまり、「丹田」という体の中心が前に引っ張られることによって、腕が前に飛び出して竹刀が振れ、低く遠く一瞬で踏み込めるのです。前傾して打つときは背中の筋肉に力が入っていますので、その力を抜かないと丹田は前に出ません。背中を脱力することが最初は難しいのですが、これが「**上虚下実**」を作るのです。

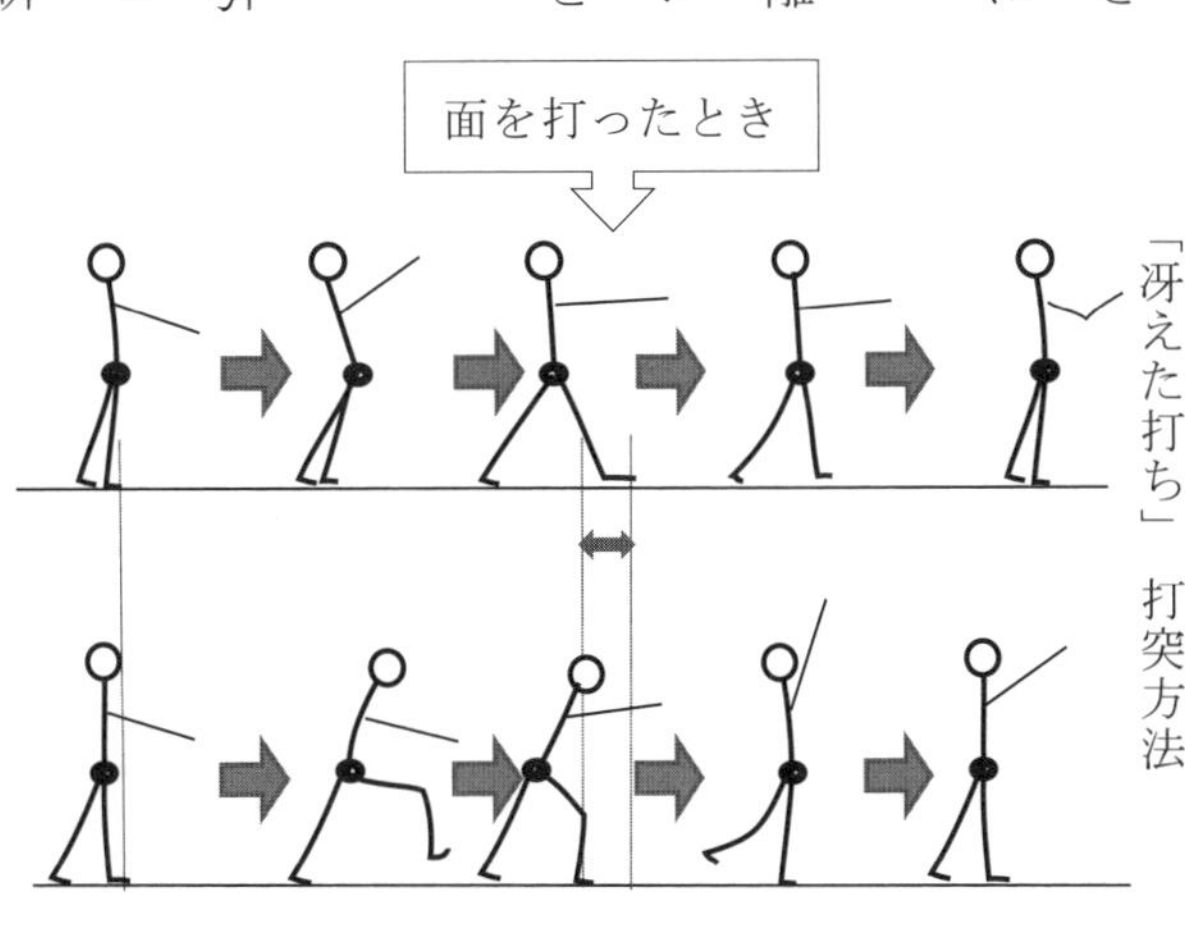

第八章、丹田が上体をしならせると、一拍子の一瞬の打ちになる。

前章の踏み込みに伴って、丹田が前に出ると、上体がしなり、肩甲骨あたりを支点として、背筋によって自然に腕が上がり、腹筋に引かれて、鎖骨下筋によって胸が閉じはじめ、胸筋で胸が閉じ、腕の下筋で竹刀が風をはらむように一気にトップスピードで重力を生かして振り出されるので、一拍子の一瞬の正面を向いたままの真っ直ぐな面打ちになります。「打つ」というより、**「お相手の正中に吸い込まれる」**というイメージです。腕の上筋に力が入らない「手の内」にしておくと「**刀勢**」が鋭く「**冴え**」が出ます。しかも振った後の力が前に拡散され、面を打った後手が上がらない（バンザイしない）ので、お相手の面に自分の竹刀が当たる様子を見ながら体当たりすることになります。

スクリーンの中央を押し出したら四隅も引き連られるように、**攻めるのも踏み込むのも打つのも、丹田を出すことによるしなやかな全身運動**なのです。「高段者は腰から打ち出している」のです。腰を出すより前に、手を上げてはいけません。

前傾すると上半身が左に捻じれ、「右手が強い」斜め打ちになる。

丹田から打つと、腰が立ち上半身が正対し、両手が伸びた打ちになる。

第九章、「面と小手を打った後」は「お相手の正中に吸い込まれる」

一、打った後の勢いをお相手に預ける。

面や小手を打った途端止まったり、面を打った途端にバンザイしたり、「面打ちの後は抜けなくてはいけない」と右にずれながら面を打つと、お相手から見ると面がずっと空いて見えます。

「面を打ったらお相手の正中に吸い込まれる」と思うと真っ直ぐに打てます。さらに竹刀が面に当たった瞬間、腕の下筋も弛めると、途端に竹刀はまっすぐに立ち、打った勢いのままお相手に**体重を「預け」る**形の体当たりになります。**その反動に腕の突き離しを加えて下がります。**お相手がずれれば真っ直ぐに一瞬で抜け、振り返って前に出て正対すると残心になります。

二、打たれないなら、打つのが怖くない！

第三編・第三章の九で解説しますが、打ってから体当たりまでが早いのと、正面に吸い込まれるので、**竹刀が正中線上の面（下図）の上を動く**ので、横から斜めに打たれる小手以外は打たれませんし、返し胴も止まります。「打った後に打たれない」と思えると、思い切って面に行けます。

三、「残心」で音を上げて「声の連続」を終了する。

打突のときは気合を爆発させるために声を出しますが、発声を中止すると動作が止まってしまいます。**息を静かに長く吐き続けながら攻め、**打突したときに力まずに発生し、そのまま声を出し続けて体当たりして離れるか抜けて振り返って正対して残心を示すときに、音を上げて「**声の連続**」を終わらせるようにします。

残心があって初めて有効打突になりますので、「**声の連続**」はなかなか辛いのですができるようになると、「気は入れるが興奮はしない」という心が錬れて、平常心で打ち切れます。

四、抜けた後の振り向きは中段の構えのまま、前に出る。

面を打ったとき、お相手がずれれば、抜けて三、四歩すり足をし、中段の構えで止まったところから、竹刀を上げずに、左回りに**お相手方向に右足を一歩踏み出し**ます。

下がりながら振り返ると、お相手が追いかけてきたときの攻撃に対抗できません。

振り返るときの竹刀は「中段に構えたまま」です。これはかなりの訓練が必要です。肘を曲げて切っ先を上げて、下げながら振り返るのは、打たれる危険があります。

小手を打って左に抜けた場合は右回りします。

胴は右に抜けて振り返って中段、ひき面のときは上段に構えます。引き小手や引き胴、逆胴、片手技などのときは中段に構えます。

第三編　「七つの知恵」の解説

第一章、声・「声の連続」で、力まずに気を張れる。

一、爆発的な「精神の動」である気を出す大声

まず、立ち上がったら、文字にできない奇声を上げる場合が多いようです。自分の声が体中に響いて、精神の充実度が「気勢」として高まり、鋭い気が相手に突き刺さるように、相手を威圧したり相手の気勢を崩したり動作を押さえたりできるようになります。これが「**攻める声**」で、「三殺法」の一つの技です。

「力まず、気を張る」には、大きな声で「気合をかける」ことです。避けたくなる邪念も、自分の打ちが当たらないかも知れないという心の迷いも消え去って無念無想になり、しかも敏感になって、打突すべきときには自然で激しく打突できる、「張り詰めた」状態になるようです。声を強く出すことは、息を強く吐くこと、気を吐くことです。「勢い」の語源は、小沼宏至の『剣道のしおり（P. 31）』と大森曹玄の『剣と禅（P. 238）』では「息競い」、『大言海（P. 136）』では「気競い」とあります。

声には出しませんが「うー」というように息を少しだけ吐き続けながら攻めます。打ったときはその「声の連続」で掛声を出します。人間は緊急時に発揮される「火事場の馬鹿力」と言われる大きな力を持っていますが、強大過ぎて体が壊れてしまうので自己防衛のために制御されています。その制御を自分で外すことができるのが、空気を裂くような強く短い大声である「裂帛の気合」です。

二、「精神の静」である心を不動にする声の連続。

しかし、ほとんどの人は、打ったすぐ後に声を止めて、体も止まってしまいます。

ところが、構えて気合を発し、**初発刀**を出して残心で声の末尾の音の高さを上げるまで「**声の連続**」をすると、平常心で打ち切れるのです。「**声の連続**」と言う人は古今ほとんどおいでになりませんが、上手な人はやっており、息を吸うのは間合を切ったときや、お相手の竹刀を制しているときです。

「**呼気は実、吸気は虚**（＝隙）」と言われるように、気が抜ける息を吸う数時間を短く、吐いている時間を長くし、しかもいつでも一瞬で息を吐けるように息を溜めておく必要があります。そこで、昔の達人たちは禅の数息観(すそくかん)を修行して、長い時間息を吐き続けられました。

目的	実際の行動は『声の連続』
「気」を充実させるといつでも身体が滑らかで旺盛に動ける ＝息を溜めているか吐いている	立ち上がりながら息を吸い、お相手に最大の気をぶつける
	「うー」と、息を吐きながら攻める
	打った掛け声を出し
	残心が終わるまで声を出し続けて声の高さを上げて終わらせる

☆ 立つときに吸いたる息を声に出し、打突の気合を続けて高めよ

第二章、攻・お相手を動かして「動く先」をみる。

一、お相手の心に響く「打つぞー」

丹田が正中線の前に引かれた構えで、「切り手」で、「いつでも打てる」のではなく、「打ちに行く」のです。扉をノックするように、「打つぞー」とイ～ハの四つの形のいずれかで攻めます。

目的	実際の行動	動く先→それに対する行動
お相手を動かして「機会」を作る	お相手の心を揺さぶるために四つの攻め イ、さらに丹田を出して打ち始める。 ロ、右足を滑らせて前に出始める。 ハ、小さく一歩出る。 ニ、竹刀を動かす。	イ、居つく。下がる。→丹田を出して自分の竹刀が自然に上がるなら、お相手は打たないのですから、「打ち切ってお相手の正中に吸い込まれ」ます。 ロ、打ってくる。→捌けば打たれず打てるので、出小手、抜き胴、返し胴、擦り上げ面などを打ちます。
	お相手の守りが堅いときは	避ける→攻め直し。
	お相手が不動のときは攻め直し	不動

二、構えから無挙動で面を打てる。

打とうとして前傾したり足を置き換えたりするような準備動作は「起こり」で、「隙」です。構えから、ほとんど無挙動で打てなければ構えの意味がありません。ましてや「避ける練習」ばかりの守りを主眼とした構えは、打てるようにはなりません。「右足四、左足六」や「右膝で攻めよ」は体重をどちらかの足にかけてしまい安定してしまいそのままでは打てません。そこで、肩と背中に力が入らないようにして、「丹田」を正中線上の前に引かれた構えの、一触即発で自然に踏み込める「不安定」を作り、打つ準備完了にします。不安定を我慢していて「抜重」すれば、構えから一挙動で一瞬の打突ができます。ただし「抜重」だけの踏み込みは小さいですから、お相手が出てきたときに有効です。構えから攻めを伴って初めて勢いのある打突ができます。

「抜重」を使わないで前に出る方法として、古流や「並足・常歩（なみあし）」で使っている、「踵を床に着けて構えて、つま先を上げる方法」がありますが、勢いが出ませんので使いません。

三、背中を緩めないと、丹田は正中線上の前に引かれない。

前傾して踏み込む場合は、背中に力を入れて体がしならないようにしてしまいます。広背筋（こうはいきん）を緩めないと、打ち出すために丹田を前に出す腹筋である腹直筋(ふくちょくきん)が収縮するときのブレーキになってしまいます。

今まで前傾して足を振り上げて踏みこんでいた人にとっては、「前傾して、膝を上げ、足を床に踏みしめ、反動で反りかえるのをバンザイして左足を引きつけて押える」という、大きな運動の方が遣り甲斐があるのです。

丹田からしなる踏み込みは今までの派手な動きではないので、面打ちのパワーも弱くなったような気がします。ところが、ムダ・ムリ・ムラを排除した、低く・遠い・一瞬の踏み込みができ、さらに腕が上がって前に振り出される（スローイン）ので、前に出ながら勢いのある冴えが出ます。

前傾して踏み込むときは、打った後のバンザイのための上腕の筋肉も使っているため、手首で小さく打たざるをえないので、スピードやキレはあっても、弱い面打ちになります。

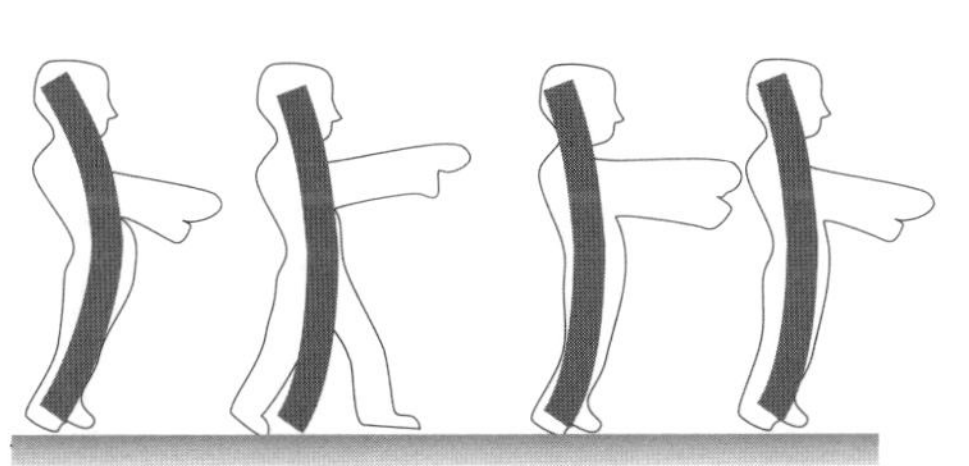

1. 打ち初め　2. 面打ち　3. 打った直後　4. 擦り足

四、丹田が正中線上の前に引かれた構えにすると、立ち姿が美しい

構えたときに、すぐに打てるように「左踵を踏み締める」と習いますが、ずっと力んでいるので筋肉痛になってきます。しかし、左ふくらはぎの力が抜けていると、すぐに踏み込めないので、サポーターをしながら耐えていました。ところが、丹田が正中線上の前に引かれた構えにすると、自然に左踵が上がり、抜重によって踏み込めれば、左脚全体で腰が押し出され、左脚に体重はかかりますが、左ふくらはぎだけに大きな力がかかるわけではないのです。驚きました。左ふくらはぎの慢性的な筋肉疲労から解放されました。

さらに、丹田が正中線上の前に引かれた構えは、立ち姿が美しい高段者の構えだったのです。よく「腰を出す」や「左足、左腰、左手のつながり」と表現されていたことは、実際には「丹田が正中線上の前に引かれた」状態にしていたのではないでしょうか。きれいな立ち姿に見えて、すぐに打てるのです。

また、両足先を正面に向け平行になるように、左踵を外側に捻っていましたが、左膝はすこし開いた方がずっと動きやすいことが分かります。膝は外旋することでスムーズに動くのです。まっすぐにしておくと、左膝が曲がらず、つっかえ棒のような働きをしてしまうのです。右足先が正面を向いていて「名札」が正面を向いていれば、左足のつま先はやや開き、膝は外に向いていたほうが、抜中しやすいのです。「左足は真っ直ぐ。左踵を外側に捻れ」と仰る先生方で、腰から良い姿勢で打つほとんどの先生方は左足は少し開いているようです。「撞木（しゅもく）足」は悪癖となっていますが、それは右足が前を向いていなかったり、極端ながに股がいけないと言っているのです。

五、攻めは「ノック」。「叩けよ、さらば開かれん」

攻めはドアを「ノック」するのに似ています。「叩けよ、さらば開かれん」と言う、新約聖書「マタイによる福音書」第七章にあるこの言葉は、英語では Knock and it shal be opened unto you です。外側にドアノブがないので、ノックすることで中の人がドアを開けてくれないと入れていただけないのです。家の前で立ったままでいたら不審者です。物音を立ててお相手が開けたところに入るのは詐欺でしょう。勝手にこじ開けるのは泥棒で、壊して入るのは強盗です。さっさとノックしましょう。これを『剣法秘訣』の「三　剣術修行心得」では「しないを持ちて立ち合えば、すぐに切先にて向うを責め、出れば突くぞ、打つぞという気を持ちて、遣わねばならぬことなり、とかく切先いらつくようにきかねば、向うは少しも恐れぬものなり」とあります（『千葉周作遺稿』孫の千葉勝太郎編・「近代剣道名著大系　第二巻」P.208）。

「絶対に打たせないぞ」というふうに正中を取って攻めたら、お相手も守りを固めるでしょう。竹刀をお相手の竹刀に添わせて攻めて「どうぞ打ってください。私はそんなの関係なく自分から打つことだけに集中します」と、正々堂々と、先革が触れるか触れないかの所から、背を立てて上から乗るように四つの攻めをするのです。しかし、何度もノックしないと開かないかもしれません。自分の理想を追い求める覚悟が、お相手の心の迷いを誘うのだと思います。その結果「隙があったら打つ、隙がないときは打たない、隙がないときは崩して打つ」という形になります。

背を立てて上から乗って次の四つの攻めをしますが、実際には、「ハ、小さく一歩出」ながら「ニ、竹刀を動かす」場合が多いです。

イ、さらに丹田を出して打ち始める。

ロ、右足を滑らせて前に出始める。

ハ、小さく一歩出る。

ニ、竹刀を動かす。

竹刀の動かし方	お相手の感じ
①構えた高さでお相手の竹刀に添わせていく。	「攻めて打って来る」と思う。
②竹刀をお相手の左目の延直線上に上げていく。	「出てきているはずなのに良く分からない」と思う。
③竹刀を右に少し外す。	「面が打てるのではないか
④竹刀を左に少し外す。	「小手が打てるのではないか」と思う。
⑤竹刀を上に上げていく。	「面を打って来た」と思う。
⑥切先を少し下げる。	「竹刀が消えた」と思う。

☆丹田が正中線上の前に引かれた構えから、さらに打たんと攻め波のごと

第三章、先・お相手の「動く先」を察知し、打ち切る。

一、お相手の反応に合わせるから打たれない、稽古をする。

速い打ちを鍛えるために、勢い良く面に飛び込む稽古をする人が多いです。しかし、自分の調子だけで勝手に打って行くのは、当たるかもしれませんが、打たれるかもしれません。博打（ばくち）です。お相手が打たせて取ろうと後の先を狙っていたら餌食になります。

「打たれずに打つ」確率を上げるには、「攻め」に反応したお相手の「動く先」を「読んで」打突します。この「読む能力」は、視覚、聴覚、触覚、味覚、嗅覚五感以上の「第六感・勘」のようなもので、毎日のように稽古して意識していると、「なんとなく」分かる感覚から、確信を持ったパターンが見えて来ます。「『攻めて』、『動く先』を読んで打つ」ことが「攻め打ち」です。攻めがないから博打なのです。攻めてもお相手が動じないとき（実）は、（虚を見せている）のですから、打ってはいけません。

なお、丹田が前に出るときに竹刀が自然に上がったら、自分の最高の打ちを試す場合ですので先に打ちます。また、「隙」には、こちらの攻めには関係なく、お相手が打てない、防御できない（虚）「構えの隙

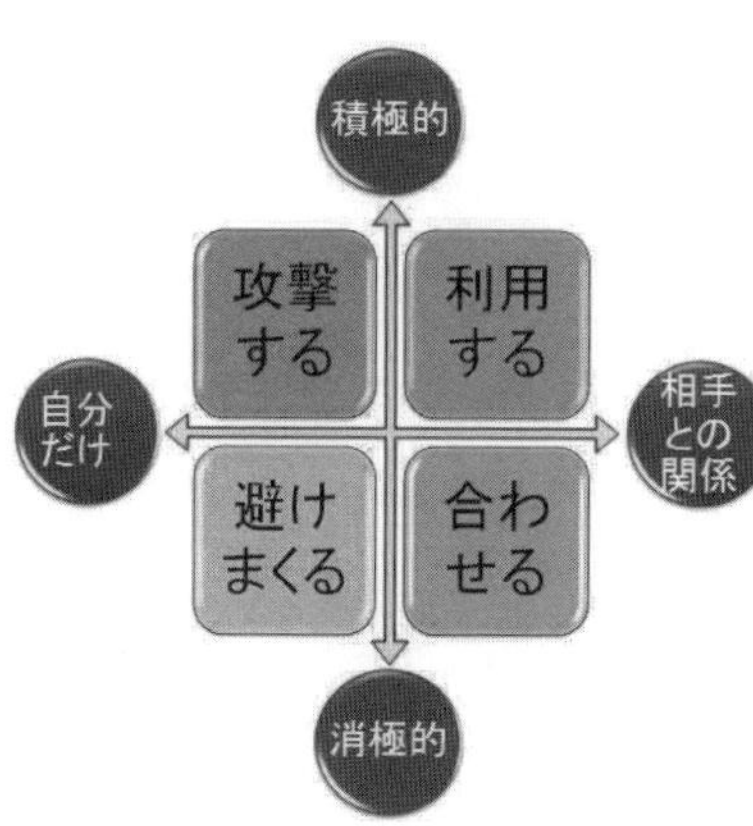

（剣先が横や上下にずれる）」や「動作の隙（起こり頭や技の尽きたときなど）」「防御しようとしてできた隙（＝虚。間に合わない、間違えた、止めた）」があります。迷わず打ちます。

「動く先」というのは、お相手の「心が動いた時（虚）」に、お相手が「どう動くのか」で、例えば次表の（ロ）の下がる距離や、（ハ）の打突が面なのか小手なのか…ということです。（ハ）のときは、お相手の面打ちが遅ければ出鼻面、お相手の面打ちが速ければ擦り上げ面。攻めの後半で面を打ってきたときに、お相手の面打ちが遅ければ返し胴、お相手の面打ちが速ければ出小手、というようになります。お相手が途中で気付いて、何らかの防御をしたり反撃する場合もあります。

	「心の隙」四戒からの「体の隙」や「動く先」	実際の行動
お相手の心が動いたとき	イ、「打とうかどうか」惑って**居つく**（虚）	「動く先」を一拍子で打つ。
	ロ、「打たれる！」と驚いて下がる（虚）	
	ハ、「打たれたくない」と懼れて慌てて**打つ**（虚）	捌いて、出小手、抜き胴、返し胴など。
	ニ、迷って、正中を守って**堅くなる**（実）	攻め直す。

「攻め打ち」の数えきれないほどのパターンで、お相手や機会に合わせて自在に選択して打てるようにします。そうすると、関心はさらに精度を上げることになり、お相手が打ってくるところに後から上から打ち落としたり、「誘う餌が安かった」とか、「もう一センチ手前だったかな」というような達人にしか分からない小さな反省と改善を繰り返すようになり、達人になっていくのでしょう。

二、「力まないで踏み込みながら刃筋の立った刀勢のある冴えた打ち」の構造

踏み込むというと足腰、打つというと腕・握り、と体の一部分だけを考えていました。しかし、しなりや重力を利用した「全身運動」だったのです。

丹田でスクリーンの中央を押し出すしなやかさ、抜重、腕と手の内の脱力、呼吸法と発声と気、骨や筋肉の構造を知って動かすことが大きな構成要件だったのです。

その詳細である下の図の①～⑦を、次ページ以降に解説していきます。

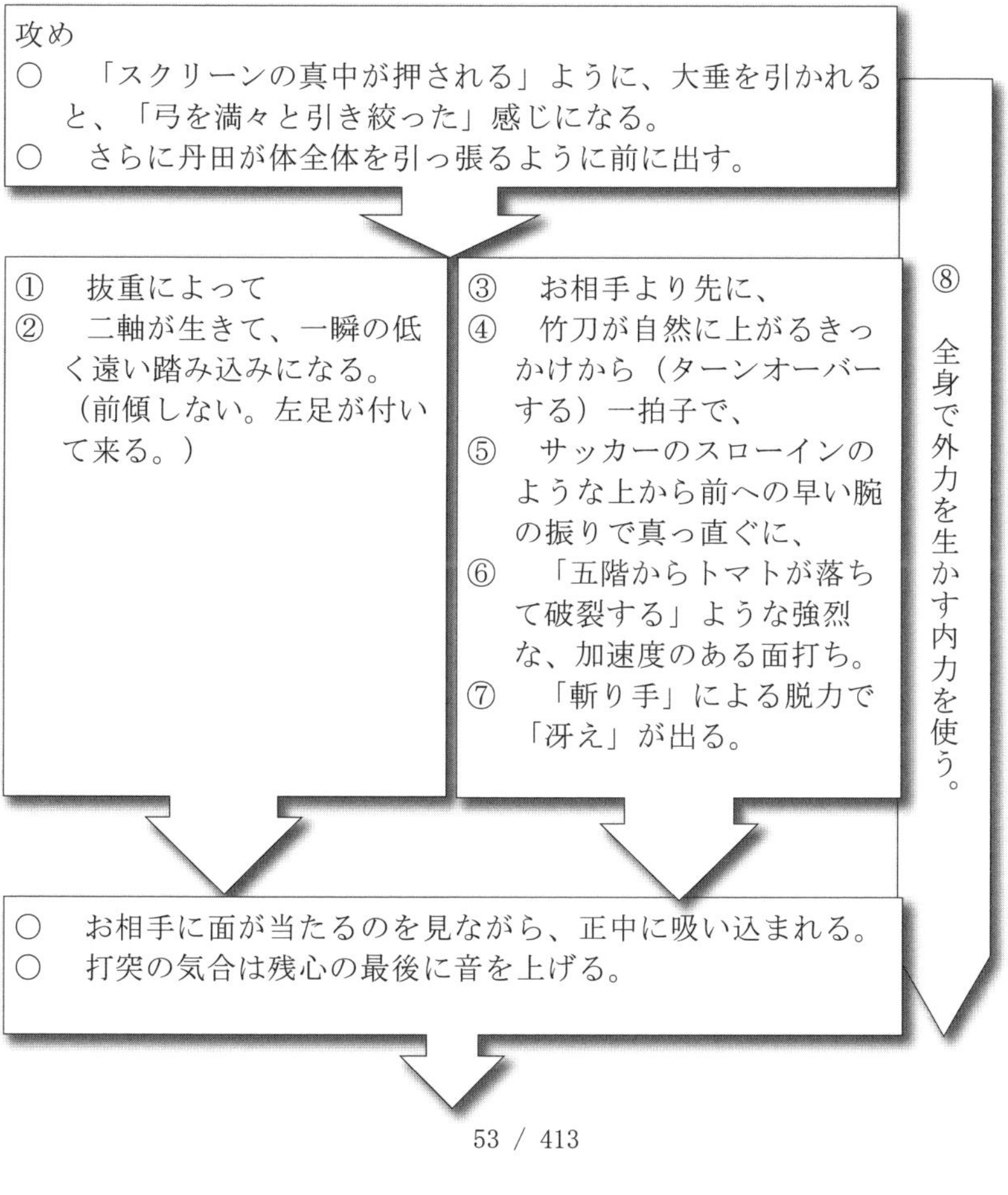

攻め
○　「スクリーンの真中が押される」ように、大垂を引かれると、「弓を満々と引き絞った」感じになる。
○　さらに丹田が体全体を引っ張るように前に出す。

①　抜重によって
②　二軸が生きて、一瞬の低く遠い踏み込みになる。（前傾しない。左足が付いて来る。）

③　お相手より先に、
④　竹刀が自然に上がるきっかけから（ターンオーバーする）一拍子で、
⑤　サッカーのスローインのような上から前への早い腕の振りで真っ直ぐに、
⑥　「五階からトマトが落ちて破裂する」ような強烈な、加速度のある面打ち。
⑦　「斬り手」による脱力で「冴え」が出る。

⑧　全身で外力を生かす内力を使う。

○　お相手に面が当たるのを見ながら、正中に吸い込まれる。
○　打突の気合は残心の最後に音を上げる。

三、左足で蹴って飛ばなくても、抜重によって正対したまま踏み込める。

八段のしかも強いA先生が、「技を出すときは左足の力で床を踏み切り、右足で踏み込みます」と書いていました。私も、こう習い、一番遠くに早く踏み込めると信じて、踏み切る前の準備として上半身を前傾させ、右膝を上げて、弾みをつけて左足で床を蹴って跳んでいました。陸上競技の四百メートル以下の短距離走で使われるクラウチング・スタートと同じだと思っていました。

しかし、膝を上げると右足先はいったん前に出ますが、竹刀を振るために上半身を起こすので、右足は戻って来てさほど遠くには出られません。左足は床から離れないので、両足が前後に開くため、腰が開いて上半身が右に捻じれて右手打ちになります。打った後左足が残るので、バンザイをして引き付けます。左ふくらはぎに強い力がかかり痛くなったり、右の踵に強い衝撃がかかって痛みが取れなかったりしました。打った途端、前に進む勢いが止まってしまいます。なにより、思い通りに打ち出せませんでした。

ところが、A先生は構えと打ったときと上半身がほぼ同じ形で、右足も低く遠くに踏み込んでいます。どうやっているのでしょうか。

ある尊敬する警察の助教さんから、九州の強豪高校の速く打てる方法を教わりました。それは、「構えたとき既に左足一本に乗っており、右足は浮かせている」という方法です。そこで「上半身を後傾させ、左足に体重を乗せたまま、右足を滑らせる」形を「襖を開ける」と表現して、自分の会の子供たちに教えました。すると、なんと、「すり足で左足が右足を越える」、「上に足を振り上げないと踏み込めない」、「打った後左足が右足を越えてしまう」などの悪癖が直ってしまいました。悪癖の原因は、「前傾」姿勢とそれによる「体軸の捻れ」が原因だったのです。その後、日本の伝統的な所作の「襖を開ける」方法は両手で左右に開くのではなく片手ずつだと気付き、また「襖」が子供たちの家にないことに気付いて、「体重を左足に残しながら出始める」に修正しました。ところが、右足を上げ続けるので左のふくらはぎが痛くなりました。

次に、柳心照智流の居合を学んだら、刀を振り降ろすときに、膝から力を抜いて体を落とす「**抜重**（ばつじゅう）」を知りました。エレベーターが降下するとき、フワッと一瞬、自分が軽くなったかのような感じがしますが、この落ちることによって軽くなるときを利用すれば、体は効率的に動かせるのです。準備として構えたときに**丹田が正中線上の前に引かれたバランスをわざと崩した状態**にしておくと、膝を緩めた途端に「つっかえ棒を外す」形になるので、一瞬で低く遠く踏み込めます。「**二軸感覚**」になるので、正対したまま踏み込めます。お相手にも分かり難く、左のふくらはぎやアキレス腱を過度に使って故障することも少なくなりますし、上に跳んで落ちてくるのではないので、右膝の負担も少なくなります。

膝から力を抜いて体を落とす「**抜重**」を、柳生石舟斎は「浮き身」と言ったようです（『新陰流截相口伝書事（しんかげりゅうきりあいくでんしょのこと。柳生石舟斎宗厳が、孫の柳生兵庫助利厳へ一六〇三年に伝授した目録）』）。柳生新陰流で踏み込みの際に少し膝を曲げて体重を太刀に乗せるために左膝を抜重する「えます」も「**抜重**」です。一九八〇年に静岡県沼津市丸子町の羽賀忠利範士八段の養心館道場でご指導いただいたときに、六十三歳の羽賀忠利先生が、二十四歳の大学生の私に「サッカーボールを蹴るように右足を踏み込む」と仰っておいででしたが、これも「抜重」からの踏み込みでしょう。堀江先生も少しだけ前傾した構えでしたが。打ち出すための初期動作としてさらに前傾することはなく、腰から動き出して打ったときも同じ姿勢でした。

A先生は、多分この「抜重」を利用しているのです。美しい踏み込みをする先生はすべて前傾せず、腰始動です。腰が前に出てしまったら、左足には体重がかかりませんから、抜重によって斜めになっている左足に乗って踏み込んでいるのです。ただ、A先生もこの構造とその働きには気付いていないか、ご存じでも解説してくださらないだけだったのです。

左足で蹴らなくても、右膝を上げなくても一瞬で踏み込めます。慣れると、小さく丹田を出した瞬間に打てるようになります。お相手が打ち始めてからでも、速いので間に合います。

羽賀忠利・はがただとし　一九一七年（月日は不明）～二〇一〇年三月七日、九十三歳。広島県生まれ。十五歳のときに国士舘中学校（旧制）入学後、国士舘専門学校に入学し、斎村五郎、小野十生、岡野亦一、小城満睦、小川忠太郎、大島治喜太範士等の指導を受ける。一九四一年国士舘中学校、中野学園中学校、都立芝商業学校教諭となる。一九四三年三重海軍航空隊（予科練）に剣道教官として入隊。戦後は島田商業高校教諭、一九五三年静岡県警察本部剣道師範、一九六九年養心館道場（静岡市丸子）創立。剣道と無双心伝流居合を指導。全日本剣道連盟、全日本剣道道場連盟、静岡県剣道連盟などの役員を歴任。一九七四年静岡県警察本部退職。静岡県警剣道名誉師範。一九九六年文部大臣賞受章受章。一九九八年剣道功労賞受賞。一九五六年から一九七七年に全日本東西対抗剣道大会に四回出場。

四、二軸を交互に使う、一瞬の低く遠い踏み込みを稽古する。

小田伸午氏の「運動科学アスリートのサイエンス」を読んで、抜重すると「前傾しない」で踏み込めるだけでなく、「体を捻らないこと」、さらには「面を真直ぐに打てること」も理解できました。

「腰」というとき、骨盤の上や背骨の付け根あたりをイメージします。しかし腰を曲げたときに一番動いている関節は股関節です。その**股関節**は体の両側についていますので、立って動くときの軸は二つあります。人間は生まれてからよちよち歩きまでは「**二軸感覚**」なのに、その後成長すると「**中心軸感覚**」になって、「体を捻る」ことによって一軸であるかのような歩き方になります。

剣道では、「中心軸感覚」によって「体を捻る」と、すり足をするときに左足が右足を越えてしまう、前後に動くたびに腰が回る、面打ちが右から左に斜めになる、踏み込みが届かない、踏み込んだ後に左足が引き付けられない、打った後捻れた体を戻すためバンザイする、などが生じます。

体を捻らずに踏み込むには、「**丹田がお相手の正面に吸い込まれる**」意識を持つことなのです。「**スクリーンの真中を押すと四隅が付いて来る**」感覚です。抜重によって左足に軸が移り、右足は低く遠くに達して着地します。その直後に、右足に軸が移って左足が引き付けられます。体を捻ったときの一軸の場合の、踏み込んだときに左足に軸が残って左足が床に着いたままなのに比べて、十センチメートル程度遠くに踏み込めます。左右の足に軸が移って入れ替わることによって、平行な二本のレールの上を左右の足がそれぞれに進んでいるような動きで、体は常に正対します。

五、「斬り手」でサッカーのスローインのように腕を前に振れば、止める力は要らない。

面を打つ瞬間は最速にして打った途端に止める素振りは、腕や肘が筋肉痛になります。これは、野球で言えば「振り出したバットを空振りしないように止める」訓練をしているようなものです。「止める稽古である空間打突は稽古しない」と素振りをさせない高校もあります。両手で持つ野球のバットやゴルフのクラブなどのスイングには、インパクトの後、必ずフォロースルー（follow - through 振り抜くこと）をして、勢いを開放する動作をします。フォロースルーのない縦振りは？ありました！サッカーのスローインです。

以前から「竹刀を前に投げる」という動きを推奨していましたが、サッカーのスローインのような上半身を反って腹筋を使う『体幹のしなり』という全身の筋肉の動かし方には気付きませんでした。サッカーのボールは結構重いので、腕だけでは投げられないのです。

しかし、面打ちは竹刀を持っていなくてはならないので、スローインのように手を開いて腕の脱力をするわけにはいきません。ところが、右手を「**斬り手**」にしておけば竹刀を握る力も要らないので、両腕は脱力できるのです。さらに左手の小指を締めると竹刀の加速度が増します。

「体幹のしなり」と「斬り手」を意識して上段から面打ちを素振りすると風切音がするのに驚きます。止めようとしなくても止まる振りを楽しむことができます。

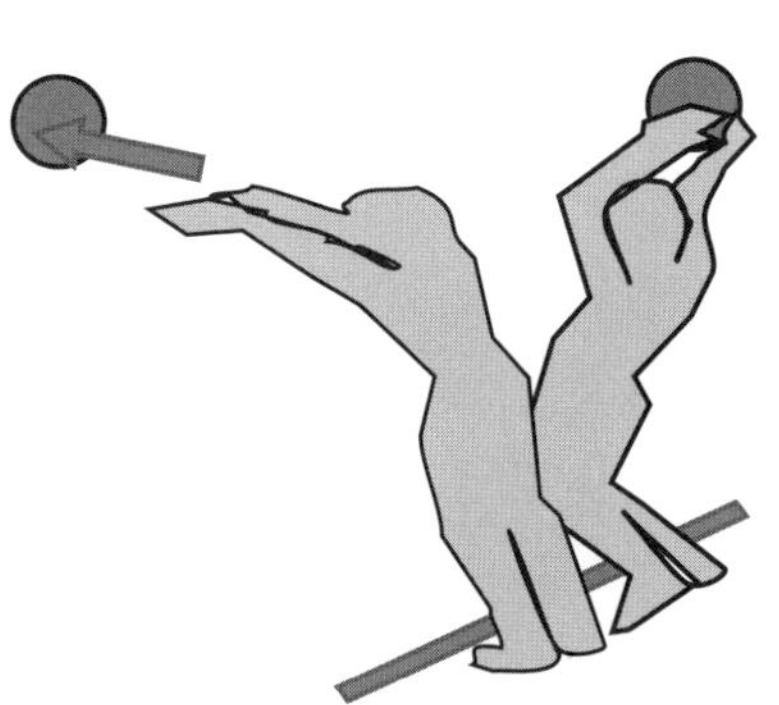

六、「五階からトマト」の勢いで面を打ち、お相手に吸い込まれる稽古をする。

かつて、ある先生が面をつけて、右上段に構えたところから「五階からトマトが落ちて破裂するような、俺の頭が割れるくらいに面を打て」と言われましたが、最初はできませんでした。腰と腕の脱力ができなかったのです。力んで無駄な動きをした方が気持ち良かったり、達成感があったりするのです。しかし、四十五度に振りかぶった所から、丹田を出して脱力しておいて、重力で竹刀が落ち始めるときに、左手の小指を締め、上半身は腹筋を使ってスローインのように竹刀を前に投げ出し、下半身は「抜重」を使って踏み込む、全身の「体幹のしなり」を使います。すると、トマトが五階の窓から落ちて地面にぶつかって破裂するような爆発的な**加速度のある面打ち**と、その後一瞬でお相手に吸い込まれる体当たりになります。

地球が引っ張ってくれる重力を「外力（がいりょく）」と言い、自分の中にある筋力を「内力（ないりょく）」と言います。外力を生かす内力を使うことで（小田伸午著「運動科学 アスリートのサイエンス」P.211）最大のパワーが出るのです。「竹刀の重さ×重力加速度9.8m/s×高さ」に、胸と腕の下筋でスピードを上げる「K=1/2×質量×速度の二乗」がパワーを増します。さらに、「腕は肩からついている」と思いがちですが、実は首の下の**胸鎖**（きょうさ）**関節**からつながっています。意識して鎖骨を動かす（鎖骨下筋と小胸筋）胸を閉じる動きをすると、腕が長く使え、加速度も増します。

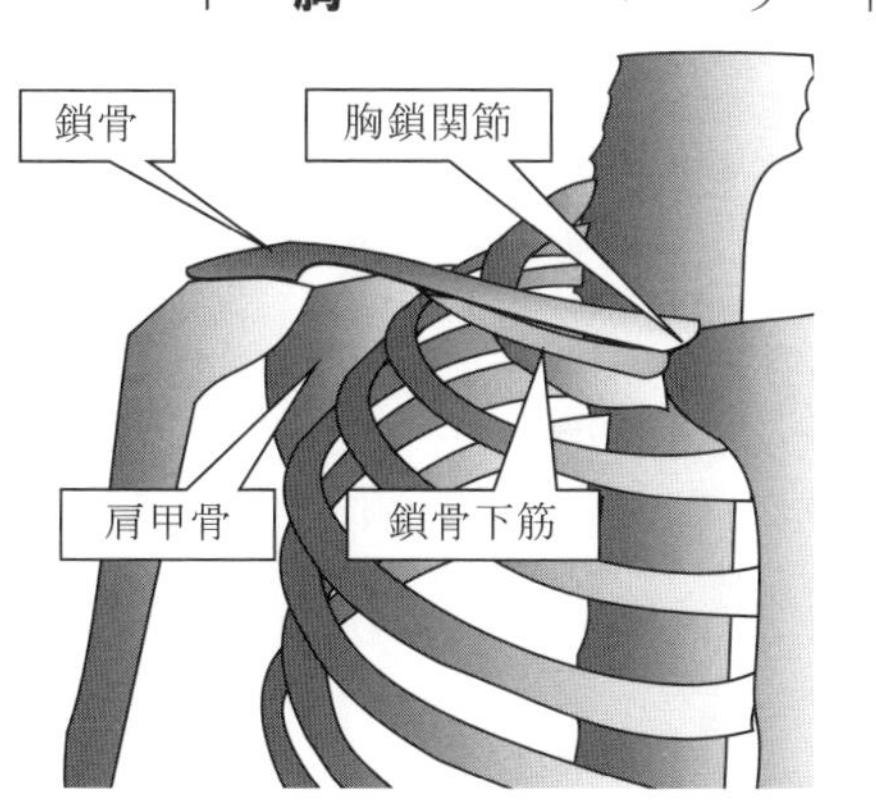

七、「斬り手」による脱力で、「冴え」を稽古する。

竹刀で面を打つとき、打った途端止まってしまう人が多いです。しかし、①頭頂部でなく額を、②前に出ながら打って、③勢いをお相手に預けて跳ね返るのが正しいのです。残心のある「攻め打ち」をします。刀で言えば、「**斬りつけ**」という刀法に近いもので、「押し切り」です。額を割られると一瞬にして体が動かなくなるそうですし、浅くても血が噴き出るので前が見えなくなり戦闘意欲がなくなるようです。

この時の右手の使い方が、いわゆる「**斬り手**」です。既にやんわりと握っている左手の小指・薬指を柄頭の方向に「ほんの僅かだけ」キュッと引くような心持ちで締めながら、同時に「斬り手」にしてある右手は僅かに手首を縦に回転させるような形でやや前方にグッと伸ばします。なお、警視庁では打突の手の内を「**緊張と解禁**」と呼んでいます。「『緊張』とは打つとき竹刀をグッと瞬間的に締めることです。『解禁』とは打突が当たった直後にスッと力を緩めること（剣道日本 No.340 二〇〇四年六月号 P.33 千葉仁範士八段）」です。この形を「引き手・押し手」と言う場合がありますが、意識すると不自然な当てるだけの打ち方になります。また、「**押し切り**」といっても、意図しなくても押す形になるという意味です。

腕はスローインの要領で前方で解放され、拳は肩の高さ、左拳はみぞおちの高さで止まり、その時に切っ先が小さくクンと振り切られ耳ぐらいまで下がるような微妙な手の内や「冴え」を知るのが大切ではないかと思います。打突部位で竹刀を止めずに顎下まで切り下ろす指導、素振りにおいても肩より低い位置になるまで振り下ろさせる指導はいかがなものでしょうか。

井上正孝先生は、『人生に生きる 五輪の書』では現代剣道の問題点と解決策を示唆して参考になります。「強さでなく正しさ」を説き、「三所避け」を「一文字開き」と言い嘆いておられます。その中で、先生の言わんとしたことと、私の主張が奇しくも同様であることが多いのに驚きます。

「重心の平行移動」「身体の並進運動」のための「湧泉の踏切」は、私の「抜重」と同じではないでしょうか。また、刃筋を立てることの難しさや「『振る』のではなくて『打つ』」という主張や、次の「空間打突はやってはいけない」というのは、まさに私の、右手を「斬り手」に左手の小指を締めてスローインのように腹筋を使って、重力と加速度を利用する「五階からトマト」の面打ちにつながります。

「刀で斬る精神は、山岡鉄舟が『面を打ったら臍まで斬り下げよ』、示現流では『地軸まで斬り下げ』と指導されたようですが、竹刀は面の上で『止まる』。しかし『止める』のではない。『止める』稽古である空間打突は右手が堅くなるという弊害・後遺症が出るのでやってはいけない。持田先生も重い木刀で素振りする鍛錬はされなかった」と書いてあります。『常静子剣談』の「打つ手の内を言わば、柄の向こうへ抜け出るを、あたる時に握りて留める心なり（「武術叢書」P.387）」、小田切一雲の「太刀を引き上げて落すばかりなり」と脱力の重要性を強調しています。

心を打つ「攻め打ち」をするために、「刃筋と刀勢」のある振りに変えましょう。

八、丹田を出すきっかけから一拍子で先に打つ、「攻め打ち」をする。

「打たれないように竹刀を上げないようにぎりぎりまで出てから、小さな面を打つ」のは、竹刀を振り上げると、勢いづいて頭上四十五度以上竹刀が後方に傾く大振りになって、面を打つために逆方向に反転するのが遅いのを知っているからです。打ちが軽く、打った瞬間前に出る勢いが止まるのもご存知です。

竹刀を振りかぶった途端に竹刀が前に出てくる「一拍子」にするには、**丹田を前に出すことで竹刀が上がりはじめたときに、「天井を突くように少しだけ力を添える」だけにすればいいのです。**実は、腕を水平以上に上げようとすると、肩甲骨の前面にある「肩峰（けんぽう）」がつかえて、肩甲骨そのものを動かさなければならないのです。肩甲骨を動かさなければ腕の上筋及び背中の筋肉は緩んだままなので、反転「ターンオーバー（turnover）」して、胸鎖関節から鎖骨を動かす、胸を閉じる動きがすぐに始まるのです（「**剣の復活**」）。

中段に構えたところから一拍子に打てると、「お相手より先に竹刀を上げれば先に当たる」ことに気付きます。しかも、「トマトの打ち」の勢いは、「お相手の面に自分の竹刀が当たるのを見ながら」、「打った後に返し胴や擦り上げ面が当たる時間がないほど速くお相手に吸い込まれる」のです。自分が丹田を出して切っ先が上がり始めたとき、お相手が竹刀を上げ始めなければ有効打突になる可能性が高くなります。

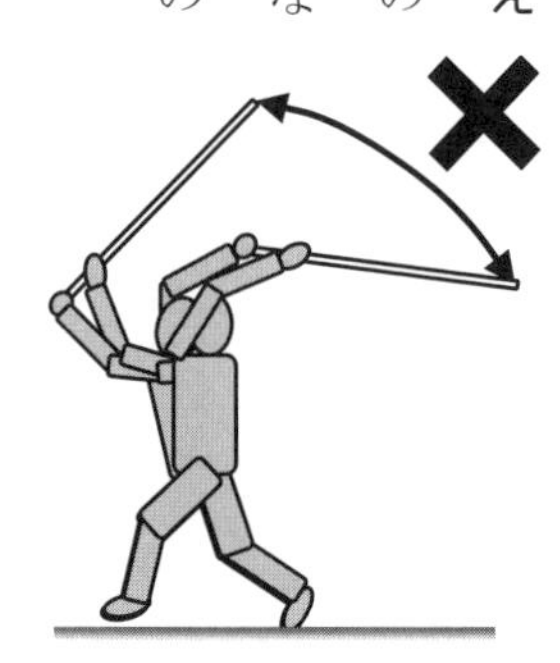

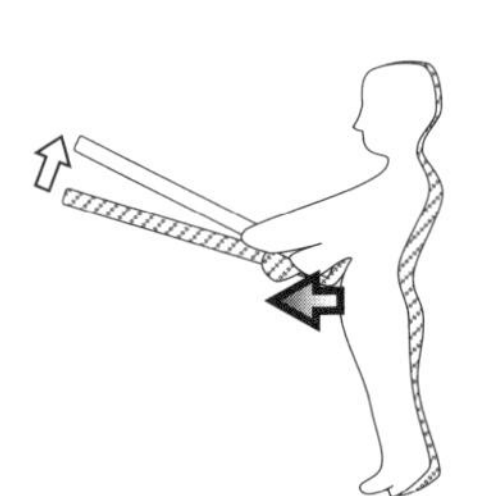

この竹刀の振り方が下図のAです。実線は大きく振ったとき、破線（点線）は小さく振ったときです。肘をほとんど曲げずに竹刀を前に振り出します。下すときは意識して胸鎖関節から鎖骨を動かして前に振り出します。一刀流では振りかぶったときに両肘を広げておいて、肘を前に投げ出すように木刀を振ります。古武道の柳心照智流では開いた胸「陽」を閉じる「陰」の動きをします。これらもAの一種です。

Bは肘をやや落としてから肘を出して段々早くなるように伸ばします。

Cは肘を落としてから伸します。腕だけで振る感覚です。

BもCも使う場面はありますが、Aは刀の振り方と同じなので基本としてできるようになりましょう。しかし、このAの振り方をしている人はめったにいません。丹田を出して切っ先が上がり始めて打てばAになり、「丹田を出す＝「攻め」なので、「攻め打ち」になり、体当たりを伴います。

面を打ったとき、左拳が右拳の上になってはいけません（下図）。肘は、理想的には両肘とも伸びきって、その後すぐに緩みます。

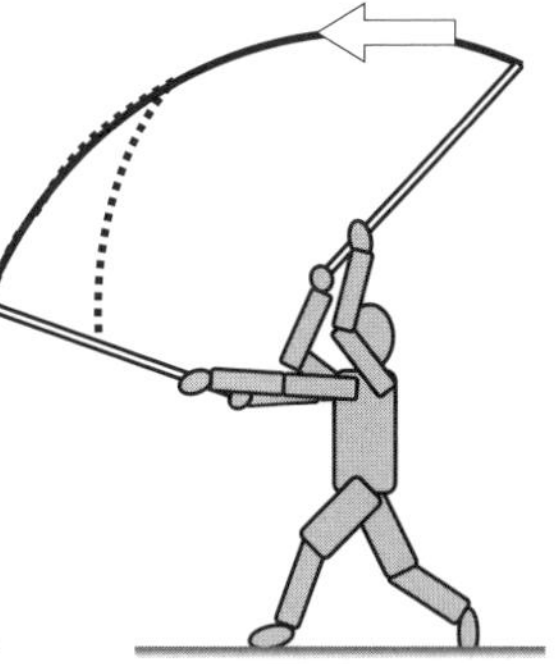

A．初速を早く上から前に振る

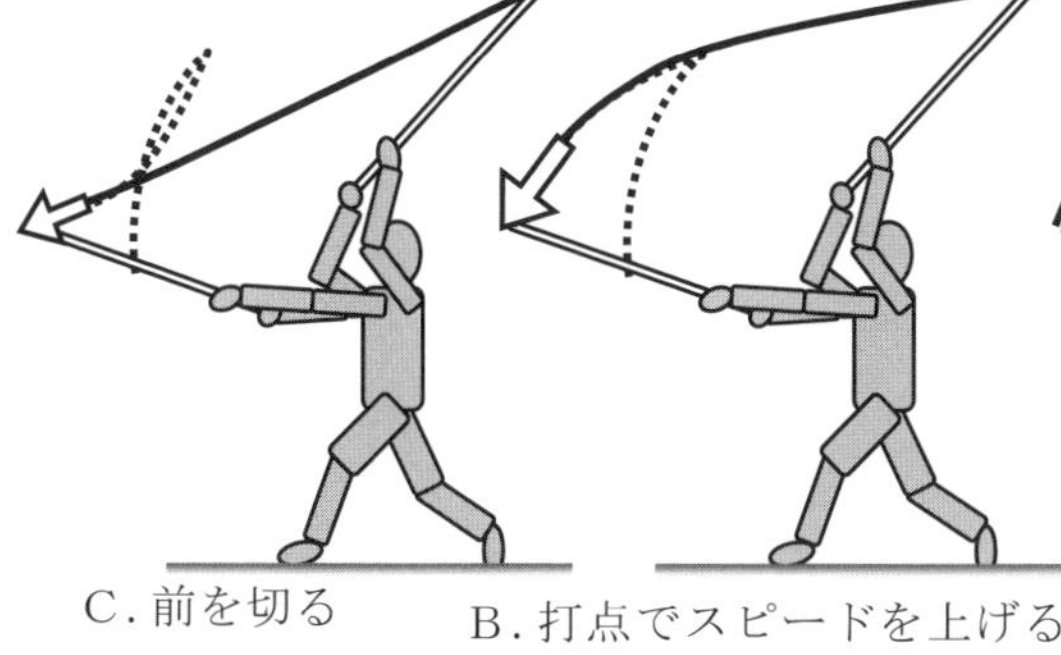

B．打点でスピードを上げる

C．前を切る

九、お相手の竹刀が先に上がったら、小さく正中を制して前に出る＝避ける。

お相手の竹刀が先に上がったら、打たれる可能性が高いので、避けます。しかし避けると言っても、「小さく竹刀を上下させて小さく一歩前に出ます」。すると、「お相手の打突がどこかで弾かれる」という、ものすごい効果が得られます。最初は信じられませんが、怖くないので心を動かさずに避けられます。打つのと同じ形なので、そのまま打突できる場合もありますし、擦り上げもしくは切り落とす形と同じになるときもあります。横から斜めに打って来る小手も②が速ければ防げます。

「中心・正中」というのは点や線ではなく**「正中面」**で、「中心・正中を保つ」というのは、次の三つの「正中面」を一つに重ねることです。

①　自分の中心を通る「正中面」
②　竹刀を振る「正中面」
③　お相手の面の中心を通る「正中面」

「小さく竹刀を上下させて小さく一歩前に出る」のも、「打った後竹刀を立てる」のも、三つの「面」が一致することによって、お相手の竹刀はどこかで弾かれるからです。柳生新陰流の、自らの「人中路（①の面）」を真っ直ぐにして「一刀両段（『碧巌録』の言葉なので「断」ではなく「段」）」に斬る（②の正中面）と、必ず敵の拳が斬れる（③の面）「十文字勝ち」も、相手から見たときに自分の身体を構えた太刀に隠す「刀中蔵」も三つの「正中面」が一致することです。

☆一拍子　動く刹那を先に打つ　斬り手の冴えは前に出ながら

第四章、残心・お相手の正中を割って心を打つ。

一、残心は、お相手の心を打ったかどうか確認すること。

有効打突は、「剣道試合・審判規則」第十二条に、「・・・残心あるもの」と規定されています。「残心」は、「お相手を打突した後にも、攻める気持ちを持ち続け、お相手の動作にすぐに対応できるように示す気構えや身構え」です。しかし私は、「残心」とは**「没我の一打がお相手の心を打ったかどうか確認すること」**だと思います。

一刀流では、「残心とは、心を残さず打てという事なり」、「茶碗に水を汲み、速やかにすて、また中を見ればそく一滴の水あり。これすみやかに捨てるゆえにもどる」とあり、高野佐三郎は『剣道』第二編術理第五章「至理」八「残心」に「少しも心を残さず撃ち込めば、よく再生の力を生ず」と言っており（「近代剣道名著大系・第三巻」P.130）、心を残さず打ち込むから後に心が蘇ると言っています。

目的	実際の行動
お相手の正中を割って心を打つ	①お相手の正中に吸い込まれる。
	②勢いをお相手に預け、反動で下がる。
	③お相手がずれれば、抜ける。前に出ながら振り返る。
	④正対して残心を示すときに、音を上げて終わる。

二、お相手の正中に吸い込まれ、勢いをお相手に預け、反動で下がる。

「当たっただけでは一本になりません。余勢と残心が必要です」と言う意味は、「打って止まるような打ちは、一本にならない」という意味です。「**前に出ながら打つ**」から余勢があり、残心がとれるのです。前傾しないで丹田から打てると、右に行かず、バンザイしないので、自分の竹刀がお相手の面に当たるのが見えます。その余勢で「体当たり」しますが、お相手を吹っ飛ばすぐらいに強くぶつかるのではないのです。

「体当たり」は「勢いをあずける」ことなのです。「打った後、もたれかかるな。肩、腕を脱力して臍で当たれ」という教えがありますが、お互いの竹刀の柄の真中ぐらいを当てます。面を打った後姿勢を崩さずに、腕の下筋の力を抜いて、右手を少し手前に引いて竹刀を真っ直ぐに立て、「拝む」形にして、**自分の勢いを預けて、その反動に両腕の押しを加えてすぐに離れるのです。**下図のように、小手をつけて「壁に体重を預けきると反動が来るので、それを利用して両手を突っ放して離れる」訓練をします。

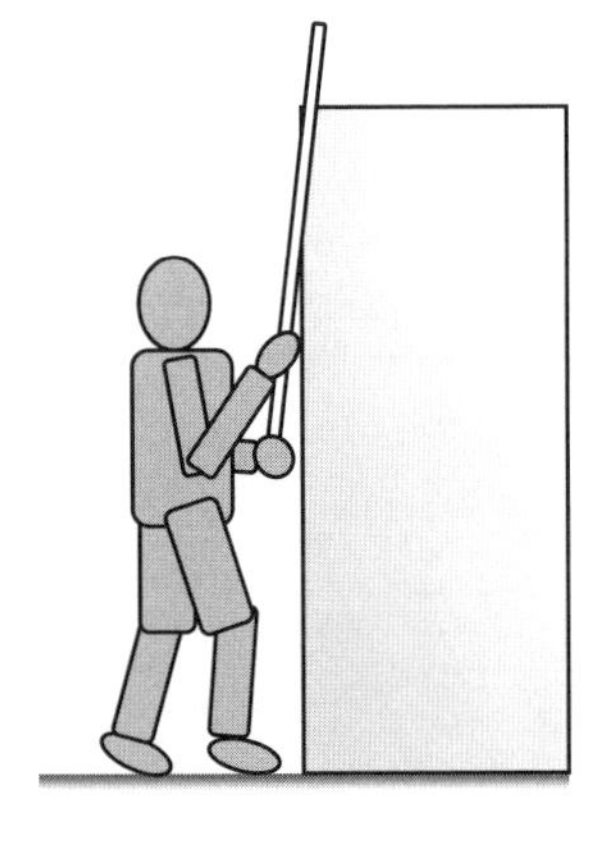

二〇〇六年十月の剣道日本十月号 No.368P.29 で羽賀忠利先生が、「**面を打ち。手元を下しながら腰から相手を目がけて体当たりしていく。受ける側もしっかり腰で受けるようにする**」とお書きになっています。

三、お相手がずれれば抜けて振り返る。打突の声を高めて終わる。

面を打ったとき、お相手がずれれば、抜けて三、四歩すり足をし、中段の構えで止まったところから、竹刀を上げずに、左回りに**お相手方向に右足を一歩踏み出し**ます。抜けた後に、審判に「打ったぞ」とアピールしたり、喜びをガッツポーズで表したり、「もう終わった」と打たれないように横を向いたり、背中を見せて逃げるような態度をとると、審判規則第二十七条と細則第二十四条の「不適切な行為」である「打突後、必要以上の余勢や有効を誇示した場合など」に当たって、主審が有効打突の宣告をした後でも、合議の上、一本が取り消されます。

「勝ったつもりで安心して振り向いたら、打たれて負けた」とならないよう、精神力を持続していることを示すために声を続けて尻上がりに勢いを増す声を出しましょう。そのとき、お相手が「隙を打たれた」と感動しているかどうかを拝見するのです。一刀流では、「打ち倒し首取りても安心せまじと云ふ所より、残心と号（なづ）けり」とあります。柳生新陰流では「勝たりとも打ちはづしたりとも、とりたりとも、ひくにも掛るにも、身にても、少も目付に油断なく心を残し置事」とあります。勝海舟は「**事の未だ成らざるは小心翼々。事のまさに成るは大胆不敵。事のすでに成るは油断大敵**」と言いました。

☆ 残心は打った勢いそのままに　正中に預け　すぐに離れよ

第五章、気付きを訓練して習慣化して技にする。

第六感・「勘」が働いたとき自然に的確な打突ができることを、「思わず」「無意識に」技が決まったと言います。しかしこれは、熱いものに触れたとき思わず手を引っ込めるときの、危険回避や生命維持のため、生まれつきそなわっている反射（Reflection）ではありません。反射は、皮膚で感じた刺激による信号が、大脳を介さずに、脊髄などにある神経の道を通って神経中枢から筋肉などに反応「手を引っ込める」となって伝わります。しかし、打突という複雑な行動は反射ではできません。

剣道の技は、稽古を毎日さまざまな人とすることによって「**運動学習** motor learning」して、その運動スキルを「**スキーマ**（schema　概念・一般化された運動プログラム）」として**神経伝達の回路網として大脳に蓄積された行動**です。第六感・「勘」による危険察知、打突の機会感知、「どう打てば当たるか」などが技として身に付くのです。

ここで問題なのは、「打たれるのを避ける」「必ず斜めに振る」などの悪癖も、間違ったことを学習したスキーマだということです。修正プログラム「七つの知恵」を走らせましょう。

そして、よく「目から鱗です」と感動したままにする人がおいでになりますが、「問題とするところを自らの中に蔵し、これを脩（修）め、息をするように自然に行い、優游自適に探求を行えるようにする」のでなければ自分の能力を成長させたことになりません。これは儒教の五経のひとつ『礼記（らいき）』の「学而（がくじ）」第十八にあります。「君子の学に於けるや、焉（これ）を蔵し、焉を脩し、焉に息し、焉に游ぶ」で、省略して「**蔵脩息游**（ぞうしゅうそくゆう）」と言ったり「**四焉**（しえん）」と言います。『守破離』の『離』の段階まで稽古して意識しなくてもいつでもできるようにならなければ一流になりません。

これは、下の図の「**能力開発**の段階」と同じではないでしょうか。次の段階に行くために何をすればいいかを知れば、学習を早めることができます。そして稽古をする際には、自分の言葉（statement）で具体的に言い表して標語にすることをお勧めします。目標を明確化することが達成の最大の助けになります。そしてその言葉を自分の実体験から学んだこととして磨いていくと、後進に教える際に大いに影響力があるのです。「七つの知恵」は稽古によって「態度」の段階になったとき、自分の「七つの知恵」になります。

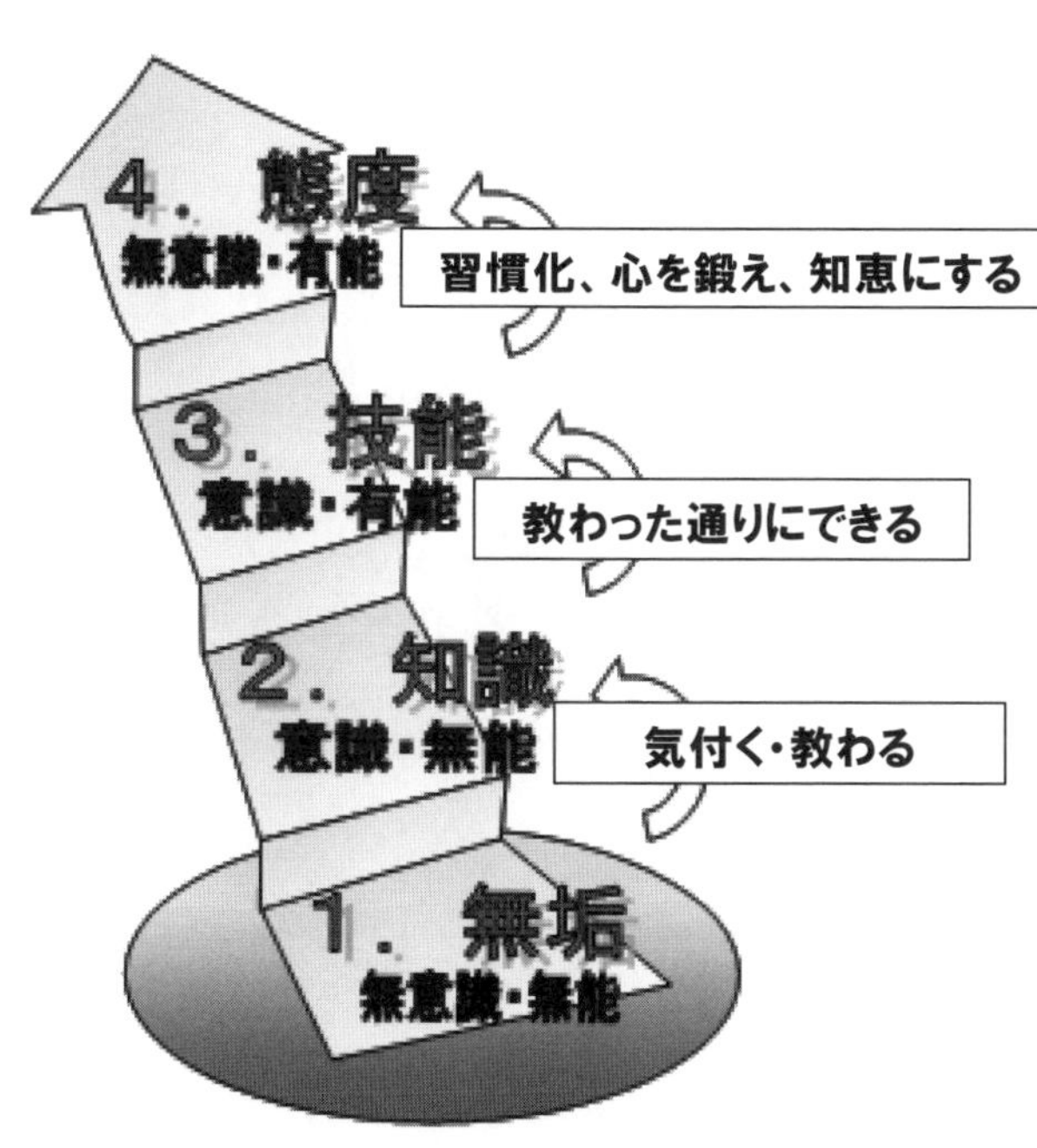

第六章、すべての悪癖の原因は「前傾」と「体軸の捻れ」

思い切って面打ちをしようとすると、打つのがお相手に分かって先に打たれ、返され、余され、避けられます。それが嫌なので「打たれないこと、当てること」を目的に稽古してしまいます。すると、先生が面を空けて下さったときに、空振りをします。頭の中に避けることがどこかに残っていて、力んで大振りしたり、興奮したり焦ったりして、冷静に最短・最速で打てない、打たれないように斜めに避けるように打っている、右手が強過ぎる、攻めがない、溜めがない、打ちが弱い、お相手が少しでも動くと避ける体勢をとってしまう、踏み込むときに右足が高く上がってしまう、踏み込んだときに左足が残る、打つたびにバンザイする、などなど悪癖はなかなか治りません。

これら悪癖の原因は、「**前傾**」姿勢とそれによる「**体軸の捻れ**」です。間違ったことを学習してしまっていたので、「七つの知恵」を再インストールしていただければ、すべて直ってしまうのです。また、力まないので無理がかからず、しなやかで体に優しいのも特筆です。

プラスチック鍔の３面に接着剤で鮫革を貼って、ディスクサンダーで磨いて、色をつけて、２液性のクリアーウレタンを塗りました。

第四編　稽古の仕方

第一章、「正しい」稽古とは、自分の壁を破ること。

一、試合は「一本を競う」。稽古は「有効打突を高め合う」。

「打たれないようにして一本を取る」のは試合の鉄則ですが、稽古も同じようにすると、今の自分の実力の範囲ですることになり成長しないのです。「恐ろしいと感じている間合いから打つ」という心の壁を超える実験、「無理かもしれない打ち方をする」という自分の感性の壁を壊す、自己制限を外す実験をして、自分が「思い通りに」打てることに集中する稽古が正しい稽古です。「思いきれる」のは「思い通り」だからです。「思い通り」の世界には心の迷いがないのです。

『剣法秘訣(孫の千葉勝太郎編・千葉周作遺稿)』には「『気は早く、心は静かに、身は軽く、目は明らかに、業は烈しく』この歌は当流にて初目録前後の処なり味わうべし（「近代剣道名著大系　第二巻」P.211）」とあるように、「先をとっていつでも打てる状態で、あせらず、あわてず、上虚下実で力みなく、全体を観わたして、気・剣・体の一致した冴えある打ちをしましょう。

ペイズリー柄が型押しされた牛革で、竹刀袋とお揃いで作りました。ちょっと重くなってしまいました。

二、理業が一致するまで稽古すると、「知識」から「知恵」が生まれる。

文字の羅列である「知識」を頭で理解し、さらに実践可能な「知恵」で思い通りに体を動かすことができるから、成長への意欲がかき立てられるのです。「理」を用意して「行」＝稽古します。「七つの知恵」を覚えて実践します。できるようになったとき、その言葉のままで腑に落ちるか、「自分ならこう言う」という表現が思い浮かんだら、自分だけの「知恵」が体得できたのです。

「般若の知恵」まで高めた、過去の名人たちも以下のように言っています。

不動智神妙録に「理之修行。事（わざ）之修行。と申す事の候」があり、「理」は無心になる修行と「技」は車の両輪のように揃っていなくてはいけないと言っています。**理業一致**（りぎょういっち）とも言われます（「沢庵不動智神妙録」P.50）。

また、『剣法秘訣（孫の千葉勝太郎編・千葉周作遺稿）』には「上達の道にいたるに二道あり、いずれより入るも善しといえども、理より入るものは上達早く、業より入るものは上達遅し、何となれば理より入るものは、たとえば向う斯様するときにはかくせん、かくせんときに斯様（かよう）にせん、かくなりたるときにはいかにせんとその理を種々様々に考え、工夫を凝らして稽古するという。業より入るものは左様の考えもなく必死に骨折り、散々に打たれ突かれして後、妙処を覚ゆることゆえ、上達の場に至るには大いに遅速あり、ゆえに理を味わい考えては稽古をなし、稽古をなしては理を考え、必死に修行すべし、**理技は車の両輪のごとし**、故に**理業兼備**の修行、日夜怠慢なければ十年の修行は、五年にて終わり、上手名人の場に至るべし」とあります（「近代剣道名著大系　第二巻」P.208）。

山岡鉄舟は『無刀流剣術大意』で、「事理（じり）の二つを修業するに在り。事は技なり、理は心なり。**事理一致**（じりいっち）の場に至る、これを妙処と為す」と言っています（「剣禅話」高野澄・タチバナ教養文庫 P.59）。

三、やってはいけない稽古は、「やってはいけないこと」をご存知でない人がやる。

自分勝手でかつ相手を敬わない、「勝ちたい・負けたくな」いだけの刹那の稽古が「正しくない稽古」、「下品な稽古」です。こういう人と出会ってしまったら、早めに稽古を終わらせます。

① 打突部位以外の横面、剣道具（防具）のない肩口、脇の下、肘、腰、大腿（ふともも）へ「痛い」強打。突き垂や胴胸以外の剣道具（防具）のない首や胸への突き。誤って打突しても「申し訳ありません」「失礼」など、謝らない。

② 打たれまい、打たせまいと避けることだけに専念する剣道。三所避けなど竹刀で避ける。首をひねって面を避ける。突き止めをする。鍔競りばかりする。体をあずけてぶつかってくる。

③ 竹刀を叩き落とそうと、竹刀を叩きまくる。

④ 乱暴なぶちかまし、迎え突きをする。

⑤ お相手が有効打突を打った後や受けた後に、機会でない近すぎて有効にならないが当たる「後打ち（あとうち）」をする。

⑥ お相手が竹刀を落した後や倒れたときに、二度以上打突する、ルールを知らない・守らない。

⑦ 当てれば勝ちだと思って、姿勢を崩して当てにいく。触りにいく。

⑧ 「ホレホレ」「オラオラ」「そりゃそりゃ」など、お相手を挑発するような失礼な気合をかける。打った後、「面だ面だ！」「とったり！」などと有効打突を主張する。

⑨ 稽古中、竹刀を床にたたきつける。竹刀を握る。

⑩ 稽古中に元立ちの方に立つ。先生を尊敬しない。指摘されて「やってます！」「いいんです」と言う。

⑪ 稽古中、口頭での指導が長い。

稽古をしても上達しない七つの態度

① 気合を出さない。大声を出さない。

②　自分からは攻めない。お相手が動かないと動かない。

③　相手の竹刀を打つ斜め振り。「打たせない、打たれたくない、打たれずに打ちたい」という考え。当たらないと空を切る。

④　面返し面、面返し胴などの返し打ちや余し打ちのような後の先ばかりを狙う。引き技ばかりする。

⑤　打たれるのが怖いので、打たれないことに集中し、避ける。

⑥　負けた原因は自分にはない、打たれても認めない。

⑦　自分の最善を尽くさない。楽な稽古をする。強い先生ややりにくそうな人とはやらない。やっても適当に済ます。

⑧　感情的になる。怒ったり、泣いたりする。

寿山石の篆刻印の「紐」を彫ってみました。意外にかわいいカエルさんです。

鮫革

「鮫革」はエイ革です。鮫もエイも脊椎動物亜門・軟骨魚綱・板鰓亜綱（ばんさいあこう）に分類され、「鰓（エラ）」が体側にあるのが鮫で、腹に付いているのがエイです。南シナ海、インド洋に生息するアカエイ（ツカエイ）などが東南アジアで革として加工されています。日本には大きいのがいないため主に輸入されます。表面部分の下に１㎜～２㎜の小さなビーズのような粒(リン酸カルシウム、人の骨と同じ成分)と丈夫な繊維でできています。トタンばさみでないと切れない硬さで、水に１カ月ぐらい漬けて引っ張って伸ばさないと胴に貼れません。中心に大きなビーズが一つあって、「スターマーク（星）」と呼ばれています。これが３つあったり、連石だったりするのもあります。星をちりばめたような模様の梅花皮(カイラギ)エイ、斑紋のある虎ザメなどは非常に高価です。

欧米では、シャグリーン(Shagreen 粒起皮・鮫皮と言う意味)、スティングレイ（Stingray アカエイ）、ガルーシャ(Galuchat)と呼ばれます。ガルーシャとは、18 世紀のフランス国王ルイ 15 世の時代の鮫革職人のジャン・クロード・ガルーシャ(Jean-Claude Galuchat)の名前に由来します。

磨くといっても、ヒトの骨の堅さですので、電動ディスクグラインダーでないととても歯が立ちません。色を塗ってもムラになります。クリアーウレタンを塗って完成です。

鮫革は 100 年ぐらい変化しないと言われるぐらい長持ちし、丈夫ですが唯一の弱点が重いことです。

四、「攻め打ち」で、謙虚に自分の力を出し切ると成長する。

勝海舟が指導するときによく用いた言葉に、**「事の未だ成らざるは小心翼々。事のまさに成るは大胆不敵。事のすでに成るは油断大敵」**が大いに参考になります。

打たれるのは「死」を意味しますので、打たれないように最大の注意を払わなければなりません。「打たれないようにして慎重に丹田を前に出すことをいろいろなパターンで繰り返すうちに、お相手に隙が生じるかもしれないのです。

「隙を逃さず打つ」には、攻めからの連続性が重要で、グーッと攻めてから打つと、刀勢が出ます。これが「**攻め打ち**」です。軽い打突は攻めがない場合がほとんどです。大胆不敵でなくするするっと打っても構わないのです。うまく行くかどうかわからないけれど、怖いとか当たらないかもしれないとかの思いを捨てきって、力まずに打つことだけに一意専心します。

思ったように当たらなかったら、次の攻め打ちをします。うまくいったときが肝心で、当たった

ことに喜ばずに声を伸ばして最後の音を上げて「残心を決め」ます。

革鍔の表に通称『鮫革』（エイ革）を貼りました。
一個体に一つしかない『星』の部分ですので、超高級です。

五、誰からも好かれる剣道から、風格のある剣道を目指そう。

このように、常に気を充実させ、力まず自然に冴えある打突ができるように「攻め打ち」をすることで多くのパターンを学び、自分なりの技が磨かれていきます。力まないけれど気の張った雰囲気が出るようになると、お相手や見ている人が、尊敬に値する風格、威風、威圧感、気品、気位、品格、品、位などを感じるようになります。堀江先生との稽古は、すべて打たれてしまうのですが、威圧感や恐怖ではなく、爽やかな空気が流れていました。「真善美」の剣道は高潔であるがゆえに、お相手にも正しい剣道をさせる力があるのではないでしょうか。「攻め打ち」の稽古では、次の事を心がけて下さい。

①常に触刃の間から交刃の間へ攻める。
②打たれる事を気に掛けず、思いきりのよい自由な面打ちを先にすることを中心にする。
③絶えず相手を敬う心を忘れない。フェイント（どこか他のところを打つ振りをして、だまして打つ）はしない。
　「巾着切り」とか「引っかけ技」と言って、汚いこと、品のないこととされています。
④打っても打たれても、姿勢や心を崩さない。
⑤剣道の理合を本で読み、出来る限りそれに沿う。
⑥竹刀を刀と思い、当てっこでなく刃筋の通った正しい振りをする。
⑦正しい構えをしっかり身に付け、動じない。
⑧打たれても、剣先を相手の中心から外さない稽古を心がける。
⑨無駄打ち、無理打ちは絶対しない。一本を打ち切り残心を取る。

この九つは、この本の「七つの知恵」を実践することで自然にできます。

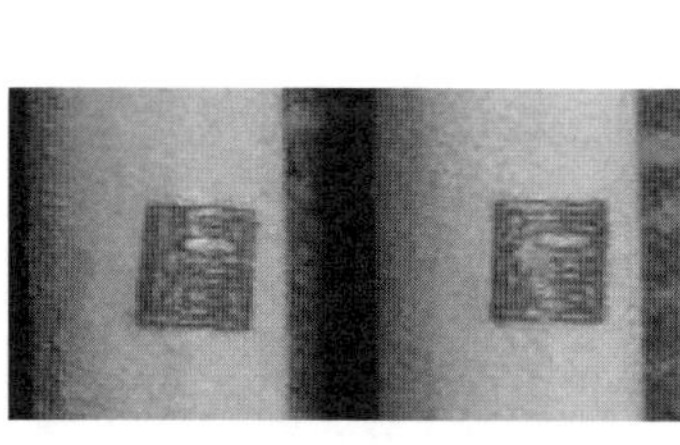

竹刀に篆刻印を「印泥」で押して、木工ボンドを塗ると、印面に被膜ができてしばらくはきれいです。

第二章、上位に掛かる、試す。

一、礼節を守る。

所作は、稽古をいただくという感謝をしっかり表わし、上位の動きを見ながら上位の動きに追随しなければなりません。自分が先では上位の行動や態度を見ることが出来ません。

蹲踞は、上位（先生、元立ち）に遅れてしゃがみ、上位が立つときに立ちます。先になってはいけません。日本剣道形の打太刀と仕太刀の関係と同じです。稽古を頂戴した後も、当然上位より先に蹲踞しても立ち上がってもいけません。元立ちに習っているのですから、稽古をいただくという感謝の心をしっかり表わさなければなりません。「三歩退き、師の影を踏まず」という尊敬と謙譲の思いを持つので、自分勝手が押さえられ、素直な気持ちで教われるようになるのです。

互いに気を合わせて、竹刀を「抜き合わせ」ながら、相手から視線をはずさずにゆっくりと蹲踞します。「抜き合わせる」とは、抜くときから気を合わせ、お相手と同じ速度、同じ竹刀の角度にしつつ腰を落とすことです。

稽古後には、「ありがとうございました。改める点をお教えください」などと、お礼を言い、アドバイスを受けます。

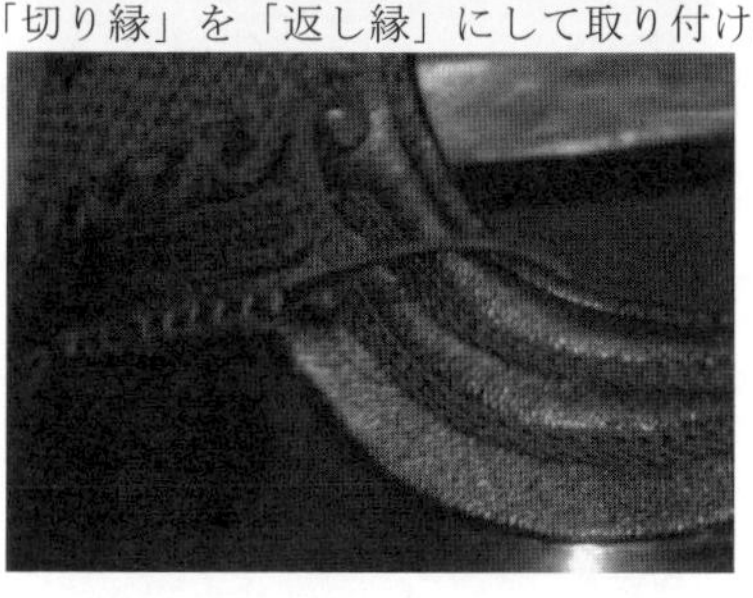

「切り縁」を「返し縁」にして取り付け。

二、攻めて「切っ先が素直に上がる」と思えたら面を打つ。

上位にかかるのですから当然打たれます。怖いと思うと打てなくなるばかりか、力んでしまって振りが遅くなります。自分から前に出て、「打たれても打つんだ！」という相手に動じない心を磨きましょう。避けてはいけません。プレッシャーに勝ちましょう。自分はそのつもりがなくても、斜めに面に当たらない軌道で振っている人が多いです。これでは上達するわけがありません。打たせてもらったときに、無駄のない一拍子の強く早い打突ができるようになるように、「打つぞ」という気を出して打つ、「**攻め打ち**」をして真っ直ぐ先生の正中に吸い込まれましょう。まずは初発刀、初太刀の一本です。

丹田が正中線上の前に引かれた、いつでも打てる状態から、四通りの攻めをしてもなかなか反応してくれないでしょう。めげずに攻めを繰り返し、また、いったん一歩入ってから右足を滑らせたりして複合的に「**二度攻め**」したりします。先生が四戒に入れば「動く先」が見えますが、先生はなかなか心を動かしません。攻めないでいると、何時の間にか道場の隅に追いやられます。技は攻めから始まるので、攻めずに打つと勢いがありません。「攻め打ち」以外は考えてはいけません。

そこで攻めたときに自分の「**切っ先が素直に上がる**」と思えたときには打ちましょう。「**切っ先が素直に上が**」れば真っ直ぐに打てます。出鼻を打たれたり、捌かれたりするでしょうが、まずは「先生より先に打って行く」ことができなければ、力まず思い切り打てるようになる可能性はないのです。

三、積極的に真似て、「智恵」を取り入れよう。

「真似る」が「学ぶ」の語源であるように、上位の真似をして同じ動きが出来たなら、学習したことになるわけです。似せる努力をしているうちにその技の要素に気付くことが多く、自分独自の技にもなります。

真似るには、並んで自分の番を待っているときに、上位の攻めや打ちを真似て動いているつもりになりましょう。

皺の部分が面白い模様になりました。
ＹＨ師匠が使ってくださっています。

「ワインカラーが良い」とのことで
作りましたが、ＹＨ師匠経由で・・・

ＫＨ君に差し上げた紺色に染めた鮫胴。

四、素直に指摘を受けて、「智恵」をつかむ。

稽古後に必ず指導をいただきましょう。

まず、自分はやっているつもり、できているつもりでも、できていないことがあります。そのような指摘をいただいたら素直に受け入れましょう。ビデオを見ないと現実を受け入れられないことも多いです。

もっと難しいのは、「できるようになった」と褒められても実は納得できないときです。せっかく上位が「できた！」と言ってくれても、明日には分からなくなってしまうことがよくあります。実は自分にとって新しいことは分からないのです。しかし、新しいことができているということは変わったのです。「できた」動きが「いつでもできるようになる」のは、しつこいほどその動きを実践することで、自分の感性を整合させたときです。褒められたことを素直に信じて、自分なりの言葉として表現できるまで稽古し続けられるかどうかに、成長はかかっています。

ただし、「高段者だから・・・」「有名な人だから・・・」と教えられた言葉や内容は「知識」に過ぎないのです。教わった知識を稽古をして実践したときに「こうするのか」という「知恵」を知ることが重要です。

第三章、同等には許さない。

先生には「打たれても良いが、先に打って行く」ことをしますが、同等には一本も取らせてはいけません。打たれれば負けなのですから、打たれないことを最優先します。

次に、打たれずに打つことです。そのために、実験をしましょう。試してみようと思うと積極的に先の気で攻撃力を磨けます。単調な稽古はいけません。様々な技を使ってみます。「裏からの擦り上げ面はいろんな人に有効だ」とか、「竹刀を開いてからの出小手はたいていバレる」とか、自分のデーターを集めましょう。

「自分の方が『上位』だ」と思うくらいで稽古して、思い通りにいったら、当たらなくても声を伸ばして残心を取ります。打ったところで止まってはいけません。打ち切ることが一番大切です。

打たれたときが、肝心です。例え多少ずれても、弱くても、試合では有効になる場合があるのですから、どんなに悔しくても、打たれたことを認めます。この潔さが、次回も稽古したいと思われるところです。また、「どう打たれたか」も大事な学びです。

後輩に頼まれて。「本染め（芯まで染まっている）」の素晴らしい革で作りました。

第四章、下位には圧倒的に情け容赦なく。その後示す。

一、教わる気のない人、目標を共有していない人とは稽古しない。

昔は「誓紙」、「起請文」などで素直に教わることを約束して入門を許されましたが今はないでしょう。また、自由なつながりで稽古をする会も多いです。段位や年齢に対する敬意がなく、「教わろう」という気のない人がおいでになります。表面上は教わっている風な態度を示しますが、実は批判的に考えています。

「教わる」には虚心坦懐、自己否定が必要です。哲学者で教育者の森信三は言っています。「学人はすべからく虚心坦懐なるべし。自己に一物を有する間は、未だ真に他より学ぶ能わず（至知出版社『修身教授録』P.47）」共通の目的・目標を持たない人には教えることができません。

はっきりわかる「教わる気のない人」は、

①自分から攻めない。打たない。避けるのが上手い。

②二度打ちする。機会が終わってから打つ。

③礼儀を知らない。竹刀を握る。竹刀を床に突く。竹刀で床を叩く。

このような下手（しもて）との稽古はすぐに終わらせましょう。

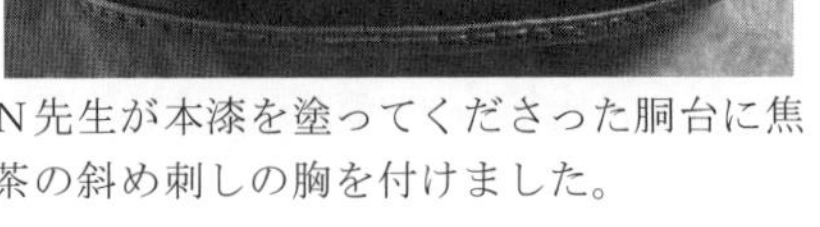

N先生が本漆を塗ってくださった胴台に焦茶の斜め刺しの胸を付けました。

二、自分を磨くために、「下を遣う」。

稽古を再開した同年齢の友人に、「手抜きするなよ、本気でやってくれよ。ライオンは兎を本気でつかまえるんだぜ」と言われてはっとしたことがあります。自分よりはるかに上手な後輩に、「どうしてそんなに強いんだ」と聞いたら、「情け容赦なく打つことが、実は難しいんです。それを一生懸命やってます」と言われて驚きました。下位と稽古する目的は、あくまで自分を磨くことなのです。打たせて捌いてはいけないのです。「心を打つ面打ち」を、地稽古の中で一本は出そうとすると、はじめて「打って反省」の意味が味わえます。

簡単に打てるからといって同じ打ち方をするのではなく、竹刀の攻めを変えたり、出鼻だけでなく、返したり、擦り上げたり、切り落としたりとさまざまな工夫を試すようにします。すると、同じ技でも微妙にお相手に合せて変えて打てるようになると同時に、お相手から「技が多いですね」「同じ打ち方は一つとしてないんですね」と言われるようになります。これが「下を遣う（したをつかう）」という稽古です。

技を修練するには、さまざまな人とさまざまな状況下に合わせて稽古していきましょう。自分にとってやりにくい下手ほどよい試金石になり、「遣える」ようになっていきます。「上に習い、下に学べ」という言葉は、「自分より下手に対してでなければ試せない」という意味です。自分の上手には必死にかかるしかなく、試す余裕はありません。この意味でも「下を遣う」稽古が重要ですし、有難いことです。

三、下から褒められることを期待しない。

「たいして上手でもない人が教えている」と気をもむ方がおいでになります。しかし実はこの考え方は間違っています。教わる方はいろいろな先輩から教わりますので、取捨選択しています。緊張していて覚えられないことの方が多いです。「教えた方がうまくなる」のですから、聞いてくれるお相手がおいでなら、どんどん教えましょう。分かっていただくために表現するのは結構難しく、説明しているうちに自分が気付くことも多いです。「知ったかぶり」「先生の受け売り」「自分勝手な類推」などなどすべてOKです。ただし、「これがすべて」も「これが完璧」も存在しませんから、あくまで不確かであることを認識し、その旨を明言しましょう。本来は、自分が見本を見せられることを教えるのが、最適ではないでしょうか。口で言っていることと、実際にやって見せていることが食い違っていたら悲しいものです。自分の現在の達成度まで高めてもらえば、「後進畏るべし」で、自分の稽古環境が向上します。良い技を共有する努力は楽しいものです。

『剣法秘訣(孫の千葉勝太郎編・千葉周作遺稿)』の「一　剣術初心稽古心得」には「平日の稽古に、われより下手（したて）を遣うことはなはだ悪し、とかく自分より上手（うわて）なる者を撰（えら）みて修行すべし、しかし業をならすには、下手にて稽古するを善とす」とあります（「近代剣道名著大系　第二巻」P.201）。

四、指導者の役割は、自信をつけさせること

本来、自然であれば、好きだから努力する。認められ見てもらっているから自信が生まれ成長するのです。「してはいけない（禁止令）」、「しなければならない（義務感・命令への服従）」、「しないと怒られる、悲しむ人がいる（因果応報）」は精神的に素直ではありません。「したい（欲求）」という自分自身の自然な発露が能力を発揮し成長させます。指導者として成長を促進するためにすべきことは、努力と現状を確認してあげることです（事実の把握と共有）。褒めること（評価）ではありません。周囲が常に認めて共に歩むので、本人が成長するのです。自分が自分で成長できたことを確認してあげることで、自信をつけさせることが指導者の役割です。

「道」とつく芸や習い事は「師弟関係」の上での指導が必要です。師について学び、師となって指導をしなくてはなりません。自己の成長発展にも効果的で「教うるは学ぶの半ば」「教学相長ず（キョウガクアイチョウズ）（『尚書』〈しょうしょ。四書五経の一つ『書経』の古名。中国の最古の歴史書で、帝王の言行録を整理した演説集。紀元前四七〇年ごろ〉の「兌命（だめい）篇」とその後の『礼記』の「学記第十八（紀元前二〇〇年ごろ成立）」にもあります）や、We learn by teaching.（人は教えることによって学ぶもの）と言われます。

第五章、上段、二刀も本質は同じ。

お相手が上段や二刀で、自分が中段という、同じ構え（相構え）でないとき、上段や二刀の攻めや打ちの特徴を知っていて対応できないと、不利です。上段や二刀と稽古して、それらの特徴を知って、「対中段と同じ」と思うことが大切です。動揺して先の気を失うと、お相手の思う壺に入ります。

上段は面打ちや小手打ちが「速い」のと「伸びてくる」ことが特徴です。中段は、切先がお相手に向いていればその構えだけで防御できていますが、上段は攻めに特化しているため、守りが弱いのです。その弱点を攻めますが、上段を取る人はその弱点を良く知り、小手を打たれれば抜いて面、突かれれば左拳で切っ先を落として面と言う風な技を磨いていますので、打突を急いではいけません。上段の最大の弱点である、「竹刀を下したとき」の、面に来たときの擦り上げ、構えを下したときの面、小手、突きを狙います。また攻められたときに躊躇して手を下せないときがありますから、その一瞬の逆胴です。これらの打突をする機会を、片手打ちの面や小手の速さを充分に考慮しつつ、攻め続けることが効果的です。

二刀は「守りが堅い」ことと、「片手で打つのが得意だから二刀をとる」ことが特徴です。「正二刀」は右に大刀（三尺七寸）を、「逆二刀」は左に大刀を持ちます。大刀で打った後はすかさず小刀（二尺）で防御するので、後の先の技は当たりません。また、片手で打ちますが、連続打ちが得意な人が多いです。ですから、上段のように打ち下したときが弱点ではありません。小刀でこちらの竹刀の起こりを抑えながら面を打ってきますので、竹刀を抑えられないようにくるりと回して正中を維持して崩れないように、間合いを遠くとります。逆二刀からは、こちらの中段の小手ががら空きにならないように構える必要があります。

面を打ちに行くと小刀で避けられて胴を、小手を打ちに行くと小刀で避けられて面を打たれますので、誘って、崩れたところか、後の先を狙います。正二刀の場合は左面や大刀を持っている右小手が空くときがあります。逆二刀は小刀を持っている小手が空くときがあります。こちらの攻めに小刀が反応して面を受けるために上げたときは左右どちらかの胴と突きが空きます。またそれを打たれないように大刀を下したときの面を打ちます。面に来たときの擦り上げも片手打ちのスピードに対応できれば良い技です。

なお、小刀の打ちが有効になるときは、「大刀がお相手の竹刀を制している場合で、打った方の肘がよく伸び、充分な打ちで条件を満たしていることを必要要件とする。但し、鍔迫り合いでの小刀の打突は原則として有効としない（『剣道試合・審判・運営要領の手引き』）」ですから、めったにありません。

これも、Ｎ先生が本漆を塗ってくださった胴台。

第六章　審判をするときに確認しておきたいこと

一、審判の目的（しんぱんのもくてき）

『剣道試合・審判・運営要領の手引き』によれば、「試合・審判規則を正しく運用し（＝「審判法」）、「試合によるすべてに事実を正しく判断し、決定する」ことです。

二、審判の意義

「意義」とは「その言葉によって表される意味や内容」なので、審判の目的を達成することに加えて、正しい剣道を普及することがあります。

三、審判の任務

『剣道試合・審判・運営要領の手引き』によれば、「審判員の任務は適正な試合運営に努め、試合の活性化を図ることである。さらに、審判員の「使命は何か」「任務は何か」「資格は何か」を自覚する必要がある」とあります。『細則』には以下の規定があります。

審判長の任務（細則十八条）

① 規則および細則の厳正な運用に留意する。
② 試合の進行について留意する。
③ 異議の申し立てについて裁決する。
④ その他、規則および細則にない諸問題、あるいは突発事故について判断する。

審判主任の任務（細則二十条）

①当該試合場の責任者とする。
②規則および細則が適切に実施されているか留意する。
③規則および細則の違反、あるいは異議の申し立てがあった場合は、適切敏速に処置し、必要に応じ審判長に報告する。
④当該試合場の審判員を掌握する。

審判員の任務（細則二十一条）

①当該試合を運営する。
②宣告および表示を明確に行う。
③審判員相互の意思統一をはかる。
④審判員相互の旗の表示を確認する。
⑤試合終了後、必要に応じ審判主任または審判長の所見を徴し、他の審判員とともに当該審判の反省を行う。

四、審判の技法（しんぱんのぎほう）

審判での最重要課題は正しい一本の判定ですが、一本の判定基準は、その人の剣道の実力通りです。審判をするときは、前日に審判規則、審判法の確認をし、試合者以上の気迫で臨み、次の三点を心がけ精一杯公平に行います。特に主審となった場合は、副審の動きにも注意します。

①立ち姿 万一落ちて事故の元となる、ネクタイピン、カフス、腕時計など金属は身につけません。威厳、風格のある立姿、「気を付け（キヲツケ）」の姿勢です。踵を四十五度につけて姿勢を正します。審判旗は体側に下げ

てズボンの横の縫い目に沿う事。旗を持つ両手の親指をズボンに沿わせ、手首を少し内側にひねり、手の甲を前に向けるようにします。旗は柄の端を掌中に納め人差し指を添えて持つこと。柄の端が見えてはいけません。

② 移動 試合者が審判三人の作る二等辺三角形の中で試合をするように、試合者の移動に応じて、試合者の打突の見やすい場所へ移動をします。旗を体側に置いたまま移動し（旗を振らない、走らない）、すぐにキヲツケの姿勢に戻ります。

③ 旗の表示 旗は腕と手首と旗が一直線になるように表示します。一本の表示の場合、旗を四十五度斜め上、少し体の前に出します。自分が上げた旗の色を確かめられます。親指を下にして手の甲を上に向け、人差し指を旗の棒に沿えると旗と腕が一直線になります。有効打突を認めない場合、赤旗を前にして、体の前方下で、最低三度はすばやく交差させて、表示します。反則の告知をする場合に、片足を前に出し選手に先刻をしている動作をよく見かけますが、必ず足をそろえ、キヲツケの姿勢で行います。審判旗を巻き取ったり解くときの所作は、旗を振って巻き取ってはいけません。両手で丁寧に素早く白い色が見えないように巻きます。

④ 有効打突を総合的かつ客観的に見極める　相対評価をするのでなく、錬度に応じた絶対評価と打突の見極めをします。「玄妙な技」は打突が軽くても取れる場合がありますし、同時に見える前後の技の見極めなど、見落としやすい有効打突を見逃さないようにします（『剣道試合・審判・運営要領の手引き』P.6）。見えない場合も棄権せず、音や動きから総合的に判断して有効打突だと十分に推定できるときは取ります。

⑤ 残心 「先」の技の残心に比べ、応じ技の残心は瞬時の場合があることを理解した上で、有効打突を取り消すべき「必要以上の余勢」や「有効などの誇示」を判断します。

⑥ 規則の解釈と運用 異常、不当、違法、適法、適正の概念を理解し、原因から結果の行為となった経過から反則事項を見極め、禁止行為の厳正な判断と処置をします。疑義がある場合や微妙な事象があったときは合議をします。しかし、竹刀落としなどの明確な場合は合議を省略します。主審になった場合副審と協調しましょう。

五、有効打突の見極め

①切先が触れ合うところに視線を向け「攻め」から先で仕掛けた方を見ていれば有効打突を見落とさない。
②擦り上げ面、相手が引いた時の浅めの面は軽くても採る「玄妙な技」。
③刃筋の立たない胴は採らない。胴は左右のみ。正面は有効ではない。
④当たらないのは絶対取らない。
⑤竹刀の先っぽが当たった小手は採らない。「物打を中心とした刃部（弦の反対側）」で打突していない。
⑥小手部は、中段の構えの右小手（左手前の左小手）および**中段以外の構え**などのときの左小手または右小手。
⑦無効になる打突に注意。残心のない場合（打って直ぐに受けに入る動作をとる。ガッツポーズをとる）、相打ち、剣先が相手を制している打突。
⑧竹刀が回っていたら有効打突を採らない。主審は一回は指導できる。
⑨有効になる打突に注意。竹刀を放した直後の打突、倒れた直後の打突・場外に出ると同時の打突、試合時間終了の合図と同時の打突、剣先が相手を制していない場合。

六、試合の運営

①他の審判の表示があるときは、自己の判断を直ちに表示しなければならない（規則第二十九条（審判方法））。
②膠着や不当なつば（鍔）競り合いは主審の専決権限なので副審は「止め」を宣告ができない。主審は合議をかけて反則にするか否かの判断を副審に聞いてよい。
③②関係以外で、主審が気付かなかったり見えなかったり緊急の場合は、副審は「止め」を宣告する。
③打たないので決まらないときは、小学低学年には「打つ」ようにアドバイスする。それ以外は「活」を入れる。
④主審のとき、つば（鍔）競り合いは、「技を出す」か「解消する」積極性がなければ反則を取る。
⑤主審のとき、安易に「分かれ」を宣告しない。
⑥二刀でつば（鍔）競り合いのとき、小刀が前（下）大刀が後（上）で、交叉していなかったら、反則を取る。

七、やっては公正でないから「反則」

①　無条件で二本与え、試合を終了させる「禁止行為」

○　審判や相手に対して非礼な言動をとること

○　認められていない不正用具（五本指小手、ビニールやセロテープを巻いた竹刀、異物（先革の芯、柄頭のチギリ以外の物）を混入した竹刀、など）を使用した場合

○　薬物を使用したり持っていたりした場合

②　反則二回で相手に一本となる「禁止行為」

○　不当なつば（鍔）競り合いとして反則になるのは、技を出せる体勢でないとき。もつらせたら反則。

○　相手から逃げ回り、故意に時間稼ぎをする。時間空費。

○　転倒した際に相手が面を打ってこようとしたので、うつ伏せになった。

○　相手の竹刀を鍔迫り合い中に小手で強く払った。竹刀部分に故意に手で触れてはいけません。

○　鍔迫り合い中に、相手が竹刀を強く払ったため竹刀を床に落としてしまった。

○　強く叩いた行為が見苦しい場合は、第一条の（本規則の目的）に照らして反則にする。

○　打突に結びつく行為でなければ不当な押し出し。境界線際でもつれたら、止めを宣告する。

○　突きが有効打突にはつながらない暴力と思えるような行為で危険であるときは反則

○　相手に足を掛ける、または払う。

○　相手を不当に場外へ出す。

○　試合中に場外に出る。

○　自己の竹刀を落とす（直後に相手が打突を加え有効になれば反則ではない）

○　不当な中止要請をする。

○　相手の竹刀を握る、または自分の竹刀の刃部を握る。

○　相手の竹刀を抱える。

○ 相手の肩に故意に竹刀を掛ける。

③ 反則ではないが、程度が酷ければ「不当」「公正を害する行為」で反則を取る。

○「分かれ」がかかり、分かれた時に場外に出た場合

○ 監督や応援者から指示や声援をした場合

○ 選手が交代するときに、タッチをした場合

○ 相手が打って来た面を拳で防いだ

八、審判法　試合者と観客を納得させる表示をする。

① 移動する際、旗を振らない。

② 一歩動くときは送り足。二歩以上動くときは歩み足。走らないこと。

③ 主審の動きに合わせて二等辺三角形の頂点の位置を維持する。

④ 主審は試合場の半分、副審は対角線まで動いてよい。場外に出ざるを得ないときは出ても構わない。

⑤ 赤白を間違えて表示した場合は、取り消しの表示をせずに、ただちに正しい方の表示をする

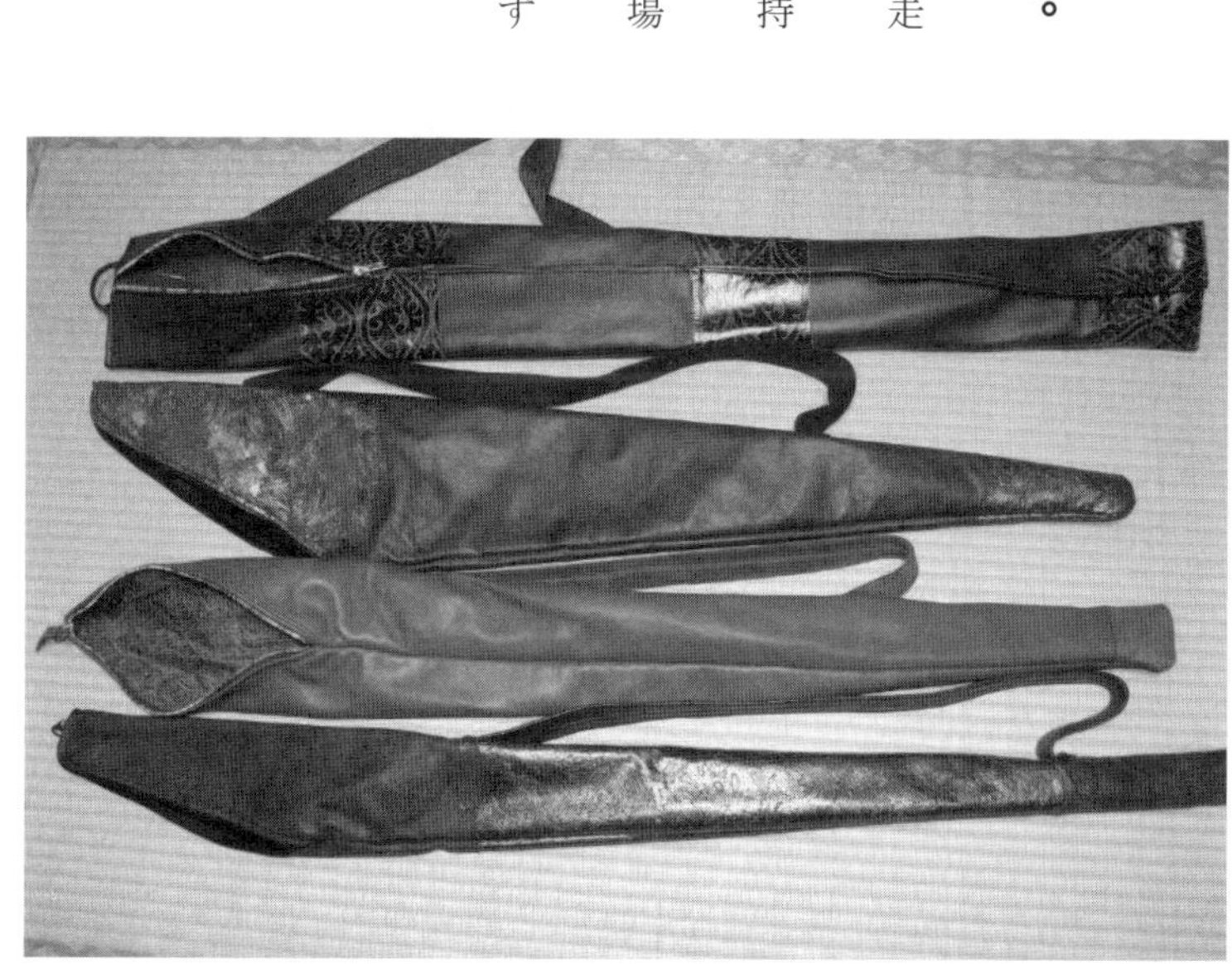

刀、木刀入れ。皆、革です。

第五編　日本刀

第一章、日本刀とは

日本独自の鍛造方法で作られた刀剣類の総称です。

下図のような、刃が片方についた日本刀を、長さによって**刀**（二尺以上。太刀、打刀）、**脇差**（「脇指」とも。二尺以下）、**短刀**（一尺（30.3cm）以下、匕首（あいくち）、ドス）に分類します。

刀は、「剣（けん）」、「**打刀**（うちがたな）」、「**真剣**」、「**寸鉄**」、「**腰間の秋水**（ようかんのしゅうすい）」などとも言われます。

刀とは形の違う、**剣**（つるぎ・けん）、**長巻**（ながまき）、**薙刀**（なぎなた）、**槍**（やり）などもあります。

猟銃のように所有するために、講習会を受けたり許可申請を受ける必要はありません。刃渡十五センチメートル以上の刀に、銃刀法（銃砲刀剣類所持等取締法。一九六五年七月十五日の改正法施行）に基づいた都道府県の教育委員会が美術品として認めたことを証して交付した「登録証」が付いていれば、誰でも所持してかまいません。

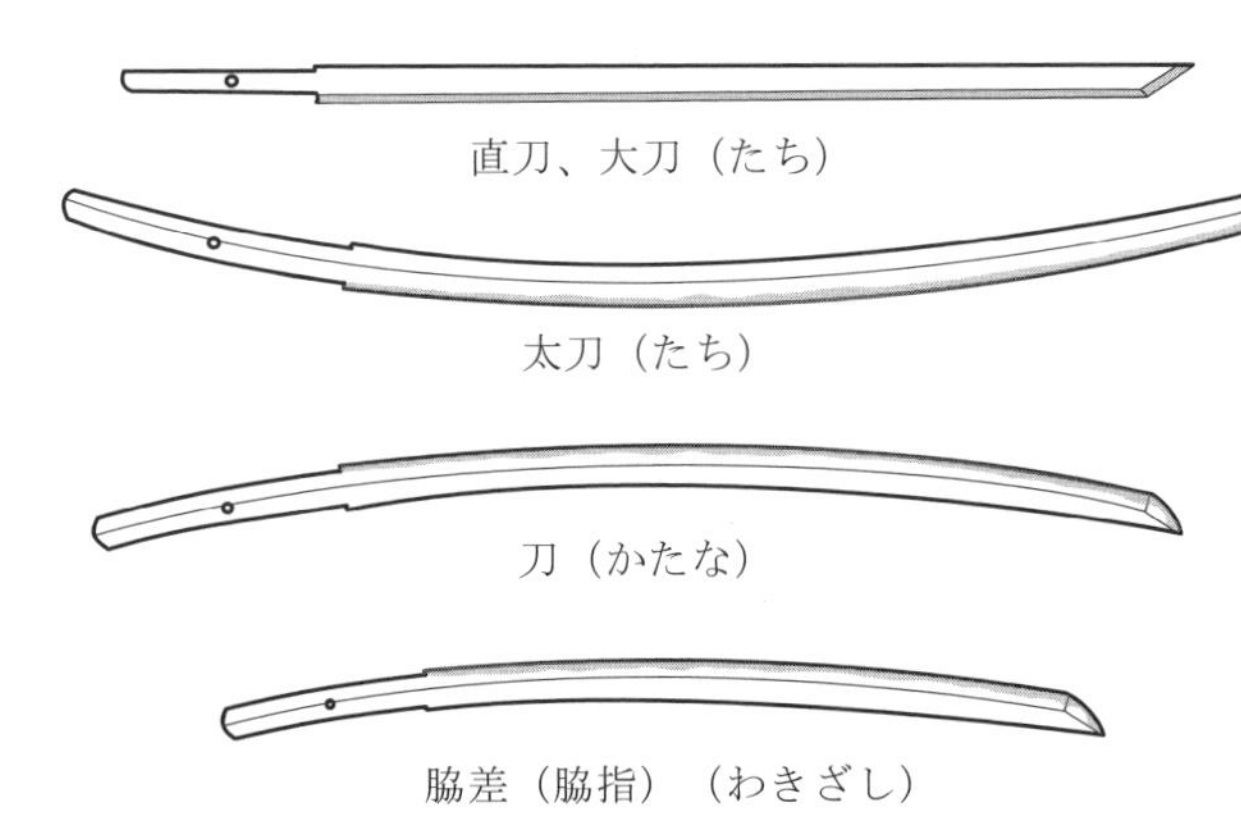

直刀、大刀（たち）

太刀（たち）

刀（かたな）

脇差（脇指）（わきざし）

刀を入手した場合は、二十日以内に「銃砲刀剣類等所有者変更届」に、「登録証」の記載事項をもれなく記入し、その刀剣類を登録してある各都道府県教育委員会宛てに郵送するだけです。「登録証」のない刀が見つかった場合は、警察に発見届を出し、各都道府県の教育委員会が主催する判定会に持ち込んで、文化財に値する美術刀剣であると確認されれば、「登録証」が交付されます。美術刀剣でなければ廃棄することが多いようです。定寸は二尺三寸五分（約70cm）です。同法第二十二条に「刃体の長さが六センチメートルをこえる刃物を携帯してはならない」とありますが、「登録証」のコピーを所持し、刀を袋などに入れれば携帯可能です。

脇差（脇指）は刀と揃えて作られ、「二本差し」が武士の正装でした。脇差の寸法は一尺（30.3cm）以上二尺以下で、江戸時代では正規の刀ではないという位置付けが定着しており、商人であっても携帯して違和感なかったようです。

短刀は「腰刀（こしがたな）」や「九寸五分（約29cm）」、「ドス」と呼ばれ、守り刀、懐剣（かいけん）でした。

日本刀の魅力は、刃紋の美しさです。

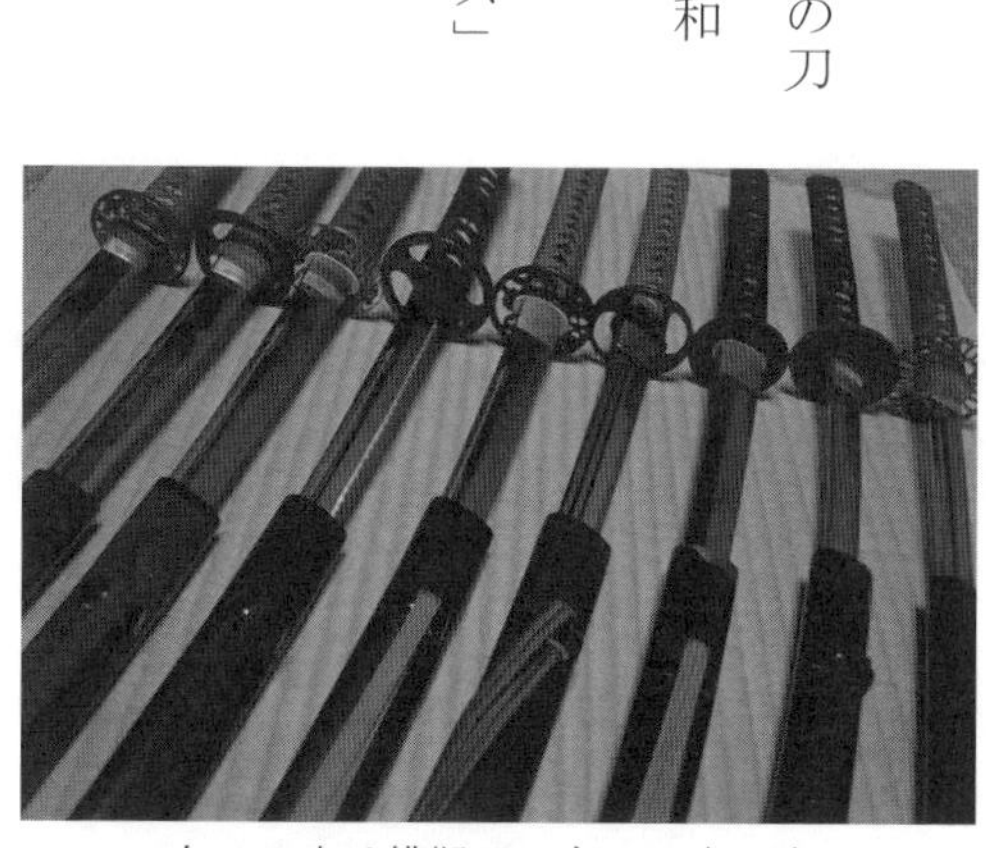

左の６本は模擬刀。右の３本は本

第二章、日本刀の各部の名称

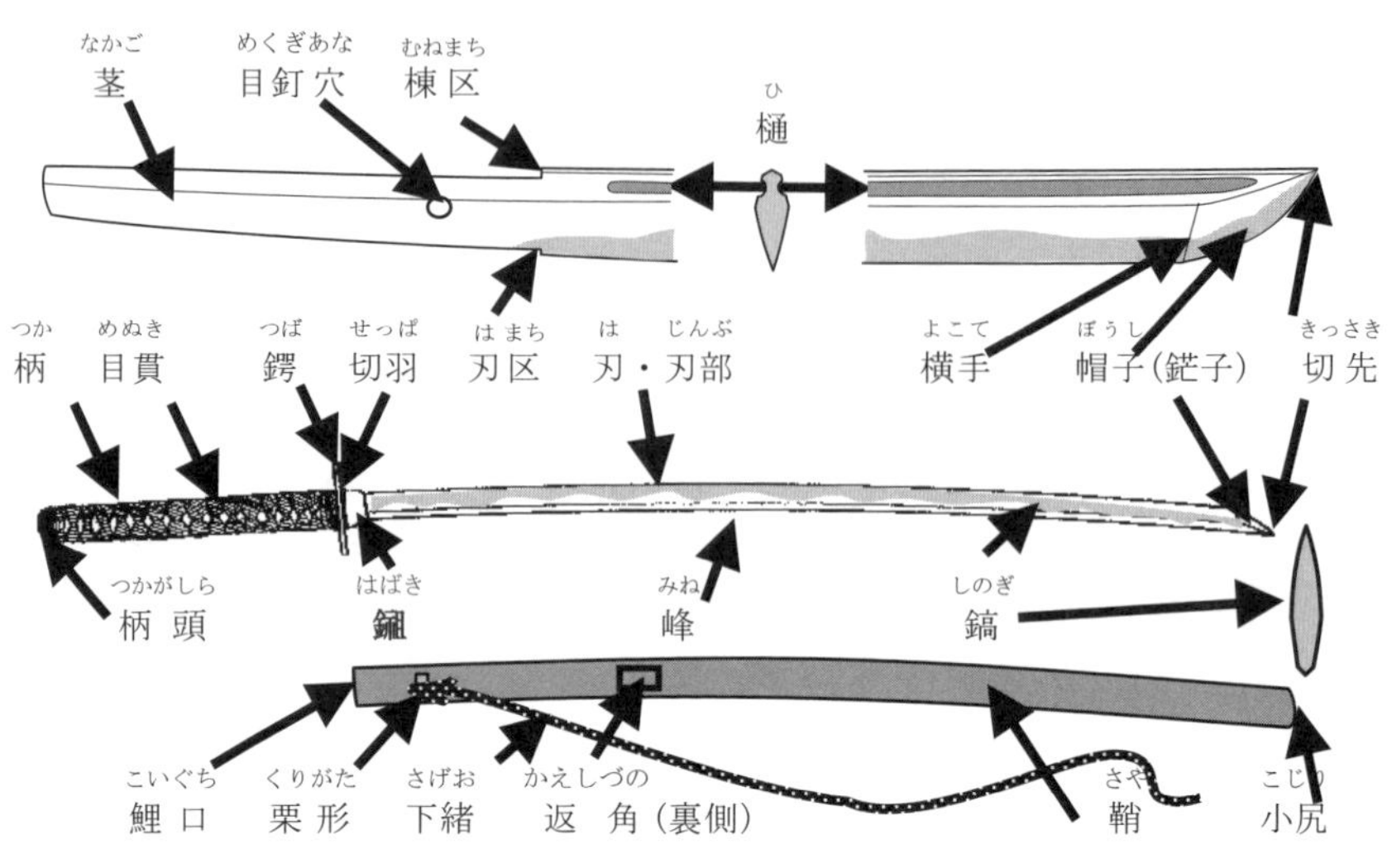

鎬（しのぎ） 刀の中心部からやや棟（むね）よりの、切先（きっさき）に接するところから中心尻（なかごじり）まで貫いている刀身の最も高い稜線。刃を下にして構えたとき、左側が表鎬、右側が裏鎬です。

切先（きっさき） 刀身の先端部分を言います。

樋（ひ） 刀身の鎬と棟の間を、強度を維持したまま軽量するために削り取った溝です。「血流し」、「血溝」というのは俗説です。はばきの手前まで掻くのか、茎（なかご）の中まで掻き通すのか、剣先は三頭（みつがしら）まで彫るのか、一本か二本か、音が大きく出るように深く掘るのか（深樋ふかひ）など、様々あります。

栗形（くりがた） 打ち刀や腰刀の鞘の差し表側にある下げ緒(お)を通す、木、角、金属で作った環状の部品です。「栗形」は当て字で、穴を刳(く)った物の意で「刳り形」が語源らしいです。「シトドメ（鵐目・シトドはホオジロ・アオジ・ノジコなどの総称の古名）金具」を付けることもあります。

茎（中心 なかご） 鞘（さや）に納まる刀身の部分で、刃区（はまち）、棟区（むねまち）から下を指します。

棟（むね） 刃と反対側の背部です。峰（みね）とも呼ばれます。日本刀の峰は断面が山になっており、これを「合棟」とか「剣峰（けんみね）」と言います。木刀などでは省略して平らな平峰（ひらみね）が多いです。

鞘（さや） 朴（ほお）の木で作られます。朴は木質が比較的均一で、柔らかく製作しやすいのと、油分（やに）が少ないのです。腰に差す鞘は黒漆蝋色（ろいろ）が普通ですが、江戸中期以降には刀装金具の彫金や高度の漆塗りの技法を駆使して製作された芸術性の高いものが多いです。

鍔（つば） 相手の刃を避けるためのもの。鍛造した鉄などの金属に模様を掘り込んだり透かしや象嵌を入れたり、実用だけでなく装飾的にも素晴らしいものがあり、**柄頭**、**目抜き**、**切羽**、**小尻**とデザインを合わせたりします。構造は下のようになっています。

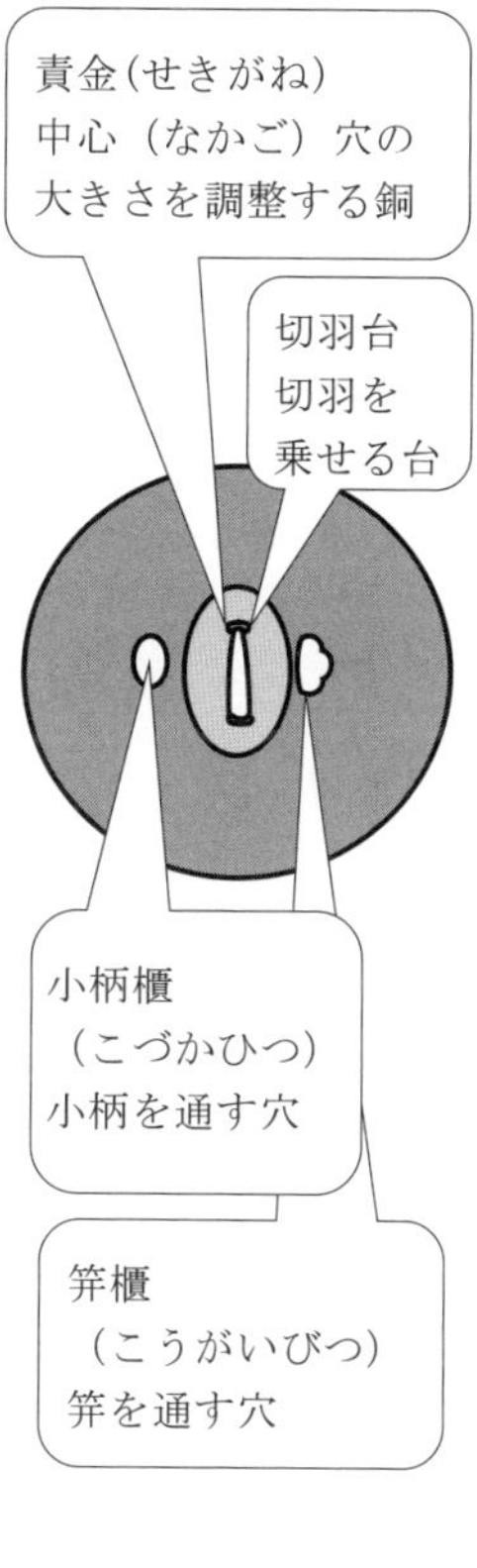

小柄（こづか） 鞘（さや）の差裏（さしうら）内側の溝に装着しておいて、小刀として使ったり手裏剣として投げ打ったようです。刀剣の装飾が発達するにつれて精密な細工が施され、笄と共に芸術的になりました。

笄（こうがい） 江戸中期以降は七寸（約 21cm）の金属性のへらのようなもの。何のためにあるのははっきりとは分からないです。笄という名前自体が「髪掻き」の音の転化であるようで、髪を掻き揚げて髷を形作る結髪用具であり、簪（かんざし）、櫛（くし）とともに整髪具であったようです。名前は整髪具と同じになっていますが、笄には家紋が入っており、戦場でしるし首を挙げたときに足首刺して、誰の殊勲か明らかにしたり、武器として使ったようです。刀剣の装飾が発達するにつれて精密な細工が施され、小柄と共に芸術的になりました。柄の端に「耳かき」のような形がありますが、耳を掻くには短いので「耳かき」に使ったのでないようです。

柄（つか） 長さや形に流派による違いがあります。一般的には刀の柄の巻止めを握らないように八寸（約 24cm）から九寸（約 27 cm）ですが、巻止めを握る肥後拵えの柄は七寸五分（23cm 弱）と短いです。真ん中を狭くし両外側を広くする「両鼓立て」にしたり、目貫、柄頭、縁金、鮫革、などに凝ります。

柄巻き（つかまき） 戦国時代ごろから朴（ほお）の木に鮫皮包み糸巻柄（いとまきつか）が一般的になりました。柄巻も諸摘み巻（もろつまみまき）、諸捻巻（もろひねりまき）、蛇腹巻（じゃばらまき）など様々あります。柄頭での留め方も、一本留（江戸留、徳川家）、二本留、蛇腹留などあります。

目釘（めくぎ） 刀と柄は、なかご（茎、中心）の目釘孔で、柄に固定する仕組みになっています。たいていは竹で一本です。しかし、新撰組は柄に鉄の環をはめたり、目釘を鉄にしたり、目釘を二本にしたりと強固にしていました。

下げ緒（さげお） 鞘ごと簡単に相手に抜かれないように、栗形に通しておいて帯に絡める紐です。八尺（約240cm）です。ふいに刀が抜けることを防ぐために鞘と鍔もしくは柄を結んだり、着物の袖が邪魔にならないように襷（たすき）にしたり、緊急用の必要に応じて紐として使ったりします。正絹、人絹（レーヨン）、綿などの角朝組、畝組、高麗組、平組紐、綾竹組、平革紐、真田紐など様々、色もさまざまです。居合などで良く使うときには簡易的に鞘にからめておきますが、飾っておくときは、正式結びの他、派手に見える「大名結び（だいみょうむすび）」にします。「大名結び」は「浪人結び」とも言われ、「どうせ浪人は刀を飾っておくだけでしょ」ということからついた名前です。

陣太刀拵（じんだちそろえ） 「太刀拵」とも。刀装の形式を「拵（こしらえ）」と言います。刀の刃を下に向けて腰にぶら下げる「太刀拵（たちこしらえ）」と、刃を上に向けて腰に差す「打刀拵（うちがたなこしらえ）」の二種類があります。横綱になると太刀持ちを従えて土俵入りをするので、太刀を作ります。刀匠に打たせる場合が多いのですが、実際の土俵入りには竹光の場合が多いとのこと。

第三章、日本刀の構造

一、材質

「玉鋼」を作っているのは「日刀保（にっとうほ）たたら」だけのようです。一九七七年十一月八日に、公益財団法人日本美術刀剣保存協会が島根県仁多郡奥出雲町の「靖国たたら」跡地に復活させました。蹈鞴(たたら)操業を行う長を「村下（むらげ）」といい、選定保存技術保持者として国から認定された二人の「元」、「代行」二人、「養成員」九人が年四回操業しています。

「玉鋼」を「折り返し鍛錬法」で、硫黄などの不純物や余分な炭素、非金属などを追い出し、数千層にも及ぶ均質で強靭な鋼を作ります。そして、炭素量が少なく軟らかい鋼である心鉄（しんがね）を炭素量が多く硬い鋼の刃金や皮鉄（かわがね）によって包み込む「造り込み」をします。

刃の部分には薄く、それ以外には厚く「焼刃土（やきばっち）」を置いて、七五〇～七六〇度に熱してアルファ鉄からガンマー鉄（オーステナイト）に変化させ、「船」と呼ばれる水槽に沈めます。まず焼刃土の厚さの薄い刃先側が急激に冷却されて熱収縮しますので逆反りし、体積膨張が大きなマルテンサイトという非常に固い鋼に「焼き入れ」されはじめ、地や鎬地は「徐冷（徐々に温度が下がる）」されて、トルースタイト（パーライトとフェライト）という粘りのある鋼の「折れない」部分になるので、約一秒後に刀の反りになりはじめます。なお、焼刃土を塗布しないと金属表面付近の水が激しく沸騰して生じる蒸気が薄い膜となって金属表面を覆うため冷えないのですが、焼刃土を塗るとそれがなく、急冷されます。

二、刀身の形状

ほとんどが上が峰、下が刃の形ですが、小烏丸（こがらすまる）のように切っ先から峰の途中まで刃が付いている「鋒両刃造」のものもあります。

刃の断面は「蛤」のように放物線のような丸みがあります。刃が欠けにくくするためと、斬ったときに肉が離れていくようにするためで「蛤刃（はまぐりば）」と言います。ですから刀の傷はなかなか直りませんので、触った程度では切れないように、小刃先を丸める「刃引き」にする居合人も多いです。

樋を掻くと刀身の強度は変わらず、軽くなります。二本樋は装飾の意味が強く軽くはなりません。

切先には時代の変遷がよく表れ、平安後期からは小切先（こきっさき）、以後時代が進むにつれ切先が伸びて大きくなり「中切先」、元寇の頃は「猪首切先」、南北朝時代には「大切先」となりました。

刀の形は、戦闘形式の変遷にともなって変化してきました。平安時代の初めには徒歩から騎馬による戦闘で、馬上で片手で斬れるように大きく反った「太刀（たち）」が作られました。刃を下にして左腰に佩いた（ぶらさげた、「佩刀はいとう」という）で、刃長は二尺三寸～六寸（70～80cm）が一般的でした。甲冑が発達するにつれ、甲冑の隙間を刺しやすいように反りが小さい「刀」になりました。江戸後期になって観賞用になってくると、また反りが深くなりました。定寸は二尺三寸五分（約70cm）です。

刀身彫刻は、信仰を示す彫刻が多く、梵字(ぼんじ)、剣、不動明王、倶利迦羅(くりから)、三鈷(さんこ)剣、護摩箸や、八幡大菩薩、南無妙法蓮華経などの文字、鶴亀、上下竜、松竹梅などが彫られます。

三、拵（こしらえ）、刀装

刀身を作る人を「刀工」「刀匠」「刀鍛冶」と言います。そして研師（とぎし）、鍔師（つばし）、鞘師（さやし）、鎺（はばき）を作る白銀師（しろがねし）、柄巻師（つかまきし）、塗師（ぬりし）など多くの職人が、高度な技術で刀装具を作って、振ったり切ったりすることに耐えられる頑丈さと美しさを兼ね備えた「拵え（こしらえ）」を作って「刀装」します。

「白鞘（しらざや）」は、長期間保管するための「休め鞘（やすめさや）」です。「油鞘」とも言います。白鞘は続飯（そくい、ご飯粒をつぶして作ったのり）で貼り合わせて、白木のまま塗装していないので、鞘内部の掃除のために割鞘（わりざや）ができます。白鞘は、塗り鞘と同じ朴（ほお）の木で、刀身がぎりぎりに納まって空気と触れにくいように作ってあり、温度も湿度も安定した状態で保存できます。

拵えの鞘は、抜き差しに便利なように刀身との余裕がありますので保存には向きません。白鞘の柄は、振り回したり衝撃を加えると、割れたり、刀身が抜けたりしますす。ヤクザ映画では白鞘に晒を巻いたりしていますし、ルパン三世の石川五エ門の斬鉄剣も白鞘ですが、虚構の世界です。

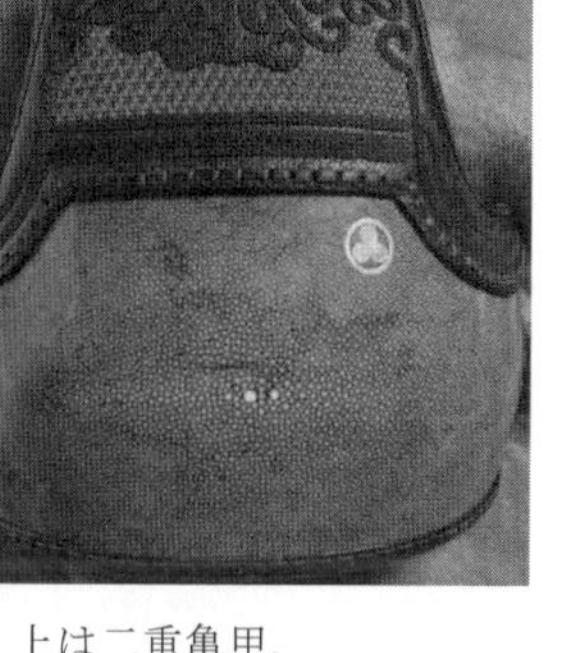

上は二重亀甲、
下は毘沙門亀甲です。

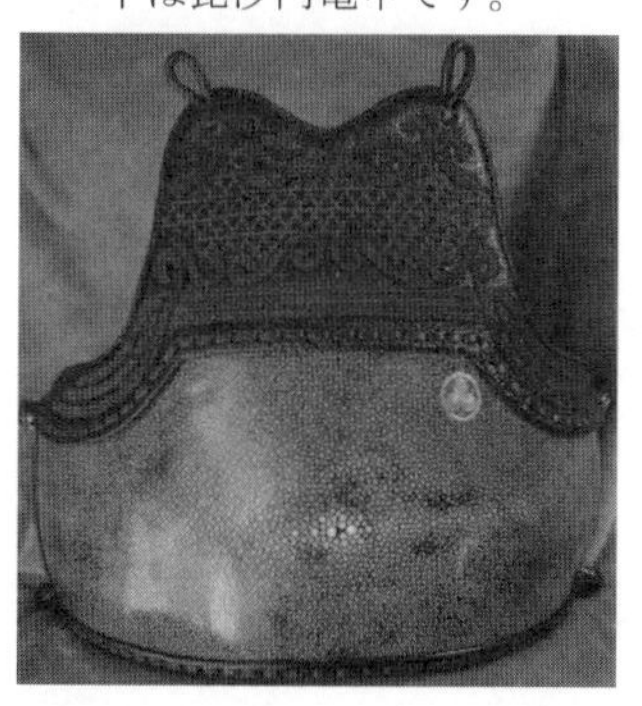

四、観賞のしかた・作法

現存する最高の名刀は次の「天下五剣」と言われる刀です。

安綱（やすつな）童子切（どうじぎり）国宝
国綱（くにつな）鬼丸（おにまる）御物
三日月宗近（みかづきむねちか）
大典太光世（おおてんたみつよ）
数珠丸恒次（じゅずまるつねつぐ）

国宝は「国宝指定刀剣目録」では短刀を含めて百四振りです。

刀鍛冶の人数は、平安時代～平成の現在まで約三万人と言われています。鑑定や観賞のポイントは、刀匠とその特徴を知っていることが前提になります。「〇〇写し」という過去の名刀の良いとこどりをして作る場合も多く、知識があって初めて面白さが分かる世界です。

例えば刀剣販売の際に次のような評価が添えてあります。これが分かるようになれば、一応の観賞ができることになるのではないでしょうか。「本造り庵棟、うぶ茎。直調子に互の目、小互の目交じる。匂い深く小沸よくつく。足よく入り葉働き、細まかに金筋砂流しかかる。匂い口明るく見事に冴える。小板目肌、杢交じりよく詰む。地沸微塵に厚くつき、細かな地景よく入り鉄冴える」

製作年代による分類

呼称	時代	時代（西暦）
直刀（上古刀）	古墳時代～飛鳥時代	～707 年頃
古刀	奈良時代～室町時代	710 年頃～
新刀	安土桃山時代～	1573 年頃～
新々刀	江戸時代中期～	1772 年頃～
現代刀	明治時代～	1868 年頃～

刀の鑑賞の仕方

① 刀は拵えがついている場合も白鞘入りの場合も袋に入れておきます。これはすぐに抜けないようにするためです。

② 運ぶときは、切っ先を前に、刃部を上にして鯉口付近を右手に下げます。

③ 拝見するときは、刀に拝礼し、静かに鯉口をきり、刃を上にして鞘に刃の峰（棟）を当てながら抜きます。納めるときも同様です。唾や息のかからぬよう、黙って拝見します。

④ 両手で柄を握り、拳が肩位の高さで刀を垂直に立てて、鍔元から切っ先に向かって見上げていきます。裏側を鑑賞するときも同様です。まず、刀の「反り」や刀全体から発する気品や優雅さを時代を感じとります。次に元幅と先幅の幅差、鋒の形、棟の形、肉置き、重ねを見ます。

⑤ 左手に「ふくさ」を持ち、それに軽く乗せて刃を横にして手もとに引きつけ、刀を斜めにして、自分の背後から光線をあて地鉄（じがね）を観察します。地鉄には、「鍛え肌（きたえはだ）」、「地沸（じにえ。平地に現われた肉眼で見分けられる程度の、銀砂子を蒔いたようにキラキラ光る微粒子）」、「地景（ちけい。黒光りする沸が線状になって地肌の模様に沿って現れたもの）」、「映り（刀の強度を高めるための特殊な熱処理で発生する、鎌倉から室町時代の名刀にみられた地紋）」、「色（拭いをかけて地は青黒く、刃を白く研ぎ、棟と鎬地は磨きをかけて光沢を出す「化粧」が施してあります）」が現れています。鍛え肌には、「杢目」「柾目」「板目」「綾杉」「松皮」やまざったものなどありますが、これは刀匠が鉄を鍛える時の重ね方の方法によってできるものです。時代や流派により特徴があります。

⑥ 刃文は土置きによって、直刃（すぐは）、互の目（ぐのめ）、丁字（ちょうじ）などが現れます。さらに細かく見ていくと、刀匠独特の形状、例えば関の孫六の三本杉などと呼ばれる特徴が分かります。熟練した人が、白熱電球に透かしてみて初めて存在がわかる程度のかすかな特徴ですが、刃文部分には地の粒子の粗さ細かさを表す、「沸（にえ）」と「匂い」があります。さらに、焼き入れの際の土置きによって、刃文の縁辺より刃先に向かってほぼ直角に入る線状の「足」があります。

なお、公益財団法人日本美術刀剣保存協会は日本の刀鍛冶の最高位である無鑑査の刀匠十六人を順位付けして揚げています。刀鍛冶になるためには、刀匠資格を有する刀鍛冶の下で五年以上の修業をし、文化庁主催の作刀実地研修会を修了する必要があります。この研修会へは四年の修業を終えた者が参加が認められます。研修の内容は作刀一般の技術・知識と技量で、実地試験の役割を果たしており、文化庁から国家資格を受けます。

新作刀は月に二本までと制限されています。刀匠会に登録している刀匠は二〇一七年には一八八人、しかも超高齢化が進んでいます。実際には百人程度が年間五本程度として、年間五百本程度が作られていると推測します。

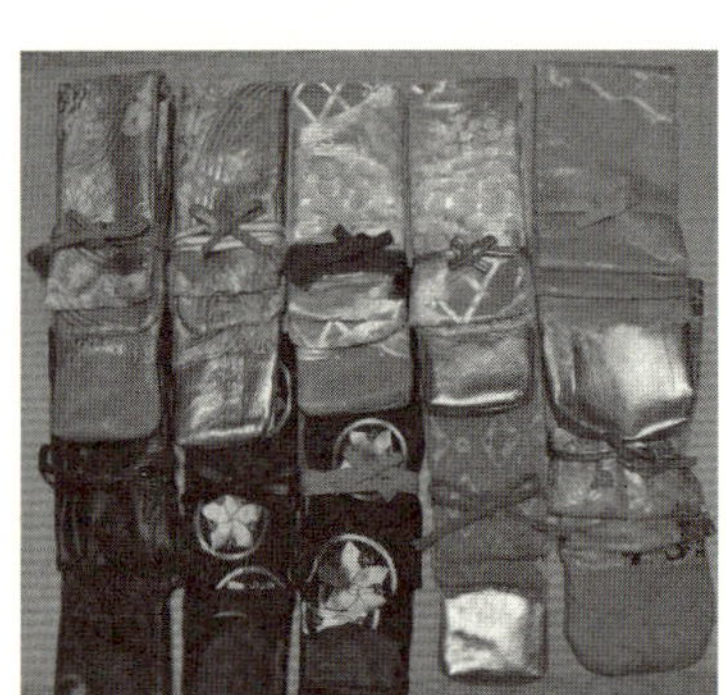

竹刀入れ、木刀入れはたくさん作りました。着物地や帯、牛革や馬革で作りました。
下のように内側にも凝りました。

無鑑査の刀匠 16 人

1. 天田誠一（昭次）重要無形文化財
2. 大隈貞男（俊平）重要無形文化財
3. 吉原義人（義人）
4. 吉原荘二（國家）
5. 月山清（大和国住月山貞利）
6. 上林勇二（長谷堂住人恒平）
7. 山口武（清房）
8. 河内道雄（国平）
9. 吉川三男（於備前國大野義光）
10. 宗　勝（筑州住宗勉）
11. 三上孝徳（安藝國三上貞直）
12. 宮入法廣（法廣）
13. 瀬戸吉廣（筑前住瀬戸吉廣）
14. 廣木順一（三池所生弘邦造）
15. 宮入　恵（宮入小左衛門行平）
16. 吉原義一（東都高砂住義一）

五、お手入れの仕方

「刀は毎日手入れをしていないとすぐに錆びる」「砥石の粉を刀について、常に刀を研ぐ」などは嘘です。刀の表面は「鏡面」なので空気に触れる面積が小さく、湿度が小さい環境ではほとんど錆びません。手で直接触ったり、唾液が飛んだりしなければ、二〜三カ月に一度程度の手入れでよいようです。打粉（うちこ。内曇砥〈うちぐもりと〉と言われる水桶に沈殿した微細な砥石の粉）で、古くなった「刀剣用の油」を吸わせて懐紙やテッシュで拭いとって、新しい「刀剣用の油」を塗り替え、刀身が湿気に触れないようにします。打粉を多量に頻繁にこすり付けると刀の表面に微細な疵ができますので注意します。なお、茎（なかご）の錆は安定しておりそれ以上錆びが進行することはなく、錆で年代が分かるので、錆をふき取ってはいけません。

「刀剣用の油」は古くから刀剣用の「丁子油（ちょうじあぶら）」とされていますが、製法は秘伝で材質が確認できないそうです。良い臭いがするのは丁子油（クローブオイル）で香り付けをしているようです。丁子は常緑樹で蕾を乾燥させて香辛料や太田胃散や仁丹の材料にしたり、水蒸気蒸留して得た油をびんつけ油にします。「刀剣用の油」としては植物油よりも鉱物性（石油系）の防錆油のほうが優れていて無色透明で無臭の「御刀油」のような名前になっています。岡山県瀬戸内市の「備前長船刀剣博物館」ではシリコンオイルを使っているそうです。食べ物を切る刃物には揮発性の不快臭のするＣＲＣでなく、椿油やオリーブ油が良いようです。

六、模擬刀

模擬刀は振るだけのものです。かつて剣道形用の模擬刀を材木にコツンと軽く当てたら、刀身が三つに砕け散り、飛んだ二つがカーポートの屋根のアクリル板を突き割りました。危なく側にいた子供を怪我させるところでした。高張力にすることで硬くしてあり、振り回しているうちに「疲労」してしまい、弾性限界を超えて折れる場合すらあります。日本剣道形用のものは多少は衝撃に耐えられるように、柔らかいアルミ合金で作ってあります。したがって、刀身が曲がって鞘に納まらなくなったり、刀の刃同士が当たると大きく歯こぼれしてギザギザになりますが、折れて飛ぶことはないと思っていました。しかしアルミを多く含んだ亜鉛合金を砂型鋳造し、鍍金（メッキ）処理されているだけで、見た目は鉄ですが、非鉄金属ですので強度が大きくないので、故意に力を加えれば曲がりますし折れます。

お手入れの際は、メッキ処理されていますので、打粉は使わない方が曇りが出ません。もともと錆びませんので、「刀剣用の油」はおもに抜き差しするときの潤滑剤の意味しかありません。

またほとんどの模擬刀の柄は茎（なかご）に合わせて削る手間を惜しんで、ぴったりしてないので目釘を斜めに入れて調節しています。日本刀のように目釘を抜いて茎（なかご）を出すとガタが出る場合がありま す。さらにバランスのために鉛の板が入っていたりします。ほとんどの模擬刀の注意書きに「目釘は抜くな」とあります。

第四章、日本刀で斬る

一、刀を振る

小学生の女の子が刀でやすやすと畳表を巻いたものを斬っているYouTubeが見られます。日本刀は刃筋が正しければ斬れるようにできています。刃筋正しく振れたかどうかは、刀身に樋の入った刀や模擬刀を振れば、「樋鳴り」で分かります。

私は、樋のない日本刀で袈裟、袈裟上げ、逆袈裟、逆袈裟上げなど刀を斜めに早く振れないことに悩んでいました。ましてや片手で振れませんでした。そんなとき、「抜き即断」の斬れる居合の**柳心照智流**（りゅうしんしょうちりゅう）毎週火曜日に神田スポーツセンターで稽古をご一緒する矢作訓一先生が、自顕流の一流派にあたる古武道の宗家であることを知りました。入門させていただき、樋入りの居合刀を購入して毎週水曜日に赤羽の道場に通いました。呼吸によって「**丹田を爆発させる**」、「**抜重**（ばつじゅう）」によって重力を利用して一瞬で斬り下げる、**体軸を中心に**胸を開いた「陽」と胸を狭めた「陰」を使って刀を振る、「斬り手」、「斬り終わり」などを学んで、振り始めから斬り終わりまで風をはらんだように鳴り続けることができるようになりました。居合そのものに興味が持てず一年経たずに辞めてしまいましたが、古武道の黒田鉄山氏や甲野善紀氏の「膝を抜く」ことや、小田伸午氏の「**なみあし**」の**二軸歩行**などが、体の骨格や筋肉と重力を活用した動きとして統合できたのです。

二、抜刀、納刀

居合帯を稽古着の上に「男結び」して、その上に袴をはきます。居合帯が三重になった上二枚の下に刀の鞘を差し込み袴の「窓」から出し、下げ緒を帯に絡ませます（流派によって様々あり）。

左手で鯉口を斬って、右手は下からあてがうようにして抜き出します。このとき、刃の方向は縦から横にし、鞘引き（左手を後ろに引く）し、抜いた後は鯉口が隠れて見えないようにします。

納刀は鯉口を左手で見えないように上から握り、縦にしておいて、右手で左手の水かき部に刀の峰を当て、親指で横手を感じながら切っ先を滑り込ませ納めます。

帯から刀を抜いて、刀礼します。

刀を抜くとき、鯉口が縦のまま抜く方法（鞘引きはほとんどない）もありますし、鯉口を切りながら横にしておいて「鞘引き」して抜く方法もあります。納刀には、鯉口を横にしておいて切っ先を入れて最後に縦にする「横納刀」もあります。流派によって様々です。

流れるように抜刀・納刀して、いつ抜いたのか、いつ入れたのか分からない自然さと速さを身につけます。

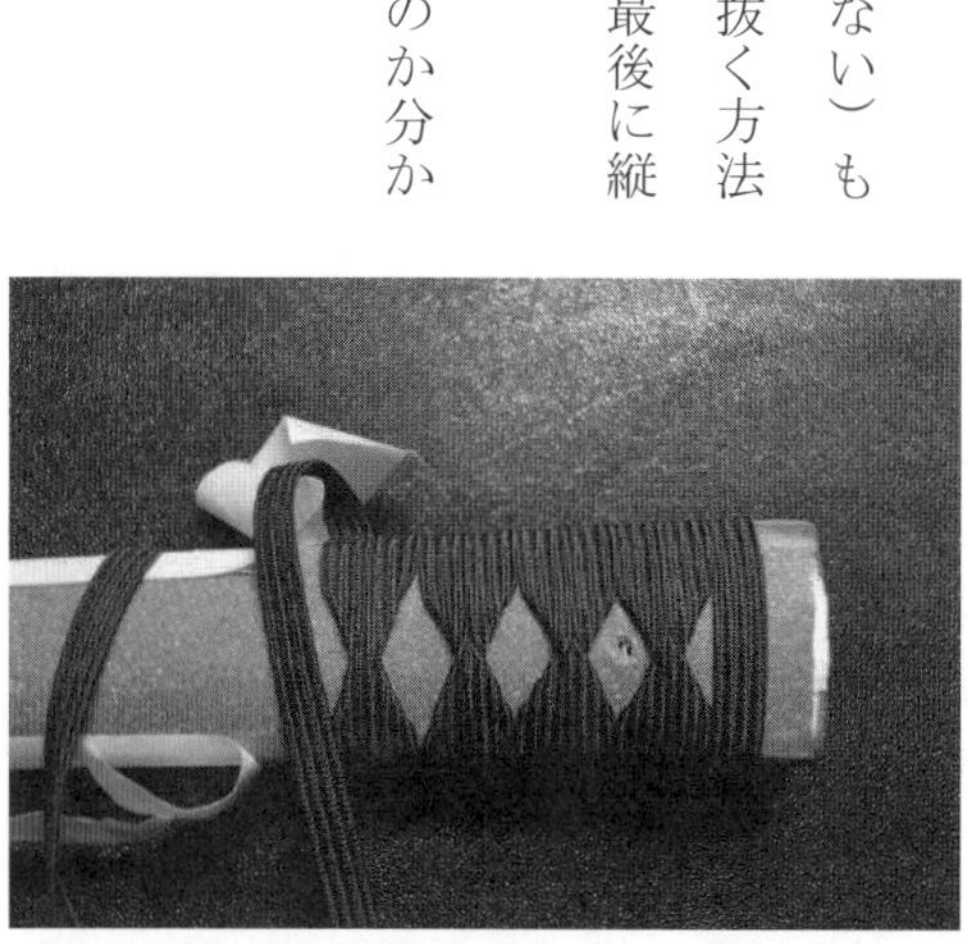

諸捻巻（もろひねりまき）。
簡単なようでなかなか形が決まりません。

三、刀で斬る

巻いて濡らした畳表や竹を斬るとき、刀は刃が当たるときに手前に刀を引く動作はしません。「引かなければ」、「体重を乗せないと斬れない」などは、斬ったことのない人の想像による嘘です。足を止めて斬りますが、思ったよりも近くを斬らないと届きません。また、刃筋を立てて斬ればほとんど力は要りません。バットを振るような捻る動作をしないで、斬り終る位置に刀を移動するような動きをすれば、刀の重さだけで斬れて行きます。ですから片手で袈裟上げ、逆袈裟上げなども斬れます。この、日本刀の斬れ味を知ると、いかに興奮しないで脱力したほうがいいかが分かります。ぜひ、試し切りをしてみてください。下図のように、反りがあるために斜めに入射し、刃先角度が鋭角になって自然に**引き切り**になります。

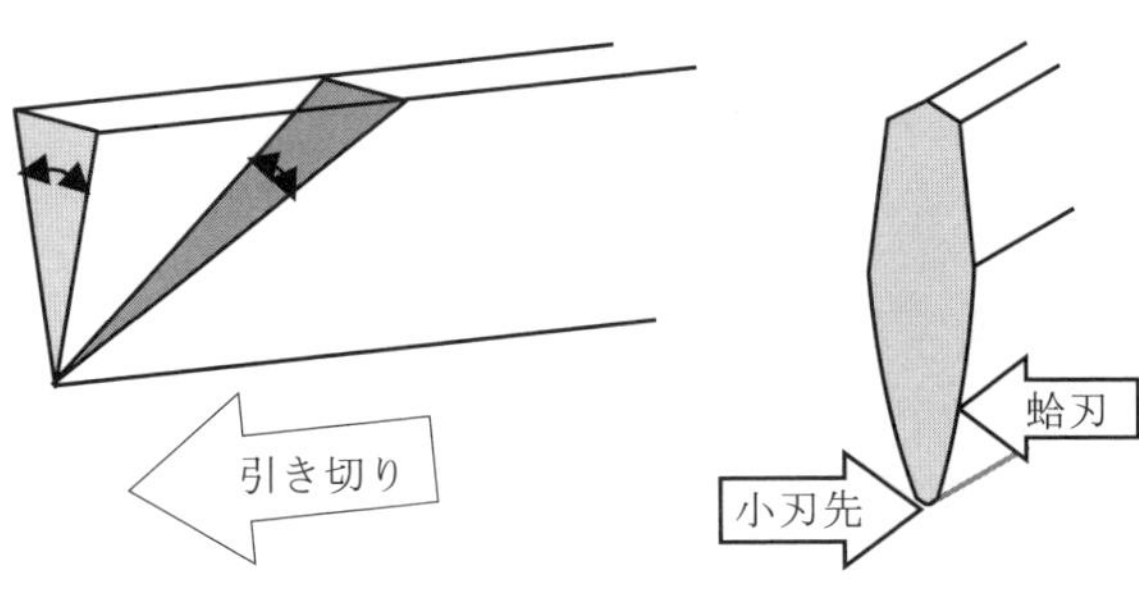

畳表を刃筋正しく斬っても、刀には目には見えないほどの擦過傷である「**ひけ傷**」が必ず入ります。すぐに鉱物性（石油系）の防錆油で塗膜を張らないと錆びます。そこで、斬った後すぐに納刀しません。鉱物性（石油系）の防錆油を吹き付けて柔らかい布やティシュで拭いてから鞘に納めます。

刀は、① 刀が良作でない、② 刃筋正しく打ち込めなかった、の二つの理由で折れたり曲がったりします。刀は二つの鋼を合わせて「折れず、曲がらず、刃こぼれしない」ように作ります。しかし刃筋が立たず刃が斜めに当たったり、峯や鎬に大きな衝撃が加わると、折れることもあります。斬り合いで刀の刃同士がぶつかれば刃が欠けますし。荒木又右衛門の愛刀が、小者の打ちこんだ木刀を横に払ったときに鍔元から五寸でポキリと折れたようです（平凡社新書「刀と首取り」鈴木眞哉著）。新撰組では、脇差（脇指）でなく、同じ長さの二本の刀を差していた組員がいたようです。もともと「二本差し」の理由は、長刀が折れたり曲がったり欠けたりして、使い物にならなくなったときのためです。東京都無形文化財保持者の刀匠の吉原国家氏は、「峰打ちは折れることが多い。零下になるところでは折れやすい」とのこと。これは、刃側はマルテンサイトという非常に固い鋼なのですが、体積膨張が大きいため脆いからだそうです。

なお、「三、四人斬ると、油が付いて、斬れなくなる」ということはなく、肉を切り続ける包丁と同様に斬れ味が変わらないそうです。この理由は、戦う前に、刀の刃先に木賊（とくさ）や砥石をこすり付けて「小刃先」を作ったからです。これを「寝た刃を合わせる」と言います。

「小刃先」は、1/1000mm 程度ののこぎり状の凹凸で、肉切り包丁にもつけてあります。衣服の上から斬るためには必要な準備です。因みに、木賊は「砥草」とも書き、表皮細胞の細胞壁にケイ酸が蓄積して硬化し、砥石に似て茎で研ぐことができます。江戸時代は「歯磨き草」とも言われました。刀は刃先を荒らすと錆びやすくなるので、磨ぎに出したときには「小刃先」は付けません。

水に一昼夜漬けた丸めた畳表を斬ると、刃筋が理解できます。

四、日本刀と日本人

江戸時代は士農工商の身分制度があったので、庶民は二本差しは許されなかったのです。しかし刀身が二尺に満たない刀を一本差すことは庶民でもよかったようです。たとえば、黒澤明監督の映画「用心棒」では、宿場の覇権をあらそう二つのやくざ一家が登場し、双方とも脇差「長脇差（ながどす）」を持っています。江戸時代の人が旅をするときは、護身用に脇差を携行したようです。

武家社会の構造が崩れて庶民文化が台頭して行ったように、日本では武士の習慣や所作も庶民が知っていたようで、**日本刀や剣術から派生した慣用句**が、以下のようにたくさんあります。一八七六年に廃刀令が公布され、刀が日常になくなったのにもかかわらず、当たり前のように使われていることに改めて驚きます。

相槌を打つ（あいづち）　鎚とも。刀匠が刀を鍛えるとき、弟子と交互に息を合わせて槌を打つことから転じて、人の話を聞いて、同意、同感を示すためめうなづいたり調子を合わせること。

雨が降ろうが槍が降ろうが　文字通り槍が雨あられと飛んでくる様から転じて、どんな状況・障害があろうともやりとげるの意。

一刀両断（いっとうりょうだん）　一太刀（ひとたち）でまっ二つに斬ることから転じて、思い切って処理する意にも用います。居合などに残っている刀法では、めったに一刀両断しません。深く間合に入ると、こちらが斬られる危険が大きくなるからです。「**上意討ち**（じょういうち。主君の命〈上意〉により罪人を討つこと）」の場合に一刀両断をしたようで、例えば無双直伝英信流居合十一本目「暇乞」（いとまごい）は上意討ちとも言われ、相互に挨拶をする礼の体勢より抜打ちに一刀両断する業前です。碧巌録・第六十三則「南泉斬猫」に「一刀両段」とあり、ここから柳生新陰流では「段」と書きます（「碧巌録（中）」P. 281）。

裏切り　武士が背後から斬りつける様から転じて、敵に内通して主人や味方にそむくことや、約束、信義に反する行為をすること。

押っ取り刀（おっとりがたな）　武士が刀を腰にさす暇がないほど火急の場合、刀を手に持ったまま急ぐことから転じて、取るものも取りあえず急ぐことです。

己が刀で己が首（おのがかたなでおのがくび）　武士が敗れて自分で自分の首を落としたから転じて、自分のしたことで自分が苦しむこと。

折紙つき　昔、本阿弥家が刀を鑑定し「折紙」という鑑定書を発行し、折紙というだけで刀が信頼されるようになったことから、人物が間違いないと請け合うとき「折紙をつける」と言います。

鎧袖一触（がいしゅういっしょく）　鎧の袖を一振りするぐらい簡単に、敵を打ち負かすこと。

快刀乱麻（かいとうらんま）　気持ちよく切れる刀でもつれた麻を切るように、複雑な物事をあざやかに処断すること。

かえす刀　一方へ斬りつけた後、すかさずもう一方の相手へ斬り付ける様子から、一つの攻撃の後、間髪いれず他方を攻撃すること。

駈け引き　「駈け」は「攻撃」、「引き」は「後退」で、戦場で臨機応変に兵を進退させることが転じて、相手の出方に応じて、強く出たり弱く出たりして交渉を有利に進めること。

刀折れ、矢尽きる　戦場で刀が折れ、矢もなくなり戦えなくなった状態が転じて、万策尽きた最悪の状況。

刀の錆（さび）　刀は鉄であるため人を斬った後は錆が出るので手入れをします。そこから転じて、人を斬って捨てること言います。

兜の緒を締める　いい気になって油断しないように気持ちを引き締めること。「勝って兜の緒を締めよ」

兜をぬぐ　戦場で武士が降参するときに兜を脱いだことから転じて、負けを認めること、降参することを言います。

切れ味がよい　刀がよく切れることから、手際のよい仕事ぶりや対人関係をうまくさばくことなどを言います。

切れ者　頭の回転が速くて、物事を処理する能力のある人。

極め付き　書画、古道具、刀剣などに「極札（きわめふだ）」という評価がついているということから、世間一般からはっきりした評価を受けている確かなものということです。

小手先　刀を振るとき、腰を入れずに小手先でちょこちょこ打つ動作から転じて、ちょっとした技能や才知。

鞘当　往来で刀の鞘の先が触れたということを理由に、武士が相手にけんかを売った逸話から、ちょっとしたことで意地になって喧嘩になること。また、意地の張り合いから一人の女性をめぐって二人の男性が争うこと。歌舞伎で「不破判左衛門」と「名古屋山三郎」が、遊女「葛城」を争って鞘当をします。

地がねが出る　刀は表面の硬い鉄（鋼）が中の柔らかい鉄をくるむ構造になっていますが、研ぎ減って表面の鉄が薄くなり、中の心鉄が表面に出てしまうことから転じて、表面だけ繕っていたものが剥げて、本来のものが出ることを言います。↓馬脚を表わす。

地蹈鞴（じだんだ）を踏む　地蹈鞴は足踏み式のふいごで、これを踏んでいる様が怒りに任せて地面で足を踏み鳴らす様に似ているところから、怒り心頭の様子を言います。

鎬をけずる　激しく切りあう様から転じて、はげしく争うこと。（「凌ぐ」は音が似ていますが無関係です。）

自腹を切る　自分で自分の腹を切ることから転じて、必ずしも自分で払うには及ばない経済的負担を、あえて自分で払うこと。

真打（しんうち）　御神刀を打つ（作る）とき、あらかじめ何本か打ち、その中で一番出来がいいものを「真打」と言い神様に捧げました。現在では落語界などで一番格の上の人を言います。

真剣　ごまかしや遊びの気持ちが全くなく、全力をあげて何かをする様子。一生懸命。

真剣勝負　真剣で行う試合となれば、それぞれが命をかけてということになります。転じて本気になってやる勝負のこと。

助太刀（すけだち）　仇討ちの助力をする強い人。人を助ける意味に使われます。

切羽（せっぱ）つまる 刀の鍔（つば）を固定する、薄い楕円形の切羽（せっぱ）まで鍔競り状態が詰まって窮することから、最後のところまで来てしまって、どうにも仕方がなくなること。

反りが合わない 刀の反りと鞘の反りが合っていないと刀は鞘に納まらないことから、気心が合わないこと。

大上段 刀を上段に頭上高くふりかぶり、相手を威圧することから、居丈高な態度。大げさな態度。高姿勢。

蹈鞴を踏む（たたらをふむ） ふいごを踏むさまが、悔しくて足踏みする様に似ていることからついた「地蹈鞴（じだんだ）」が語源で、「躊躇する」という意味。

太刀打ちできない 相手の力が数段上で勝負にならない様。

単刀直入 一人で敵地に赴くことから転じて、前置きなしに直接に本題に入る様子。

丁々発止（ちょうちょうはっし） 刀で激しく打ち合う音から転じて、互いに激しく議論を戦わすこと。打打発矢とも。

付け焼刃（つけやきば） 間に合わせに、にわかに習い覚えること。鈍刀（どんとう、切れない刀）に焼刃に似せた模様を付け足すこと。「付け刃（つけやいば）」という言葉はなく、誤用です。

鍔迫り合い（つばぜりあい） 互角にはげしく勝敗を争うこと。

詰腹を切る 職務上の責任や義理を通すための切腹（せっぷく）が転じて、強制的に責任をとらされること。

鉄は熱いうちに打て 若い伸び盛りに鍛えると効果が大きいこと。

手の内を見せる（てのうちをみせる） 和弓の的中率を左右するのは、左手に持った弓を返して矢を放つ技術です。その手の形や返し方を手の内と言い、人には教えなかったことから転じて、自分の考えや能力、事情などを相手に知らせること。

伝家の宝刀 とっておきの奥の手を出すという意味。

土壇場（どたんば） 江戸時代、罪人の首を乗せて斬った、土を盛った「土壇」まできているという、逃げられない状態。

七つ道具 いつ陣ぶれがあってもいいように、武士が常に用意しておいた装備。具足・脇差（脇指）・太刀・弓・矢・母衣（ほろ）・兜の七つを指し、転じて仕事に必要な道具類です。

なまくら 斬れ味の悪い刀から転じて、役に立たないことを言います。

生兵法（なまびょうほう） 「未熟な剣術使い」から、生かじりの技能や知識に頼ったりすると失敗のもとになる、知ったかぶりをするとひどい目に会う、ということ。

二刀流 →両刀使い

抜き打ち 刀を抜くと同時に斬（き）りつけることから、予告無しに急に行うこと。「抜き打ち検査」「抜き打ちテスト」など。

抜き差しならぬ 刀を抜くのも差すのもままならない窮地ということから、どうにもならない、のっぴきならないという意味。

抜く手も見せず 抜打ち（抜きつけ）が早すぎて目にも止まらぬ様から転じて、気がつかないうちに事を進めることを言います。

乗るか返るか（のるかそるか） 勝負の岐れ目を指す言葉。

鉢巻（はちまき） 烏帽子（えぼし）や兜を被るとき、頭の鉢に巻きつけた布切れ。転じて、気持を引きしめたり威勢を示したり、対抗競技の組別を表わすときなどに額のまわりを布切れで巻くこと。また、その布切れ。

刃（歯）向かう 刀を持って向かっていくことから、逆らう。敵対。

武士は相見互い 武士同士は同じ立場なので互いに協力しなければならないことから転じて、同じ境遇の者は助け合うべきであるということをいう。

武士は食わねど高楊枝（ぶしはくわねどたかようじ） 武士は生活に窮（きゅう）しても不義を行わないので、気位の高さをたとえるときに言う。

懐刀（ふところがたな） 懐に入れて持ち歩く守り刀から、秘密を預かる側近を言います。

矛先（ほこさき） 矛の先端は鋭いので、非難、論議などの勢いや、攻撃の目標を言います。

丸腰（まるごし）　武士が腰に刀を帯びていないことから転じて、身を守るべき武器を何も持たないこと。

身から出た錆（さび）　自分から招いた悪い結果を言います。出典は、法句経（ほっくぎょう　原始仏教の経典）第二百四十番「錆は鉄より生ずれど、その鉄を傷つくるが如く、穢れある人は己の業により悪処に導かれん」。

矛盾（むじゅん）　言動や文脈などが食い違っていて揃わないこと。辻褄（つじつま）が合わないこと。出典は『韓非子』の「難一」。

目貫通り（めぬきどおり）　目貫は柄の一番目立つ金具であることから転じて、繁華街の一番賑やかな通りのことを言います。

もとの鞘（さや）におさまる　刀身が納まるべきところに納まることから転じて、仲たがいした夫婦などが元通りになること。

諸刃の剣（もろはのつるぎ）　諸刃は相手を切ろうとして振り上げると、自分をも傷つける恐れのあることから、一方では非常に役に立つが、他方では大きな害を与える危険もあるということ。

焼きが回る　刀を焼入れする際に、火が回りすぎるとかえって斬れ味が悪くなることから転じて、年をとったりして衰えたり鈍くなることを言います。

焼直す　火災に合うなどした刀を再度焼入れして使えるようにすること。人間の再教育を指していうことがある。

焼きを入れる　刀の刃を焼いて急激に冷やすことで鋼を作ることから、しゃんとさせること、また拷問を加えることと言います。ちなみに焼きなますは逆でゆっくり冷やして柔らかくすること。

夜討ち朝駆け（ようちあさがけ）　夜中に敵陣に攻め込むのが「夜討ち」、朝早く不意をついて襲撃するのが「朝駆け」です。ここから転じて、夜遅い訪問や早朝に訪ねることです。

両刀使い（遣い）　二刀を使う兵法（二刀流）から転じて、まったく逆のことをできる者、酒と甘い物両方好む者などを言います。

第六編　心と技の道標（用語集）

あ

合い打ち、相い打ち、相討ち

「合い面を打つ」のように「合い〜」は能動的に「合わせて打つ」という意味で、「相面」は「同時に、一緒に」という意味で使われ、同時に両者が打突すること。

相打ちは双方とも有効打突としませんが、相打ちはめったにないので、試合の審判は、相打ちに見える打突でも、どちらが有効だったのかできうる限り見極めなければなりません。

合気道（あいきどう）

主として徒手で身を守り制する格闘武道で、当て身技と関節技に特色があります。植芝盛平(一八八三〜一九六九年、八十六歳)が古流柔術を修業し、他の古流も研究して合気柔術を生み、一九四八年ごろ合気道と称しました。また合気道の特徴は、相手の関節を一瞬で逆にとって、相手が痛みを感じることでの生理的な恐怖感を利用することで、自己防衛だけでなく、関節の柔軟性・強靱性を高め、健康増進に効果があります。特定の形はなく、師の指導で習得するようです。

相構え（あいがまえ）

相手と同じ構えをとること。一般的には相中段ですが、相上段もあります。

同じ構え同士であれば同じ様な攻防になりますが、上段や二刀に対応する方法を知らない中段は不利です。

合気をはずす（あいきをはずす）

「…相撃ちとなりて勝ちを得る能わざるべし。敵強くきたれば弱く応じ、弱く出れば強く対し、晴眼にてきたれば下段にして拳の下より攻め、下段にてきた晴眼にて上より太刀を押さえるというように、合気を外して闘うを肝要とす」と高野佐三郎著の『剣道（高野佐三郎）』「第二編術理 第四章勝敗の十」（「近代剣道名著大系・第三巻」P.119）、『剣道教本・下P.90』にあります。剣道だけの言葉のようです。なお、広辞苑・大辞林では、「合気」はありません。

挨拶（あいさつ）

人と会ったときや別れるときにとり交わす、儀礼、応対のことばや動作、手紙の応答のことばです。剣道では「礼に始まって礼に終わる」と言われるように挨拶を重要視します。

挨拶は禅の言葉からできました。『碧巌録』第二十三則「保福妙峰頂（ほふくのみょうぶちょう）」にある「一挨一拶（いちあいいちさつ）」です。禅問答において、一方が相手の力量を測るために押し迫る「挨」に対して、すかさず切り返し押し迫る「拶」という、丁々発止のやり取りの様子を表しています。（「碧巌録(上)」P.305）

阿吽の呼吸（あうん）

「阿云」とも。二人以上が同時に何かをするときの相互の微妙な調子や気持ちが一致すること。絶妙なタイミング。インド古語のサンスクリット語（梵〈ぼん〉語）の文字である悉曇（しったん＝日本の五十音表に似たもの）の最初の音と最後の音が「a（阿）」と「hum（吽）」です。また、阿は万物の根源、吽は一切が帰着する智徳を意味し、密教の宇宙観を表し、阿が呼気で、吽が吸気であるので、最初から最後まですべてにおいて呼吸の合う心の通じ合った関係ということです。寺院の狛犬（こまいぬ）に象徴される阿吽は、左が阿で右が吽です。類、「つうと言えばかあ」。

アキレス腱断裂・腓腹筋断裂

「ふくらはぎ」は、表の腓腹筋とその深部にあるヒラメ筋で構成されています。腓腹筋は外側頭と内側頭の二つの筋頭に分かれる二頭筋と呼ばれる形の筋肉で、その末梢側はヒラメ筋と共にアキレス腱（紐〈ひも〉）とかかと（踵骨しょうこつ）に付着しています。

アキレス腱断裂、腓腹筋断裂は、百メートル走のような前方への全力疾走時やジャンプや踏み込みのための最大跳躍時ではなく、筋肉が伸びた状態の時に大きな伸長力がかかると、緩やかな動作であっても起きる場合があります。

剣道では、以下の理由があるときに、前後の足幅を広くして、足関節の背屈（足の甲への屈曲）が大きくなって下腿三頭筋が伸びたままになったとき、踏み込むと断裂する場合があります。

① 腱の退行性変性(いわゆる老化現象)がおきている。
② 撞木足で足部の回内を繰り返すことで起きた、アキレス腱周囲炎、腱炎がおきている。
③ 筋肉疲労が蓄積されている。

テーピングやサポーターは、①可動範囲を制限し、②筋肉や関節を補強（サポート）、振動を抑えて怪我や疲労を軽減する効果が期待できます。少しでも疲労感や違和感があったらテーピングやサポーターで断裂を予防することをおすすめします。

明き、清き、正しき、直き心

神道での「穏やかで澄み渡った心の本来の姿」を指す言葉。ほとんどの剣道の道場には、神棚があって、鹿島神宮、香取神宮のお札を祀ってあります。稽古の始めには、神棚に向かって礼をし、「明き、清き、正しき、直き心」で稽古をさせて頂くことを誓います。

日本人は、例えば雪を頂いた富士山の日の出を「霊峰富士のご来光」と手を合わせたり、澄んだ湖を「神秘的」と思ったり、深い森を「神が住む」と言ったりし、自然現象に神々（こうごう）しさを感じます。森羅万象に八百万（やおよろず=たくさん）の神がいると信じ、神社を作りお祭りしました。

「明き、清き、正しき、直き心」の逆が、「**穢れ**」であり、禊（みそぎ）、祓い（はらい）などをします。「気が枯れる」が「穢れ」の語源だという説があり、辛い事や哀しい事で気力を失っている状態をも意味するようです。

日本は神の国であり、天照大御神（あまてらすおおみかみ）が日本を作り、天照大御神の子孫の天皇も現人神（あらひとがみ）とされています。十月の異名（雅語）は「神無月」です。出雲では「神有月」です。毎年この月に神様の総会が出雲で開かれ、出雲以外は神様がご不在で「神無月」となるからです。

なお、武蔵は吉川英治の小説では「神は頼むものにあらず、崇めるものなり」と言っています。剣道を学ぶ人は、自助自立こそ本望で、「神頼み」はしません。

悪癖（あくへき）

剣道の悪い癖を言います。「技癖（ぎへき）」とも。

昔から人には「無くて七癖」と言われるように、誰にでも癖があり、上達を妨げる大きな原因となるにもかかわらず、本人は気づかない場合が多いです。わざわざ指摘してくださったり、正してくれる先生もおいでにならない場合が多いのですが、ご指摘いただければ「ありがたい」と思い、素直に受け入れ、やってみることが大切です。

また、「七つの知恵」を再インストールしていただければ、すべて直ってしまいます。

例えば、「**撞木足**」は「**かぎ足**」はとも言われるガニマタで、スムーズな打突ができないばかりか体を痛めることにもなります。高く右足を上げる「**馬足**」、足さばきや踏み込むときに左足が跳ね上がる「**跳ね足**」、左足を引きずる「**ずり足**」、両足同時に飛ぶ「**飛び足**」などは、気剣体の一致した冴えある打突ができません。二足一刀の左足が右足を追い越してしまうと打ち出すときが分かってしまいます。

「**右手打ち**」は、冴えが出ません。右手に力の入らない握り方「斬り手」を覚え、丹田を前に出して腹筋を使って肩甲骨を動かしてスローインのように、左手の小指を締めて竹刀を前に一瞬で飛ばすように振るようにします。

上げ小手

現在は「剣道試合・審判規則」の第十三条の二に「中段以外の構えなどのときの左小手または右小手」とあります。かつては、「鳩尾より上がっているときの左小手」を有効打突としていましたが、「中段以外の構えなどのとき」という表現になっています。

足軽稽古下郎技（あしがるげいこげろうわざ）

「足軽」とは稽古を積んでいないにわか剣士を言い、刃筋が正しくなくても、打突が弱くても、当たればよい剣道を言います。百姓稽古木引(ひゃくしょうげいここびき)とも。

足さばき（あしさばき）

「**足はこび**」、「**運足**」とも。足の運び方。剣道の動きの基本動作です。

「一眼二足三胆四力」「眼意足（眼の配り方、心の配り方、足の使い方）」「足八分、手二分」「手で打つな足で打て。足で打つな腰で打て」「下部の三処（げぶのさんしょ。足と腰とひかがみ）」などの言葉は、すべて丹田から動くことだと考えた方が良いようです。

「足さばき」には、以下の五つがあります。

①「**歩み足**」　常生活の歩くのと同じで、交互に足を前に出す足さばき。送り足より早く相手との距離を縮めるときに用います。希に踏み込み前に使うことがあります。

②「**送り足**」　すぐに打てるように、常に構えに戻っているように動く足さばき。進む方向の足を出し、直ぐにもう一方の足を引き付けます。ただし、右後ろは右足から。左前は左足から。足を床から離さない「**摺り足**（すりあし）」で行ないます。丹田を正中線上の前に引かれた構えにすれば、ことさら意識しなくても、左足が右足を追い越したり、走ったりしなくなります。この動きは「左足、左腰、左手のつながり」と言われます。「気は大納言の如く、足は足軽のように」「上虚下実」というように、上半身の力を抜いて、丹田を前に出してすぐに打突できる姿勢を保ちます。相手に動きを悟られないように頭が上下せず左右に振れないよう、前後に動くことから始めて、左右、斜めに八方向に動くことを稽古します。

③「**開き足**(ひらきあし)」　手に正対しながら左右に動く足さばきです。相手の打突に応じてさばいたり、かわしたり、「余し」「抜き」などの技を出すときに使います。

④「**継ぎ足**(つぎあし)」　左足をいったん右足に引きつけ、ただちに右足を前に踏み込む足さばきです。前後の足幅が大きいときや、遠い間合から打つとき、打ち出す勢いを溜めるときに使います。「**隠し足**」「**盗み足**」「**忍び足**」などと呼ばれることもあります。足の指で床をつかむように相

手に悟られないように少しずつ前に進むのを「含み足」と言います。

⑤**「飛び込み足（踏み込み）」**　一般的には、「左足で床を蹴り右足を大きく前に踏み出す」と指導しますが、この本では、「丹田を前に出して右膝を抜重することによって、左足は踏みしめられ、右足は低く遠く蹴り出される」と、丹田から始まる全身運動としての踏み込みを推奨します。左上段の場合は左足が前なので左足を踏み込みます。跳び込んだ勢いを止めないで、体当たりをするか、お相手がいなくなれば、なめらかに早い送り足をし、振り返って残心を表します。道場の壁に体当たりして跳ね返る稽古を積むと、左足を伴った跳び込みと、体当たりの妙と、正対し続ける腰の位置が自然に備わります。私の剣友会では、発声と竹刀の打突音と足の音の「三音一致」が「気剣体の一致」だと言っています。踏み込む動作を作る方法は丹田が正中線上の前に引かれた構えにすることです。跳び込みが自在にできると、「出足」が良いと言われます。

堀江先生の足さばきは、他の範士八段の先生をして「きれいだ」と言わしめるほど、構えているのか、打ち始めているのか、位置取りをしているのか、分からない自然な動きでした。私は、堀江先生の前で構えた途端、打たれる気がして、自分から打つしかなくなって、打ち込み稽古になっていました。

羽賀忠利先生は、剣聖斎村五郎が師で、有信館の三羽烏のひとり羽賀準一が兄でした。その羽賀忠利先生が以下のように指導されていたとＷＥＢ上にありました。

①稽古中、踵は両方とも絶対床に付けない。（踵が付くと居付き易い）

②足捌きといえば、殆ど右足から動き始めるが、左足から動かす方法を知る事。

③前後の送り足は、誰でも使うが、開き足、歩み足をうまく使える人は少ない。

④子供の打ち込みの元立ちになった時は、足捌きを稽古する絶好のチャンス。

⑤右足を踏み込むことが気剣体の一致を作ると、思っている人が多いが、左足でも十分踏み込めるし、気剣体の一致も作れる。左上段は、左足で打ち込んでいる。

⑥絶えず腰を中心に、移動を心がける。

一九八〇年に静岡県沼津市丸子町の養心館道場で、六十三歳の羽賀忠利範士八段が二十四歳の大学生の私に「サッカーボールを蹴るように右足を踏み込む」とお教えくださいました。これがこの本で主張する「丹田が正中線上の前に引かれた構えにしておいて、右膝を抜重することによって、左足は踏みしめられ、右足は低く遠く蹴り出される」につながっています。

高野佐三郎は、「（前後の足の）踵から踵まで約半歩の距離を取って踏み開き、両脚の関節を和らげ、わずかに膝を出し、左右の爪先に力を入れて踵を浮かし、アリを踏んでも踏み殺さぬ心持で、極めて軽く立つ。敵に向かった時は、剣先を上下するのと調子を合わせ、軽く脚に反動を与え、運動を起こしやすくする。両足の爪先は共に正面に向って平行し、撞木（しゅもく）または鉤（かぎ、引っ掛けて引っ張るためにほぼ直角に曲がった道具。手鉤）の形にならぬようにする。**常に重心を下腹に置き**、姿勢を崩さず前後・左右・進退・跳躍、意の如くなるように練習すべきである。足の運び方は、撃つ時も突く時も、常に左右の足を右左右左と相伴って運ぶのである。後に退く時、左に出るときには反対に左右左右と運ぶ。いずれの時にも決して一方の足が残らぬようにする。**高く上げて踏み付けぬようにし、地に近くすっと運ぶようにする**。また、「片足を踏む」といって、一方の足で踏み止まる時は、そこに居付いて動作の自由を失い、かつ敵から突き当たられる時はしのぎにくいものである」」と説明しています（「剣道教本・上　第五章技術の基礎其の二　足の踏方・運法P.70～71）。

中山博道（一八七三～一九五八年十二月十四日、八十五歳）は『剣道手引書』の中で、「凡そ家を建つるには先ずその土台を造って其の上に柱を建ててゆくものである。剣道を学ぶ亦その通りで、まず足の踏み方を正しく作り、然る後上体に及ぶのが順序である」と述べています。

剣道では、陥りやすい、悪い足構えの代表として言われるのが「**撞木足**（しゅもくあし）」です。撞木とは、鐘を打ち鳴らすT字形をした「かねたたき」で、両足がT字形の形になので例えられました。足を床に「ドシンドシンと鐘を突くように鳴らすので」言うのだという説もあります。「**鉤足**(かぎあし)」とも言われ、鉤（かぎ）は、引っ掛けて引っ張る、ほぼ直角に曲がった金具です。一般に言う「がに股」であり、左足が開いた形です。

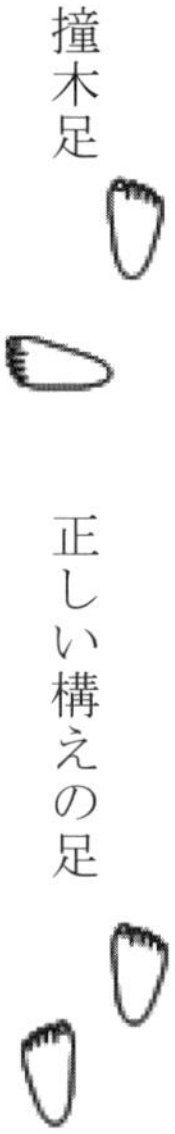

撞木足

正しい構えの足

短距離走のスタートと同じような形で鋭く出られ、また、撞木足から踏み込むと左足が捻れることでアキレス腱に大きな負担をかけて断裂する原因にもなるので、両足を前に向ける形が良いとされます。

『剣法秘訣(孫の千葉勝太郎編・千葉周作遺稿)』の「一剣術初心稽古心得」には「容易に直らぬものなり、初心の内少しも早く直すをよしとす」とあります（「近代剣道名著大系　第二巻」P.201）。

しかし、丹田が引かれるように右膝を抜く踏み込みができれば、構えたときに左足はやや左を向いていた方が自然です。人間は立っているときには足の向きを「ハ」の字に開いた方が骨格上抜重もしやすいです。高段者には左足の足先が少し開いている人が多いです。

足捌きとこれに伴う体の運用を「**体捌き**」と言います。

「太刀さばき」と同様、「捌く」の意味は「うまく処理する」「使いこなす」ということです。足捌きに伴い、上下動の少ない上半身を作り、前後左右斜めと変幻自在に動けるようにします。

『歌伝剣道の極意（阿部　鎮一九六五年土谷書店）』という本の中に、「ただ見れば何の苦もなき水鳥の足にひまなき我が思いかな」という歌があります。優雅に浮かんでいる鳥も、水面下ではたえず下流に流されぬように足を動かしているという意味です。

足で攻める方法

お相手が「打って来る」と思うのが「攻め」なので、打突の一過程である「不安定な形」にする必要があります。

「右膝で攻める」と一般的に言われ、右膝に体重を移す人が多いですが、右足に体重を乗せると「安定」してしまい、体重を左足にかけ直さないと打てなくなります。

上手な人の動きを見ていると、打つときは腰から動いています。この本の「七つの知恵」である、丹田を正中線上の前に引かれた構えの、打つ寸前の不安定な形から、イ、さらに丹田を出して打ち始める。ロ、右足を滑らせて前に出始める。ハ、小さく一歩出る。ニ、竹刀を動かす、攻めが有効だと考えます。

阿字観・月輪観（あじかん・がちりんかん）

真言密教の瞑想法の一つで、瞑想により「世界と自分はひとつである」ことを実感することです。

坐禅をするとき、禅宗では壁に向うのが一般的ですが、真言宗では阿字（あじ）と月（つき）を本尊として軸装（じくそう）にしたものの前で坐禅をするそうです。

その円を地球、さらに無限に広がる宇宙の空間にまで大きく瞑想することで、自己（じこ）を見つめ、仏（ほとけ）を観（かん）じるとのことです。

当たり、体当たり

打突に伴う余勢（自分の勢い）をそのまま身体ごと相手にぶつかること。「打った後には必ず当たる」稽古が自然で、右に抜けていくことが正しいと考えると形が崩れて真っ直ぐに一拍子で打てません。以下の当たりが出来ると、打った時の腰の位置が安定します。

① 思いっきり面を打つと、踏み込んだ余勢で、相手が前にいれば「当たる」ことになるので、そのつもりで打ちます。お相手が進路にいなければ抜けます。

② 踏み込んだ勢いを下腹部に集中し、竹刀の柄と柄を交差させるようにして、腰で当たるようにしてお相手に余勢と体重を預けます。

③ 糸でつるした二つの鋼球をぶつけるモニュメントがありますが、その動きにも似てぶつかった瞬間お相手に預けた勢

いが跳ね返るときに手を突き離すようにすれば、はじかれるように離れます。道場の壁などを相手に、跳ね返る練習をするとできるようになります。

「真剣を持って」であれば、「ぶつかって、相手の姿勢を崩して打突の機会を作る」とか、とか、「相手の気をくじき、体勢をくじき、相手の構えが崩れたところをすかさず打つ」などは、本末転倒です。なぜ刀で斬らないのでしょうか。打った後に「相手を倒すためにぶちかます」ような行為や、腕で押したり、頭から突っ込んで崩れた自分の体をお相手に支えてもらうのも、有効打突を目的としない行為ですから正しくありません。

『あたりまえだけどとても大切なこと』

米ノースカロライナ州出身の教師ロン・クラーク（Ron Clark）の二〇〇四年のベストセラー。大学卒業後、各地を冒険旅行したのち、一九九五年から小学校教師となりました。問題をかかえる生徒の多いハーレムの底辺校の教育困難学級で、祖母から教わった礼儀作法をルールにして生徒たちに教えたところ、教室が劇的に変わり、学業成績も州のトップクラスになりました。二〇〇〇年にディズニー社主催の「全米最優秀教師賞」に史上最年少二十八歳で選ばれました。

青少年育成として剣道を教える人は知るべき内容です。

1　大人の質問には礼儀正しく答えよう。
2　相手の目を見て話そう。
3　誰かがすばらしいことをしたら拍手をしよう。
4　人の意見や考え方を尊重しよう。
5　勝っても自慢しない負けても怒ったりしない。
6　誰かに質問されたらお返しの質問をしよう。
7　口をふさいで咳やくしゃみをしよう。
8　何かをもらったら三秒以内にお礼を言おう。
9　もらったプレゼントに文句をいわない。
10　意外な親切でびっくりさせよう。
11　人の成績をいいふらさない。
12　人が読んでいるところを目で追うこと。
13　質問には完全な文章で答えよう。
14　自分から褒美を要求してはいけない。
15　宿題は必ず提出しよう。
16　教科の切りかえはすばやく。
17　できるかぎり整理整頓をしよう。
18　宿題に文句をいわない。
19　代理の先生の授業でもルールを守ろう。
20　授業中は許可なく席を立たない。
21　先生に挨拶しよう。
22　お客様を歓迎しよう。
23　誰であれ、仲間はずれにしない。
24　叱られている人のほうを見ない。
25　宿題の内容についての質問をしよう。
26　きれいにあとかたづけをしよう。
27　バスのなかではおとなしく坐っていよう。
28　人の名前をしっかりおぼえよう。
29　食べ物を欲張って取らない。

30 誰かが何かを落としたら、拾ってあげよう。
31 次の人のためにドアを押さえていよう。
32 誰かとぶつかったらあやまろう。
33 公共の建物に入るときはおしゃべりをしない。
34 訪問先では何かをほめよう。
35 集会ではおしゃべりをしない。
36 電話の応対はきちんとしよう。
37 お世話になった人にはお礼を言おう。
38 エスカレーターでは左（右）側に立とう。
39 全員で廊下を歩く時にはおしゃべりしない。
40 割り込みをしてはいけない。
41 映画館では絶対におしゃべりしない。
42 学校にスナック菓子を持ってこない。
43 もしいじめられたら知らせてほしい。
44 信じるもののために立ち上がろう。
45 前向きに生きて、人生を楽しもう。
46 したいことがあるなら、やってみよう。
47 まちがいを受け入れよう。
48 いつも正直でいよう。
49 現在を楽しもう。
50 きみのなれる最もすばらしい人間になれ。

当てっこ剣道

竹刀が打突部位に当たれば軽くても、正確には当たっていなくても、体勢を崩しても、刃筋が通っていなくても有効だと思い込んでいる剣道。打たれたお相手が納得できない剣道を批判的に言う言葉。

余す（あます）

相手の攻撃を後方に体を捌いて抜きはずすこと。

余すためには、お相手の動きを読まないとできません。余しただけで打たないと意味がありません。あくまでも打突につなげるために余します。

い

居合（いあい）

敵の不意の攻撃に咄嗟に刀を抜き応じる、専守防衛の護身武術として考案され、抜刀から納刀の技能、諸作法、人格の涵養などを自己修練する武道。空間の形稽古で、抜き付けとよばれる刀を鞘から抜き放ちながら斬る技術が重視されています。

居合道の源流である抜刀術（居合術）は、戦国時代から江戸時代初期にかけての剣客**林崎甚助**によって創始されたといわれます。江戸時代には数多くの流派が生まれました。**無双直伝英信流**、**夢想神伝流**が多数で、次いで**伯耆流**、**田宮流**、**無外流**が多いです。

全日本居合道連盟、全日本剣道連盟、のほか多数の団体があります。全日本剣道連盟では全剣連居合、**制定居合**なども呼ばれる以下の十二本を一九六九年制定しました。これに対して各流派の形は古流の形と言われます。

居合道の試合は、全日本剣道連盟の居合道試合・審判規則に基づき、二人の出場者が、真剣または模擬刀を用い、隣り合った枠の中の、足下の赤か白かの線の近くで、あらかじめ定められた全日本剣道連盟居合と各流派の形、合わせて五本を六分以内に演武し、以下の七項目を三人の審判員が判定して勝敗を決します。引き分けはありません。

①　修業の深さ
②　礼儀所作(正しい姿勢、態度、作法、立ち振る舞い)
③　技前（正しく剛美であることに加え、冴え、緩急強弱、序破急、抜き付け、切り付け、切り上げ、突き、鞘離れ、刃筋、血振り、角度、納刀）
④　心構え（心の落ち着き、相手との対話、目付け、気迫・残心、間と間合）
⑤　気剣体の一致
⑥　武道としての合理的な居合であること
⑦　全日本剣道連盟居合（解説）の審判・審査上の着眼点を参考とする。

一本目「前」対坐している敵の殺気を感じ、機先を制してこめかみに抜き付け、さらに真っ向から切り下ろして勝つ。

二本目「後ろ」背後からすわっている敵の殺気を感じ、機先を制してこめかみに抜き付け、さらに真っ向から切り下ろして勝つ。

三本目「受け流し」横に坐っていた敵が、突然立って切り下ろしてくるのを鎬で受け流し、さらに袈裟に切り下ろして勝つ。

四本目「柄当て」前後に坐っている二人の敵の殺気を感じ、まず正面の敵の水月に柄頭を当て、続いて後ろの敵の水月を突き刺し、さらに正面の敵を真っ向から切り下ろして勝つ。

五本目「袈裟切り」前進中、前から敵が刀を振りかぶって切りかかろうとするのを逆袈裟に切り上げ、さらにかえす刀で袈裟に切り下ろして勝つ。

六本目「諸手突き」前進中、前後三人の敵の殺気を感じ、まず正面の敵の右斜め面に抜き打ちし、さらに諸手で水月を突き刺す。つぎに、後ろの敵を真っ向から切り下ろす。続いて正面からくる次の敵を真っ向から切り下ろして勝つ。

七本目「三方切り」前進中、正面と左右三方の敵の殺気を感じ、まず右の敵の頭上に抜き打ちし、つぎに、左の敵を真っ向から切り下ろし、続いて、正面の敵を真っ向から切り下ろして勝つ。一九八〇年追加。

八本目「顔面当て」前進中、前後二人の殺気を感じ、まず正面の敵の顔面に「柄当て」し、続いて後ろの敵の「水月」を突き刺し、さらに正面の敵を真っ向から切り下ろして勝つ。

九本目「添え手突き」前進中、左の敵の殺気を感じ、機先を制して右袈裟に抜き打ちし、さらに腹部を添え手で突き刺して勝つ。

十本目「四方切り」前進中、四方の敵の殺気を感じ、機先を制してまず刀を抜こうとする右斜め前の敵の右こぶしに「柄当て」し、つぎに左斜め後ろの敵の「水月」を突き刺し、さらに右斜め前の敵、続いて右斜め後ろの敵、そして左斜め前の敵をそれぞれ真っ向から切り下ろして勝つ。二〇〇〇（平成十二）年追加。

十一本目「総切り」前進中、前方の敵の殺気を感じ、機先を制してまず敵の左斜め面を、つぎに右肩を、さらに左胴を切り下ろし、続いて腰腹部を水平に切り、そして真っ向から切り下ろして勝つ。

十二本目「抜き打ち」相対して直立している前方の敵が、突然、切りかかってくるのを、刀を抜き上げながら退いて敵の刀に空を切らせ、さらに真っ向から切り下ろして勝つ。

古流

○林崎系の流派

神夢想林崎流（しんむそうはやしざきりゅう）または重信流

流祖は林埼甚助源重信一五四二～?年）です。郷里である山形県村山市には重信を祀る林崎居合神社があります。

田宮流居合術　戦国時代に、三代田宮平兵衛業正（生没年不詳）が編み出し、江戸時代には徳川紀州藩の武芸として伝えられた居合術です。表裏二十五本の形を基本として統一された刀術であり、その技法は非常に理路整然としています。

極意とは表の内にあるものを心尽しに奥な尋ねそ

無雙直傳英信流居合術　第七代長谷川主税助英信（一六〇二～一七一九年一一八歳と言われています）は、古伝の業に独創を加え、精妙であったことから、長谷川英信流、または無雙直傳英信流とも言われています。

居合とは人に斬られず人斬らずおのれを責めて平らかな道

居合こそ朝夕抜きてこころみよ数抜きせねば太刀もこなれず

居合とは心に勝つが居合なり人に逆ふは非刀（ひがたな）と知れ

居合とは心に勝つが居合なり人に逆らふを非力とは知れ

わがみち乃居合ひとすじざつだんに知らぬ兵法人にかたるな

大森流　第九代目の大森六太夫守政（一六六三～一七三二年六十九歳）は、土佐藩四代目山内豊昌公の料理人頭でしたが、元禄年間、江戸勤番中に、新井勢哲清信から英信流を学びました。のち、新蔭流剣形のうち「鞘の中」という抜刀術五本の形に、長谷川抜刀術と小笠原流礼式の正坐を加え、さらに工夫研究のすえ、大森流を完成しました。

関口流抜刀術　和歌山県に今でも伝わる関口流柔術の創始者、関口弥六右衛門（「氏心うじむね」とも、一五九八年～一六七〇年七十二歳）の長男氏業を流祖とします。太刀を斬りおろす際に、同時に前後の足を踏み替える「飛び違い斬り」が特徴です。

○林崎系以外の流派

伯耆流居合術　片山伯耆守久安（一五七四～一六五〇年、七十五歳）を始祖とする居合術。久安が林埼甚助の伯父松庵より秘太刀一八刀を相伝されたのち研鑽を積み、創始しました。豊臣家、肥後藩へと受け継がれ、最終的には肥後藩の星野家に伝承されました。

立身流　流祖立身三京（一五〇四?～?年）は足利時代、伊豫の国の出。実際的な総合武術です。「向（むこう）」と「円（まるい）」という、二つの秘技を基本とします。「向」は後の先、「円」は先先の先で勝つ事を最重視しています。

貫心流居合術　源義経（一一五九～一一八九年、三十歳）が鞍馬の山で鬼一法眼から剣法を学び、その奥義を究め、由利刑部政俊が、安芸の国(広島県)に下り、この流儀を伝え、宍戸司箭家俊がこれを貫心流と称しました。奈良東大寺の住職重源の門より数名の達人が輩出し、これを京八流、または鞍馬八流と称しました。

林埼夢想流居合術　居合の祖とされている林埼甚助重信（一五四二～？年）を流祖に持つ居合術。林埼甚助重信は鹿島、香取にて剣術を修業、塚原卜伝（一四八九～一五七一年、八十二歳）より鹿島新当流の一之太刀を授けられました。

信抜流剣法・居合術　上泉伊勢守信綱から印可を受け、後にタイ捨流起こした丸目蔵人佐長恵（一五四〇～一六二九年、八十九歳）の門弟奥山左衛門大忠信が流祖です。タイ捨流の繰剣法に工夫と改良を加え、敵の手許に入って一挙に勝つ技です。

円心流居合据物　戦国武士の速水長門守円心（？～？）が開祖。流儀の体勢を整えたのは犬上長勝（？～？）で、父祖伝来の霊剣を授かった後、円心から組討術を学び、伝書口伝と総合しました。

新田宮流抜刀術　一刀必殺で知られる新田宮流抜刀術の流祖は和田平助正勝（一六二五～一六八三、五十八歳）です。長く水戸藩の秘伝として藩外不出でした。同系統の田宮流居合術が讃岐高松藩に存在したのは、水戸二代藩主の徳川光國の実兄頼重が高松藩主として普及したからです。

初実剣理方一流剣術　作州津山藩に伝えられた剣術の流儀です。流祖は、今枝佐仲藤原良台と言い竹栄軒一と号しました（一六四五～一七〇二年、五十七歳）。父今枝佐仲良堅から家伝の今枝流剣術を学び、江戸に出て、伯父、今枝四郎左衛門良政について修行しました。

興神流居合刀術　流祖は藤原保昌（九五八～一〇三六年七十八歳）武田信玄の軍師山本勘助（一四九三～一五六一年、六十八歳）に伝えられ、その後、越後の上杉家に伝わり、ここから加賀藩に伝来しました。

一眼二足三胆四力（いちがんにそくさんたんしりき）
剣道修行の大事な要素をその重要度の順番に示した教え。一番大切なのは「眼」すなわち「目付け」、二番目は「足」で「足さばき」、三番目の「胆」は「胆力（精神力）」、最後の「力」は「筋力、身体能力」のこと。

眼＝「遠山の目付け」などという言葉もあるように、相手の現状の動きから次の動きを洞察します。初心の間は相手の動作に対する反射神経を養い、上達にしたがって心眼＝相手の心、思考を見破る眼力であり洞察力を鍛えます。↓「目付」

足＝相手との間合の攻防をし、チャンスに足を使って、思い切り打ち込みます。名人と言われる人は、美しい足裁きをしています。

胆＝「キモ」、「腹」、「度胸」、「腹構え」の事で、何時でもどんな事があっても冷静沈着に対処出来る胆力と決断力、心を養います。

力＝技のことです。体力や筋力ではありません。

大正期の剣道では、「一眼二早足（さそく）三胆四力」、または「一眼二左足（さそく）三胆四力」とあり、二番目に左足のすばやい引きつけが重要なので、「足」は「左足」を意味しています。

一隅を照らす（いちぐう）

天台宗の開祖、伝教大師・最澄（七六七～八二二年五十四歳）の書いた『山家学生式』（さんげがくしょうしき）の冒頭の上奏文にあります。南都旧仏教に対し天台宗の修行規定を示し、大乗戒による一宗独立を意図して桓武天皇に上程したもの。各人が自分に与えられた分野で努力する、それが、ひいては天下を照らすこととなる、という意味です。

「照千里、守一隅」を縮めて引用したものだとし、「一隅を守り、千里を照らす」（一隅を守っては千里を照らす者こそが、国の宝）と解釈することもありましたが、一九七四年七月二十三日に開催された天台宗勧学院議において「照于一隅」を「一隅を照らす」と読み下すという統一見解が出されました。

一源三流（いちげんさんりゅう）

武士の魂を表す言葉。一源とは「誠の心」。誠実という真心をもって、よりよい社会を創るのために情熱を持ち努力を惜しまず、家族に幸せと繁栄をもたらすために一生懸命働き、友人（隣人）と楽しいことも辛いことも分かち合い涙を流し合える人間関係を作ります。「誠の心」から、「血」は信念・やる気、「汗」は努力、「涙」は感情・愛情の三つの流れが出るということです。

山鹿素行（やまがそこう一六二二～一六八五年・六十三歳）の言葉のようです。日本が「天地の至誠」、すなわち宇宙の真理に合致した道義が貫徹される国であることを願い、独自の武士道論を『**中朝事実**』に書き表しました。江戸時代中期以降の国学の流れのなかで、「漢意（からごころ）」と対比されることが多くなり、「日本古来から伝統的に伝わる固有の精神」として使われました。儒教や仏教などが入ってくる以前からの、日本人の本来的なものの考え方や見方を支えている精神です。江戸後期からは日本民族特有の「清らかで死を恐れない気概・精神」の意味にもなりました。赤穂に住んだ十年間、藩主の浅野内匠頭や大石内蔵助ら四十七士が薫陶を受けました。

吉田松陰は五歳で、山鹿流兵学師範の吉田家の養子となりました。

乃木希典（のぎまれすけ。一八四九年十二月二十五日～一九一二年九月十三日、六十二歳）は少年期に松下村塾の創始者、玉木文之進によって、「中朝事実」を教わり、愛読していたそうです。

木村篤太郎（きむらとくたろう。一八八六～一九八二年八月八日、九十六歳。政治家、検察官、弁護士、剣道家。全日本剣道連盟初代会長）は自著『卆翁百話』（島津書房）に次のように書いています。「国のために血を流すあるいは封建的なことだという向きがあるかも知れない。が、自分の国を護ることは、国民の第一義。一朝事あれば、自らの血を流して国家の防衛にあたることが国民の義務。家のために汗を流すこれは勤労精神を賞揚するものであろう。一家の繁栄のためには、その家の主人が全身から汗をほとばしらせて営々と働くこと。友のために涙を流す「友の悲しみに我は哭き、我の悦びに友は舞う」という歌を思い出す。友と手をとりあって、共存共栄のために心を通じ合う。友と相携えて共に世のために仕事をする。そして友人の身を思って涙を流す心があってこそ、一個の人格を持った人間としての、あるべき姿であろう」と書き、「一源三流」を好んで揮毫したそうです。範士九段**中倉清**（一九二〇年九月二十四日～二〇〇〇年二月九日・八十歳）も手ぬぐいに書いています。

中倉　清（一九二〇～二〇〇〇年、八十歳）も手ぬぐいに書いています。

一大事（いちだいじ）

禅語。一般には、「重要な事件・出来事、容易でない事態」を指しますが、もともとは仏教用語で「仏が衆生救済のためにこの世に現れるという重大事」を表す言葉でした。禅では「今日ただ今というときは再び帰って来ない。今を大事にすること」を意味します。

臨済禅の中興の祖とわれる白隠禅師の師の**正受老人**（道鏡　慧端　どうきょう　えたん、一六四二～一七二一年、七十八歳。信州松代藩主真田信之の庶子。白隠慧鶴の師で、白隠が大悟したと思い込み慢心していたところを厳しく指導し、正しい悟りに導いた）は、「一大事と申すは今日ただ今の心なり、それを疎かにして翌日あることなし。すべて遠きことを思いて謀ることあれども的而（）の今を失うに心づかず」「吾れ世の人と云ふに、一日暮らしといふを工夫せしより、精神すこやかにして、又養生の要を得たり。如何ほどの苦しみにても、一日と思へば堪へ易し。楽しみも亦(また)、一日と思へば耽(ふけ)ることあるまじ。一日一日と思へば、退屈はあるまじ。一日一日をつとむれば、百年千年もつとめやすし。一大事と申すは、今日只今の心なり」と教えています（『正受老人集』）。

道元禅師は、『正法眼蔵』第三十一「諸悪莫作（しょあくまくさ）」で、「生を明らめ死を明むるは仏家一大事の因縁なり」（「正法眼蔵（二）」P.244）と言い（『修証義』の最初の一節でもあります）、『正法眼蔵』第十二「坐禅箴（ざぜんしん）」で「おほよそ仏祖の児孫、かならず坐禅を一大事なりと参学すべし」と説いています（「正法眼蔵（一）」P.252）。

一日休むと自分がわかる。二日休むとお相手にわかる。三日休むと聴いている人にわかる。

毎日修行しなければ、「腕が落ちる」こと。「稽古を一日休むと自分に分かる。二日休むと批判家に分かる。三日休むと聴衆に分かる」イグナツィ・ヤン・パデレフスキ（Ignacy Jan Paderewski、一八六〇～一九四一年、八十歳。第一次世界大戦後に発足した第二次ポーランド共和国の第三代首相。ピアニスト・作曲家・政治家・外交官）の言葉。

韓愈（かんゆ、七六八年~八二四年、五十六歳。中唐を代表する文人）の『進学解（しんがくかい）』に以下があるようです。**「業は勤むるに精（くわ）しく、嬉（たの）しむに荒（すさ）む。行ないは思うに成りて随（した）がうに毀（やぶ）る」**。学問は、いっしょうけんめいやればやるほど深めることができるが、なまければなまけるほどだめになってしまう。行いはよく考え工夫すれば成功し、できたと思って工夫を怠ると失敗する。「業精于勤荒于嬉、行成于思毀于髄〈業は勤むるに精(くわ)しく、嬉(たの)しむに荒(すさ)む。行ないは思うに成りて随(した)がうに毀(やぶ)る〉」。

一拍子の打ち（いちひょうしのうち）

① 竹刀を振り上げる動作と、打ち降ろす動作が一拍子に連続している打ち。「溜め」があって爆発するような早く鋭い一拍子の打ちは、丹田から動き始めて肩甲骨を中心に柔軟に腕全体を使う「肩の力を抜いた」打ち方であり、「体全体を使った」打ち方です。足から始動して、攻めて調子をつけずに打つと力の抜けた一瞬の打ちになるようです。大素振りや前進後退面は「試合では使えない」大きな動きで、単に筋肉をほぐす目的以外に意味がなさそうに思えますが、実は腹筋と肩甲骨を使って打てるようになる柔軟な動きを学ぶための重要な動きです。腕を伸ばしながら竹刀を可能な限り振り上げると、竹刀の傾きは頭上四十五度になります。余勢で水平になるのは左の小指が緩んでいるからですので、左小指は緩めません。打突点に向かって竹刀を前へ両肘が同時に伸びるように打ち出します。サッカーのスローインのように。これを繰り返すと、スムーズにコンパクトに一拍子で軽く振れるところが見つかります。軽い桐の木刀で素振りをすると、かえって分かりやすいかもしれません。

② 「擦り上げ面」や一刀流の「切り落とし」のように、「捌く動作と撃つ動作が一拍子になる」という、「故（ことさ）らに受けるということなく、撃つ太刀が取りも直さず受ける太刀（高野佐三郎『剣道教本』下 P.83）」となるのも一拍子の打ちです。

③ 上泉勢守の転(まろばし)は「相手の仕懸に対して転じて、浅く勝つ」こと、主に小手へ小さく鋭く打ち込む斬撃で、相手に致命傷を与えず勝つ「活人剣」ですが、動きは一拍子です。「円石を高き山の嶺より千仭の谷へ転ずるが如き勢」（『孫子』「勢篇第五」（「孫子」P.58））だと例えています。

④ 宮本武蔵の『五輪書』水の巻の十四番目の「敵を打つに一拍子の打ちのこと」は、敵がまだ動作を起さない、太刀を引こう、外そう、打とうと思う心を打つ拍子を言っています（「五輪書・武教講録」P.120）。竹刀剣道の、振り上げと打ちが連続する「一拍子」とは意味が違います。

一声（いっせい）

構えから、攻め、打突、残心までのひとつの動作として一声で行うこと。息を長く続け、残心の最後に音を上げられる「声の連続」ができるようになると、力みが取れます。切り返しも一声でするように努力します。

一刀三礼（いっとうさんれい）

魂を込めて指導せよ、という訓え。仏師が仏像を刻むときに、一刀彫るごとに三度祈りを捧げた、ということから。井上正孝著『正眼の文化（P.193）』より。

一刀流（いっとうりゅう）

伊藤一刀斎が創始された剣術です。伊藤一刀斎は、諱は景久、前名は前原弥五郎。一五六〇？～一六五〇年？、九十歳？。一刀流の流祖。戦国時代末期に鐘捲流の**鐘巻自斎**から、「**五點**」中条流の奥義「**高上極意五点**」という**妙剣、絶妙剣、真剣、金翅鳥王剣、独妙剣**の五つを授けられたと言われます。京都において、したたかに酔ったとき、添い寝した女に刀を奪われた上に蚊帳の外から賊に襲われ、そのときに編み出したと言われる技「**払捨刀（ほっしゃとう）**」があります。

超厚手の**鬼小手**を使った、木刀で打たれる衝撃や物打ちで打つ感覚が味わえる木刀稽古や「一ツ勝」という斬り落としが特徴です。

流露無碍（りゅうろむがい）笹森順造の『一刀流極意 P.94』によると、「一刀組太刀の技の稽古には流露無碍を志す。体と技の凝り固まりをほどき、柔らかく大きく素直になることを学ぶ。氷をとかして水となし、岩を砕いて粉となし、方円の器に従いどんな隙にも流れ入って滞りがないようにし、敵の架（構え）の働きに従い敵が打ち出す太刀の刃の向うから勢いを流しそらし、われから進んで柔らかに勝つのである。組太刀をつかうのに一本ごとに目をむき肩をいからし勝気を強くし、ただ敵を打とう、われ打たれまいと力みを出すと、わがなすことが兎角の色に出て、敵に取付き角張って閊え（つかえ）行き詰まり、そこを敵から乗ぜられる。すべて敵に取付かず居付かず、無為無心となって一刀を滞りなく繰りかえし繰りかえして打ち流し、丸く柔らかく遣い馴れると、われ敵とは一体になり、正しく勝つべきところにわれ勝ち、流儀の極則たる流露無碍の妙域に達することができるようになる」

一刀即万刀（いっとうそくばんとう）笹森順造の『一刀流極意 P.94』によると、「一刀流の哲理は万有が一に初まり一に帰する原則に立つ。この理による組太刀は、いろは四十八文字にたとえられる。初め習う時には、い、ろ、は、と一字づつ順々に覚え、一旦覚えたらその順序を捨て必要に応じてこれらを自由に組み合わせ言葉をいい、文章を綴って用を弁ずる。組太刀もそのように初めは一本一本正しく習い、覚えたものが後には敵の有様に応じ、いずれの用にも働き得るようにする。たとえば切落の一本の理が組太刀百本に乗り移り、百本の技が切落一本に帰する。百本の枝が各々離れ離れにならぬ様に一貫して一本に使う」

弟子の**小野次郎右エ門忠明**（**神子上典膳**みこがみてんぜん一五六九～一六二八年、五十九歳）が小野派一刀流を創始し、柳生と並び徳川将軍家の剣術師範役になったことから隆盛しました。一刀斎自身は生前に「一刀流」と名乗ってはいません。

世はひろし事わざはつきせじさりとてはわがしるばかり有りと思ふな

是のみと思ひきはめそ幾数も上に上ありすいもうのけん

小野家第四代・**小野忠一**の直弟子であった**中西子定**（なかにしこじょう?～一七六二年）が一七五〇年ごろ一刀流中西道場を開きました。その後、道場内は寺田宗有派、白井亨派、中西子正派の三派に分かれ、門人であった千葉周作（北辰一刀流の創始者）は「始終稽古一致せず。それゆえ毎々議論ありて、さてさてむずかしきことなり」と述懐しているそうです。

寺田宗有　竹刀稽古の導入に反対して中西道場を去ったが、後に高崎藩の命により復帰し、形稽古のみで免許を与えられた。天真一刀流の創始者。

白井亨　中西道場で寺田宗有に挑戦し、負けて寺田宗有に入門し、天真一刀流を継承。のち天真白井流を創始した。

高柳又四郎　寺田宗有、白井亨と並び中西道場の三羽烏。

浅利義信　中西道場第三代の中西子啓に学んだ。突きが得意。

千葉周作　浅利義信の姪で養女のかつと結婚して婿養子となったが、組太刀の改変について義信と衝突して夫婦で独立し北辰一刀流を創始。

遠藤五平太　浅利義信に師事。尾張藩校・明倫堂の剣術師範後見役に招聘されました。

浅利義明　中西子正の次男ですが。千葉周作が浅利義信の娘を連れて出て行き、浅利義信の後継者がいなくなったので養子となりました。

高野佐吉郎　高野佐三郎の祖父。

山岡鉄舟　浅利義明に師事した後、一刀正伝無刀流を創始しました。

高野佐三郎　明治から昭和初期の剣道界で大きな影響力を誇った。早稲田大学剣道部の教え子に笹森順造（後に小野派一刀流第一六代宗家）がいます。

十六代宗家**笹森順造**（一八八六～一九七年、八十九歳）から十七代宗家**笹森健美**（一九三三～二〇一七年八月十五日、八十四歳）と小川忠太郎、小沼宏至、などに伝えられて現在に至ります。

伊藤忠也の系統は伊藤派一刀流（忠也派一刀流）、古藤田俊直の系統は**唯心一刀流**として伝えられました。

杉浦正森が一七八三年に書いた『唯心一刀流太刀之巻』中の「剣、体、色、勢、拍子之事」の条では、「**拍子**には品々あり。諸家に沙汰する如く、拍子、無拍子と云。又無拍子の拍子と云。或は不合の拍子などと云。亦離るる拍子と云。是皆自他ともに巧者の上の説なり。諸説のあしきに非ず。されども当流に近く説ときは、畢竟自然の威勢、天然の拍子なり」と「拍子」を説明しています。「拍子」とは、剣や体の修練によって得られる自然な威勢、あるいはそのような威勢によって生ずるその人独自の自然な調子、リズムです。

唯心一刀流から**正木一刀流**が派生しました。

小野派一刀流の系統から**中西派一刀流**、**北辰一刀流**などが、出ました。北辰一刀流は東武館、玄武館、虎韜館、尊星閣、寶壽館道場などに伝えられています。

伊藤派一刀流の系統からは、**溝口派一刀流**、**甲源一刀流**が派生しました。溝口派一刀流は会津武徳殿道場などで受け継がれています。甲源一刀流は**逸見太四郎義年**（へんみたしろうよしとし）が甲斐源氏の一族であったことに由来しています。道場の**燿武館**（ようぶかん）は、埼玉県の秩父に現存し、床の下には踏み込みの音を響かせるための甕がいくつか置いてあります。**一刀正傳無刀流**は港区白金台で現在も行われています。これらの他にも道統がありま す。

現在も小野派一刀流は第十七代宗家笹森建美（平成二十九年八月十五日逝去）から道統が受け継がれています。北辰一刀流は東武館、玄武館、虎韜館、尊星閣、寶壽館道場など、一刀正傳無刀流は港区白金台で、溝口派一刀流は会津武徳殿道場などで受け継がれています。

いなす（往なす、去なす）

相手の攻撃を竹刀で逸らすこと。さばいて受け流すこと。相手は思ったような打突にならず、たたらを踏むなどして、体勢を崩すことになります。

井上正孝

一九〇七～二〇〇三年七月三日、九十六歳）。福岡県甘木市生まれ。朝倉中学（現朝倉高校）から東京高等師範学校に進む。東京高師時代は高野佐三郎範士に指導を受ける。高師卒業後は福岡の筑紫中学（現筑紫丘高校）や大阪の北野中学（現北野高校）の教員生活を経て、大阪府武道主事を拝命。その後は福岡市体育主事兼平和台総合運動場長、大阪市立医科大学学生課長、大阪市体育課長、大阪市立修道館長、東海大学教授（一九七六年退職）。玉川大学剣道部名誉師範、全日本学校剣道連盟顧問。剣道範士、居合道教士。一九九六年、全日本剣道連盟より剣道功労賞を受賞。一九八一年『正眼の文化』刊行。

入り身（いりみ）

日本剣道形、小太刀の形の解説書で「入身」とは、気勢を充実して、相手の手元に飛び込んでゆく状態をいう」と記述されています。小刀は三本とも入り身になろうとします。

色（いろ）

心にある「打とう」という気持ちが、気配や動きに表れた様子。

「忍ぶれど色に出にけり我が恋は 物や思うと人の問うまで（平兼盛の『拾遺集』、百人一首）」の「色」と同じで、様子が分かってしまいます。

本来剣道は、こちらの本気の「実」に相手が気おされてできた隙（虚）を打ちます。ところが、相手も隙を作りません。そんな場合に自分から「虚（隙）」を見せて（色を見せ）、相手を誘い込んで打ち込みます。例えば、「面を打つぞ」という（虚）を見せ、相手がこれを防ごうとわずかに手元を上げた瞬間（虚）に小手を打ち込む、ということです。一種のフェイントですが、だまし討ちや不意打ちとは違い、四戒を起こすような誘いや「えさ」を見せて、相手が食いついたときに、ピシリとやることになります。

因果応報

原「因」と結「果」の関係が密接につながっていることを言います。『法華経』では「人はそれぞれの因縁・宿命（**Kharma** カルマ）を持って生まれ来て、そのために死んでいき、それを永遠に繰り返すのだという**輪廻転生**（りんねてんせい）を説いています。前世の因業に応じて果報があり、悪業（アクゴウ）の必然的な結果として現在の不幸があります。現世における行為の結果として来世における幸不幸が生じます。「悪因悪果、善因善果」です。この悪業の因縁を断ち切るために八正道や六波羅蜜の修行を重ねます。

印相（いんそう・いんぞう）

仏の意志や教えの内容を示すために左右の手と指で作る形です。その形を作ることを「印を結ぶ」と言います。

正坐して「黙想」の号令があったときは、**禅定印**（ぜんじょういん。「法界定印」ほっかいじょういん、とも）を結びます。右手のひらの上に左手のひらを置き、両手の親指の先をかすかに接触させます。

サンスクリット語で「身振り」を意味する「ムドラー」が語源です。古来インドでは手の形で意志を現す習慣があったようです。

印は仏様によってだいたい決まっており、仏像を見分けるときのポイントにもなります。代表例を揚げます。

①施無畏印（せむいいん）」、②与願印（よがんいん）　釈迦如来像に多くみられます。右手は手を上げて指を伸ばして掌を前に向け見えるようにする「施無畏印」（さまざまな恐怖を取り除く）を、左手は手を前に差し出し掌を前に向け何かを与えるしぐさ、の（人々の願いをかなえてくれる）を結びます。対の印です。与願印を示す左手の上に薬壷が載っていれば薬師如来ですが、薬壷の失われたりもと

もとを持たない像もあり、阿弥陀如来像のなかにも施無畏与願印を表わすものがあるので、この印相のみで何仏かを判別することは不可能な場合が多いです。

③智拳印（ちけんいん）　智拳とは煩悩を滅し悟りに入ることです。胸の前で左手は人差し指を立て親指を中指、薬指、小指で握ります。その指を右手で握り、右親指の先と左人指し指の先を合わせます。金剛界大日如来、一字金輪仏頂尊が結んでいます。

④来迎印(らいごういん)　信者の臨終に際して、阿弥陀如来が西方極楽浄土から迎えに来る時の印相。右手は掌を外に向けて胸の前に上げ左手は掌を外に向けて前に出すか垂れ下げ、両手とも親指と人差し指（または中指、薬指）で輪を作ります。手が逆の場合を逆手来迎印といいます。阿弥陀如来像が結びます。東京都世田谷区の浄真寺（通称九品仏）には九体の阿弥陀如来像が安置され、それぞれが異なった九通りの印相を示しています。これは「観無量寿経」に説く九品往生（くぼんおうじょう）の思想に基づくものです。極楽往生のしかたには、信仰の篤い者から極悪人まで九通りの段階があるとされ、「上品上生」（じょうぼんじょうしょう）から始まって「上品中生」「上品下生」「中品上生」「中品中生」「中品下生」「下品上生」「下品中生」「下品下生」に至ります。浄真寺の九品仏の場合、阿弥陀如来の印相のうち、定印を「上生印」、説法印を「中生印」、来迎印を「下生印」とし、親指と人差し指（中指、薬指）を接するものをそれぞれ「上品」「中品」「下品」に充てています。

⑤禅定印（ぜんじょういん。定印・法界定印とも）　曹洞宗の坐禅中の手の組み方は、「普勧坐禅儀」に「右の手を左の足の上に安じ、左の掌を右の掌の上に安ず」、『正法眼蔵』に「右手を左足のうへにおく。左手を右手のうへにおく」（「正法眼蔵 一」P.224）と道元禅師が書かれています。しかしネットを見ると右手が上になるように指導している曹洞宗の寺院もあります。

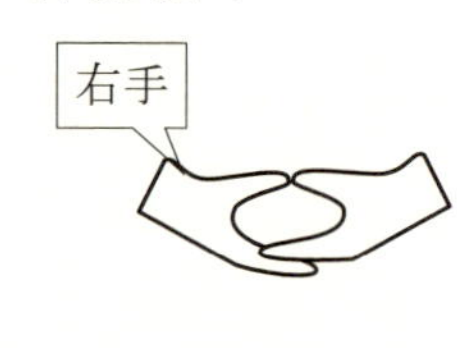

坐禅の立っている時、歩く時に、左手の親指を内にして握り、手の甲を外に向け胸に軽く当て、右手のひらでこれを覆う「叉手(しゃしゅ)」の手の重ね方からも右手が下の方が素直だと感じます。

また、道元禅師は「法界定印」という名前を使っていないようですが、「禅定印＝法界定印」としているのがほとんどです。密教では法界定印というようです。左手の上に右手を重ねる仏像もほぼ同数あるようで、釈迦如来、胎蔵界大日如来、千手観音像、阿弥陀如来などが結んでいます。

⑦阿弥陀定印　阿弥陀如来が瞑想している時の印相で両手の掌を上に向け臍の前で重ね、両方の人差し指を合わせて立て、その指先に親指を載せます。

⑧降魔印、触地印（そくちいん）　座像で、手のひらを下に伏せて指先で地面に触れます。伝説によると、釈迦は修行中に悪魔の妨害を受けた。その時釈迦は指先で地面に触れて大地の神を出現させ、それによって悪魔を退けたとのこと。このため触地印は、誘惑や障害に負けずに真理を求める強い心を象徴します。釈迦如来のほか、阿閦如来（あし

ゆくにょらい）や天鼓雷音如来（てんくらいおんにょらい）が結びます。

⑨説法印　両手を胸の高さまで上げ、親指と他の指の先を合わせて輪を作る。手振りで相手に何かを説明しているしぐさを模したもの。釈迦如来像と阿弥陀如来像が結びます。日本では比較的珍しく、京都・広隆寺講堂本尊像、当麻曼荼羅の中尊像。

陰陽（いんよう）

陽は「表」、陰は「裏」。自分の表は右で陽、裏は左で陰。このように明暗、天地、男女、善悪、吉凶など、森羅万象のすべてを陰（いん）と陽（よう）の互いに対立する二つに分類する思想が「陰陽思想」です。

「陰陽思想」を考え出したのは、古代中国神話（五千年前）に登場する帝王「伏羲（ふっき、ふくぎ）」のようです。天地陰陽を考え出し、そこから八卦(はっけ)を考え出し、人の運命や天候の吉凶を占い、予言したそうです。

「五行思想」は紀元前千九百年ごろの「夏」という国の「禹」が「万物は『木火土金水』という五つの要素により成り立つ」というものです。

斉の**鄒衍**（すうえん。『史記』では「騶衍」。孟子より少し後の紀元前三〇二年ごろの陰陽家）が五つの惑星と様々な事象と結び付け、「陰陽思想」と「五行思想」を統合して観念的な「陰陽五行思想」にまとめたようです。

日本へは仏教、儒教と同じ五世紀から六世紀に暦法などとともに「陰陽五行思想」が日本に伝わり、やがて道教の道術を取り入れて、呪術や占術の技術体系の日本独自の陰陽道（おんみょうどう）へと発展をしました。

易学では「陰陽魚の**太極図**」で、道教のシンボルで、韓国の国旗にもなっています。右側の黒色は陰で下降する気、左側の白色は陽で上昇する気を意味します。

太極図

上泉信綱の書いたとされる『訓閲集』にも陰陽の発想が入っているとのことです。

『一刀流極意』のP.617には「一刀斎からこの教を受けた小野次郎右衛門忠明は陰陽消長の法則を太刀道に去来する静動転換の理に究めて一刀流を大成した」とあります。同P.562に、陰の構えを「敵の気を迎えながら常に進みとらえる心を秘蔵する構え」、陽の構えを「常に進む気を以って烈々たる陽気を煥発するさかんなる構え」と言っています。

う

上杉鷹山（うえすぎようざん）

一七五一～一八二二年、七十一歳。弱冠十八歳で米沢藩主になるや、養蚕やサツマイモ栽培などの殖産興業をし、藩政に改革の「**種火**」を鋭意の人に点けていき、破綻していた藩財政を立ち直らせました。

為せば成る　為さねば成らぬ何事も　成らぬは人の為さぬなりけり

そのときに藩の武士階級や民に対して説いた有名な言葉です。それより以前に武田信玄の詠んだ「為せば成る、為さねば成らぬ。成る業を成らぬと捨つる人の儚さ」をもじったようです。さらに四十三歳で第三十五代アメリカ合衆国大統領となり三年後に暗殺されたジョン・フィッツジェラルド・**ケネディー**（一九一七～一九六三年、四十六歳）は、一九六一年一月二十日の大統領就任演説で、「祖国があなたのために何ができるかを問うより、あなたが祖国のために何を行うことができるか問うてほしい（And so , **my fellow Americans : ask not what your country can do for you - ask what you can do for your country**）」と言いましたが、「なせばなる…」に似ていますね。因みにケネディーは、**内村鑑三**（一八六一～一九三〇年、六十九歳。近代日本のキリスト教思想家）が日清戦争が始まったばかりの一八九四年に書いた、**Japan and The Japanese**（代表的日本人。日蓮、西郷隆盛、上杉鷹山、二宮尊徳、中江藤樹の五人の人物が紹介されています）を読んでいて、「最も尊敬する日本人は？」と聞かれて「上杉鷹山」と答えたそうです。

なお、一九〇〇年に**岡倉天心**がThe Book of Teaを、一九三八年に**新渡戸稲造**がBushidoをフィラデルフィアで出版し、これら三冊の日本文化を紹介する英文の本がアメリカで「**『日本のこころ』三大名著**」として一大センセーションを起こしました。

打太刀と仕太刀

日本剣道形あるいは古流剣術の形において、師の位にあって技をしかけ、機会や間、技に応じて勝つ方法を教える側を打太刀といい、逆に弟子の立場で、習う側を仕太刀と言います。

通常、正面に向かって右側に打太刀が立ちます。

古流の場合は流派によっては他の呼び方をする場合もあり、また希に先にしかけた打太刀のほうが勝つという流派もあるそうです。

木刀による剣道基本技稽古法では「元立ち」「掛り手」と呼びます。

警視庁では「元」「習技者」と呼びます。

打ちと当たり

宮本武蔵の『五輪書』の「水の巻」の二十二番目（「五輪書・武教講録」P.132）、兵法三十五箇条の十二番目。

「打つとあたると云事」にもありますが、「打ち」は自分の意思ですが、「当たり」はたとえ有効打突になったとしても、自分の意思ではなく、気が入らないので真の打ちではありません。剣道の試合でも「充実した気勢」がなければ有効打突にはなりません（『剣道試合・審判規則』第十二条）

腕組み

心理的に「防衛行動」で、「お前の話は聞かない」という心理が表れた態度です。剣道を教えるときや子供の話を聞くときなどに腕組みするのはやめましょう。

右轉左轉出身の剣（うてんさてんでみのけん）

溝口一刀流の秘剣といわれている、相手の攻撃に対して引いてはいけない、右にひらくか左に転ずるか、さもなくば前に出ろということです。

柳生新陰流の右旋左転は、「右は左になし左は右になして勝なり。これを陰陽旋転の機と云うべし。序切は敵の気を計り、序より破に移り、急に勝しめんが為なり」とあります。（『武道叢書』P.302)

漆（うるし）

日本の伝統工芸に使われる塗料です。

漆は漆（ウルシ）の主成分は樹脂成分の一種でフェノール誘導体系のウルシオールという物質です。ラッカーゼという酵素の働きで、空気中の水分から酸素を吸収しウルシオールを酸化重合させ、これによって漆が固体化します。漆を塗って乾燥させるためには、蒸気を溜めた「室（むろ）」が必要です。完全に乾燥した漆は熱や紫外線には弱いのですが、耐水性・防腐性・電気の絶縁性が高い上に、酸・アルカリ・塩分・アルコール、さらには塩酸・硫酸・王水またガラスも溶かすフッ化水素にも侵されません。主成分のウルシオールにかぶれる人があります。

剣道具には様々のところに使われています。面の縁の黒いところ、胴胸がクロザン革であれば革に漆を塗ってあります。胴台が漆塗りであれば胴台の表と裏、印伝革が面・小手・垂に施されていればその模様も漆です。漆塗りは五回以上重ね塗りをしますが薄く、爪とほぼ同じ硬さなので、爪以上堅い物なら簡単に削れてしまうので注意が必要です。また漆塗りには呂色塗り、溜塗、乾漆塗、梨地塗り、螺鈿塗り、蒔絵など様々な塗りや装飾ができます。

しかし、今は、昔は漆だったところに塗ってあるのは、カシューナッツの殻から搾り出した油と有機溶剤が原料のでカシューがほとんどです。その塗膜は漆そっくりです。漆と比べると価格が十分の一程度です。

え

干支（えと）

「え（兄）おと（弟）」の略。十干と十二支の組み合わせで計六十日でき、これを繰り返します。「壬申（じんしん）の乱」、「戊申（ぼしん）の役」、「辛亥（しんがい）革命」などと使います。

十干	
甲	きのえ
乙	きのと
丙	ひのえ
丁	ひのと
戊	つちのえ
己	つちのと
庚	かのえ
辛	かのと
壬	みずのえ
癸	みずのと

十二支	
子	ね
丑	うし
寅	とら
卯	う
辰	たつ
巳	み
午	うま
未	ひつじ
申	さる
酉	とり
戌	いぬ
亥	い

江戸三大道場

「位は桃井。技は千葉。力は斎藤」と評されました。

斎藤弥九郎(篤信斎一七九八～一八七一年十一月十四日、七十二歳)が「練兵館」を一八二六年九段下神田俎橋畔(現在の靖国神社境内)に開設、神道無念流。頑丈な防具と重い竹刀を用いました。維新後、大阪の造幣寮に勤めていたとき、寮の火事の重要書類持ち出しで火傷を負って耳目が不自由になり、東京在勤となり、病で死亡。

「突きの鬼歓」と言われた弥九郎の三男歓乃助は桂小五郎（のちの木戸孝允）、高杉晋作、井上聞多、伊藤博文、など長州藩士を中心とした面々を育てました。

東京招魂社（現靖国神社）を創建するため移転し、廃刀令で剣術が廃れて一八七一年ごろ道場は廃止されました。現在の栃木の練兵館は道場名を継承した剣道場です。

根岸信五郎（（ねぎししんごろう、一八四四年一月～一九一三年九月十五日、六十九歳）は、越後長岡藩家老牧野頼母(図書)の庶子でしたが、同藩の根岸四郎右衛門（足軽頭二百五十石）に養子入りし、藩主牧野忠恭より同藩士小野田伊織とともに江戸で剣術稽古を命じられ、一八六三年春に練兵館で斎藤龍善に師事し、翌年には師範代となり、一八六五年に免許皆伝を允可されました。越後に帰国後、北越戦争を生き抜き、一八八四年に「撃剣指南」を書き、一八八五年、**神道無念流**の流派を**斎藤龍善**より継いで東京神田西小川町に「**有信館**」という道場を開きました。宮内省済寧館での師範を務めました。また、大日本武徳会剣術形、大日本帝国剣道形（今の日本剣道形）制定で委員、主査筆頭をそれぞれ務めるなど、戦前の近代日本剣道確立に力を尽しました。

根岸は実子が無く、有信館の高弟であった中山博道を養子として神道無念流の道統を継がせました。中山博道によって有信館は、修道学院と並ぶ戦前の剣道の二大勢力となりました。

「**士学館**」八丁堀蜊河岸、鏡心明智流。桃井春蔵（もものい しゅんぞう一八二五～一八八五年十二月三日、六十一歳）。「無理なく、無駄なく、無法なし。これを**三無の剣**といい剣の至高なるものなり。音なしの剣はこの境地より出るものなり」と言いました。幕臣でしたが朝敵の汚名に耐えられず「至仕」（退官）し、大阪府で士学館を再興しました。コレラで六十一歳で没。現在は失伝してしまい、末流である鏡心流に抜刀型が一本と、警視流木太刀形と立居合に一本ずつ伝えられるのみです。上田馬之助、武市半平太、逸見宗助、など。

「**玄武館**」一八二二年秋、日本橋品川町に開設。北辰一刀流。千葉周作（一七九三～一八五六年一月十七日、六十三歳）。海保帆平、玄武館四天王と呼ばれた稲垣定之助、庄治弁吉、森要蔵、塚田孔平などの高弟を輩出しました。幕末の志士、坂本龍馬、清河八郎、新撰組では藤堂平助、山南敬助、伊東甲子太郎、服部武雄らも学びました。山岡鉄太郎（鉄舟）も一時通いました。

心形刀流を開いた伊庭秀業の**練武館**を加え、江戸四大道場という場合もあります。

えます

柳生新陰流で、斬り込むときに左の膝を曲げて腰を落とします。その左の膝の抜重の仕方を言います。

襟首袴腰（えりくびはかまごし）

最高の美しい姿とされています。「武士は襟首袴腰」と言われるように、腰板が腰骨に密着すれば腰骨が伸び、剣道着の襟が首に密着することで顎が引け、自然に最高の姿勢になると教わります。しかし丹田が正中線上に引かれた姿と言った方が正確なようです。

縁起（えんぎ）

仏教の根本教理です。

水がこの世になかったら雨は降りません。親がいなければ子は生まれません。「因縁生起」（いんねんしょうき）の略。物事には必ず「因（いん）」があって「果（か）」が起こります。人間の苦悩をなくすためには、その原因をなくす必要があるということです。十二縁起は以下です。

①　**無明**（むみょう）　正しい世界観や人生観、常識・倫理がないこと。

②　**行**（ぎょう）「諸行無常の『行』」と「五蘊の中の行蘊の『行』」とは違い、「縁起説の『行』」は「業」と同じです。習慣力です。

③　**識**（しき）　認識作用（好き嫌い、選別、差別）もありますが、認識主体（眼識、耳識、鼻識、舌識、身識、意識の六識）のこと。

④　**名色**（みょうしき）「名」は精神的なもの、「色」は物質的な存在を意味しますが、六識の対象としての色・声・

香・味・触・法の「六外処」すなわち「六境」を意味します。

⑤ **六処**（ろくしょ）「六入」「六入処」。眼耳鼻舌身意の能力を意味します。

⑦ **触**（そく）六つの感覚器官に、それぞれの感受対象が触れることで感覚や知覚の認識作用が生まれること。

⑧ **受**（じゅ）苦楽などの感受作用または感受する苦楽。

⑨ **愛**（あい）渇愛。激しい欲求。

⑩ **取**（しゅ）「愛」の後に起こる殺、盗、姦淫、妄語、詐欺など。

⑪ **有**（う）存在。「愛」「取」などの後に残る知能や性格などの素質。

⑫ **生**（しょう）**老死**（ろうし）「有」によって生まれること。老いと死。

円相（えんそう）

筆で丸を書いただけの書画です。

物質的な執着はもとより精神的な執着も一切方下（ほうげ）した、悟りの境地を意味します。「無我」「空」「無一物」。道元禅師の「仏道をならふといふは、自己をならふなり、自己をならふといふは、自己を忘るるなり（「正法眼蔵　一」P.54）」の境地です。

達磨大師から数えて三番目にあたる三祖大師（鑑智僧璨カンチソウサン）の『信心銘』という本に「円(まど)かなること大虚(たいこ)に同じ。欠くることなく余ることなし」と、妄想の雲の晴れた、迷いがなければ悟りもない境地を言っているようです。

小野派一刀流の「循環無端」も、形に描くと、まるい輪が一つ（円相）です。一刀即万刀、万刀即一刀の一刀流の根本理念で、一刀流の極意を表す形です。「一刀流極意」のP.615には「一刀流は本来渾円球（こんえんきゅう、丸い球）に象（かたど）って一刀即万刀、万刀則一刀の円相を根本理念とし、太刀の働きは循環端なく、始もなく終わりもなき永恒の現在に働き続けるものである事を教とするのである」とあります。

また、禅で軸装にすることの多い墨筆で描いた円相は、「**一円相**（いちえんそう）」「**円相図**（えんそうず）」などと呼ばれます。仏性、実相、真如、法性などや、絶対の真理、宇宙全体などを円形で象徴的に表現したもので、その解釈は「考案」と同じように見る人が考えるようです。

縁のあたり(えんのあたり)

どこを打とうと初めから思っていなくても、縁があればその隙間に乗じて、太刀の道ひとつで、必ず敵に打撃を与えることができる、という意味です。宮本武蔵の『五輪書』の「水の巻」の十八番目（「五輪書・武教講録」P.127）と「兵法三十五箇条」の二十七番目。

円明流（えんめいりゅう）
宮本武蔵（一五八四～一六四五年、六十一歳）は幼くして父より十手を習い、それを土台にして剣法を工夫して、「華厳七字経題法界観三十門頌」に「心月円明（しんげつ（がつ）えんみょう）」とあるようで、「人間の本来の心は丸い澄みきった月のようなもので、たとえ雲で覆われたとしてもその明るさは変わらない」と、円明流と称したようです。『五輪書』の序では、「兵法の道、**二天一流**(にてんいちりゅう)と号し」（「五輪書・武教講録」P.16）、「地の巻」の五番目の「この一流二刀と名付る事」では「**二刀一流**（にとういちりゅう）」と二つの名称が用いられています（「五輪書・武教講録」P.53）。

お

奥義（おうぎ）
その流派の一番大切な技。極意。必殺技。八段の審査基準に「剣道の奥義に通暁、成熟し、技倆円熟なる者」とあります。

応じ技（おうじわざ）
応用打突には、仕掛け（攻め）技と応じ技があります。その応じ技は、①擦り上げ技、②返し技（警視庁では「応じ技」「応じ返し技」）、③抜き技、④打ち落とし技、⑤切り落とし技があり、その一つ。相手のしかけてくる技に応じて無効にし、そのとき生まれた隙を打ち込む技です。後の先です。

一、擦り上げ技
① 面を左に擦り上げ、面
② 面を右に擦り上げ、小手
③ 面擦り上げ胴
④ 小手を右に擦り上げ、面
⑤ 小手を左に擦り上げ、面
⑥ 突を左に擦り上げ、面

二、返し技（警視庁では「応じ技」）
打ち込んでくる相手の竹刀を受け流し、自分の手首を返して応じて打つ技です。警視庁剣道教本では第三基本。
① 小手を右鎬で応じ、小手
② 小手を右鎬で応じ、面
③ 面を左鎬で応じ、左面
④ 面を左鎬で応じ、右胴
⑤ 面を右鎬で応じ、左（逆）胴
⑥ 突きを左鎬で応じ、突
⑦ 面を左拳を上げて右鎬で応じ返し、右面
⑧ 小手を左拳を上げて右鎬で応じ返し、右面
⑨ 小手を左拳を上げて右鎬で応じ返し、小手
⑩ 胴を左拳を上げて右鎬で応じ返し、面

三、抜き技

打ち込んでくる相手の動きを見切って、体をさばいて打つ技です。

①小手を抜き、面
②小手を抜き、小手
③面を抜き、面
④面を抜き、小手
⑤面を抜き、胴

四、打ち落とし技

相手の打突を物打ち部分で打ち落とし、そのまま攻撃に転じる技。面打ち落とし面、胴打ち落とし面、突き打ち落とし面などがあります。

①面を右に応じ返し、面
②小手を右に応じ返し、面
③小手を右に応じ返し、小手
④胴打ち落し面
⑤諸手上段が、突を打ち落として面

五、切り落とし技

①小手を切り落とし、面
②胴を切り落とし、面
③面切り落とし面、相打ちで相手の竹刀に乗るという高度な技術が要求されます。一刀流の極意、切り落し（きりおとし）です。

応用打突（おうようだとつ）

基本打突に対し応用打突が分類できます。

応用打突は、仕掛け（攻め）技と応じ技に分類できます。仕掛け（攻め）技はこちらが先に仕掛けて打ち込む技で、応じ技は相手の仕掛けてくる技に応じて無効にし、そのとき生まれた隙を打ち込む技です。しかし応じ技も、こちらの攻めに対してお相手が仕掛けてくるので、いずれの応用打突も「攻め打ち」と考えるべきです。

王陽明（おうようめい）

一四七二～一五二八年、五十六歳。中国の明代の儒学者、思想家。形骸化した朱子学を批判的に継承し、学問のみによって理に到達することはできないとして、**静坐**など実践を通して心に理をもとめる実践儒学「陽明学」を起こしました。弟子たちが、明の時代に手紙や言行などをまとめた、上・中・下の三巻からなる『**伝習録**（でんしゅうろく）』があります。陽明学では、宇宙の根源、生命力は人間の心深くにあり、その命に従って行動すべきとします。陽明学という呼び名は明治以降で、それ以前は「王学」、朱子学と区別する際には「心学」あるいは「明学」、「陸王学」と言われました。

心即理（しんそくり）　「天理を存し人欲を去る」心と道理を分けず、一致させる。心そのものが理。理は宇宙の根本原理。

致良知（ちりょうち）　宇宙の根源、すなわち道徳的判断力は自分の心の中にあり、良知によって正す、という陽明学の方法。

知行合一説（ちこうごういっせつ）　行動重視。考え方と実践を一致させます。朱子学の「知先行後」の反論で、この激しい行動主義と志、義、仁などが大塩平八郎や幕末の思想的支えとなりました。

無善無悪説（むぜんむあくせつ）　心の本性は善悪という道徳的分別を超越している。

志　人生の目標。個人的なことではなく、周囲に希望をあたえ、協力したくなるような大目標。

仁　思いやり。

義　私利私欲でなく、社会のためになすべきこと。人として歩むべき道。

大きく、速く、美しく
技は大きく、速く打突することが、美しい剣道となる、と言う剣道の稽古、修行の心得です。
修行の初めから「小さく、速く」を志すと刺し面になったり、当てに行く剣道になったりしますが、大きく振りかぶって強く正しく打ち抜ける稽古を重ねるうちに無駄のない冴えのある一拍子の、小さく、速い打ちに上達していくのです。「**大強速軽**」といって、最初は大きく、次に強く稽古するうちに、やがて速く軽くなる、と教えます。

大森曹玄（おおもりそうげん）
一九〇四～一九九四年、九十歳。山梨県に生まれる。鹿島神傳直心影流第十五代山田次朗吉の弟子で、一九三四年、直心道場を創立し、終戦の年まで教授しました。また、一九四六年臨済宗の天龍寺管長関牧翁に得度を受け僧籍に入り、一九四八年、山岡鉄舟が建てて、眠っている東京高歩院の住職に、一九七八年花園大学長となりました。著書「剣と禅」は必読です。

押し切り（おしぎり）
剣道具（防具）に対する竹刀の打ちは、前に出ながら打つので、押す形になり、押し切りと言われます。日本刀は反りがあり、足を大きく開いて動かない状態を作って、切りますが、バットでボールを打つように振るだけで、反りがある分で刃の当たる所のベクトルの向きが斜めになり、さらにずれていき、**引き切る**形になります。
全日本剣道連盟が一九七五年に定めた『剣道の理念』に「剣道は剣の理法の修練による人間形成の道」とあり、「**剣の理法**」は「剣の理合」と「剣の法則」で構成され、「剣の法則」は、①刃筋を立てて切る、②押し切りまたは引き切り、③物打ちで切る、の三つです。この②です。
私は、更に加速度のある「刀勢」が重要だと考えています。

お釈迦様

仏教の創始者。仏陀、釈尊、ゴータマ・シッダールタなど色々な名前で呼ばれる約二千五百年前の偉人です。三十代で悟りをひらかれて仏陀となり、八十歳で入滅。

表芸・裏芸（おもてげい・うらげい）

表芸は、武士における馬術・剣術、商人における算盤（ソロバン）など、その階層に属する人として当然熟達が要求される技芸。裏芸は表芸のほかに特技・道楽として、人生の妙味や機微を楽しむためのものでした。

面を刺す（おもてをさす）

敵をのけぞらせるために、顔面を突くこと。敵をのけぞらせる気持ちがあれば勝てる、ということ。宮本武蔵「五輪書」「水の巻」にあります。

か

開始線（かいしせん）

一九九五年四月一日に改正された『剣道試合・審判規則』および『剣道試合・審判細則』（白色）＋『剣道試合・審判運営要領』（ピンク）から復活。試合場の中央から百四十センチメートルのところに五十センチメートルの長さのテープを貼ります。試合の開始、終了の際に蹲踞する際に「開始線で」と規定されていますが、細かく規定されていないので、「踏むのは良いのですが、開始線より前につま先が出てはいけない」と解釈しています。

改正（かいせい）

全日本剣道連盟は、**『剣道試合・審判規則、剣道試合・審判細則』、『剣道試合・審判・運営要領の手引き』、『称号・段位審査規則、同細則』**を「改正」したり、「通達」や「通知」と言う形で各都道府県剣連に配布・徹底しています。しかし、すべてが全日本剣道連盟の毎月発行する「剣窓（けんそう）」に連動して掲載されておらず、いつ、どのように、どんな理由で変更したのかの履歴をまとめはWEB上にも文章としても表示されていません。そこで、全剣連の「剣窓」を購読して、毎年発行される「頒布（はんぷ）物カタログ」を見て、最新版を買う必要があります。以下の①『剣道試合・審判規則、剣道試合・審判細則』と、②『剣道試合・審判・運営要領の手引き』、③『剣道講習会資料』は最新版を手元に置いて参照する必要があります。

○『剣道試合審判規則』

一九五三（昭和二十八）年改正。戦後初の改正。これ以降一九六九（昭和四十四）年改正まで七回改正されました。

一九六九（昭和四十四）年改正。これ以降十年間実施。竹刀の重さに上限があった。シャツ・ズボンも可。上段・二刀への胸突き有効。

一九七九（昭和五十四）年改正。開始線の撤廃、上段と二刀への胸突を認める。打突の余勢での場外を許容、竹刀の重さの上限廃止、稽古着・袴のみ、など。

一九八七（昭和六十二）年四月十日改定。「見苦しい引き上げ」→「不適切な行為」。第十七条「竹刀はなし」を、「竹刀落とし」に改めた。意図的行為でなく、偶発的なことあるから「落とす」と表現を改めた。従前と同じく、操作・管理能力の有無で判断する。女性の竹刀の重さを規定。竹刀の重さ・長さを付属品を含む完成品で明示。これ以降八年間実施。（一九九二（平成四）年三月十三日、通達。先細竹刀等による事故防止）

一九九五（平成七）年七月一日改正。次項参照。

①『剣道試合・審判規則、剣道試合・審判細則』

一九九五（平成七）年四月一日、『剣道試合審判規則』を刷新。『剣道試合・審判規則』と『剣道試合・審判細則』を併記（白色）＋『剣道試合・審判運営要領』〈ピンク〉の二部構成に整理・統合。「開始線」復活。「外郭線、区画線」を「境界線」に。「物打を中心とした刃部」。上段と二刀への胸突削除。突きは「咽喉」から「突き垂部」。薬物禁止条項追加。鍔競り合い膠着時の「別れ」を規定、審判員の宣告・旗の受け渡しの簡素化など。二刀の竹刀を規定。

一九九八（平成十）年九月十四日（『剣窓』通巻206号）「女子審判員の服装について（通知）」細則二十三条のとおり。

一九九九（平成十一）年三月二十五日（『剣窓』通巻213号）「剣道面『武楯』（ポリカーボネート樹脂板装着）の取り扱いについて（通達）」。「個人試合における剣道審判員の正面への礼に関する要領の改訂について（通知）」。「剣道試合・審判細則第23条における審判員の服装について（通知）」主旨は「大会主催者がネクタイを支給するときはシンボルマーク等は目立たない個所に小さく印刷しないとだめです」

一九九九（平成十一）年四月一日から一部改訂施行（『剣窓』通巻209号）。「竹刀の重量下限値改訂及び先革先端部最少直径の規定について（通達）」（平成六年十一月四日（全剣連366号の「竹刀先端部の寸法に関する指導指針について（通達）」は廃止します。）竹刀先端部の直径を太くすること。竹刀の重量基準引き上げ。先革の長さは五十ｍｍ以上。中結いは竹刀全長の１／４に固定。

二〇〇〇（平成十二）年三月十五日。「剣道試合・審判細則」第三条「規則第四条（剣道具）は、第三図のとおりとする。但し、ポリカーボネート樹脂積層板装着面は、全日本剣道連盟が

認めたものとする」（『剣窓』通巻二二四号、二〇〇〇年四月）

二〇〇二（平成十四）年十月一日から「剣道試合・審判・運営要領の手引き」を別冊にした。**「剣道試合・審判規則」**と**「剣道試合・審判細則」**を併記・白色）、**「（別表）審判員の宣告と旗の表示方法・白色」**＋**「付1　剣道試合・審判運営要領（「剣道者要領」**と**「審判員要領」**を併記）・ピンク」＋**「付2　剣道試合・審判規則の改正と運営上の要点・青色」**＋**「付3　竹刀先革の長さおよび中結の位置に関する指導指針・黄色」**

二〇〇二（平成十四）年十月八日改正　主審の弦の指導、「身構え気構えがない」削除。「主審は、試合者の竹刀の弦が上になっていない場合、一回のみ明確に指導する」

二〇〇六（平成十八）年六月十五日第290号一部追加。別表　審判員の宣告と旗の表示方法（P.24）、「反則」「（事項）両者同時に不正用具を使用したとき」「（宣告）両者負け」「（旗の表示）両旗は体側」「（要領）図1」

二〇〇六（平成十八）年七月十八日（番号なし）「剣道試合・審判について（通知）

1　竹刀の規格の厳守と点検の徹底について　　竹刀の先細、重量不足、形態の著しく異なるもの、中結が正規の場所に結ばれていないもの、弦の張りが緩いものなどの規格外竹刀が全剣連主催の各種大会において十二から十三パーセント発見されることに対する反省。

《見解》

（1）全剣連では各主催大会ごとに大会要項とともに「竹刀規格の遵守ならびに自主点検の徹底について」の通知をする。

（2）各講習会等で指導者に対し、指導・点検の徹底を図る。

（3）販売業者への規格の徹底を図る。

2　鍔競り合いからの中途半端な間合に対する不当な行為の取扱いについて鍔競り合いからの解消途中にあって、中途半端な間合から再度鍔競り合いに入る状態、または相手の引くに乗じて打突をする姑息な行為に対する見解。

《見解》

（1）審判員の厳正な判断と勇気ある決断（審判能力の向上を図る）。

（2）規則第一条に照らし厳正な判断。規則第十七条（諸禁止行為）七項（その他、この規則に反する行為をする）および細則十六条6項（故意に時間の空費をする）の適用を考慮する。

（3）鍔競り合いからの一連の動作であるから、その判断は主審の専決事項として捉える。

3　打突後の不適切な行為と規則の運用について　　細則第二十四条1項の有効打突を取り消す条文で「打突後、相手に対して身構え気構えがない場合」が削除されて以来、打突後の行為が乱れている。打突後、監督の指示を仰ぐ行動、気を緩め相手に対応する身構え、気構えに欠ける不適切な行為を散見する。その是正を図ることが大切である。

《見解》

（1）審判員は打突後の行動を見極めること。

（2）打突後の行動を見極め、取り消すべき不適切な状況と判断したときは、勇気ある決断をもって合議のうえ取り消す。規則第二十七条の適用。

4　禁止行為に対する適切な処置　一回目の反則は取るが、二回目の反則が取れない審判の是正。

《見解》

（1）審判員は規則に則り適切な判断と勇気ある決断をする。

二〇〇七（平成十九）年三月十四日から一部改訂施行する（「付則」5）

二〇〇七（平成十九）年三月二十三日第116号一部改訂（通知）

1　規則第三章　禁止行為　第一節　禁止行為事項（薬物使用）第十五条「薬物を使用すること」→（禁止薬物の使用・保持）第十五条「禁止薬物を使用または保持すること」

2　細則第二十四条　規則第二十七条（有効打突の取り消し）不適切な行為とは、打突後、必要以上の余勢や有効などを誇示した場合とする」→「規則第二十七条（有効打突の取り消し）不適切な行為とは打突後、必要以上の余勢や有効を誇示した場合などとする」　以上

二〇一三（平成二十五）年三月十二日一部改正（『剣窓』通巻381号）第十五条が「禁止薬物を使用もしくは所持し、または禁止方法を実施すること」

二〇一三（平成二十五）年七月二十二日第25-321号「剣道試合・審判関係について」（『剣窓』通巻386号）

1　竹刀の規格の遵守　従来、全剣連の主催大会では事前に通知をしておりますが、さらに各大会出場に際し徹底指導をお願いします。

2　名札の書体について　各大会において、名札の書体で判読しずらい名札をつけた試合者がでてき打突部位の呼称発声について　試合者が、打突時に各部位の呼称を不明確な言葉で発声する場面が見受けられます。打突箇所を正確に「メン・コテ・ドウ・ツキ」と発声するようご指導をお願いします。

4　正しい剣道用語の使用について　全剣連では剣道指導要領等で剣道用語の統一を図っています。あらためて正しい用語のご指導をお願いします。「例」試合場《×コート》、名札《×ゼッケン、垂れネーム》、中結い《×中〆》、剣道着《×稽古着》、剣道具《×防具（ただし文部科学省では防具を使用）》

5　試合中、竹刀の弦が上になっていない場合の指導方法について　試合中、弦が上になっていない状態で竹刀操作を行っている場合、主審は原則竹刀に直接触れずに指導してください。（鍔元近辺を指しながらジェスチャーにて指導し、少年指導で必要であれば鍔部または柄部にて指導する）　以上

②『剣道試合・審判・運営要領の手引き』

二〇〇二（平成十四）年十月一日から『剣道試合・審判・運営要領の手引き』を別冊にした。

二〇〇三（平成十五）年六月二十日第二版、二〇〇七（平成十九）年三月二十三日（番号なし）の見直しについて（通知）。

1　十四頁【3例外的な現象（4）の修正】

（4）あってはならないが、片側（表又は裏の一方）に三人の審判員が寄り集まり停止したような場合には主審は直ちに「止め」をかけることが賢明である。

2　十五頁【4その他（1）の修正】

4　その他

（1）試合の開始と終了の際に副審が定位置に移動する場合、副審は開始線の内側を通り定位置まで移動する。

3　十七頁【①の次に②③を加筆】

二　審判

②　審判員の総合判断の後、時間の計測を開始する。

③　第三十条一項は、被害者救済のため医師および審判員等の判断処理により、その後の試合に出場できるように設定されたものである．

4　十七頁【二刀について①修正】

①　小刀での打突が有効打突になるには大刀で相手の大刀を制している場合で打った方の肘がよく伸び充分な打ちで条件を満たしていることを必要条件とする。但し鍔ぜり合いでの小刀の打突は原則として有効としない。

5　二十五頁【事例5解説の修正】

〈解説〉

①　打突後の体当たりや相手を崩して打突するなど、打突に結びつく行為でなければ不当な押し出しになる。

②　打突の意志がなく、押し出す目的であったのか否かを見極める。

③　堪えられる程度の接触なのか否かを見極める。

6　三十三頁【事例11解説の加筆】

②　ただし、錯覚の疑念や表示の不明瞭などがあった場合、判定をより正確にするために合議をかける場合もありうる。

③『剣道講習会資料』

二〇〇三（平成十五年四月一日第一刷。二〇〇七（平成二十九年）四月一日第六版一部修正発行。

P.3「剣道の理念」「剣道修練の心構え」「剣道指導の心構え」

P.5「剣道指導法」

P.49「応急処置（一次救命処置）」

P.63「木刀による剣道基本技稽古法の手引き」

P.83「日本剣道形」

P.113「審判法」

○『日本剣道形解説書』

『日本剣道形指導上の留意点』一九七四（昭和四十九）年六月二十六日決定。

『日本剣道形審査上の着眼点』一九八五（昭和六十）年六月二十六日決定。

○『剣道・居合道・杖道　称号・段位審査規定／同細則』

『段位審査規程、称号審査規程』一九八九（平成元）年三月十六日改正、平成二年四月実施。段位・称号。例えば、初段から六段までの最低修業年限は十一年から十五年へ。

『剣道称号・段位審査規則』一九九九（平成十一）年六月二十四日制定、『剣窓』通巻第215号+216号制定日修正。

『剣道称号・段位審査細則並びに実施要領』二〇〇〇（平成十二年四月一日施行、『剣窓』通巻第220号。

かえす刀

一方へ斬りつけた後、すかさずもう一方の相手へ斬り付ける様子から、一つの攻撃の後、間髪いれず他方を攻撃すること。例えば、全日本剣道連盟の全剣連居合（制定居合とも）の五本目「袈裟切り」で、前進中、前から敵が刀を振りかぶって切りかかろうとするのを逆袈裟に切り上げ、さらにかえす刀で袈裟に切り下ろします。

顔が見える面

一九九七年三月に発売され、二〇〇〇年三月十五日に『剣道試合・審判規則、同細則』の改正が行われ、細則第三条は「規則第四条（剣道具）は、第三図のとおりとする。但し、ポリカーボネート樹脂積層板装着面は、全日本剣道連盟が認めたものとする」（『月刊剣窓』通巻二二四号、二〇〇〇年四月）となり、四月一日から施行され、使用が認められました。一時期テレビうけはしましたが、ほとんど使われていないようです。

勝ちに不思議の勝ちあり、負けに不思議の負けなし

「不思議に勝つことはあっても、負けるのには必ず負ける理由がある」と言う表現ですが、「法則と技術が勝ちを保証する」ということです。「勝つに法あり負けるに理あり」もここから出たようですが、必ずしも原意を表した表現ではありません。「常静子剣談」の原文は以下です。

「予曰く、勝ちに不思議の勝ちあり、負けに不思議の負けなし。問、如何なれば不思議の勝と云う。曰く、道に遵い術を守るときは其心必ず勇（いさま）ざるといえども勝ちを得。是心を顧（かえりみ）るときは則不思議とす。故に曰ふ。又問、如何なれば不思議の負なしと云ふ。曰、道に背き、術を違（たが）う、然るときは其負疑いなし。故に云爾客乃伏す」。

つまり、「道（理合）に従い技術（技）のとおりに戦えば、気力が充実していなくても勝てるので不思議だ。しかし、理合を無視し技を間違えれば必ず負ける」ということです（「武道秘伝書」P.201）。

「常静子剣談（じょうせいしけんだん）」は松浦静山（まつら せいざん一七五九～一八四一年、八十一歳。肥前国平戸藩の松浦家三十四代当主。一七七五年に平戸藩の九代藩主となり稀代の名君といわれた人物）が、二十七歳で隠居して書きました。心形刀流の印可を岩間利生から二十六歳で受けました。心形刀流の継承者は「常〇子」と号しているので、松浦静山は「常静子」なのです。随筆集「甲子夜話（かっしやわ）」も有名です。

合撃（がっしうち）
柳生新陰流の技。相手にまず打ち出させて、右手は「龍の口（たつのくち）」を開いて小指・薬指・中指の三本を締め、足のつま先を上げて足裏の親指の付け根、小指の付け根、踵の三点をつけたまま踏み出し、左膝を僅かに「えます（少し膝を曲げて体重を太刀に乗せる）」。その結果お相手の正面打ちを切り落として「一刀両段（新陰流では「断」ではなく「段」といいます。『碧巌録』「第六十三則「南泉斬猫」」（「碧巌録(中)」P.281）するという打ちです。

勝って打つ・勝而後戦う（かってしかるのちにたたかう）
剣先の攻め、心の攻めを駆使し相手を崩して打つことこそが、理想の打突であるという教え。相手の体を崩し、心を動揺させて「勝てる」という確信を持って技を出すことです。「気で攻めて理で打て」も同意義です。お相手と力量に差がないとできません。

活人剣、殺人刀（かつにんけん、せつにんとう）
『碧巌録』第十二則の圜悟克勤和尚が羅山道閑の言葉を引用した公案の「洞山麻三斤（とうざんまさんぎん）」での用語（「碧巌録（上）」P.182）。「洞山麻三斤」は『無門関』、『空谷集』、『槐安国語』、『道樹録』、『永平頌古』、『拈三百則』などほとんどの公案集に出ているそうです。

「殺人刀、活人剣は上古（じょうこ）の風規、今時の枢要」と書いてあります。禅語では「殺人（せつにん）」とは「捨てさせる」、「活人」とは「手に入れ」て「わがものとする」ということで、「師匠が修行者に、自分の中にある迷いや欲望、執着、短所だけでなく長所も徹底的に捨てさせた（殺人）のちに、般若の智慧を得る気付きを得させる（活人）」という意味です。

①新陰流を開いた**上泉信綱**が一五六六年二月に肥後の丸目蔵人佐に与えた印可が、ここから名前を取った「殺人刀、活人剣」です。活殺自在の達人となれば、「敵を殺さず制圧して戦闘意欲を挫いて改心を促す」ということができます。「転（まろばし）」という、「相手の仕懸に対して転じて、浅く勝つ」こと、主に小手へ小さく鋭く打ち込む斬撃で、相手に致命傷を与えず勝つ「活人剣」です。

②柳生石舟斎宗厳の書に「当流に構太刀を皆殺人刀という。構えのなき所をいずれも皆活人剣という。また構太刀を残らず裁断して除け、なき所を用ゆるに付き、其の生ずるにより活人剣という（大森曹玄『剣と禅』P.63）」とあり、自分から構えて斬り込むことを「殺人刀」と呼び、構えずに（新陰流ではこれを「無形の位」と呼ぶ）相手に仕掛けさせ、それに応じて後の先を取るのを「活人剣」と言っているようです。

③**柳生宗矩**　新陰流の技法、理論を集大成し、『兵法家伝書』を鍋島元茂（一六〇二～一六五四年、五十二歳。肥前国小

城藩〈おぎはん〉の初代藩主）が死ぬ前年に、新陰流の兵法目録である「新陰流兵法之書（進履橋・しんりきょうとも呼ばれる）」と共に与えました。宗矩は沢庵宗彭に影響を受けて禅を学んでおり、『兵法家伝書』において、「この巻上下を、殺人刀、活人剣と名付けたる心は、人をころす刀、却而人をいかすつるぎ也とは、夫れ亂れたる世には、故なき者多く死する也。亂れたる世を治めむ爲に、殺人刀を用ゐて、已に治まる時は、殺人刀即ち活人劔ならずや。こゝを以て名付くる所也（P.119）」と言い、「一人の悪を殺して万人を生かす。これら誠に、人を殺す刀は人をいかすつるぎなるべきにや」としています（P.20）。

④ 『一刀流兵法本目録』の「四角八方の事」に下の「相手に対して一から十となり米となり四方八方となり万字となり、一刀即万刀となる所を示したものである（「一刀流極意」P.473）」とあります。

また、「一歩不留」に下の図に師の手形を加えたものがあります。一歩も留まらない勢いの激しさと、師の手形、「**サル卍**（まんじ）」と言われ、「去る」即ち「転ずる「動く」の意で、「敵を殺す太刀をもって直ちにそれを転じて敵を活せ」と伝え、「太刀道を修め千辛万苦をなめこの教が心身に徹すると総身に妙法備わり吉祥万徳の光が自ら発するのである」（P. 484~485）

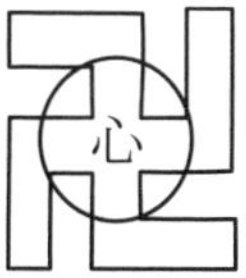

⑤ 一六〇〇年の関ヶ原の戦いを境にして、「介者剣法」（鎧をつけた剣法）から「素肌剣法」（甲冑を身につけない剣法）への大きな流れの転換がありました。そこで以下のような内容で「殺人刀・活人剣」を使う用法があるようです。鎧をつけた相手の弱点は、一番近くにあり、傷を負わせれば効果的な拳なので、拳を斬る「**殺人刀（せつにんとう）**」でした。甲冑を着ていなければ、たとえ敵がどのようにきても、自らの「**人中路**」を真っ直ぐ一刀両段（新陰流では「断」ではなく「段」。禅語）に斬ると、必ず敵の拳が斬れる「**十文字勝ち**」という「**活人剣**」でした。

矩（かね・のり）

直角を測る定規で「曲尺（かねじゃく）」のこと。「曲」は「折れ曲がる」と言う意味。「矩形（くけい）」は「すべての角が直角」なので長方形。派生して「規則・おきて」と言う意味。

剣道では、帯の矩（おびのかね）、糸矩(いとかね)、水月の矩（すいげつのかね）、規矩作法（きくさほう）、三角矩（さんかくく）など、良く使われる語。

「矩（のり）を踰（こ）えず」とは「道徳や規律から外れない」ということ。『論語』「為政第二の四」に「子曰、吾十有五而志乎學、三十而立、四十而不惑、五十而知天命、六十而耳順、七十而従心所欲、不踰矩」とあります。

構え（かまえ）

自分から攻撃するための準備ができた態度と姿勢です。「構え」は、相手の攻撃に対応して身を守るためだと考えやすいのですが、自分から攻撃するための準備ができた態度と姿勢と考えるべきです。構えも打突の動作の一部なのです。居合の古流では「位」と言う場合があります。

形に見える「身構え」とともに、形には見えませんが、泰然自若（たいぜんじじゃく）とした精神状態のあり方の「心構え」「気構え」「腹構え」をして攻めることが求められます。「**上虚下実**じょうきょかじつ）」と言われるように、背筋を伸ばし、肩に力が入らないようにし、丹田が正中線上の前に引かれた構えにすると、打突のために緊張している状態になります。「緊張」と言っても、前に出ないように我慢しているだけです。「**襟首袴腰**（えりくびはかまごし）」の美しい姿になります。「**気は大納言の如く、足は足軽の如し**（きはだいなごんのごとく…）」という、気品は大納言の如く気高く持ち、身は足軽小物のように軽快に動ける理想の姿勢です。

『剣法秘訣(孫の千葉勝太郎編・千葉周作遺稿)』の「一剣術初心稽古心得」に、「当流に、稽古中気は大納言のごとく、業は小者中間（こものちゅうげん）のごとくすべし、という教えあり」とあります（「近代剣道名著大系第二巻」P.203）。

足の踏み方（足構え）は、単に前に踏み込むためのものばかりでなく、相手の攻撃に対していつでも応じすかさず反撃に移ることができ、しかも行動した時、体が崩れない様な踏み方が大切で、常に手、足、心の三者が一体になって行動できるようにしておかなくていけません。

以下、一般的な中段の構え方です【】内は、この本の「七つの知恵」からの意見です。

① 右足前に、左右の足がまっすぐに前を向き、平行になるように、左右の足の間隔は自分の足幅か、拳一握り程度離します。前後の間隔は、左足先が右足の中央から踵までの間に置くのが通常ですが、自分にとって納まりがよく、動きやすい位置を捜します。

② 左足は、踵を外側に押し出すようにするとまっすぐ前に向きます。踵を二センチメートルほど上げた状態になるように踏みしめ、足裏のツボである湧泉（ゆうせん）で立ち、ひかがみ（膕、膝の後ろ）を軽く伸ばして、踏み切る準備をしておきます。【丹田が正中線上の前に引かれた構えにすればことさら意識しなくてもそのような形になります。】

③ 右足の踵は、「紙一重」「薄氷を踏む」という程度に浮かせます。【丹田が正中線上の前に引かれた構えにすれば、ことさら意識しなくてもそのような形になります。】

④ 左右の足に体重を配分する割合は、重心を体の中心に置いて均等にするか、後に重心をかけ左の割合を大きくする場

合が多いようです。【丹田が正中線上の前に引かれた構えにすれば重心は正中線上の前に位置します。】

「**有構無構**(うこうむこう)」は、宮本武蔵が『五輪書』「水の巻」の十三番目に「有構無構の教の事」に書いた言葉です。「いつでも自在に変化できる心がなければ「居着く」ので、構えの形にこだわってはいけない」と解されますが、「いずれのかまえなりとも、かまゆるとおもはず、きることとなりとおもふべし（構えも切りかかる太刀を受けたり、打ったり、当てたりしてもすべてそれらは切るための手段であって、形にとらわれては本末転倒だ）」と書いてあります（「五輪書・武教講録」P.116)。

構えているときは息を吸いません。初心の内は小さく静かに腹式呼吸をしますが、高段者になると蹲踞から立ち上がったときから打ち終わるまで息を吸いません。なぜならば、息を吸うときは「気」が抜け、「隙」ができるからです。

刀を持ったときの構えは、刀は触れただけで切れるので、相手の体のどこでも有効な打突部位です。眉間をかすられただけで出血して戦意を喪失するでしょうし、右手の親指を斬られれば刀は持てなくなります。刀を投げることもありました。そこで様々な構えがありました。流派は江戸末期には七百を越えたと言われます。

なお、甲冑を着けて戦った時代は、重い甲冑をつけて刀を振り回せるように、腰を低く落とした構えでした。新陰流では「**沈なる身**」、馬庭念流では「**無構え**」など様々です。甲冑をつけているので、腕が上がらないので、このときの上段の構えは切っ先を上げた中段でした。

やがて甲冑をつけない「**素肌剣法**」に時代が変わってきて、腰を伸ばした姿勢になりました。新陰流は「**直立つる身**（つったつるみ）」と言います。

また、居合は戦国・安土桃山時代の林崎甚助重信（はやしざきじんずけしげのぶ）が、闇討ちされた父の仇を討つために、「抜く手も見せず」に斬る方法を考えたものなので、「抜き身」を構えることはありません。

日本剣道形の構えは、一九一一年に剣道が中学校の正課となったので、一九一二年十月に辻真平、根岸信五郎、門名正、内藤高治、高野佐三郎の五人が主査となり、大日本帝国剣道形制定調査委員会が東京高等師範学校と相談協議して、多くの流派から良いところを集めて、上段、中段、下段（天地人）の三本から成る武徳会剣術形に大刀四本、小刀三本を加えて大日本帝国剣道形を制定しました。取り入れられなければ自害するための短刀を忍ばせて、威信をかけて自流の技の採用を要求する流派もいるという状況でしたので、どの流派からどの構えや太刀筋や所作が採用されたかは明らかにされませんでした。現在の上段、中段、下段、脇、八相の「**五行の構え**」はこのときに決まりました。

武蔵の「五方の構え」は上段、中段、下段、右脇構え、左脇構えです。

上段の構えは、胸元や胴を相手にさらした隙の多い構えですが、「火の構え」とも言われ、正面から相手を威圧したまま遠間から打ち下ろす有利さがある攻撃的な構えです。上段に対する対応策のためにも、また自分でも片手打ちや左足での踏み込みが迷いなくできるようになるために、習得しておくべき構えでしょう。ただし上段をとるときは、「未熟ですが上段をとらせてください」と一言お断りをしないと失礼に当たります。

中段の構えは、宮本武蔵も『五輪書』「水の巻」の六番目の「五方の構の事」で、「構えの極まりは中段と心得べし」と言っているように（**「五輪書・武教講録」P.102**）、また「常の構え」と言われるように、攻防自在で理想的な構えです。中段の構えは、以前は「**せいがんの構え**」と呼ばれましたが、「剣先をどこに付ける」かによって違う文字を使っていました。「剣先を付ける」というときの位置は、剣の延長ではなく、剣先の「高さ」です。「正眼の構え」の例では、「喉に付ける」ので、剣先が喉の高さで、延長は相手の両目の中心になります。中段の構えは、この「正眼」です。.佐三郎によれば「五せいがん」があり、剣先を付ける位置はそれぞれ以下です。

①正眼：喉
②晴眼：目と目の間
③青眼：相手の左目
④星眼：顔の中心
⑤臍眼：臍（へそ）

下段の構えは、突き以外の打つときの動作が大きくなってしまうので不利ですが、「守りの構え」であり、無理に打ってくるお相手の出足を止めるために、攻防の中で使われることが稀にあります。

脇構え（わきがまえ）は、「陽の構え」と言われます。中段の構えから右足を一歩引き、手元を右脇に引き寄せ剣先を水平よりやや下げ、剣先を身体に隠して刀の長さが見えないように（「上からか下からか横からか、分からないように刃筋を隠す」が本来のようです）右脇に構える。顔は正面にむけ、体は半身になります。お相手の脇の下を「袈裟」に切り上げるための構えです。

八相の構え（はっそうのかまえ）は、「陰の構え」と言われます。お相手の首や肩、打ってきた太刀を「袈裟」に打っためめの構えです。

構え方・納め方（かまえかたおさめかた）

構え方は、以下の順です。

①自然体（どこにも無理のない自然で安定感のある立ち姿。足幅は肩幅、あごを引き、背筋を伸ばし、へそを正面に向けます。動くにも止まっているにも良い姿勢で、剣道だけでなく一般的にも良い姿勢とされます）で提刀の姿勢で、開始線（踏み越えないこと）まで三歩で進める位置（＝「立礼の位置」）まで試合場に入ります。

②上体を約十五度腰から曲げ（首を曲げて頭を垂れないように）、相手から目を離さぬよう相互礼をします。

③帯刀して（小手をしているときは親指を鍔にかけない。かけても良いが小手は鍔に親指がかかるほど開かないのが普通です）、歩み足で大きく三歩、開始線に足先が接するところ（開始線がなく、審判や立会いのいないときは、剣先が触れるか触れない程度に竹刀を抜き合わせる距離）まで進みます。

④その三歩目に、両手同時に臍の前まで持って行き、お互いに気を合わせて、「**抜け刀（ぬけとう）**」しながら「**抜き合わせて**」右膝が前に左膝が左に開くようにしゃがんで、中段に構えた状態を蹲踞と言います。「**抜き合わせる**」とは、左手を離し、斜め四十五度の角度の軌跡を描くように構えることです。「左手の中を竹刀を滑らせて抜く」のか、「抜く動作はしない、両手を中心に持って行き、左手を離したら四十五度の角度で竹刀を抜き合わせる」のか、全日本剣道連盟ははっきりとさせておらず、表記と写真が違ったりしています。『剣道講習会資料（P.15）』では「ア　右手で柄の鍔もとを握り、『竹刀』を抜き、左手で柄頭を握りながら左足を引きつけ蹲踞する。イ　その際、『竹刀』は、極端に振りかぶらないようにして左斜め上から抜き、その後、おもむろに立ち上がって『中段の構え』となる」と書いてありますので、いったん抜くように指導しています。しかし私は、納めるときには鞘の中を滑らせる動作はしないで左手に受け渡しているので、竹刀の場合は抜いてはいけないと思います。刀を抜くときは、鯉口を押さえた左手と鍔元の柄を下から握りに行く右手を同時に臍前に出します。

⑤審判の「始め」の合図で立ち上がります。合図と共に飛び出して打っても一本になりません。審判や立会いがいない場合は、相手と気を合わせて双方の気が満ちたら立ち上がります。中段はそのままですが、上段や二刀の場合はそれぞれの作法に従います。

納め方は、以下の順です。

①開始線で（審判や立会いのいないときは、剣先が触れるか触れない程度の間合で）、中段の構えで双方が気を合わせて蹲踞します。

②「**納め刀**（おさめとう）」をします。柄から左手を離して、右手で竹刀の弦が下になるように左の腰に四十五度の軌跡を描くように動かし、腰にとった左手で受け取り、右手を離し、帯刀の姿勢になります。

③そのまま立ち上がり、小さく五歩下がり、礼をします。

④礼をした後も正面を向いたまま、後退して試合場を出ます。試合場を出てから、体の向きを変えます。

構えて置け

「構えを解く」とも。中段の構えを下げて、竹刀の切先（きっさき）を相手の左膝の下三～六センチメートル下（延長ではなく、高さ）で上から見て相手の体からわずかに外れるぐらいに開き、刃先は左斜め下を向くようにします。日本剣道形や木刀による剣道基本技稽古法、稽古中指導を受けるときや、「構えて置け」の号令があったとき、この姿勢をとります。

上泉信綱（かみいずみ　のぶつな）

秀綱とも。一五〇八～一五七七年、六十九歳。戦国時代の兵法家。愛洲移香斎（一四五二～一五三八年、八十六歳）から陰流の相伝を受け、「**転**（まろばし）」と言われる極意を編み出し、新陰流を創出。大森曹玄は『剣と禅』の中で「こうずみ」とルビを振っています（**P.12**）。

「新」とは、鎧兜(よろいかぶと)、甲冑（かっちゅう）をつけた重装備同士が防護しつつ攻撃する介者剣法に対して、防御となるものをつけないで戦う素肌剣法が新しいという意味です。「袋竹刀（蟇肌竹刀〈ひきはだしない〉とも）」の発明者。

剣術の伝授・指導にはじめて禅語を導入しました。学んだ「陰流」以外の自身で創案工夫した部分を『碧巌録』の「一刀両段」「殺人刀、活人剣」などの禅語を当てて、象徴的に示し、ある種の文化性を帯びるように意図しました。上泉は『訓閲集（きんえつしゅう）』に手を加えて『上泉信綱伝訓閲集』を書いており、学究の人でもあったようです。元の『訓閲集』は平安そのご時代の初め、大江維時が唐からいくつかの兵書を持ち帰り、陰陽五行説と結びつけて日本最初の兵法書を書きました。戦国武将の虎の巻でした。それが馬礼法の小笠原家に代々伝わり、上泉は小笠原氏隆から軍学書の『訓閲集』の相伝を受けたようです。その後、『上泉信綱伝訓閲集』は弟子の疋田景兼が伝え、現代まで伝わっています。「転（まろばし）」も出典は『孫子』ですので、上泉は少なくとも『孫子』、『訓閲集』、『碧巌録』には通暁していたのでしょう。「転（まろばし）」は、「相手の仕懸に対して転じて、浅く勝つ」技です。主に小手への小さな鋭い斬撃でお相手に致命傷を与えず勝つので「活人剣」ですが、高度の技量が必要です。

『影目録』を与えられたのは、**疋田景兼**（ひきた かげとも、一五三七～一六〇五年、六十八歳。上泉信綱の甥とも伝えられます。通称は豊五郎〈ぶんごろう〉疋田陰流剣術や新陰疋田流槍術の祖）と、一五六五年に**柳生石舟斎**宗厳、一五六六年に**丸目蔵人佐、香坂要の四人**とされています。

うつるとも月も思わずうつすとも　水も思わぬ猿沢の池

いづくにも心とまらば棲みかへよ長らへばまた本の古郷

里はただ降らざりけれと旅人のいふに山路の雪をしらる

る

おのづから映らばうつる映るとは月も思はず水も思はず

上座（かみざ、じょうざ）

道場での上座。神棚が置かれている場合、正面の中央が「正中」と呼ばれて一番尊い位置とされています。正面両脇の席次は、正面に向かって右が上位で左がその次になります。中国から伝わった作法で、南を向いて坐って日の出る東が上位で日の入る西が下位になります。玄関を入って正面に神棚がある場合は、向かって右手が上座です。

体の部位の名称

みけん（眉間）　眉と眉との間。上丹田、寸田とも。

寸田（すんでん）　目と目の間または眉と眉の間(眉間みけん)

まなじり（眦）　目じり。「目の尻（シリ）」の意「眦を決する」とは、目をきっと見開くことで、不退転の決意や、怒りの表情を表します。「眦をつり上げる」も怒りの表情。

こめかみ（顳）「米噛」の意。耳の上、髪の生えぎわの所。物を噛むとその部分が動きます。

こばな（小鼻）　鼻先の左右のふくらんだ部分。鼻翼。

盆の窪（ぼんのくぼ）　うなじの中央のくぼんだ所。

うなじ（項）　首の後ろの生え際。襟首。

人中（じんちゅう）　鼻と唇間の二本線(縦スジ)および線の間(溝)。

おとがい（頤）　顎の先、「したあご」の雅語的表現。「頤を解く」とは、あごが外れるほど大きな口を開けて大笑いすること。

にのうで（二の腕）　肩と肘の間。上腕。

肘（ひじ）　上腕と前腕とをつなぐ関節。また、その折り曲げたときの外側の部分。

かいな（腕、肱）　肩からひじまで。「二の腕」。あるいは、肩から手首までの間。うで。

背筋（はいきん）　背中にある筋肉のことを総称して、背筋と呼びます。広背筋・菱形筋・大円筋・僧帽筋・脊中起立筋などです。

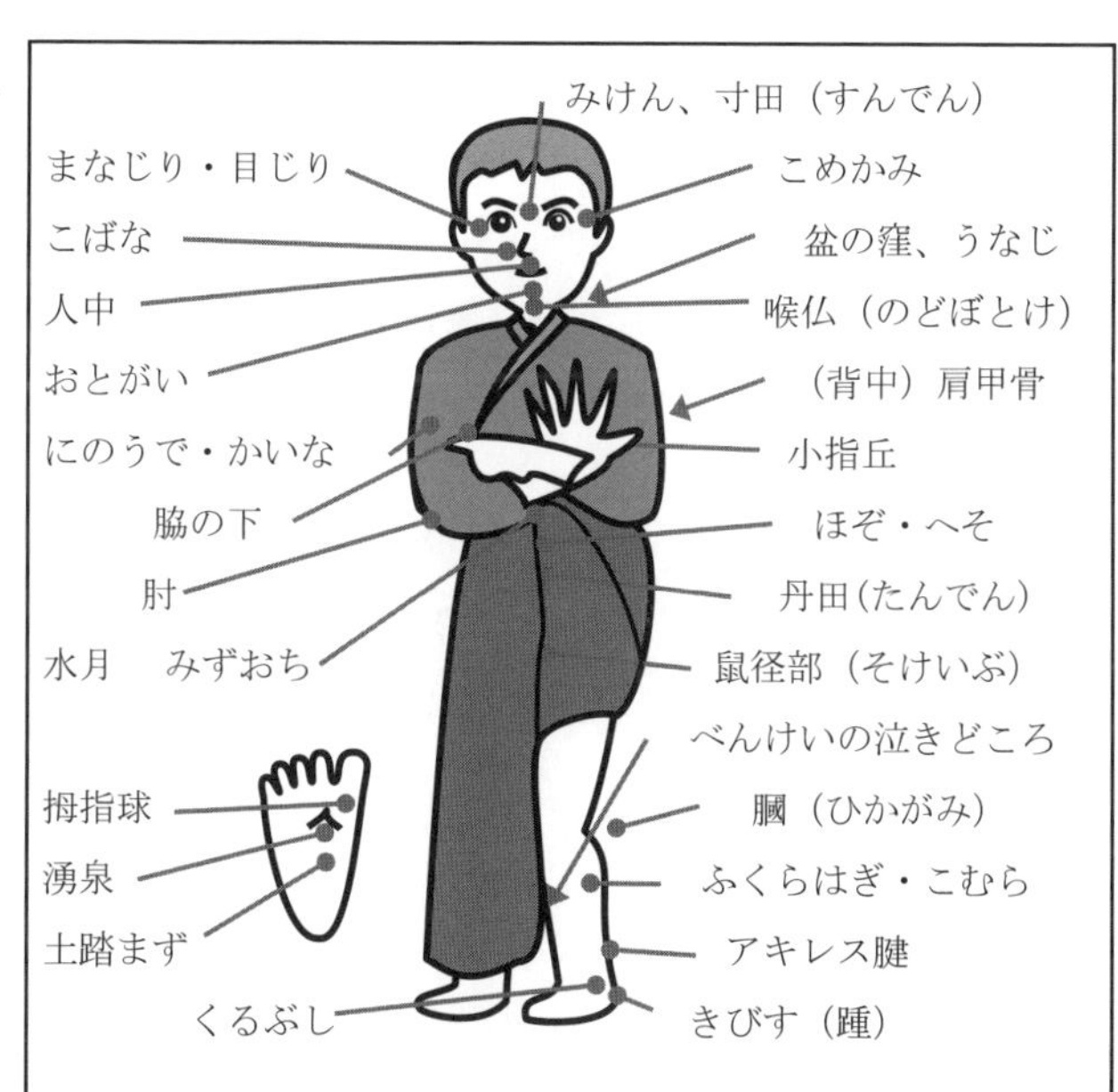

肩甲骨　肩の後ろにある、胴体と上腕を結ぶ扁平な三角形をした骨。肩甲骨は鎖骨を介して体幹と繋がっていますが、その肩甲骨を支えているのは大小さまざまな三十四の筋肉で、肩甲骨そのものは背中から浮いたような状態です。腕

を水平以上に上げようとすると、肩甲骨の肩峰（けんぽう）がつかえて上がらないので、肩甲骨そのものを僧帽筋上部が持ち上げます。肩甲骨を意識して動かすのはこのためです。

脇の下（わきのした）　脇のくぼんだ所。腋窩(えきか)。

小指丘（しょうしきゅう）　手を握ると小指の先が当たる手のひらの膨らんだ部分。解剖学では「第五指の付け根付近」と表記されます。

みぞおち（鳩尾）みずおち。胸の中央のへこんだところ。急所。「水月」も同じ。

水月（すいげつ）　みぞおちのこと。日本剣道形の三本目の仕太刀は水月を突きます。

ほぞ（臍）　へそ。「ほぞを噛む」は後悔するということです。「臍が（で）茶を沸かす」可笑しくて堪（たま）らない、また、馬鹿馬鹿しいということ。主に、嘲（あざけ）りの気持ちを込めて使います。出典は一七七七年紀上太郎（きのあがたろう）作の浄瑠璃の「糸桜本町育（いとざくらほんちょうそだち）」です。本町糸屋の姉お房の許婚が妹の小糸と結ばれるという話です。その角書き（つのがき。本や論文などの題名の上に、その内容を小さく二行に分けて書くこと）は有名な「大阪本町糸屋の娘、姉は二十一妹は二十歳、諸国大名は刀で殺す、娘二人は眼で殺す」です。頼山陽が詩句の起承転結の作法を門弟に教えるために作ったという説もあります。

丹田（たんでん）　へその下三寸の所。東洋医学で、元気の集まる所と言われます。一般的には**臍下丹田**で、臍（へそ）の下三寸の腹中にあります。そこに気力を溜めることで、腹のすわった姿勢が保たれ、心の動揺も抑えられると言われています。目と目の間もしくは眉間(みけん)を「上丹田(じょうたんでん)、寸田(すんでん。一刀流)」と言います。急所です。丹田は胆力精気の無限に生じるところ、上丹田は智力判断力等の英智の沸き出ずるところとされ、上丹田と丹田を垂直に置く姿勢が最も充実した気力、体力を発生させる姿勢になります。実際には、臍をまっすぐに正面に向けた姿勢であり、丹田を打突の際の動作の源とします。

鼠径部（そけいぶ）　腿（ふともも）の付け根。

膕（ひかがみ）「引屈」「飛屈み」とも書き、膝の裏側の部分。心形刀流では「下部の三処（げぶのさんしょ）」といい、足と腰と膕の鍛錬とその使い方が極めて大事にされています。**ふくらはぎ**（脹ら脛）、こむら（腓）すねの後ろの大きな腓腹（ひふく）筋という筋肉。痙攣すると「こむら返り」と言います。「腓腹筋断裂」は「アキレス腱断裂」と同じように怖いです。「腓腹筋」の下に「アキレス腱」がつながっています。

弁慶（べんけい）の泣きどころ　向こうずね（脛）。脛（すね）の前面。「向か脛（むかはぎ）」とも。強い男の代表である弁慶（義経の家来）もここを打たれると泣いてしまうという「弱点」です。

すね（脛）　膝から足首までの部分をいい、「はぎ」とも読みます。

アキレス腱　かかとの骨とふくらはぎの筋肉とをつなぐ人体中最大の腱。

きびす（踵）　かかと。「踵を返す」は戻ること。

拇指球（ぼしきゅう）　てのひらや足の裏で、親指の付け根のふくらんだ部分。「母指球」とも書きます。

湧泉（ゆうせん）　足指を足底側に曲げると、足裏の中心より前の方に「人」の字のしわが現れ、その交点にできる窪み。このツボを刺激すると生命エネルギーが湧くと言います。

土踏まず　足の裏のアーチ状のくぼんだ所。ないのが扁平足（へんぺいそく）。

気　き

気（き）

「気」という言葉はもともとは中国思想上の概念で、「宇宙を支配し、すべての事象の根源になるエネルギー」や「生命の根源」だと考えられています。目には見えませんが、人間には感じることができる一種の力で、これがなくなると物質や生命が存在しなくなると言われます。元気、病気、気力、やる気、気が利かない、気にしない、空気（風）、蒸気（圧力）、冷気（水～氷）、電気（雷、モーター、電灯）など、「気」が何かのエネルギーを表すことが分かります。陰気、陽気、気が強い、弱いなどと言われているように、陽気で、気の強い人は気（宇宙の力）を集める事が得意な人、陰気で気の弱い人は気を集める事が下手な人と考える事が出来ます。人間が本来持っているのが「元気=生きる力」です。その「気」は「呼吸」によるものです。「気」の本字は「氣」であり、「米」と、米を炊くときの湯気、すなわち空気の流れを意味する「气」でできています。

「気」は「呼吸」によるので、長呼気丹田呼吸法「数息観」を常に行うことによって気を旺勢にします（白隠禅師の「夜船閑話（やせんかんな）」）。元気を出して、気力旺盛になれば、迷いが無くなります。迷いが無くなれば信念になります。信念にもう一つ磨きを掛ければ、覚悟が出来ます。覚悟が出来れば、腹構えが自然に身に付き、何が起ころうとも、泰然自若（たいぜんじゃく）とした生き方が出来るようになります。

一方で発憤や誠心誠意が「なにくそっ！」という発憤が、強い大きな信念を支え、気を盛んにすると言っていいます。白隠禅師は、「参禅はすべからく三要を具すべし。一には大信根有り、二つには大疑情有り、三つには大憤志有り」（『白隠禅師法語全集第七冊　八重葎巻之三』芳澤勝弘訳注、禅文化研究所、一九九九年、P.110）と修行の三要諦「大信根・大疑団・大憤志（強い信念・徹底追求・憤りを持つほどの強い意思）」を言っています。

「気が枯れる」が「**穢れ**」の語源だという説があり、辛い事や哀しい事で気力を失っている状態を指すようです。

三輪執斎（一六六九～一七四四年、七十五歳。江戸時代中期の陽明学中興の祖）は「志とは士（さむらい）の心であり、士の心とは、憤これ也」と言っています。

『孟子』の「公孫丑（こうそんちゅう）章句上編（「孟子 上」P.120）」に、不動心の内容を聞かれてする問答があります。「夫志気之師也 気体之充也 夫志至焉 気次焉」「夫れ志は気の師（すい）なり 気は体の充なり 夫れ志至れば 気これに次ぐ」（志が大変重要で、気を左右する。気は体に充満しているものである。意志の向かうところに気はそれにともなって動くものである）。「人間は、すべてに先だって、まず志を立てることが肝要である」

「**志師気 気統体**」と言われます。

吉田松陰は斎藤新太郎（練兵館々主・斎藤弥九郎の長男で、二代目斎藤弥九郎を襲名）に与えた書の中で、「文も武も芸であるが、いやしくも志とそれを支える気がなければ、芸がいかに精緻であってもいざとなれば物の役にはたたない」と述べています（「剣道のしおり」P.30）

孟子は公孫丑章句上編（「孟子 上」P.122）で**浩然の気**（こうぜんのき）が不動心を養うと言っています。

「曰、敢問、夫子之不動心、與告子之不動心、可得聞與、告子曰、不得於言、勿求於心、不得於心、勿求於氣、不得於心、勿求於氣、可、不得於言、勿求於心、不可、夫志氣之帥也、氣體之充也、夫志至焉、氣次焉、故曰持其志、無暴其氣、既曰志至焉、氣次焉、又曰持其志無暴其氣者、何也、曰、志壹則動氣、氣壹則動志也、今夫蹶者趨者、是氣也、而反動其心、敢問、夫子惡乎長、曰、我知言、我善養吾浩然之氣、敢問、何謂浩然之氣、曰、難言也、其爲氣也、至大至剛以直、養而無害、則塞于天地之問、其爲氣也、配義與道、無是、餒也、是集義所生者、非義襲而取之也、往有不慊於心、則餒矣、我故曰告子未嘗知義、以其外之也」

公孫丑「あえて質問します。先生の『不動心』と告子の『不動心』との内容を教えていただけませんか？

孟子「うむ。告子はこういうことを言った、言葉の意味が理解できないとき、心でなんとなく納得しようとしたりしてはいけない。また、心で納得できないとき、「気」を調整しようとしたりしてはならない。このうち、『心で納得できないとき、「気」を調整しようとしたりしてはならない』（「心に得ずとも、気に求むるなかれ」）というのは正しい。だが、『言葉の意味が理解できないとき、心でなんとなく納得しようとしたりしてはいけない』（『言に得ずとも、心に求むるなかれ』）というのはよくない。心と『気』の関係はこのようなものだ。意志は『気』を引っぱり集め、『気』は身体を統制するものだ。つまりまず意志がある。意志が十分に充実すれば、『気』は後から満ちてくる。ゆえにこう言われる、『意志を確保せよ。そして『気』を損なうな』と」

公孫丑「ええっと、『すでに意志が十分に充実すれば、「気」は後から満ちてくる』というのと、『意志を確保せよ。そして『気』を損なうな』というのは、矛盾していませんか？意志を確保していれば、『気』は自然と満ちているものなのではないんですか？」

孟子「意志が一つのことに集中すると、『気』が動いて集まってくる。逆に『気』が一つの点に集中すると、意志が動いて強まるのだ。たとえば走ってつまずくことがある。これは『気』があせったからだ。このように『気』の高まりが心を動かしてしまうものなのだ（だから、『意志（言いかえれば、理性）』と、『気（言いかえれば、理性の外の気概・気分・情念）』とは両者補完の関係にある）」

公孫丑「さらにあえて質問します。先生は、告子より何が優っておられるのでしょうか？」

孟子「うむ。余は告子と違って言葉を理解することができる。余は『浩然の気』を上手に養っているからだ」

公孫丑「『浩然の気』とは、いったい何ですか？」

孟子「言葉で言うのは難しい。それは至大にして至剛、素直で曲がったところなし、それを養って害わなければ天地の間にも満ちていくような、人の中に宿る宇宙的エネルギーだ。だがこの『浩然の気』は正しい義と正しい道に配分されている。義と道に合致していないと、しぼんでしまうものだ。これは義に応じて発生するものだから、無理に集めて取ることはできない。そして自分の行いが心にやましいことがあれば、しぼんでしまう。余が告子のことを『いまだかって義というものをわかっていない』と批評するのは、告子が義を心の外にあると考えているからだ。（だから「気」を養うには）必ず義と道に沿った心を作り、義と道に沿った行動をなす必要がある。『気』だけを充実させようとしてはならない。だが『気』を養うことを心に忘れてはならない。義と道に従うことが大事で、『気』を無理に助長させてはならない。つまり、あの宋人のようなことをしてはならない。宋の国の人で、苗がなかなか成長しないのを憂えて引っぱった者がいた。作業を終えて、男は疲れ果てて家に帰ってきて、家の人に言った。『いやー、今日は疲れた！苗を引っぱって助長してやったがな』息子が仰天して田に走っていった。苗を見たら、案の定ぜんぶ枯れていた。天下には、苗を助長することを控える者は少ない。『気』を無視して意志や理性だけを重視する者は、いわば苗のために草取りをしない者だ（つまり、告子や恵施などの論理優先主義者）。また『気』だけが大事としてこれを助長する者は、苗を引っぱる者だ（つまり、俗流老荘思想家などの理性軽視主義者）。これらは無益なだけに留まらない。かえって有害なのだ」

孟子は、**性善説**を唱え「正義を積んで人道に外れない生活をせよ。それでないと気が萎えてしまう」と言い、「自反而縮、雖千萬人吾往矣」（みずからかえりみて、縮(縮はすなわち直)なおくんば、千万人と雖もわれ往かん。出典、「孟子・公孫丑章句上」「孟子・上」P.115)「たとえ千万人があなたに反対しようとも、あなたがよいと思うならばおやりなさい」と、日々を過ごすことが、気を養うことだと言っています。

孟子を良く学び『講孟余話』、旧名『講孟箚記（こうもうさっき）』を書いた**吉田松陰**は「**浩然の気と平坦の気を養う**」と言ったそうです。「平坦の気」とは、地道に自分の足元のことを行う気持ちです。まさに日々の仁義、忠恕を説いています。

貝原益軒（一六三〇～一七一四年、八十四歳。本草学者、儒学者）の**『養生訓』の「総論 下」**に次のように、正しい姿勢と長呼気丹田呼吸法が気を養うと言っています（『養生訓』「48丹田に気を集める」P.76）。

「臍下三寸を丹田と云。腎間の動気ここにあり。『難経（「黄帝八十一難経」とも呼ばれ、針灸学の基本となっている書物）』に、臍下腎間の動気は人の生命也。十二経の根本也といへり。是人身の命根のある所也。養気の術つねに腰を正しくすゑ、真気を**丹田**におさめあつめ、呼吸をしづめてあらくせず、事にあたつては、胸中より微気をしばしば口に吐き出して、胸中に気をあつめずして、丹田に気をあつむべし。（中略）およそ技術を行なふ者、殊に武人は此法をしらずんばあるべからず」

剣道では、気剣体の一致、気位、気合、気構え、気当たり、心気力一致、気勢、気勢、気迫、気攻め、「気圧（けお）される」、「気で攻めて理で打て」、「刀を殺し、技を殺し、気を殺す」などの言葉があり、命のやり取りをするには技と心を鍛え、絶対的な高みに達しなければ自分の命を失うかもしれない恐怖から逃れられません。そこで、肉体や技だけでなく、精神力や心を鍛える必要性を感じて、「立ち切り」のような無理な稽古をしたり、山に籠ったり、坐禅をしました。この極限状態に達したときに、天の啓示を受け極意を掴んだのです。圧倒的に強い技にも弱点があり、どんなに強い心にも想定外の弱みがあります。しかし心と技の根源である「気」を養えば、心と技を結びつけ、強いとか弱いとか、勝つとか負けるとか、死ぬとか生きるとかの相対的な思考の世界から、絶対的平穏な自然そのままの世界に達することを知ったのです。呼吸を自分で制御し、「気」として相手にぶつけ、お相手の気と調和をはかることで気をいただく。「気をいただく」というのは、お相手と連動しておくことで、お相手の動きが察知できてどのようにでも対応することができるようになるということです。

それらの極意は文章としては、**『猫の妙術』**（佚斎樗山(いっさい　ちょざん)著の『田舎荘子（いなかそうじ）』にあります）や、**『木鶏**（もっけい、『荘子（そうじ）』達生篇。「荘子 第三冊」P.53にあります）』、きこりが「**さとり**」という獣を獲った有名な逸話（『剣法秘訣』「五 剣道名人の位」「近代剣道名著大系 第二巻」P.22 5）などが有名です。

柳生宗矩も**宮本武蔵**も**都治月丹**も**東郷重位**も、剣禅一如という言葉があるように、禅を学んで「養気練丹の法」を積み、気を養いました。

新陰流正統五世の柳生連也（柳生新陰流五世）が、尾張権大納言徳川光友（瑞竜公）に新陰流正統六世を印可されたとき、光友は連也に自分の悟ったところを次の歌で示したと言われています。

張れや張れただゆるみなきあづさ弓放つ矢先は知らぬなりけり

この歌を第二十世の**柳生厳長**（としなが）は、以下の三段階に分けて説明しました。

精進、張りに張った精進努力。真剣な発展向上、勤勉、努力は誠心であり、これを誠にするのは「人」である。

充実、ゆるみない純粋持続。兵法では「勢い」であり「位」であり、「地」と「人」にあります。

超絶、生死勝敗を解脱して放つ、百尺竿頭一歩を放つ、兵法では「放つ位」「一刀両段の位」で、「天」にある。

張りに張って緊張充実した頂点から、さらに飛躍した「放つ位」に達し「無住心」であれば、沢庵の言う「不動智」を得て、「拍子を知る」つまり機を知ることができ、その機に乗じて、機を自由に使えるという意味です（「剣と禅」「八、放つ位」P.123）。

二十一歳のときの**山岡鉄舟**は、三十五歳の浅利義明の構えに手も足も出ませんでした。しかし、四十五歳のときに大吾した山岡鉄舟は、構えただけで相手が恐れをなして逃げてしまうため、一度も人を殺さなかったようです。

二十八歳のときの**白井亨**は六十六歳の寺田宗有に圧倒され、木剣を投げ捨てて、頭を下げ寺田の「天真一刀流」に入門しました。しかし、三十三歳で開悟した白井亨は、「おれの木剣からは、輪が出るぞ」と言うようになり、若い勝海舟は「真正面に立てなかった」と言っています。

一方、**都治月丹**や**男谷信友**は「へなへな」だったようで、「押せば下がるし、付け入って打とうとすれば風のようにすり抜ける。さほど強いとは思えないが、切っ先がちらついてどうにも打てない。いつの間にか雲に包まれたようになって手も足も出ない」という剣道だったようです。

これは、自分の心を鏡のように平静にして相手の心を映す「**察気の法**」で、心気の動きを感知し、相手が「どこを、どう打突しようと考えているのか」が分かって対処しているのです。

『剣道修練の心構え』に「剣道を正しく真剣に学び、心身を練磨して旺盛なる**気力**を養い…」とあるように、剣道に於いて気力の充実や旺盛なる気力が最重要視されています。

気は「精神の動」であるなら、心は「精神の静」です。

気合（きあい）

辞書には「精神を集中させて事に当たるときの気持ちの勢いや、そのときの**掛け声**」とあります。

全日本剣道連盟は二〇〇八年に『剣道指導要領』P.158に「相手の動きや自分の意図することに対して、気持ちを充実させた状態。または、そうした状態から発する掛け声」と定義しています。

「有声より無声に入る」という教えがあるように、まずはできるだけ大きなかけ声をかけ、①自分を励まし、気勢を増し、②妄想雑念を取り除き、気を集中させ、③相手を威圧し、④気剣体を一致させ、正確に打突し、⑤気を抜かない、心身の調和の取れた気合に満ちた稽古をしましょう。

気合は息を吐いて出しますので呼吸と密接に関係しています。人間には、緊急時に発揮される「火事場の馬鹿力」と言われる大きな力がありますが、強大過ぎて体が壊れてしまうので、自己防衛のために制御されています。その制御を自分で外すことができるのが大きく息を吐くことで、空気を裂くような強く短い大声である「裂帛の気合」で爆発的な打突を生みます。一方、息を吸っているときには力を出しにくいので、息を吸う数時間を短く、吐いている時間を長くし、しかもいつでも一瞬で息を吐けるように息を溜めておく必要があります。そこで、禅の数息観(すそくかん)で酸素を効率良く取り込む能力を鍛え、長い時間息を吐き続けることができるようにします。高段者は、構えて気合を発し、初発刀・初太刀の一本を出して残心を取るまで一息で、息継ぎしません。呼吸については、禅や東洋医学や生理学が参考になります。

思い切り打てる心を作るために、お相手に「攻める声」をぶつけます。初心者のうちはかけ声をかけても緊張が解けなくなることや、大声を出すと興奮して体が堅くなって動きが遅くなることがあります。体に力を入れずに気力を充満できる気合のかけ方ができるようになるには、「相手に打たれても避けられても、自分が思い切って打つ」ことに精神を集中する必死の修行を繰り返すことです。この「気を錬る」修行を、**平山行蔵**（ひらやまこうぞう）は「**忠孝真貫流規則**」に「敵の撃刺にかまわずこの五体をもって敵の心胸を突いて背後に貫け通る心にて踏み込む」と書いています。

伊藤一刀齋（一刀流開祖）は、「敵をただ打つと思うな身を守れ。自ずから洩る賤ケ屋（しづのや）の月」というように、「月光がどんなに小さな隙間でも流れ込むように、気が充満していれば直ちに行動を起こすことができる」という高みに立ちました（「近代剣道名著大系二」**P.224**）。

蹲踞から立ち上がって気合をかけた後打つまでは、息をゆっくり吐き続けることになりますので、声は出しません。息継ぎの度に気合を発すると、呼吸を読まれて打突のタイミングを知らせてしまったり、打突の機会を逃してしまいます。

「沢庵 不動智神妙録」**P.55**で沢庵禅師の言った「**石火の機**」にあるように、打突の瞬間に声を出すことによって動作を鋭く、速く、強くし、冴えた打ちになります。「メン、コテ、ドー、ツキ」と打突部位を発声し、打った後はすぐに声を止めるのではなく、音の高さを尻あがりに長く伸ばします。打ち切って抜けていく余勢を強くする、勝ちを知らせる、残心を示す、相手の反撃に備える意味があります。

刀で斬るときは足を止めて振り抜きますので短い発声です。神道無念流の奥義では「奥歯で技を噛み切れ」という「エイッ」という短いもののようです。小野派一刀流の発声は、「イ、ヤ、ハ、エ、トー」の五声があり、口の中で気を集中するために「イヤー」と言い、気が爆発するときに「エイッ」と打ち、応じるときは「トー」と発声するようです。日本剣道形に似ていますね。「最後にア音の残るのは気が抜け、イウオは気合が籠もる」、という教えもあります。高野佐三郎は『剣道』第二編術理第一章技術の基本六懸け声で「イャーは我が体勢の完備したるを示す、または出会い頭に敵の勢いを挫き声をもって先を得る。エーィは堅確なる決意をもって動作するとき、トーは受け止めまたは切り落とすときに用う」と言っています（「近代剣道名著大系・第三巻」**P.95**）。

宮本武蔵が『五輪書』の「火の巻」の十八番目の「三つの声という事」であげている「**三つの声**」（「五輪書・武教講録」**P.214**）。

「初」：「嵩（かさ）をかける」相手を威圧する大声（「嵩にかかる」は「威圧的な態度でのぞむ」という意味。）

「中」：「調子を引いて底より出る」調子を低く腹の底から出る声

「後」：「大きく強く」勝ちを知らせる声

ただし、武蔵は「太刀で打つと同時に大きく声をかけることはない」と言っています。

『剣法秘訣(孫の千葉勝太郎編・千葉周作遺稿)』「三 剣術修行心得」には「**三つの声**」が書かれています（「近代剣道名著大系 第二巻」**P.212**）。

「勝ちを知らす大声」：勝った後、大きく声をかければお相手はその声に驚いてそれ以上反撃しない。

「相手を追い込んだときなどにかける大声」：大きく声をかければ、お相手は隙を見つけて声を出したのかなどと思って、苦しまぎれに打突を出してくるので、それを受けたり外したりして勝つ。

「相手に追い込まれたりしたときに出す大声」：相手の技が分かっているふりで大きく声をかけると、お相手が技を見抜かれたかと疑うところを素早く打ったり突いたりして勝つ。

「剣術に三つの声ということあり、一つは勝ちを知らすをいう、勝ちを知らすとは、勝って後、この方声を大きく掛くれば、向うその声に驚きて後を懸けぬものなり。また一つは、向うを追い込みなどしたるときも、此方大きく声を懸くれば、向うはさてはわが透きを見付けてかくいうならんなどと思い、余儀なきところ、苦しきところより、打ち突きを出すものなり、その所を受け、または外し、善き勝ちを取るをいう、また一つは、向うに追い込まれなどしたるとき、向うよりこの方を打たん突かんとする気見ゆれば、この方向うの業を知りたる体にて、大きく声を掛くれば、向うさては今なさんとする業を知りてかくいうならんと疑うところを早く打ち、早く突きて勝ちを得ることなり、これを三つの声というなり」

気位、気品（きぐらい、きひん）

全日本剣道連盟の『剣道指導要領』では「気位とは鍛錬を積み重ねたことによって得られた自信から生まれる威力、威風」となっています。気合をかけると、避けたくなる邪念も自分の打ちが当たらないかも知れないという心の迷いも消え去って無念無想になり、しかも敏感になって、打突すべきときには自然で激しく打突できる、「張り詰めた」状態になるようです。ここから気位が生まれるのではないでしょうか。

気品は、「真善美を兼ねそろえた人格から染み出る品の高さ」ではないでしょうか。その人の祖先の血が影響している場合も、ご本人の精神修養の賜物かもしれません。

英語ではDignity。「気品がある」を形容詞で表現するとgracefulです。

持田盛二（十段範士）は「気品とは花に例えると香りのようなもの」と言いました。花は目で見ることにより美しいと感ずるのですが、「香り」があって、より一層のその花の気高さが伝わります。稽古をするその人が花なら、香りはその人がかもし出す雰囲気という事なのでしょう。

気剣体一致（きけんたいいっち）

有効打突の条件として良く使われます。しかし何故か「残心」がないので、誤解を生む場合があります。試合規則第十二条の有効打突の条文に「充実した気勢、適法な姿勢をもって、竹刀の打突部で打突部位を刃筋正しく打突し残心・・・」とあるように、以下の三つの要素が一致することと残心があることで有効な打突です。

気…充実した気勢、鋭い気力という心の動的な面。打突の意志とそれを表現する充実した気勢・掛け声とも言えます。

剣…竹刀が刃筋正しく勢いよく打突部で打突部位を打っていること。

体…勢いある踏み込み。

三ウン一味も同意義です。「先」「断」「残」は、それぞれ「ン」がついていて三つが一体となり一元的に機能して一本となるのでこう言います。先の気と、一刀両断の信念と、さらに残心とが一体となり、一元的に機能して始めて完全なる「一本」になります。井上正孝著『正眼の文化（P.184）』より。

三位の格（さんみのかく）井上正孝著『正眼の文化（P.184）』より。

「**露の位**」「**石火の位**」「**梵鐘の位**」を三位の格として打突の理想の姿を現しています。

「**露の位**」は、木の葉に落ちた水滴が静かに凝集して機が満ちればポタリと落ちるように、動くところ、起こり頭、出頭を逃さず打突せよということです（『剣法秘訣(孫の千葉勝太郎編・千葉周作遺稿)』「四 剣術他流試合の心得」「近代剣道名著大系 第二巻」P.226）。千葉周作と高野佐三郎の「水水月の矩（かね）」もこれと同じです。千葉周作（千葉勝太郎編千葉周作遺稿『剣法秘訣』「剣術名人の位」に、「水月の矩といふことあり。これは敵の起こるところ、出る頭へ映るの意にて、月の浪に映るが如く、浪の動くに随い、起こるに随うて、どこの嫌いなく、向こうの動くところへ映るものゆえ、水月のたとえあり。剣術もその如く、向こうの動くに随い、起こるに随い、その処を遁さず打ち勝つの意なり。一刀齋の歌に「浦風や波のあらきに寄る月の　あまたに見えて烈しかりけり」とあります（「近代剣道名著大系・第二巻」P.224）。

高野佐三郎は『剣道』第二編術理第四章勝敗「五敵に従うの勝」に書いています（「近代剣道名著大系・第三巻」P.117）。

「**石火の位**」は、間髪を入れず鋭い打ちを出すこと。沢庵禅師の著した不動智神妙録の中で「石火の機と申すも、ひかりとする電光の早きを申し候」とあり、火打ち石を打った瞬間に火花が発するように一瞬に応じることです（「沢庵 不動智神妙録」P.55）。「石火の当たり」は宮本武蔵が『五輪書』の「水の巻」の十九番目に書いた「石火のあたりと云事」（「五輪書・武教講録」P.128）の、接近戦で太刀を上げずに強く打つ方法です。

「**梵鐘の位**」とは梵鐘のように余韻嫋々たる気の残心を漂わすこと。

これを小学生でもわかるように音で表現して、「メン・パン・ドン」の「**三音一致**（さんおんいっち）」と、私は言っています。

なお、「心気力の一致」は攻める、守るの要諦を説いたものなので、有効打突の条件である「気剣体の一致」とは意味が違います。

気勢（きせい）

辞書的には「意気ごんだ気持」ですが、剣道では「精神の充実度」を言います。「気剣体」は「剣道試合・審判規則」第十二条の有効打突の条件です。「充実した気勢、適正な姿勢をもって、竹刀の打突部で打突部位を刃筋正しく打突し、残心あるものとする」とあります。

機前（きぜん）

相手の一念が発する以前に機先を制して、相手の気勢をくじくこと。

柳生宗矩は『兵法家伝書P.34』で、「内に隠された観ることの難しい機を良く見て働くこと」を「機前の兵法」と言っています。

喫茶去（きっさこ）

『五灯会元』にあります。誰にでも同じように、分け隔てなく、真心から「お茶を一服如何ですか」と施すという意味で、凡聖、貴賎、男女、自他等の一切の思量の分別の無い「無心の境地」を言います。

中国唐時代の有名な禅僧の趙州和尚のもとに修行僧が教えを頂きたいとやって来ました。趙州（じょうしゅう）「曽（か）って此間（すかん）に到るや」（お前さんはかってここに来たことがおありかな?）僧、「曾（か）って到る」（はい、以前にも参りました）。趙州「喫茶去」（さようか、ならばお茶でも一服おあがりなさい）。またあるとき別の修行僧がやって来た。趙州「曾（かって）到るや」。僧、「曾（かって）到らず」（いいえ、ここに来たことはありません）。趙州、「喫茶去」（左様か、ならばお茶でも一服おあがりなさい）。これを聞いていたこの寺の院主は「和尚は曾ってここに来た者にも、はじめての者にも、お茶をどうぞと同じことをいわれるがどういうわけなんですか?」と尋ねた。趙州は是れに答えず「院主さん!」と呼ぶ。院主は思わず「はい」と答えたその瞬間、趙州はまた「喫茶去」（まあ、お茶でも一服召し上がれ）と言いました。

道元禅師がこの趙州の「喫茶去」の問答を『正法眼蔵』「第五十九家常（かじょう）」の巻に書いていています（「正法眼蔵（三）」P. 272）。

気で攻めて理で打て（きでせめてりでうて）

戦う前に気で勝ち、心で勝ってから戦え、という教え。攻めて崩して、相手の心を動揺させた後、打つのが本当の剣道です。「打って勝つのではなく、勝って打て」という事です。「勝而後戦う（かってしかるのち）」も同意義です。『孫子』「形篇第四の二」に「勝兵先勝而後求戦、敗兵先戦而後求勝（勝兵は必ず勝ちて而る後に戦いを求め、敗兵は先ず戦いて而る後に勝ちを求む）」とあります（「孫子」P.45）。

基本打突（きほんだとつ）

一足一刀、二足一刀の面、小手、胴、突きと、連続打ちの小手面、小手胴、小手面胴と切り返し、に体当たりや抜けること、残心を加えて基本打突と言います。基本打突に対して応用打突があります。

脚下照顧（きゃっかしょうこ）

「まず自己を問え」との一喝（いっかつ。禅宗で、指導者が修行者を叱ったり導いたりする手段として大声を出すこと。また、その際に言う語）です。「**看脚下**（『正宗賛（せいしゅうさん）』の「圜悟章（えんごしょう）」）」とも。

宋の時代、臨済宗中興の祖、五祖法演禅師（ごそほうえんぜんじ）がある晩三人の高弟とともに寺に帰る途中、提灯の火が突然消えてしまいました。すると法演禅師、即座に三人の弟子に、「暗闇をゆくには灯火が何よりの頼りなのに消えた。どうするか?」と聞きました。三人三様の答を出しましたが、その一人の克勤(こくごん)は、「看脚下」と答え、師匠を感服させました。暗闇に灯火を失ったような人生の悲劇に遭遇したとき、人は悲劇のドン底に沈み、迷い、占いや苦しいときの神頼みをしたりしますが、道は近くにあるもので、自分自身に向かって求めるべきです。

この克勤は、『碧巖録』を書きました。第一則（章）に「知らず、脚跟下（きゃくこんか）に大光明を放つことを」と書きました。「跟」は踵で、足の裏という意味です（「碧巌録(上)」P.37）。

道元禅師は「仏道は人々（にんにん）の脚跟下（きゃくこんか）にあり」と説いています。道は、遠い彼方の深遠な哲理ではなく、生活するわれわれの行いそのものにあり、まず自分がどういう状況にあるかつかまなくてはなりません（『学道用心集』第九「道に向かって修行すべきこと」「学道用心集講話」P.160）。

「道は邇(ちか)きに在り、而(しか)るに諸(これ)を遠きに求む」（『孟子』「離婁章句 上 十一」「孟子 下」P.32)の愚を犯してはなりません。

鎌倉時代の三光国師（孤峰覚明こほうかくみょう一二七一～一三六一年、九十歳）が、弟子の一人が「禅の極意とは何ですか」と問うと、ただ一言「照顧脚下（しょうこきゃっか）」と答えたと、三光国師の語録『徹心録』にあるそうです。

ニーチェ（ドイツの哲学者（Friedrich Wilhelm Nietzsche 一八四四～一九〇〇年、五十五歳）が「汝（なんじ）自身の足下を掘れ、そこから泉が湧き出るであろう」と言ったのも、共通しています。

級（きゅう）

級は全日本剣道連盟では定めていません。都道府県連で一級の基準はあっても、二級以下の基準がない場合も多く、各剣道団体で工夫して定めています。東京では、二〇〇三年より、木刀による剣道基本技稽古法」九本を級審査の要件としました。二〇一一年から、一級審査合格後三カ月が経過した者で、審査日当日に満十三歳以上の者が、初段の審査を受ける事が出来るようになりました。

窮して変じて通ずる

禅語。一所懸命にやっていると必ず行き詰ります。そのときに、諦めたり「俺はだめだ」と思ったりしがちですが、チャンスなのです。ひるまず突き進むと、変じて、通ずるのです。「易窮則變　變則通　通則久」「窮すれば変ず、変ずれば通ず、通ずれば久し」と『易経（えききょう）』の「繋辞（けいじ）下傳」にあります（「易経（下）」P.254）。

やってもやっても学習効果がみられなくなる、学習曲線が一時水平になり高原状を呈し成長しない「高原現象（プラトー plateau）心理学用語」があります。スランプ（slump）はそれまで発揮できたパフォーマンスが落ちてしまうことを言います。いずれも、「失敗は成功の母である」「無駄なことなどひとつもない」「ピンチをチャンスと思える」「デキルと思う」「自分は運が良い」などのプラス思考をし、めげない心、凹まない態度で、続ける努力をしたときに、発想の転換が得られアウフヘーベン（Aufheben 止揚ヘーゲルの弁証法）のように古いものを生かしながら新しいものが現れる現象が起きて改善できると考えられます。

弓道（きゅうどう）

鎮西八郎為朝（一一三九～一一七〇年、四十一歳）、那須与一（一一六九年～?）、**日置弾正政次**（へき　だんじょうまさつぐ一四四〇～一五〇〇年、六十歳）が確立したと言われます。

初代の**小笠原長清**が**源頼朝**に**糾法**（このときは「弓・馬」を指し、七代目の**小笠原貞宗**からは「礼」を加えた三法を言いました）指南役に命じられたことに端を発し、七代目の小笠原貞宗は南北朝時代に**後醍醐天皇**に仕え「弓馬の妙蘊（みょううん）に達し、かつ礼法を新定して、武家の定式とするなり」という御手判を賜り、このときから徳川時代まで、小笠原氏は将軍家の**弓馬術礼法**の師範でした。**小笠原貞宗・常興**は弓馬術礼法を集大成しました。

財団法人全日本弓道連盟の前身の日本弓道連盟が一九五三年八月『弓道教本　第一巻』を発刊し、**射礼・体配**を統一し、次の「射法八節」を定め、「真・善・美」を最高目標としました。

①足踏み（あしぶみ）、
②胴造り（どうづくり）、
③弓構え（ゆがまえ）、
④打起し（うちおこし）、
⑤引分け（ひきわけ）、
⑥会（かい）、
⑦離れ（はなれ）、
⑧残心（残身）（ざんしん）

弓道の弓は照準機をつけてはいけないので自分の体感だけが頼りですので、周囲や、対戦相手に動じない「不動心」を養うことが肝要とのことです。

教育（きょういく）

エジュケーションeducationという言葉は、educe（引き出す）ことで、潜在的な能力などを引き出すことです。子供に内在している才能を引き出し、自然に発展するように仕向けます。「教育とはあるものをしてあらしめること」と考えるのは教育ではなくて、訓練の世界です。

ソクラテス（紀元前四六九年頃~紀元前三九九年、七十歳。古代ギリシアの哲学者）が、「教育とは『**助産術**』だ」と言っています。助産術とは、妊婦が子どもを産む際に手助けをする技術で、産婆が子どもを産むのではなく、妊婦が子どもを産むのだという事です。

佚斉樗山子の『**天狗芸術論**』に、「ただ彼が邪気をおさえたるのみにて、馬の性に逆らうことなし」とあります（『武道秘伝書』P. 226）。

また、「魚を与えるのではなく釣りの仕方を教えよ」という中国のことわざのように、知りたいことを教えても、すぐに忘れてしまいますので効果は一瞬です。調べ方や答えの導き方を教えれば、本人がいつでも知りたいことを知れるようになります。

このように教育とは「共育」で、生徒と先生が共に育つのではないでしょうか。先生である**師、師匠**（し、ししょう）と弟子（でし）の師弟（してい）関係が必要です。いずれの道にも先達（せんだつ）がおいでです。最初から良師について正しきを学べば我流で独りよがりになります。師弟関係を結ぶ以外の私淑も、亡くなった師匠に思いをはせるのも含まれると思います。

「**師なきは外道**」という言い得て妙な言葉がありますが、「禅から来た言葉で、師がいないと仏教以外の思想（=外道）に迷い込んでいつまでたっても本物にはならない」というような意味だとの説明がありますが、原典が探せません。

道元禅師は『学道用心集』の第五「参禅学道は**正師を求む**（しょうしをもとむ）べき事」で、「正師を得ずんば学ばざるに如かず」と言っています（「学道用心集講話」P.86）。

吉田松陰は「妄りに人を師とするべからず、真に学ぶべきもの在りて師とすべし。妄りに人の師となるべからず、真に教ゆるべきもの在りて師となるべし」と言っています。良師に入門を許されたいものです。

江戸の**蒨園**（せんえん）が七十二歳の一八〇〇年に発行した『**剱術秘傳獨修行**』（けんじゅつひでんひとりしゅぎょう）で「師について問うべし。いずれの芸も、師匠無くては独学固陋とてはかどらざるものなり」「師に就くべきである。いずれの芸も師匠なくては独学固陋（ひとりよがりなもの）となってはかどらないのである」と**一人修行の難しさ**を言ってます。

柳生新陰流上達法の極意、**三磨の位**では、以下の三つを繰り返す事で上達していくもので、この内のどれ一つを欠いても上達しない、と言っています。

① 良師に付いて正しく習う
② 習った事をどうすれば出来るようになるか工夫する
③ 工夫して得た事を実際に稽古する

哲学者で教育者の**森信三**（一八九六～一九九二年、九十六歳）は次のように言っています（「修身教授録」P.346 下学雑話十三）。

① 天下第一等の師についてこそ人間も真に生き甲斐ありというべし。
② 人はすべからく、終生の師をもつべし。真に卓越せる師をもつものは、終生道を求めて留まることなく、その状あたかも北斗星を望んで航行するが如し。いくら行っても辿り着く期なければなり。
③ 師説を吸収せんとせば、すべからくまず自らを空しゅうするを要す。これ即ち敬なり故にまた力なり。真の自己否定は、所謂お人好の輩と相去ることまさに千万里ならむ。

師弟同行（していどうぎょう）
目標に向けて先生と生徒がともに学び、共に歩んでいくという意味です。「行」は「修行」の「ぎょう」。「**倶学倶進**」、「**上に習い、下に学ぶ**」も同じ精神です。本来武道や芸事は**入門**を許されて初めて師弟関係となり、**破門**されないよう稽古に励みます。自宅から稽古に通う人のほかに、「**内弟子**」と言い、師匠のご自宅に居候させていただき、身の回りのお世話などの中から、師匠の一挙手一投足から技を学ぶ人もいました。

三年勤め学ばんよりは三年師を選ぶべし　「三年早く始めるより、三年かけてよき師を探せ」と言う中国の諺。剣道では良い師を探せという意味で使われます。同意の諺「千日の勤学より一日の学匠」

教育勅語（きょういくちょくご）
一八九〇年十月三十日に日本の教育の根幹をなすものとして発表されました。一九四八年六月十九日、衆参両院で、教育勅語等の失効決議がなされました。

明治天皇が臣民に語りかける形式です。まず、歴代天皇が国家と道徳を確立したと語り起こし、臣民の忠孝心が「国体の精華」であり「教育の淵源」であると規定します。続いて、父母への孝行や夫婦の和合、遵法精神、戦時における義勇心など十二の徳目（道徳）を並べ、これを守るのが臣民の伝統であるとしています。これらを歴代天皇の遺した教えと位置づけ、臣民とともに明治天皇自らこれを守るように努力したいと誓って締めくくります。

国家中心主義に偏っていること、国際社会における日本の役割がないこと、軍国主義に利用された悪印象がある、などの批判はありますが、宗教色がなく、伝統的な道徳観を天皇を介する形でまとめたものとして、日本人として誇るべき内容だと考えます。

教育ニ關スル勅語

朕惟フニ我カ皇祖皇宗國ヲ肇ムルコト宏遠ニ徳ヲ樹ツルコト深厚ナリ我カ臣民克ク忠ニ克ク孝ニ億兆心ヲ一ニシテ世々厥ノ美ヲ濟セルハ此レ我カ國體ノ精華ニシテ教育ノ淵源亦實ニ此ニ存ス爾臣民父母ニ孝ニ兄弟ニ友ニ夫婦相和シ朋友相信シ恭儉己レヲ持シ博愛衆ニ及ホシ學ヲ修メ業ヲ習ヒ以テ智能ヲ啓發シ徳器ヲ成就シ進テ公益ヲ廣メ世務ヲ開キ常ニ國憲ヲ重シ國法ニ遵ヒ一旦緩急アレハ義勇公ニ奉シ以テ天壤無窮ノ皇運ヲ扶翼スヘシ是ノ如キハ獨リ朕カ忠良ノ臣民タルノミナラス又以テ爾祖先ノ遺風ヲ顯彰スルニ足ラン斯ノ道ハ實ニ我カ皇祖皇宗ノ遺訓ニシテ子孫臣民ノ倶ニ遵守スヘキ所之ヲ古今ニ通シテ謬ラス之ヲ中外ニ施シテ悖ラス朕爾臣民ト倶ニ拳々服膺シテ咸其徳ヲ一ニセンコトヲ庶幾フ

明治二十三年十月三十日

御名御璽

驚懼疑惑（きょうくぎわく）
心の混乱や、自分の気持ちが一時的に止まって瞬間的動作のできない心が居着く「**止心**」という状態。「**四戒**」または「**四病**」とも言います。

驚（おどろく）は、予期しない相手の動作に驚くこと。

懼（おそれる）は、お相手の攻めや雰囲気に恐れること。

疑（うたがう）は、自分の力や攻めが通じないのではないかと疑うこと。

惑（まどう）は、どう攻めようか打とうか選択できない状態。

自然に状況の変化に対応できる、迷いや自分勝手な意思や思い込みがない、心の状態である「無念無想」「不動心」が理想的です。

虚実（きょじつ）

「**虚**」とは、心や構えに隙のできた状態、守りの弱い状態を言います。「**実**」とは、隙がなく充実した状態、十分攻めている、守っている状態を言います。「孫子」P.60に「虚実篇」があり、註に「虚は空虚の意で、備えなくすきのあること。実は充実で十分の準備を整えること。実によって虚を打つべきことをのべる」とあります。「虚」は「隙」とほぼ同義です。

自分から「虚」を示すことを、「**色を見せる**」と言います。心にある「打とう」という気持ちが、気配や動きに表れた様子。「忍ぶれど色に出りけり我が恋は物や思うと人の問うまで」の「色」と同じです。わざと相手の人を脅かしたり、迷わせたりする為に、竹刀をかついだりする行為も「色を見せる」と言います。

本来剣道は、「相手の実を避けて虚を打て」「実を攻めて虚を打て」とあるように、自分が切られることなく切るために、こちらの本気の「実」に相手が四戒に入ったり構えが崩れた「虚」を打ちます。ところが、相手も隙を作りません。そんな場合に自分から「虚」を示して（色を見せ）、相手を誘い込んで打ち込みます。例えば、「面を打つぞ」という（虚）を見せ、相手がこれを防ごうとわずかに手元を上げた瞬間（虚）に小手を打ち込む、ということです。一種のフェイントですが、だまし討ちや不意打ちとは違い、四戒を起こすような「どうぞ」という誘いや「行きますよ」という「えさ」を見せて、相手が食いついたときに、ピシリとやることになります。

斬りおろし

一刀両断を目的とする刀法。

巻き藁などを、近い間合で、刃の長さを十分に活かして引き切りします。腰を落として切ることが多いので、二の太刀への変化が難しく、仕留めるための刀法と言えます。また、土壇（どたん）の上に死体を載せて斬る刀法です。

刀の切れ味を試すために、山田朝右衛門吉睦（よしちか）など「御様御用（おためしごよう）」を拝命した者のみが処刑された死体を扱うことができたので、依頼して重ねて斬ってもらい、「二ツ胴」などと茎（なかご）に彫り込みました。両手を空けずに握り、頭上高いところから腕を伸ばしたまま遠心力を利かせて腰を折るようにして土壇を斬ったそうです。

切り返し（きりかえし）

一足一刀の間合から元立ちの正面を打って体当たりをし、元立ちが下がったところを、元立ちの左面から連続して左右面を五回前進して打ち、後退しながら七回打ち、中段の構えになるように間合を充分にとった後、元立ちが剣先を開くので、直ちに正面を打ちます。これを二回行い最後は面を打ち抜けて残心をとります。警視庁では本数を決めず、元（元立ち）が習技者を導きながら道場の幅をすべて使って、連続左右面を数回前後に繰り返したのち、正面打ちをします。

剣道の基礎的動作の総合的な稽古法。基本動作で習得した各動作、つまり、姿勢（構え）、気勢、目付け、間合、竹刀の打突部と打突部位、機会、足捌き、手の内の作用、残心などが、すべてこの動作の中に入っています。初心者は切り返しだけを一年程度やってから、他の稽古を始めるぐらいが本来は効果的です。千葉周作の時代は「**打込**」と言っていました。

一九一〇年に**小関教政**（おぜきのりまさ一八七一〜一九三六年、六十四歳）が『剣道要覧』に初めて書いたようです。「**矢筈掛け**（やはずかけ）」に打ち込めと書いてあります。「矢筈」は矢の弦を挟み込むU字型の部品です。

「矢筈掛け」は床の間の高いところに掛け軸の紐挟み込んで持ち上げる、矢筈のついた一メートルぐらいの細い棒です。この矢筈の形が「U」ならぬ「V」に見立てて、竹刀の軌道が左右対称にVの字になるように振れということです。

そして振る角度を四十五度から九十度にして、「**水平切り返し**」までやって、手の内の返しや、手首、肩、肘などの関節の柔軟性、手の内の冴え、背筋・首筋を充分に伸ばすこと、正しい姿勢、などを鍛えました。

振り上げるときは振り下ろした軌跡をなぞるやり方でした。上段に振り上げるときは正中を通ってという現在の指導とは異なりました。

乳井義博は、十四歳で高野佐三郎の道場修道学院に入門し、二十二歳で宮城県仙台市の第二高等学校剣道師範に就任。のちに剣道十段を授与されました。「水平切り返し」をしたので、宮城県内の強豪・小牛田農林高校の名物稽古となりました。

習技者（掛かり手）の注意点は、

① 元立ちの動き、スピードに合わせること、
② 竹刀を持つ手の内を変えない、
③ 振りかぶりは頭上四十五度まで、
④ 左右面を約四十五度で刃筋が真っ直ぐに物打ちで打ち切る、
⑤ 丹田、足、肩甲骨など全身をしなやかに使って気剣体の一致した打ちをする、
⑥ 左手が中心（正中線）から外れない、
⑦ 右腕で打っているようにならないよう、左右の手を伸ばして打つ、
⑧ 振っているだけで打たない、踊りのような動きをしない、

⑨最初の面を打ったところで大きく息を吸い、後の左右面と最後の面を打つまで息を吐きながら「一息で」行い、音を上げて終わる。

元立ちの切り返しの受けるときの注意事項は、

①習技者（掛かり手）と気合を一致させ、習技者が勢いよく打ち込めるように引き立てること、

②体当たりで次の右面が打ちやい距離まで下がる、

③左右面を受けるときは、「歩み足」、

④竹刀を垂直にし、左拳をほぼ腰の高さ、右拳をほぼ乳の高さにして、物打ちの「鎬（しのぎ）」で受け、

⑤初心者に対しては面打ちを引き込むように受け、竹刀が正しく面に当たっていることを確認させます。技量の上達したものには打ちを落とすように受け、それでも正しく打てるよう冴えを出させる、

⑥正しい間合を保ち、受ける竹刀でなく面を打ことに集中させる、ことです。

切り返しの効果（必要性、目的、留意点）は、打つ側も受ける側も、「構え（姿勢）」「打ち（刃筋や手の内の作用）」「足さばき」「間合のとり方」「呼吸法」さらに「強靭な体力」や「旺盛な気力」などを養い「気・剣・体一致の打突」の習得ができることです。

『剣法秘訣(孫の千葉勝太郎編・千葉周作遺稿)』の「三剣術修行心得」には「**剣術打込十徳・剣術打込臺八徳**」を示し、「実に剣術の上達を望むもの、此の打ち込みの業を欠きては、達者の場に至ること甚だ難し、故に当流初心の者には一年余りも打ち込みばかりにて試合を禁ぜしものなり」とあります（「近代剣道名著大系 第二巻」P.211～212）。「打込」とは切り返しのこと、「打込臺（台）」とは切り返しを受ける元立ちのことです。

剣術打込十徳

第一、業烈しく早くなる事
第二、打ち強くなる事
第三、息合ひ永くなる事
第四、腕の働き自由になる事
第五、身體輕く自在になる事
第六、寸長の太刀自由に遣はるゝ事
第七、臍下納まり軆崩れざる事
第八、眼明らかに成る事
第九、打ち間明らかに成る事
第十、手の内軽くさえ出る事

剣術打込臺八徳

第一、心静に納まる事
第二、眼明らかに成る事
第三、敵の太刀筋明らかに成る事
第四、身體自由に成る事
第五、體堅固に成る事
第六、手の内締る事
第七、受け方明らかに成る事
第八、腕丈夫に成る事

高野佐三郎は「剣道」の中で、切り返しの効能八項目を「撃込み八徳」「撃込み受け八徳」として挙げています。（「近代剣道名著大系・第三巻」P.81）。

撃込み八徳
一、姿勢よくなる。
二、身体強壮となる。
三、四肢の力増し、動作軽妙自在となる。
四、技術快速となる。
五、気息長くなる。
六、眼明らかに。撃間明らかになる。
七、撃ち強くなり、かつ手の内軽く冴え出ず。
八、疑懼心を去り心気力を一致ならしむ。

撃込み受け八徳
一、姿勢の堅確を致す。
二、身体軽捷自在となる。
三、腕力を増進す。
四、眼明らかになる。
五、敵の太刀筋明らかになる。
六、受け方（応じ方）明らかになる。
七、手の内締まりて太刀に力を生ず。
八、心静かに納まり沈着す。

野間恒は、遺稿『剣道読本』で、「切返しの得」を二十挙げています。
一、姿勢がよくなる。
二、業が烈しくなる。
三、息が長くなる。
四、打ちが強く確実になる。
五、肩の関節が柔軟になる。
六、手の内の冴えが出てくる。
七、腕の働きが自由自在となる。
八、体が軽く自在となる。
九、長い太刀が自由に使えるようになる。
十、体勢が崩れないようになる。
十一、目が明らかになる。
十二、業が速くなる。
十三、足捌きがよくなる。
十四、心が静かになる。
十五、打ち間が明らかになる。
十六、太刀すじが正しくなる。
十七、遠間から打ち込めるようになる。
十八、気分が強くなる。
十九、腕が丈夫になる。
二十、体が丈夫になる。

切紙、目録、免許、皆伝、口伝（きりがみ、もくろく、めんきょ、かいでん、くでん）

流儀の腕前の階級やその奥義を証明し、伝える方法。

室町時代後期になると、さまざまな流派が独自に必殺技（奥義）をあみ出し、流派としての体系を立てました。各流派は強い者を育て、技を引き継いでもらう必要があったので、技前によって階級をつけたり、一方では他に漏れないよう文書ではなく口頭で伝授する必要がありました。

一番初歩のランクが「**切紙**」で、紙の切れはしなど簡単なものに修行修得した技前が書いてありました。次に「**目録**」「**印可**」「**免許**」「**皆伝**」「**口決**(こうけつ)」と進んで、最後が「**口伝**（くでん）」で、流派の極意の伝授でした。

極意は「**一子相伝**」など、限られた弟子のみに授けることが多く、四方の襖を立て、周囲の人払いをして深夜ひそかに師匠が直接手をとってその秘術を「口伝」で授けたそうです。文書で伝える場合でも、流派の秘技の大事な部分については「以下口伝」と記すことも多いです。

千葉周作は一刀流にあった五つの段階を初伝、中伝、奥伝の三つに絞ったため入門者が増えたと言われています。

昔の流祖はその流派の秘剣が乱用されるのを恐れ、「極意」の伝授は一国のうちで最高の一人にしか授けなかったことを「**一国一允可**（いっこくいちいんか）」、「**唯授一人**（ゆいじゅいちにん）」と言います。

将軍家以外にその真髄を明かすことが禁じられてきた柳生流と小野派一刀流は「**お止め流**」「御留流」と言われました。各藩のお留流武術は、示現流（薩摩藩）、尾張貫流（尾張藩）、本覚己流（津軽藩）、神道夢想流（黒田藩）、心月無想柳流（鍋島藩〈佐賀藩〉）、竹生島流（出羽庄内藩）、高木流（白石藩）、柳心介冑流（仙台亘理藩）、立身流（佐倉藩）、等です。

く

空間打突（くうかんだとつ）

素振りのこと。有効打突ができるようになるための基礎運動。

空間に面、小手、胴、突などの打突部位を想定して、そこで竹刀や木刀を止めます。打たせる前の修行、一人でできる修行なのですが、「空間で止めるブレーキが剣道上達の障害となる」という意見もあります。そこで、サッカーのスローインのように空間に力を分散させるように振れば、両手をいっぱいに伸ばして最速で振れます。

九字真言（くじしんごん）

「臨兵闘者皆陣列在前」です。悪霊、悪魔、邪鬼を滅ぼしたり、災難を避けて願いを叶えたりと、非常に強い効果を持っているといわれています。「**九字護身法**」と言われます。もともとは密教ではなく中国の道教から来たものです。東晋の葛洪が書いた『抱朴子』という仙人になるための本の中で、仙道を修めたり仙薬を探すために山に入るとき、邪鬼を避けるための呪文として「**禹歩**（うほ）」という足のステップで霊的な象徴を表したようです。それが日本に伝わり、密教・陰陽道・修験道に取り入れられ、九字の一つ一つに神仏やその手印を当てはめ今のようなものが出来たらしいです。

密教では金剛鈷印、大金剛輪印、外獅子印、内獅子印、外縛印、内縛印、智拳印、日輪印、隠形印の手印をあてはめ、修験道でも毘沙門天、十一面観音、如意輪観音、不動明王、愛染明王、正観音、阿弥陀如来、弥勒菩薩、文殊菩薩をあてはめ、陰陽道では青龍、白虎、朱雀、玄武、勾陳、帝台、文王、三台、玉女の神様をあてはめているようです。

九字を切るやり方は、手で刀を模した印「刀印」を作り、「**臨兵闘者皆陣列在前**（リン、ピョウ、トウ、シャ、カイ、ジン、レツ、ザイ、ゼン）」の掛け声とともに空間を縦四本、横五本に切り邪気を祓います。

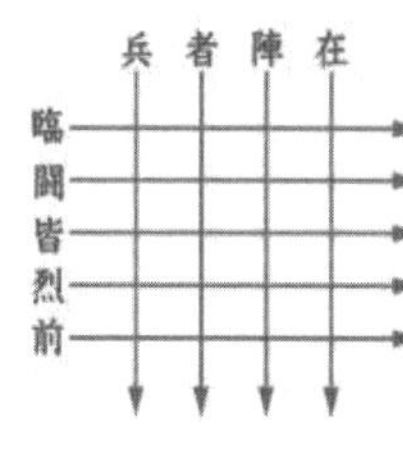

「兵法家伝書」**P.156**に「手字種利剣の有無を見る」の解説にあるように、護身法としての真言九字は武士のたしなみだったようです。

崩し（くずし）

お相手が「隙」を作るようにすることです。攻めても、お相手が守りに入った場合は打っても避けられます。

相手が攻められてその結果崩れて「隙」を作ってしまうのは、主に四戒に入ったときです。

くねり打ち

柳生新陰流の技。相手にまず打ち出させて、体をくねらせてお相手の打ちをかわすと同時に小手を斬る。後の先の一拍子の技。

窪田清音（くぼた　すがね）

一七九一年四月一日～一八六七年一月三十日、七十五歳）。一八五五年、**男谷精一郎**が長年建議していた**講武所**を幕府が新設すると、清音は山鹿流兵法学者として頭取兼兵学師範役に就任しました。古伝の著述に力を注ぎ、一八六〇年に、清音の序を載せた講武所版**『武教全書』**五巻を版行しました。

清音は、刀工**源清麿**（一八一三～一八五五年、七十一歳）の才能を見抜き、番町の自分の屋敷に鍛冶場を設け、住みこみで修行させて、「江戸三作」「四谷正宗」と言われた江戸期の天才刀工に育てました。源清麿は、水心子正秀（一七五〇～一八二五年、七十六歳）、大慶直胤（たいけいなおたね。一七七八～一八五七年七十九歳。水心子正秀門下）と並び「江戸三作」と称されます。窪田清音より「清」の一字をもらいました。本来は「すがまろ」と言いますが、「きよまろ」で広く名が通っています。

熊沢蕃山（くまざわばんざん）

一六一九年八月十七日～一六九一年九月九日、七十三歳。江戸時代初期の陽明学者。中江藤樹の門下に入り陽明学を学んだので、藩校「**花畠教場**」に迎えられ、一六五一年、庶民教育の「花園会」の会約を起草し、蕃山の致仕後の一六七〇年日本初の庶民学校として開かれた「閑谷学校」の前身となりました。しかし幕府が官学とする朱子学と対立する陽明学者であったので、保科正之・林羅山らの批判を受け、一六五七年に幕府と岡山藩の圧力のため岡山藩を去り、幕府と岡山藩批判を続けたために幽閉されるなどしましたが、幕府の命により六十九歳から下総国古河藩京都に移り治山治水に貢献して亡くなりました。幕末になって、蕃山の思想は藤田東湖、山田方谷、吉田松陰などに尊ばれ、倒幕の原動力となりました。

著書の『芸術大意』」において、「生死に心を止めず、動作はそれまでの修練に任せ、疑いをきっぱり捨てて進む時、その術が未熟なためにその形が微塵になったとしても、その心において動ずることがなければ、剣術の真を失っていないことになります」と言っているようです。

組み討ち（くみうち）

戦後になって一九五三年にルールが整備されるまでの剣道は、武術的な荒々しい側面を残しており、「組み討ち」が一般の稽古の中で行なわれていました。現在は、反則で（「剣道試合・審判規則」第十七条第二項）、稽古でも見られなくなりました。ただし、剣道は武術であることを考えると、安易に鍔競りなどで近づかないこと、投げられないように鍔競りをすること、などの注意も必要ですし、「相手の腰を引き寄せて投げる」ことや、首を決めることも知っておくべきです。

鍔競りから、**足がらみ**（あしがらみ「足がら」とも。）でお相手の足を絡めて転がして押さえ込み、上に乗って動けなくしたり、仰向けになったところを片手で面を後ろからつかむと同時に、もう一方の片手で胴の下端をつかみ押さえ込んで首を締め、また、上乗って「参った」と言わせること。現在の試合・審判規則では反則です。稽古では時には必要です。

『剣法秘訣(孫の千葉勝太郎編・千葉周作遺稿)』「六 剣術六十八手」には「組討ちにて向うを打ち取らんと思わば、打ちの当たる当たらぬにかかわらず、向うの真向へ打ち込み、そのまま太刀を投げ捨て、右手にて向うの面の後ろを確と取り、左の手にて面の垂れを確と取り、右の手はこの方の右前に強く捩じ、左の手はそれに応じて強く突き上げ、捩じり廻して、じりじりと強く捩じるべし、決してその左右の手をゆるむべからず。少しにてもゆるめば、向う息をつき、容易に勝負付かざるものなり、右の術よくよく練磨すれば、たとい幾十度の組討をなすとも、決して負くるものに非ず」とあります（「近代剣道名著大系　第二巻」**P.235-236**）。

高野佐三郎は『剣道』第二編術理第二章技術の活用九組打ちで、「平生組打ちの練習をなすこともまた必要なり」と言っています（「近代剣道名著大系　第三巻」**P.102**）

組太刀（くみだち）

相手に勝つための各種の方法を、師が弟子に教育するためにその手順を定めて稽古させるために組まれた形。例えば、「柳剛(りゅうごう)流は臑(すね)を斬るから、足を挙げようとすると間に合わないので踵で尻を蹴ればよい。切先で床を叩けば留められる（剣道名歌「近代剣道名著大系二」**P.221**）」「示現(じげん)流は袈裟(けさ)がけに切るから・・・」とそれぞれの流儀の長所に対応する技を考案し、稽古しました。組太刀は一般には形と同義語に取扱われていますが、形は剣の理合と実践の経験をもとにして作られた自流独特のものであり、組太刀は他流の技の長所に対して、それに勝つ技を仕組んだものです。

位（くらい）

物の等級、優劣、位置などを現わす言葉。もともとは人の立つ「ところ」という意味で精神の持ち様も言います。「気位」「品格」など、熟達度、風格を表現する言葉としてよく使われます。剣道では、実力と位が伴わない場合に、「位負け」、「位倒れ」などと言います。また、「三磨之位」などと「心がけること」も言います。

日本剣道形大刀三本目の仕太刀が、「相手に対して優位な体勢を整え、充実した気位で相手を攻め寄せる」**位詰め**（くらいづめ）をします。

け

稽古（けいこ）

① **互角稽古**（**地稽古**、**自由稽古**とも）を意味することが多いです。

② **打ち込み稽古**（**追い込み稽古**も含まれる）

③ **掛り稽古**（「懸かり稽古」とも。元立ちの隙をみつけて打ち込み、隙がなければ隙を作って打ちこむ稽古。元立ちに対して、打たれたりかわされることなどを一切考えず、自分のすべての仕掛け技を使って、気力を充実させ体力の続く限り全身を使って打ち込み、短時間で息を上げる稽古。**嵐**〈元立ちが十人ぐらい一列に立って、例えば二十秒ごとの合図で次から次へとかかり稽古をする〉、**雷稽古**〈元立ちが十人ぐらいジグザグに立って、例えば二十秒ごとの合図で次から次へとかかり稽古をする〉も含まれる）

④**約束稽古**（しかける技とそれに応じる技をあらかじめ決めて行なう稽古で、日本剣道形や古流の稽古がこれに当たる）

⑤**引立て稽古**（上位の者が相手にのびのび打突させながら、気を抜くことがないように時には隙を見せて打ち込ませたり、こちらから打ち込んだりします）

⑥**見取り稽古**も「稽古」として有意義です。他の人の稽古や試合を見て、良い所を学び取る稽古です。剣道具（防具）を付けて稽古の順番を待っているときにも見取り稽古をします。優れた技や剣風や一本を評価できる「眼」を養い、良い点は取り入れ、自分の剣道に役立てます。千葉周作（勝太郎編千葉周作遺稿『剣法秘訣』に「稽古中息を入るる内には、よくよく人の稽古に目を付け、善き業をなしたる時には感じ、われもこのごとき業をなすべし、斯様なる事をなすべしと心掛くべきことなり。いかさまなる初心の者にも、時によりては善き業あるものゆえ、よく気をつけて人の業を盗み取り、修行すること専要なり」とあります（「近代剣道名著大系　第二巻」P.201）。

⑦「**特別稽古**」として**寒稽古、暑中稽古、立ち切り稽古**があります。暑中稽古は、最も暑さが厳しいとされている八月六日ごろの「立秋」の前の十八日間「夏の土用」や「暑中」と言われる暑さを乗り越えるために稽古します。

稽古の意義

①日本の伝統的な芸事や武術、学術などは、練習と言わず稽古と言います。日本古来の伝統的な武道や芸道の上達促進方法。稽古で先生から学び、鍛錬し、その奥義を極めようという意味で、古きを尋ねて新しきを知る「温故知新」の意味が強いです。「稽古」の語源は、『書経（中国の最古の歴史書で、帝王の言行録を整理した演説集。儒教の四書五経の一つ。紀元前四七〇年ごろ）』の「堯典」の「曰若稽古帝堯（ここに古（いにしえ）のていぎょうを稽（かんが）える）です。これは、「昔の王の堯が血縁者ではないが徳のある舜に争いなく平和裡に代替わり（禅譲ぜんじょう）したことを考える」という、「故事から学ぶ」という意味です。「学習する、練習する」の意味だけが強くなったのは、『古事記』『類聚三代格（るいじゅさんだいきゃく。法令集。著者は不明）』の書かれた平安時代（七九四～一一八五年）末期です。武芸と関係するときに使われるようになったのは室町時代（一三三六～一五七三年）からで、江戸期には一般庶民に浸透し、定着したようです。

②稽古は試合のつもりでやること。剣道は、「試合が本番で、稽古はそのための練習」ではありません。勝負は即、死合、仕合＝殺し合いですから死に直面しているのです。現代では試合＝試し合いで、ややもすると真剣味に欠けますが、剣道の原点は命のやり取りです。稽古もこのために行うのですから必死でなければなりません。ですから、互角稽古中にお互いに教え合ったりしてはいけません。気が抜けます。

③稽古は先生の教えを自分で考えて、自分で真剣に出来る限りの努力をし、自分で見つけていきます。勝ち負けを人に判断されるのでなく、「答は自分にあり」で、自分で考えて答えを求めます。

④相手を思いやり、礼節を尽すこと。「打って反省、打たれて感謝」の気持ちを持って稽古します。山岡静山は「凡そ人に勝たんと欲せば、すべからくまず己に徳を修むべし」

と言っているようです。稽古は人間的な成長をする修行の場なのです。成長の喜びを稽古に集う人々と分かち合えるのが楽しいのです。

第一段階・マナーや常識、言葉遣い、道徳観を磨き、他人に迷惑をかけない人に、

第二段階・自分の自由を優先しないで相手を尊重し、「敬い、ありがたい」と思う、そばにいる人が楽しくなるような人に、

第三段階、多くの人々に良い影響を与える模範でしかも自由な人に、

⑤　基本通りに稽古すること。柳生宗矩遺訓には、「習いより習いを離れ、しかも習いに違わぬこの境地に至れば、業は自由自在のものとなり、己の心は何処にあるも知れず、天魔外道のうかがい知る事あたわず」「基本を正しく学び、基本を考えなくとも基本通り行えるようになれば、技は自由自在に使える様になり、自分が何を考えているかは、誰も窺い知る事は出来ない」とあります。

⑥　自分より上手な人と稽古すること。千葉周作（勝太郎編千葉周作遺稿『剣法秘訣』に「平日の稽古に、われより下手（したて）を遣うことはなはだ悪しし、とかく自分より上手（うわて）なる者を選びて、修行すべし、しかし業をなさすには、下手にて稽古するを善とす」とあります（「近代剣道名著大系　第二巻」**P.201**）。

⑦　一心不乱に稽古に励むこと。一筋に稽古に打ち込むためには、世阿弥（一三六三？～一四四三年、八十歳？）は『風姿花伝』の中で、「此の道に至らん者は、非道を行ずべからず」と、自分の志す道以外に心を移してはいけないと書いたとのこと。

稽古時の危害予防

①　竹刀の竹にささくれや折れがないかどうか、先革が開いていないかなど、よく点検します。

②　剣道具（防具）も事前に点検します。面紐、胴紐、乳革などが切れそうになっていないか、面金が曲がってないか、小手の「あんこ（衝撃吸収用の鹿の毛や化学繊維の綿）」が出ていないか、手のひらの革に穴が開いていないかなど調べます。

③　面は「物見（面金の上から六番目と七番目の面ひごの少し広くなっている隙間）」に目線が合わないと、突かれたとき衝撃が大きくなります。頭の後ろの結びの高さは物見の高さです。低いと肩に衝撃が来たり鼓膜が破けたりします。高いと面が外れやすいです。

④　首への体当たりなど乱暴な危険行為や、剣道具（防具）のない所を打突したり、足を引っ掛けたりしないこと。

⑤　自分の体を壊さないためには準備運動が大切です。ただし柔軟体操は準備体操としてはしない方が良いようです。アキレス腱や腓腹筋に凝りや痛みがある場合にはサポーターやテーピングをします。中・高校生の女子は関節が柔らかいので、特に膝には注意してください。十～十五歳に、うさぎ跳びは禁止です。膝を深く曲げる運動で膝蓋骨（しつがいこつ）の腱（けん、膝蓋腱）と脛骨が接合する部分が繰り返し強く引っぱられ、痛む、「オズグッド・シュラッター（**Osgood-Schlatter**）病」になります。また、小中学生で踵から踏み込み、痛みを訴えるときは、「シーバー病（**Sever** 病踵骨骨端症しょうこつこったんしょう）』の疑いがあります。骨端軟骨は十四歳ごろまでに骨に変わるのですが、踏み込みの際にアキレス腱と足の裏の足底筋膜に引

っ張られでずれてしまうことから痛みを生じます。痛みがなくなるまで剣道は中止です。

⑥夏場は熱中症にも注意してください。体温の下がる環境で稽古します。

⑦他の稽古者と衝突しないように、打ち込む方向を決めておきます。

⑧剣道着、袴、小手、面など清潔に。うがい手洗いを習慣化します。

⑨冬に踵や指の付け根などにひび割れができる人がいます。厚くなった皮を軽石などでよく削り取ってから、クリームを塗って、テーピングで保湿します。足袋や靴下をはいて稽古するのも、滑って足腰の鍛錬にもなります。

恵存（けいぞん、けいそん）

「お手元に置いていていただければさいわいです」の意で、自著に書き込みます。本の裏表紙などに「為書き（ためがき）」と共にこの句を添えます。

景徳傳燈録（けいとくでんとうろく）

中国・北宋代の宣慈道原（せんじどうげん。生没年不詳）によって編纂された禅宗を代表する燈史（一般的に仏教界における歴史書、とりわけ禅宗史書）。略称『伝灯録』。三〇巻。一〇〇四年成立。過去七仏（毘婆尸仏、尸棄仏、毘舎浮仏、倶留孫仏、倶那含牟尼仏、迦葉仏、釈迦仏）から天台徳韶門下に至る一七〇一人の禅僧その他僧侶の系譜を述べています。

忘筌（ぼうせん）巻二十八。何が目的で、何が手段なのか、間違いのないように注意せよ、ということ。唐の時代の、**大珠慧海**(だいじゅ えかい)禅師も、「意(い)を得(え)て言(ごん)を忘れ、理(り)を悟(さと)りて教(きょう)を遺(わす)るるは、亦(ま)た猶(な)お魚(うお)を得(え)て筌(せん)を忘れ、兎(うさぎ)を得て蹄(てい)を忘るるがごとし」と言っています。所詮、「悟り」を得るための手段でしかないのです。釈尊が説いたといわれる八万四千の法門（仏さまの教え）も、千七百といわれる**公案**（公府の案牘（あんとく）の略。坐禅修行の際、その指導者である老師から与えられる問題）も、悟りに至ってしまえば、もう用なしの類であり、それらを「忘れ去れ」と言うことです。

妙心寺開山、**関山慧玄**（かんざんえげん）国師（一二七五～一三六〇年、八十四歳）も、「遺誡」の中で、「汝等(なんじら)請(こ)う其(そ)の本(もと)を務めよ。…誤(あやま)って葉(は)を摘(つ)み枝(えだ)を尋(たず)ぬること莫(な)くんば好(よ)し」と言われています。

『**荘子**』外物篇(がいぶつへん「**荘子　第四冊 P. 34**」)にもあります。「筌(せん)は魚(うお)に在(あ)る所以(ゆえん)なり。魚を得て筌を忘る。蹄(てい)は兎(うさぎ)を在（い）る所以なり。兎を得て蹄を忘る。言(げん)は意を在るる所以なり。意を得て言を忘る。吾(われ)安(いづく)にか夫(か)の言を忘るる人を得て、これと言わんかな」

「筌」は「ふせご」と言い、細い割竹で作った魚を捕らえるための道具、「蹄」は兎などを捕らえる「わな」の事です。これらの道具は目的を果たせば用のないものです。言葉や文字は、意、即ち心のあり方を説明する手段、道具でしかないはずなのに、言葉や文字を余りに重用しすぎて、「意」をないがしろにしている、というわけです。
京都府京都市北区紫野にある、臨済宗大本山大徳寺の塔頭（たっちゅう大本山等の大きな寺院の敷地に内在する小寺院。塔頭を専門僧堂としている寺院もある）に、「**忘筌**（ぼうせん）」と名づけられた茶室があります。

莫妄想（まくもうそう）「よりよい未来をつくるのは今の努力しかありません。煩悩妄想に支配され惑ること莫（なかれ。今できることに全力を尽くしましょう」という意味。

冷暖自知（れいだんじち）自分で体験、同じ「冷たい」と言っても、水・氷・鉄それぞれの冷たさがあって、実践して悟りを得た人間しか、悟りの感覚は理解できない、「自から触れて知るしかない」ということです。禅林類聚にもあります。

撃剣興行（げきけんこうぎょう）
明治維新後、「最後の剣客」と呼ばれた鹿島神傳直心影流第十四代の榊原鍵吉（さかきばらけんきち一八三〇～一八九四年、六十四歳）が浅草で始めた、剣客を相撲のように東西に分け、一組ずつ立ち合わせたイベント。武士が失職した当時、大いに人気を呼びましたが、興行を重ねるにつれ次第に見世物的になり、またたくまに下火になってしまいました。
鹿島神傳直心影流の道歌。
稽古とは一より始め十に行き十より還る元のその一

下部の三処（げぶのさんしょ）
剣道では一眼二足といわれるくらい足は大事なものとされていますが、心形刀流（開祖・伊庭是水軒秀明（一六四九～一七一三年五月十一日、六十五歳）では腰と足と膕（ひかがみ）とを下部の三所として最重要視しています。
井上正孝は『正眼の文化』P.179で、「膕は硬直しやすいのでいつもゆとりをもたせろ」「足は足の裏の湧泉（ゆうせん）」と紹介しています。
本書の丹田が前に引かれる打ち方をすれば、これを意識しなくても理に適った形になります。

結跏趺坐（けっかふざ）
右の足を左の股（もも）の上に深く乗せ、次に、左の足を右の股の上に乗せる坐禅の坐リ方。左手を右手の上に置きます（「正法眼蔵（一）」P.224）。
結跏趺坐は如来坐、また蓮華坐とも言われます。このほか坐禅の坐り方には、半跏趺坐と日本坐とがあります。
因みに、漢字としては「**坐**」はsit「すわる」という「動作」、「**座**」はseat「すわるところ」という「場所」ですが、常用漢字では「座」だけが採用されています。

剣先（けんさき）
「剣先」は、「剣先の攻防」、「剣先を付ける」、「剣先の高さ」と使って、剣の延長ではなく、文字通り切っ先を指します。剣の延長は「剣線」です。

剣線（けんせん）
剣の延長、竹刀の向いている線を言います。構えたときは左の手の親指が体の中心で、お相手の左目に向けます。
攻めて出るときに剣線上に竹刀を上げると、お相手からは分かりません。「するすると寄られて打たれた」というときのお相手の先生の竹刀は剣線上に伸びてくる場合が多いです。また中心を攻める場合も竹刀は真っ直ぐではなく、剣線上に置きます。
「**剣線が上がる**」とは、攻められて竹刀の先が上を向いてしまうこと、「**剣線を押さえて攻める**」とはこちらの中墨を向いている相手の竹刀の向きを外すことです。

賢者は愚者に学び、愚者は賢者に学ばず
Bismarck（一八一五〜一八九八年、八十三歳。プロイセン王国の宰相、ドイツ帝国初代宰相）の言葉。剣道はどんなお相手からも学べます。その機会を失わないように謙虚にお相手の技を観察しましょう。

剣術（けんじゅつ）

刀剣（日本刀）で斬る武術。主に江戸時代に使われた言葉。『日本書紀』では「**多知加伎**（たちかき）」「多知宇知（たちうち）」、平安時代から鎌倉時代は「**太刀打**（たちうち）」、室町時代後期から江戸時代初期は、「**兵法**（ひようほう）」が多く用いられ、江戸時代は「剣術」が最も多く、ほかに「剣法」「刀法」「剣技」「刀術（『本朝武芸小伝』一七一六年、日夏繁高著）」、明治時代は「**撃剣**（げっけん）」が多く用いられました。竹刀で防具を打突する競技を通じて武道を学ぶようになってから「剣道」です。

盾を待たず、刀を両手で持ち戦うという形は、中世ドイツでパイク(pike)という槍に対抗するための、全長一、八メートルのツヴァイハンダー（独:Zweihänder)があった程度です。甲冑があっても盾を使わず、攻め一方で身を守らない「素肌剣法」は、「避ける」ことを潔しとしない日本人の精神性からだったものと考えられます。

実際の戦いは、①相手の勢いを利用して戦闘意欲を欠くだけの傷を負わせて、二の太刀で止めを打つ高度の技術的な方法と、②薩摩藩士の自顕流や示現流のように身を捨てて、「二の太刀いらず」の力いっぱい袈裟に切り込む「特攻」的な方法がありました。

禅と深く関係しながら発達し、人間形成をも目的としています。海外から「武士道」として尊重されています。

戦国時代から、各流派が発生しました。**「京八流、関東七流」**と言われる源流があります。

京八流は、源義経を指導したといわれる平安末期の鬼一法眼という陰陽師の八人の弟子に発するという伝説があり、鞍馬流、中条流、吉岡流などがあります。

関東七流は、日本神話で葦原中国平定（あしはらのなかつくにへいてい）を成功させた経津主神（ふつぬしのかみ）と建御雷神（たけみかづちのかみ）が香取鹿島地方に居ついたという神代より、香取神宮、鹿島神宮の神職に伝承され、その七家から発するといわれています。そこから新当（道）流、念流、陰流という日本の剣術の源流とされる三流派が生じています。

江戸末期には七百を越えており、現在も五百流派はあると言われています。

剣心一如（けんしんいちにょ）

剣道修行の目的は、人間形成つまり心を磨くことであるということ。

全日本剣道連盟は剣道の理念として「剣道は剣の理法の修練による人間形成の道である」と規定しています。これは剣道は試合で勝つことを争う競技（スポーツ）ではないということと、健全な身体だけでなく健やかな正しい心を育てることを目的としているという意味です。

見性（けんせい）

簡単に言えば「自分の中から悟りを得る」と言うことで、「稽古見性」として、「稽古して自分の中から悟りを得よ」という意味です。見性成仏とは、すべての執着する心を掘り下げて、自分の本性とは何もないことなのだと見極めたときに、仏になる、悟りを得るということです。

禅宗の開祖である達磨大師が教えた「不立文字、教外別伝、直指人心、見性成仏（ふりゅうもんじきょうげべつでん　じきしにんしん　けんせいじょうぶつ）」から、堀江幸夫範士八段は「稽古見性（けんせい）」と言い換えていました。

剣禅一致（けんぜんいっち）

剣禅一如（けんぜんいちにょ）とも。剣の道と禅は、生死ぎりぎりの場を見つめて修行するという意味で一致するということ。剣術の歴史は、禅を実践することによって心を鍛えて剣の道を極めようとした歴史とも言えるかも知れません。禅語が多用されるのもその証左でしょう。気は「精神の動」であるなら、心は「精神の静」です。何事があってもぶれない心を養いたいものです。

上泉伊勢守秀綱　剣術の伝授・指導にはじめて禅語を導入しました。学んだ「陰流」以外の自身で創案工夫した部分を『碧厳録』の「一刀両段」などの禅語を当てて、象徴的に示そうとした。またある種の文化性を帯びるように意図したのでしょう。

柳生宗矩　沢庵（臨済宗）に、「剣禅一味」を解説して欲しいと頼んで書いてもらった手紙文が「不動智神妙録」です。剣禅一如を表わした最初の文章です。

宮本武蔵　春山和尚。「見よいかに加茂の競馬の駒くらべ、駈けつ返すも坐禅なりけり」（馬に乗って駈け廻るのも禅だ）吉川英治の小説『宮本武蔵』では沢庵禅師に姫路の白鷺城の天守閣に幽閉三年をさせられ成長していきますが、フィクションで、史実では武蔵と沢庵禅師は無関係でした。

辻月丹資茂　麻布の普光山吸江寺の石潭禅師(臨済宗）に日夜参禅し、石潭禅師入滅後は神州禅師について学び続け四十五歳にして遂に大悟し、石潭禅師の御名をもって「一法実無外　乾坤得一貞　吹毛方納密　動着則光清」の一偈（いちげ、仏典のなかで、仏の教えや仏・菩薩の徳を讃えるのに韻文の形式で述べたもの。「偈頌(げじゅ)」とも）を与えられ、「無外流」と定めました。

針谷夕雲　本郷駒込にある臨済宗東福寺派の龍光寺の虎白和尚のもとで参禅しました。「兵法を離れて勝理は明らかに人性天理の自然に安坐するところに存する」と「相抜け」を悟ったので、虎白は「金剛般若経」から「無住心剣」と命名しました。

寺田宗有　禅機・練丹の重要性に着目し、白隠慧鶴禅師の高弟・東嶺円慈(とうれいえんじ)和尚に参禅。「己の木剣からは**火炎が出る**」と言いました。毎朝二百回以上の水浴びや数日間の断食を死ぬまで続け、「壮より八旬に至る迄練丹自強する事、夙夜懈る事なく、終に一旦豁然として見性得悟の大事を究め、仏祖不伝の妙、其天真に貫通することを得たり」と大悟して天真翁と号し、天真一刀流（天真伝一刀流とも）を興しました。

平山行蔵　大森曹玄が「剣と禅」の中で、「禅を学んだわけではないのに、仁王禅（徳川家康の家来であった鈴木正三（石平道人）が提唱。侍者の恵中が全三巻の「驢鞍橋（ろあんきょう）」にまとめた）にも匹敵する禅理に適っている」と書いています。

白井亨　師の寺田宗有と同じ伊豆三島の龍沢寺の白隠慧鶴禅師の高弟・東嶺円慈（とうれいえんじ）和尚に参禅。内観法を行い、練丹を重視し、「天真赫機」という開眼に至りました。

島田虎之助　博多では臨済宗古月派の聖福寺の仙厓義梵（せんがい　ぎぼん）和尚（一七五〇～一八三七、八十八歳。全身溢れる絵と狂歌で有名）に参禅して「硯山」の号を与えられています。「剣は心なり。心正しからざれば剣又正しからず。剣を学ばんと欲すれば、先づ心より学ぶべし」と心の修養の重要性を言いました。

山岡鉄舟　「鉄舟居士自叙伝」に「爾来丹を練るは斯道に如かじと思ひ、武州柴村長徳寺願翁（がんのう）、豆州沢地村龍沢寺星定元志（せいじようげんし）、京都相国寺獨園、同嵯峨天龍寺由理滴水（ゆりてきすい）、相州鎌倉円覚寺今北洪川（いまきたこうぜん）の五和尚に参じ、終に天龍寺滴水和尚の印可を得たり」とあります。

大森曹玄　一九四六年臨済宗の天龍寺管長関牧翁に得度を受け僧籍に入り、一九四八年、山岡鉄舟が建てて、眠っている東京高歩院の住職に、一九七八年花園大学長となりました『剣と禅』はぜひご一読ください。

懸待一致（けんたいいっち）
「懸」は攻撃、「待」は防御。攻撃と防御は表裏一体をなすもので、攻撃中でも防御をわすれない心構えが大切であるということ、または反撃できる心構えをいう。「攻防不二」も同じ。

剣胆琴心（けんたんきんしん）
文武両道の才能を持つ人のこと。「剣のように大胆、かつ、琴のように繊細な心を持ち併せる」ということ。中国、元の時代の呉莱（ごらい一二九七～一三四〇年、四十三歳）という詩人の詩に由来するとのこと。

剣道指導の心構え
全日本剣道連盟は二〇〇七年三月十四日に『剣道指導の心構え』を制定し、剣道の目的を指導者側に徹底しました。

① 竹刀の本意　剣道の正しい伝承と発展のために、剣の理法に基づく竹刀の扱い方の指導に努める。剣道は、竹刀による「心気力一致」を目指し、自己を創造していく道である。「竹刀という剣」は、相手に向ける剣であると同時に自分に向けられた剣でもある。この修錬を通じて竹刀と心身の一体化を図ることを指導の要点とする。

② 礼法　相手の人格を尊重し、心豊かな人間の育成のために礼法を重んずる指導に努める。剣道は、勝負の場においても「礼節を尊ぶ」ことを重視する。お互いを敬う心と形（かたち）の礼法指導によって、節度ある生活態度を身につけ、「交剣知愛」の輪を広げていくことを指導の要点とする。

③ 生涯剣道　ともに剣道を学び、安全、健康に留意しつつ、生涯にわたる人間形成の道を見出す指導に努める。剣道は、世代を超えて学び合う道である。「技」を通じて「道」を求め、社会の活力を高めながら、豊かな生命観を育み、文化としての剣道を実践していくことを指導の目標とする。

剣道修行の目的
心、つまり人間形成であるということ。
全日本剣道連盟は剣道の理念として「剣道は剣の理法の修練による人間形成の道である」と規定しています。これは剣道は試合で勝つことを争う競技（スポーツ）ではないことと、健全な身体だけでなく健やかな正しい心を育てることを目的としている、という意味です。

剣道修行上の心構え
小沼宏至（一九二七～一九九七年四月二十二日、七十歳）が書いた『剣道のしおり』より。
剣道を志す者の基本的な心構えとして、孔子の教えの「**真善美聖用健**」があります。

① 真、誠の心、真剣な心。真剣な修行態度。

② 善、素直な心。他人の教えを良く聴き、守り、感謝をもって精進する。

③美、無理のない自然の姿を心がけます。
④聖、智慧、即ち物事をよく考える力、工夫研究します。
⑤用、身体の動き。動作の敏捷さや積極的な行動を鍛錬します。良師について原理を習い、工夫を怠りなく鍛錬することで、精神・技術の向上を促進します。これを柳生新陰流では「三磨の位」と言います。
⑥健、健康であることです。「健全なる精神に健全なる精神が宿る」。

さらに、目の付け方、体の在り方、脚の運び方、竹刀の持ち方・動かし方、攻め方、防ぎ方、間合等の技の原理を、四肢五体が自然と覚えるよう修練します。

私はこれを少しだけ変えて、「心を打つ剣道」は、お相手や見ている人が「おー」と声が出てしまうような、
①真、攻めて打ち抜ける本当の強さ
②善、無心で真っ直ぐな心
③美、しなやかな動きによる鮮やかな冴えの美しさ
を求めていくことだと考えています。⑤、⑥はそのままです。

剣道修練の心構え

全日本剣道連盟が一九七五年三月二十日に『剣道の理念』とともに制定しました。これは、自己の人間形成だけでなく、社会に貢献し、人類の平和繁栄に寄与するという大きな最終の目的を述べています。

剣道を正しく真剣に学び
心身を錬磨して旺盛なる気力を養い
剣道の特性を通じて礼節をとうとび
信義を重んじ誠を尽して
常に自己の修養に努め
以って国家社会を愛して
広く人類の平和繁栄に
寄与せんとするものである

剣道とは

全日本剣道連盟は剣道の理念として、「剣道は剣の理法の修練による人間形成の道である」と規定しています。剣道の目的は、試合で勝つことではないという意味と、稽古の中で心身を鍛錬することによって、頑強なる身体だけでなく、健全な身体だけでなく健やかな正しい心を育てることを目的としている、という意味です。

剣道の現代的価値

精神と肉体を健全に成長・維持させて一生を過ごしていくには、剣道が最も優れています。「棒でお相手を本気で打つ」ということは竹刀や剣道具（防具）でなければ怪我をしてしまいます。初心者の内には「打たれる恐怖」があります。その「打たれる恐怖」を取り去って「打てる自信」を得る心の戦いを乗り越えることは、

また、呼吸や血流、交感神経、副交感神経、打たれたり擦れたりすることでの皮膚の新陳代謝、筋肉の柔軟性や

「裸足で木の床に踏み込む」という骨芽細胞を刺激による関節の機能改善、など生涯にわたる身体的な健康促進になります。

後進を教え、上位に習い、同僚と楽しむことで、社会的なつながりを持てます。

国際的には、剣道を学ぶ外国人との交流がフェイスブックで促進されています。

剣道の効果的な指導法

剣道の効果的な指導法として、指導者の留意すべき要点は次の八つです。

①剣道の目的、精神、本質をよく理解した上で指導すること。
②自己の人格完成と剣道技術および指導力の向上を常に心がけること。
③指導要領をよく研究し系統的、計画的に指導すること。
④初心者には姿勢を正し十分に伸びのある打突を行わせ、技癖のつかないよう、また興味を失わないように指導すること。
⑤上位の者には理論を説明して指導し、真の剣道を理解させること。
⑥個々の年齢、体力技能など、それぞれの能力に応じた指導を行うこと。
⑦安全面、衛生面に留意、指導を怠らないこと。
⑧日本剣道形を十分習熟させ、理合と理論を理解させること。

剣道の身体的な効果

①身体を強健にし、動作を敏速活発にします。
②姿勢が正しくなり、態度が落ち着き、風格を備えます。
③脊髄を中心とした正しい姿勢が育成できます。背骨をまっすぐに伸ばし、首を曲げず、あごを出さず、腰を伸ばします。
④剣道は全身運動をするので均整のとれた筋力、体格を作ります。
⑤剣道は一瞬を争い、我慢と開放を繰り返すので、リズム感や俊敏性、持久力、瞬発力が養われます。
⑥心肺機能が向上します。剣道は呼吸を自分で制御し、「気」として相手にぶつけます。長息法（長呼気丹田呼吸法、数息観〈すそくかん〉）を意図的にすることで、喘息（ぜんそく）が治るなど酸素を効率良く取り込む能力が増します。
⑦血流系、消化器系、内分泌系、神経系にも軽いいストレスをかけることで活発な動きを養うことが出来ます。打突による痣（あざ）がすぐに治ったり、若々しい肌が維持できるのも、剣道着による摩擦や打突、発汗などの刺激が良い影響を与えていると思われます。
⑧『「わかっているのにできない」脳』を書いたダニエル・G・エイメン**Daniel G. Amen**が「寒さ暑さを我慢する、辛くても少々痛くても我慢する、などが脳幹を鍛えることになる」と言っています。情緒の安定している、集中力のある、といった成長は、この「我慢」を習慣化することにあるようです。ストレス、うつ、不安、ＡＤＤ（注意欠陥障害**Attention Deficit Disorder**）、トラウマ（心的外傷**trauma**）などが起きないためにも、成長の中で脳幹を鍛

え、健全な中脳、大脳の発達を促します。寒さを我慢する、教えるために打たれる痛さを当然と思わなくてはならないなど、まさに剣道はこの理に適っています。

⑨床を踏み込んだり、竹刀でたたかれることが、骨芽細胞を活性化させ、骨を丈夫にします。

剣道の精神的な効果

①集中力、判断力、決断力が養成されます。

②積極性、勇気、沈着、自制、寛容、忍耐などが養成されます。

③相手の立場を尊重し、礼儀を守り、公正、真剣に競技する態度を養成します。

④剣道についての知識、技能を身につけ、進んで剣道を楽しむ態度、習慣を養成します。

⑤五つの諸徳（勇気、礼儀、信義と廉恥、克己、忍耐）、**剣の五徳**（武の五徳）（正義、廉恥、勇武、礼節、謙譲）が養われます。

⑥高い理想を持って努力と工夫をし続けることでレジリエンス(resilience 自発的治癒力)が鍛えられます。

⑦組織や集団の中で良い影響力を与えられるようになります。

剣道の理念

「剣道は剣の理法の修錬による人間形成の道」

これは、全日本剣道連盟は最高裁の判事を勤めた石田和外会長を中心に、一九七五年三月二十日に「剣道修練の心構え」とともに、「どんな剣道を最高のものとするかの根本的な考え方」として定めました。

剣道は、もともと敵を殺したり、自分の身を守ったりする技術を得ることを目的としましたが、やがて柳生流の「殺人刀にあらず、活人剣なり」や、針谷夕雲の「相抜け」などに見られるように、精神的な鍛錬の重要性へと高まって行きました。

「**剣の理法**」とは、竹刀を効果的に使って相手から一本をとる方法で、「剣の理合」と「剣の法則」です。

①剣の「理合」は打突の合理性。

②剣の「法則」は、

一、刃筋を立てて切る、

二、押し切りまたは引き切り、

三、物打ちで切る、の三つです。

「**人間形成**」とは、

①精神面では**剣の五徳**（武の五徳）（正義、廉恥、勇武、礼節、謙譲）を学び、日常生活に実践し、人格の陶冶、人間として自己完成を目指すこと、

②身体面では敏捷性巧緻性、集中力と瞬発力、調整力と柔軟性、の身と心の二つの側面で豊かで強い人間になるということです。

剣道用具（けんどうようぐ）

剣道用具とは、竹刀と剣道着・袴、剣道具（防具）、木刀、模擬刀、竹刀袋、防具袋など、剣道に使うすべての用

具の総称です。剣道用具はたとえ日本以外の国で作られていようとも、日本の職人が技術を教えたもので、日本の伝統工芸の集大成です。剣道用具を作るにはたくさんの分野の職人さんたちが必要ですし、割に合わない手間仕事をしてくれています。また、迅速丁寧に修理に応じてくれたり、商品を用意してくれる剣道具屋さんがおいでになるから、剣道ができるのです。使い捨ての文化に慣れた私たちですが、剣道をする以上、「もったいない」という物を大切にする心を持ち、私たちを支えてくれている人々に感謝しながら稽古しようではありませんか。

詳しくは、各項目を参照ください。また、拙著『剣道用具マニュアル』をご覧ください。

剣道着　剣道衣、胴衣とも言います。動きやすく、汗を吸い取り、竹刀の打突の衝撃から身を守るために着用します。大人用として一般的な藍染めの「二重刺」、藍染めしていない「生成(きなり)」、白く脱色した「晒(さらし)」、少年用の軽くて動きやすい白地に黒糸の「六三四(むさし)刺」、「手刺」など木綿生地に木綿の太い糸で刺し子にした生地で縫い合わせてあります。手刺しの本藍染めが最高級です。ジャージでできた剣道着は打たれると痛いのですが、色落ちせず、洗うとすぐ乾くので人気があります。

袴　もともとは正藍染の紺布でできており、洗濯すると縮むので購入するときのサイズは大きめにします。テトロンは縮まりません。藍染の木綿地の反物は、紺(こん)反(たん)と言います。「糸使い（糸の種類）」で風合いが、「打ち込み（密度）」で重さが変わり、昔は百反の重さが二十貫、三十貫、四十貫というランクで取り引きしていました。木綿袴のランクを「七千番」のように表記しますが、メーカーによってかなり違い、統一されていません。現在、剣道では男女とも男袴（馬乗袴）をはきます。「武士は襟首袴腰」といわれるように、丹田が正中線上の前に引かれた構えにすれば、腰板が腰骨に密着して腰骨が伸び、剣道着の襟が首に密着することで顎が引け、自然に最高の姿勢になります。袴のひだは前に五本、後に一本ありますが、前のひだは儒教の「五常」仁義礼智信（「人が守るべき五つの徳。思い遣り、人助け、礼儀、知識、信頼」または「五倫」義親序別信（君臣の義、父子の親、夫婦の別、長幼の序、朋友の信）、後ろのひだは「忠孝一如」（二心のない誠の道）を表したものだとされ、先人が袴をはくときの心掛けとしたといわれています。

剣道具（防具）　小手、面、胴、垂の総称です。

木刀　日本剣道形で刀法を理解するのに、刀や模擬刀の代わりに使います。サイズは大人用の大刀、子供用の中刀、剣道形用の小刀があります。材質は規定はありませんが、剣道形用には樫でできたものをお勧めします。赤樫、白樫、イスノキ（ユス（柞）とも言われ示現流、薬丸自顕流では木刀の代わりに適当な幹を使います）、スヌケ（イスノキの樹齢二百年以上を経た古木が土の中で風化して残った芯材。昔から「病魔退散」、「不老長寿」の木で、縁起の良い木とされています）、ビワ、黒檀、紫檀、などですが、太くて良い材料がなくなってきています。黒檀、紫檀は熱帯産の「沈木（ちんぼく）」で、比重が重く水に浮かばないので、輸入の際いかだにして浮かべて引っ張って来れず、船に積んで運ばなければならないので、高価です。見た目が濃い色で素晴らしいのですが、折れやすいので主に観賞用とします。その他、素振り専用に作られたものや、様々な流派の特徴のある様々な形があります。

先端が切り放しであるので「横手」がない「**木剣**（ぼっけん）」もあります。日本剣道形や木刀による剣道基本技稽古法は双方の「横手」を合わせますので、木刀を使いましょう。木刀の峰の部分が刀と同じように断面が山形になっている形を**剣峰**（けんみね）、合棟（あいむね）と言い、省略して平らなものを「**平峰**（ひらみね）」と言います。見た目だけの違いです。

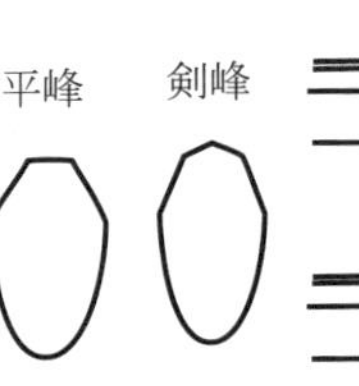

木刀の峰の部分が刀と同じように断面が山形になっている形を剣峰、合棟と言います。省略して平らなものを「平峰」と言います。

模擬刀　日本剣道形や居合に使います。アルミなどの合金で、形は真剣そっくりです。切先は尖って危ないのですが、刃はついておらず切れません。丈夫そうに見えますが、大変もろく、固い木などにぶつけると、はじけるように折れ飛びますので、危険です。また、振動で金属疲労しますので、五年を過ぎた刀身は取り替えることをお勧めします。

防具袋　帆布や革、ナイロンなどの化学繊維、クラリーノ、ハイプロンなどの人工革でできています。形も簡単な袋状のものからキャスターの付いたものまで様々です。防具袋は、剣道具（防具）や剣道着や袴を持ち運ぶためのもので、保管を目的としてはいません。剣道具（防具）の保存は難しいですが、やむを得ずする場合は、防湿（一定の湿度は必要）・防虫対策をし、押入れなど冷暗所に置き、年に一度は虫干しが必要です。

手拭い　頭の汗を眉の上で止め、打突の際の衝撃を和らげ、面を清潔に保つために日本手拭いをかぶります。「**面下**（めんした）」とも言います。手拭いの被り方は三種類あります。面を付けたとき、後頭部から面手拭いが出ないように、頭の上に上げた部分を折り込みましょう。詳しくは『剣道用具マニュアル』をごらんください。

剣道用具の安全

剣道は、自分も相手も傷つけずに、打ち、打たれなければなりません。そのために、

① その人が動きやすく、打突を和らげられる剣道具（防具）を
② 正しく装着して
③ ささくれや割れのない竹刀で
④ 正しい打突をすることが基本的な条件です。そして「形あるものはすべて壊れ」、竹刀や剣道具（防具）は使えば痛むものなので、
⑤ 竹刀や剣道具（防具）が傷んでいることに気づき
⑥ 気づいたときに替えを使えるように用意したり、お手入れすること、修理に出すこと
⑦ 竹刀や剣道具（防具）は、日陰の風通しの良いところに置くこと、を加える必要があります。⑤～⑦を「お手入れ」と言います。自分でお手入れすることが、特に大切です。

剣道用具は「使い捨て」ではありません。たくさんの職人

の大変な時間と労力をかけて、頑丈でかつ修理しやすいように作ってあります。上手に管理すれば長持ちして、安全に。美しく、清潔に剣道を続けられます。

剣道用具の選び方

剣道の上達の条件として、軽く、動きやすく痛くない剣道具（防具）を選びます。まれに規格品で体に合うものがない人は注文制作（オーダー）しなくてはならない場合があります。職人を絶やさないため、余力があったら高級な手刺し防具を一つは購入しましょう。

剣道着　面を打ったときに**小手の筒と袖が一センチメートルくらいの隙間**が出来る、背中に皺のよらない、襟元が開かない（開いてしまう場合はマジックテープで止められるようにしておく）サイズです。太っている人は、大きめの道着を買って袖をつめると良いです。

袴　「**前下がり**」に履いたとき右足の親指が出る高さになる長さ、五本の襞が平行するようにはける幅のあること。後の紐ははみ出ないように、紐の終わりを処理します。腰板や尻の名前の刺繍は識別さえできればよいので目立たない色ですることをお奨めします。八段審査では名前が刺繍していない袴で立ち合います。美しい濃紺は重要で、藍が褪めていては見た目が悪く、また、下ろしたてで「提灯（ちょうちん）」のように広がることのない状態で、体型に合った美しい「襟首袴腰」となるよう着付けます。

剣道具（防具）　何より体に合っていることと、立ち姿の美しいことを両立できるものにします。剣道具（防具）は購入後、必ず修理が必要になるので、修理を前提にした縫い代（しろ）の十分にとってある、材料を吟味した剣道具（防具）を購入してください。

面　**後頭部が出ない**こと、「**物見**（面金のひごの上から六番目と七番目の少し広くなっている隙間）」**や顎が合う**ことが大切です。面は面布団が自然に広がるのが正しい形で、端が跳ね上がっているのは良くない形です。本来外れた面打ちを流すためにあるのが面布団です。面と小手は、子供の場合は成長を考えれば少し大き目でも構いません。打たれて痛い場合は、面の下に専用の布団を当てれば、かなり緩和されます。逆に小さすぎると痛く、小手は手に豆ができやすくなります。私はメガネをかけて面をつけるのですが、子供用の幅の狭い（メガネ用語で「四十七ロ（くち）」のテンプル（腕）の細いもので柔らかくて軽いものを問題なく使っています。最近は肩を覆わないぐらい面布団を短くした面が出て来て、格好の面から批判されています。

小手　構えたときに「**上から持っているように見える**」小手にします。小手の中では「上から持って」いても「横握り」にしか見えなくなる小手もあります。私は手が肉厚であるためか、正しく握っていても小手の形が「横握り」ではないかと言われることがあったので、小手を買い直しました。拳や手首が打たれて痛い場合は、衝撃吸収用の小手下やリストバンドをする人が多いです。

胴　小学低学年の場合、セットで買うと胴胸の幅が広い場合が多く、もし腕の付け根が当たって痛くて手が伸びない場合は、胴だけ胸の小さいサイズにする必要があります。なお、大きすぎる胴をつけていると、左肘を伸ばさない、正しくない打突の形を覚えてしまいます。

剣道用具のつけ方外し方

『剣道試合・審判・運営要領の手引き』の「その他の要領」の「試合者要領」三にあるように「剣道用具は試合中、乱れないように堅固に着装します」。安全面でも見た目でも、正しく着装することが求められています。詳しくは、拙著「剣道用具マニュアル」をご覧ください。

一、着装　剣道着・袴をつけた後、垂、胴、面、小手の順に着けます。

①剣道着は、面を打ったときに小手の筒と袖が一センチくらいの隙間が出来る、背中に皺のよらない、襟元が開かないように着ます。（開いてしまう場合はマジックテープで止められるようにしておく）

◇腰を締めるために居合帯やサポーターを腰に巻く人もおいでになります。

◇肌襦袢を下に着る人もおいでになります。

②袴は、「**前下がり**」にはいたとき右足の親指が出る高さになる長さで履きます。背板を腰の上に当てます。後の紐をはみ出ないように処理します。

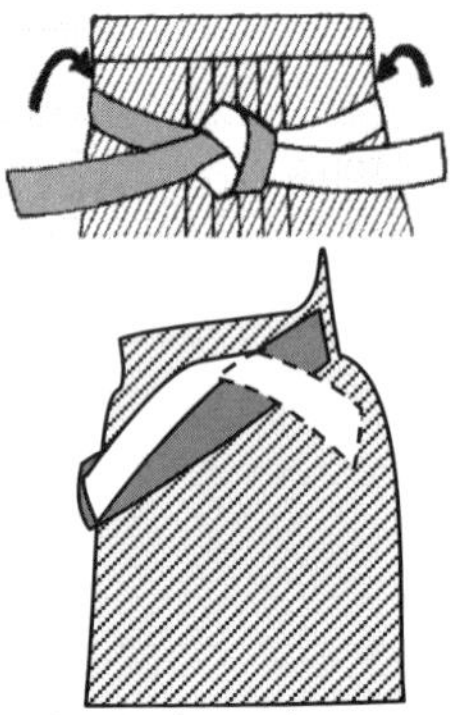

上から中へ入れ、中で後に流します。

③垂は、正坐して、垂帯を太ももの付け根に合わせて置き、**袴の腰板の下の部分で交差させ**、紐がねじれないように平らのまま、回します。前に回した紐を、大垂をめくって、大垂の下で蝶結びします。胴の打ち損じから身を守るということより、下腹を支えるようにぴったりと縛ることで、腰を支えるのが目的ですので、腹を少しへこませた状態で、充分に力を入れてきつく結んでください。

④胴は、坐ったまま垂れの上に置き、胴胸を胸に密着させると、**面の顎とすれすれになる**ちょうど良い位置になります。右上の長い方の紐を背中から斜めに胸にまわし、胴の左の乳革に結びます。左上の胴紐も交差させて右の胸乳革に結びます。結び方は数通りありますので、自分に結びやすい方法で**結んだ形が左右対称になるように結びます。**左右の紐の長さを同じにして胴が水平になるようにします。短い方の紐を後ろで蝶結びします。結んだ後、左右の紐を引っ張っておくと結び目が固くなり、解けにくくなります。胴の後ろの短い方の紐を結ぶために胴の前後を回して前で結ぶのは、みっともないのでやめましょう。

⑤手拭には文字が入っている場合が多く、その字を見てから、手拭をかぶります。かぶり方は三種類あり、自分のやりやすい方法を習得してください。汗止めの目的で前髪が出ないよう眉の上で被ります。**頭の後ろに手拭いの端が出ないようにします**。

⑥面の付け方は二種類あります。通常はイです。

イ、紐を取り付ける位置に規定はありませんが、一般的には、面乳革を面金の下から四番目のひごに付け、あらかじめ紐を一番上の縦の面金に通しておきます。面手拭いを、後ろから端が出ないようにかぶります。内輪（内側の丸い輪）のあご止めにあごを入れ、それから顔全体を密着させ、物見（面金のひごの上から六本目と七本目〈少年用は五本目と六本目〉の少し広くなっている隙間）から見えることを確認しながら、**後頭部の物見の高さで面紐を蝶結びします。**紐の長さを揃えて、ねじれや重なりや離れなどないよう、見た目を整えます。結んだ紐の長さは四十センチ以内です（規則ではなく、協力を要請されている）。小学生などはバランス良くさらに短くしましょう。鼓膜が破れないように、耳の付近の面布団が密着しないように隙間を少し空けます。面の付け方で良くないのは下の図のようなつけ方です。

ロ、一番上の縦の面金に乳革を付け、面紐を付けておく方法では、面紐を顎の下に回し、もう一度一番上の縦の面金に紐を通してから、後頭部の物見の高さで面紐を蝶結びします。

良くない面の付け方の例

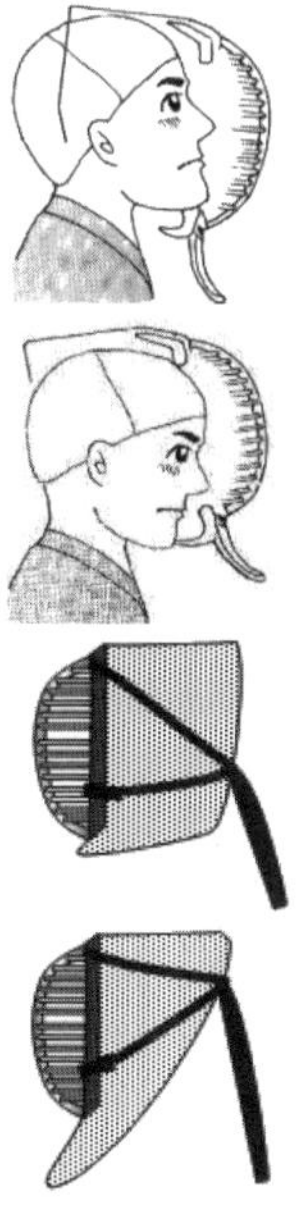

⑤　小手は、左からします。筒に手を入れて、頭（かしら）を押すようにしてはめると、小手の首に無理がかからず、痛みにくいです。小手紐は縛ったり緩めたりしないので、買ったときのままではなく、はめ抜きしやすいぐらいにゆるめに結び、**紐は余らないよう短く切ります。**小手の内側にする手袋などは規制されません（全剣連・『剣道試合・審判・運営要領の手引き』P.19）。

二、剣道具をはずすとき

小手は頭ではなく筒の端を抑えて外します。小手の頭を右にして並べておき、面の紐の結び目を解いたら、面紐を手繰って、緩め、面紐をまとめて右手に持ち、左手を面の下に当てて静かに外し、顔の前でいったん停止し、面紐と面手ぬぐいを外して面の中に入れて、小手の首に置きます。手拭を面の上に広げておく場合もあります。床に面を置くときは、小手を頭を右にして並べておいて、その小手の首の上に面金が来るように置きます。この理由は、頭や顔を守る道具であるので、万が一にも傷着かぬよう、また、面金で床を傷めないためです。また、小手を面に入れた状態で置く場合は、横にして置きます。理由は前に同じです。

胴紐は下から上の順にとき、胴の裏側を手前にして、小手、面の前に置きます。垂は垂帯の紐を解き、脱いだ後、胴の前に、名札が読めるように、立て掛けます。道場の床に剣道具（防具）を置くときは、剣道具（防具）を蹴飛ばされないよう、踏まれぬよう、またがれぬよう、置き場所に注意します。

三、剣道具を道場の棚に置いたり、持ち帰るとき

胴や面の乳革が切れないか、紐は磨り減って細くなっていないか、縁（へり）は切れてきていないか、小手の手の内に穴が開いていないか、など一通りチェックします。特に竹刀はよく観察し、痛みやささくれ、弦や中結いのゆるみなど、次の稽古までに修理が必要か確認し、お手入れします。

四、剣道具（防具）の置き場所

剣道具（防具）は、日陰の風通しの良いところに吊るすのが最も適しています。夏に炎天下に置くと、紺革の色が褪めるばかりか痛んでしまいます。冬に暖房器具の前に置くと高熱を帯びて痛んでしまいます。

剣道用具取扱上の注意

竹刀や剣道具（防具）が傷んでいることに気づくことと、お手入れが必須です。

剣道用具は剣道を稽古するときに竹刀で打突してもケガをしないためのものですから、竹刀で打突しても壊れないようにできています。しかし、この目的以外には丈夫ではありません。また、使っていくうちに痛んできますから、臭くなったり、みすぼらしくなったり、壊れたりしないように、長く使用できるよう、愛着をもって接し、こまめにお手入れしてください。

① 例えば**面の突き垂を持つと折れてしまう**など、着脱や持ち運びのときに丁寧に扱ってください。
② 使用後は面内部の汗をよく拭き取ります。
③ 小手の形が変形しないよう、手の内革をよく伸ばして揉んでおきます。
④ 陰干しにし、自然の風に当てて乾燥させてください。ときどき日光に当て消毒することはよいのですが、汗でぬれている皮の部分は日光にあてて乾燥させると変形し、固くなります。
⑤ **面の耳の当たるところ、顎の当たるところ**や小手の内側はときどきアルコールなどで消毒します。

剣道を何歳から始めさせるか

学校教育も六歳を義務教育の始まりにしているように、昔から六歳と言われています。はしの持ち方の訓練の効果が出るのは五歳以上、平衡機能がトレーニングで向上するのも四、五歳からと言われています。この頃から剣道を始めた人は、無理なく動くことを覚えるために、竹刀の振りや体捌きに柔らかさ、スムーズさがあります。指示されたことができれば、小学校前でも始められます。

また、「五十の手習い」でも還暦を超えてからでも、理合を学び、脱力ができれば、高いレベルまで達することができます。

劔徳世を正す

強さと気品のある剣風、温厚・高潔で名利を超越した人格を兼ね備えた持田盛二の座右銘。

剣道の究極の目的とは人生の究極の目的であり、「より良い世の中」を造り上げることに通じます。これはつまり、剣道理念の実践「自己形成」から、人類の平和繁栄に寄与するという「社会形成」の具現化にほかなりません。私利私欲にとらわれるのではなく、「世のため人のため」

という、人のお役に立ち、社会に貢献し、人類の平和繁栄に寄与することです。

剣風（けんぷう）

剣道の攻め方、姿勢や態度など稽古や試合のタイプ、スタイル。「**待ち剣**（自分から積極的に攻めず、相手がしかけてくるの待って、出鼻技や応じ技を使うことが主体の態度）」は剣風ではなく、やってはいけない態度です。

正剣　姿勢を崩さず、まっすぐに打っていく正統派。心技体の三位が一体となって高いレベルにあります。「心」は精神、「技」は技術、「体」は体力です。

難剣　変則的な攻め技、意表をつく変幻自在な技を出してくるタイプ。「心」が加われば正剣になるのでしょう。

剛剣　豪快でパワーのある、大きな技を特徴とするタイプ

軟剣　剛剣に対するもので、力で攻めてくるのではなく、相手の技をかわしながら自由自在に技を出してくるような柔軟な剣風

玄妙な技は軽くても取るべし

たいていは、**擦り上げ・切り落とし**を指します。「精妙な技」とも言います。

『剣道試合・審判・運営要領の手引き』P.6に「打突そのものが軽くても、「玄妙な技」などは技の質として一本に採れる場合がある」とあります。

お相手の真っ直ぐな面打ちをしてくる竹刀の軌道に、横や斜めではなくほとんど垂直に「擦る」ように、ほんの少し刀身の鎬をぶつけます。まさにお互いの鎬が当るのですが、刃は当りません。このとき、「刀勢」のある真っ直ぐな打ちがそのまま真っ直ぐに通り、お相手の打ちの軌道が、鎬が当った瞬間にずれるのです。

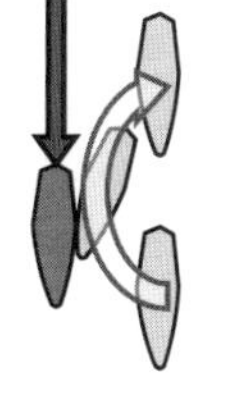
刃で擦り上げる

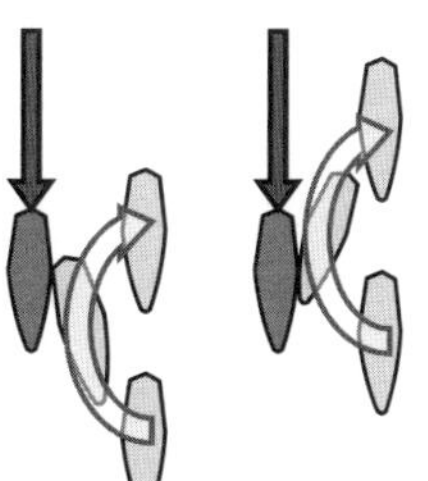
峰で擦り上げる

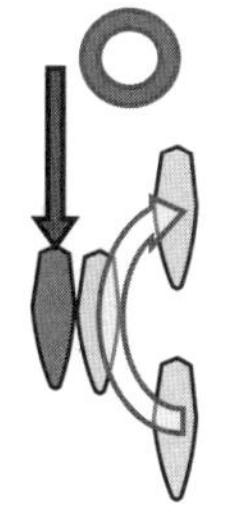
鎬で擦り上げる

ほんの少しの「擦る」という動きを理解し、その「擦る」という動きが「相手の竹刀の振りの角度を少ししか変えないけれど、自分の竹刀が残って、お相手の竹刀が行き先を失って泳ぐ」事実を知るのは、けっこう難しいです。しかし体得してしまえば、絶対の勝ちにつながります。擦り上げた後すぐに切らなければならないので、手首を捻らずに刃筋を変えない左下の方法をお勧めします。

伊藤一刀齋の究極の極意、「一ツ勝」も、お相手が振りかぶって打ちかかってくるのを、相打ちで面にいくような形で、後から上から覆うように刀勢と鎬を使って竹刀を打ち落とし、そのまま面を打つという高度な技術です。

『一刀流極意』のP.429には「一刀流は切落に始まり切落に終わるという大事な教えを伝える。切落というのは相手が切りかかるのを己も応じて切り込むことによって、相手の太刀が鎬はずされて無効な死に太刀となり、己が太刀は生き活らいてそのまま相手を突き刺すかまたは真二つに切り割るのである。これは相手の太刀を打ち落としてから二の技で相手を打突するのではない。相打ちの一拍子の勝なのである」とあります。

まず「死にたくない打たれたくない」と思う「我が心を自ら切り落とすところから始まれ」と言われます。「打つ太刀を切り分け中を突くぞかし　勝負は天にまかしてぞある」伊藤一刀齋（一刀流・開祖）（「近代剣道名著大系二」P.225）。

剣を踏むということ

仕掛けてくる直後に攻撃すること。

機先を制することや、物事の先手をとることではなく、敵の既に攻撃が始まって打ち出してくる太刀を足や体や心で踏みつける気持ちで、攻撃が効果を発揮する前に、その攻撃を無効にすることです。

宮本武蔵『五輪書』「火の巻」の六番目にあり（「五輪書・武教講録」P.189）、以下は「兵法三十五箇条」の十七番目です。

「太刀の先を足にてふまゆると云心也。敵の打懸太刀之落つく処を、我左の足にてふまゆる心也。ふまゆる時、太刀にても、身にても、心にても、先を懸れば、いかやうにも勝位なり。此心なければ、とたんとたんとなりて、悪敷事也。足はくつろぐる事もあり。剣をふむ事度々にはあらず。能々吟味在るべし」

こ

公案（こうあん）

看話禅と言われる臨済宗で、悟道のために与えて工夫させる問題。その公案集の代表的なものに以下があります。祖師たちの言行録を集めて、求道者に示しているだけなので、回答は書いていないので、まさに「禅問答」です。自分という枠組みや理屈、固定観念を捨てて、世の無常、仏の教えを文字と頭ではなく心で悟り、自分の心情に基づいて表現したときに師家が認めます。

同じ公案が複数の公案集に載っています。

『趙州録』趙州従諗（じょうしゅうじゅうしん七七八～八九七年、百十九歳。中国唐末の禅僧）が書きました。

『六祖壇経（ろくそだんきょう、九六七年成立）』

『臨済録（りんざいろく、一一二〇年成立）』

『碧巌録（へきがんろく、一一二五年成立）』

『従容録（しょうようろく、一二二三年成立）』

『無門関（むもんかん、一二二九年成立）』

『五灯会元（ごとうえげん、一二五二年成立）』

二〇巻。中国南宋（一一二七～一二七九年）の禅僧普済編とも慧明編とも伝える禅宗通史。五灯は『景徳伝灯録（一〇〇一年）』・『天聖広灯録』・『建中靖国続灯録』・『宗門聯灯会要』・『嘉泰普灯録』（みな宋代成立の禅宗史書）の総称で、それらを整理集成したので会元という。灯は不滅の法灯を意味する。『五灯録』ともいう。

『禅林類聚（ぜんりんるいじゅう一三〇七年成立）』禅宗で五山に次ぐ格式をもった十寺を「十刹（じっせつ）と言い、その内のひとつである、元の天寧万寿寺（天寧万寿永祚寺〈杭州〉）の僧、善俊、智境、道泰らが共編した、禅宗の公案と拈頌の最も総合的な集大成です。『五灯録』と諸家の語録中より五千二百七十二則を選び、原典によって本文の間違いを修正し、内容によって帝王、宰臣、儒士以下百二門に分類し、検索できるようにしました。日本では、春屋妙葩（しゅんおく みょうは。一三一一年一月三十一日～一三八八年九月十二日、七十六歳。室町時代の臨済宗の禅僧。五山十刹制度を作り、五山派を興した）の臨川寺版（りんせんじばん）をはじめとする五山派の開版があり、一六七五年に卍元師蛮（まんげんしばん一六二六～一七一〇年、八十四歳）が全篇に亘って訓点を付したものもあります。

行雲流水（こううんりゅうすい）

禅語。空行く雲や流れる水のように、どちらも作為のない自然のままの流れを象徴しており、自然の成り行きに従って行動する様です。また、一定の形をもたず、自然に移り変わってよどみがないことのたとえです。

出典は、蘇軾（そしょく一〇三七～一一〇一年、六十四歳。中国北宋代の政治家、詩人、書家。蘇東坡（「そとうば」とも）が友人の謝民師に宛てた『謝民師推官（しゃみんしすいかん）に与（あた）うるの書（しょ）』の中で、謝民師の文章に対して、次のように評したことに由来しています。「あなたの詩賦や文章は、行雲流水のごとく、形式にとらわれず、流れるままに流れ、しかも止まるべきところにはきちんと止まっています。思想や言葉はまことに自然に表出され、その描写はとても自由で生き生きとしています」

修行僧も、無心無相で自由自在を目標とするので、「雲水（うんすい）」といいます。

合議（ごうぎ）

試合中、次の事項が発生したとき、主審の「合議」の宣告によって、審判三人が試合場の中央に集まって相談すること。

① 有効打突の取り消し（「剣道試合・審判規則」第二十七条試合者に不適切な行為があった場合）
② 審判員の錯誤（「剣道試合・審判規則」第二十八条）
③ 反則の事実が不明瞭な場合（「剣道試合・審判規則」第二十九条③）
④ 規則の運用および実施の疑義（「剣道試合・審判規則」第三十四条、この規則に定められてない事項が発生した場合（「剣道試合・審判規則」第三十九条、「剣道試合・審判規則、同細則」第三十六条異議、「剣道試合・審判規則」第十七条⑥中止要請が不当と審判員が判断した場合）
⑤ 定められてない事項が発生した場合三十九条

「剣道試合・審判・運営要領の手引き」（合議）によって審判員は合議を次のように行います（「剣道試合・審判規則」第三十四条、三十七条宣告、三十八条旗の表示）
① 試合者双方を主審は、境界線の内側まで後退させる。
② 副審が合議を要請する場合、副審が「止め」の宣告後、直ちに主審が「止め」の宣告をし試合を中止する。その後、副審が「合議」の宣告し、直ちに主審が「合議」の宣告をする
③ 試合者は主審が合議の宣告をした場合、開始線で立ったまま納刀し、　境界線の内側まで後退し、そんきょ（蹲踞）もしくは正坐で待機する。

交剣知愛（こうけんちあい）

素晴らしい稽古をして、お互いを認め合うことです。剣を交えて愛しむを知るという意味。理想の稽古の仕方です。出典は不明です。

「愛」は「おしむ（惜別）」「大切にして手離さない」ということを意味しており、一度稽古した人が是非もう一度稽古をお願いしたいと思うような稽古です。剣道を通じて互いに理解し合い、真理を求めて人間的な向上を図る正しい稽古です。一期一会を大切に、相手に感謝しつつ稽古をしましょう。

孔子（こうし）

紀元前五三一〜紀元前四七九年、五十二歳。春秋時代の中国の思想家。氏は孔、諱（いみな）は丘、字（あざな）は仲尼（ちゅうじ）。孔子とは尊称（子は先生という意味）。言い伝えや原始宗教を整理しました。

仁（思いやり、真心、愛）が貫徹されることにより、道徳が保たれると説きました。徳は真直ぐな心で生きること。**礼**は仁の具体化したもので、宗教的儀礼や社会の決まりごとです。儒教自体は思想であり道徳であって、宗教性は希薄です。

孔子の人生の大部分は無冠の一学者に過ぎず、孔子は自らの思想を国政の場で実践することを望みましたが、その機会に恵まれませんでした。しかし、孔子の説いたものを弟子達が『論語』としてまとめ、「**儒教**」になり、孟子を中心とした後継者によって広められ、漢の武帝に至って国教の座を獲得しました。

その後、中、韓、日で生活の規範となりました。現在中、韓は教育で教えることはないようで、生活習慣の中にないようです。日本人の道徳観、宗教観には現在も、日本の原始宗教、神道、仏教、道教、と儒教（朱子学など）が混ざっています。

儒教の経書は、**四書五経**（ししょごきょう。紀元前四七〇年ごろ。四書は『論語』『大学』『中庸』『孟子』、五経は『易経』『書経』『詩経』『礼記』『春秋』）が特に重要とされます。

儒教における基本的な人間関係を規律する徳目は「**五倫五常**」です。「**五倫**」は「**教似人倫、父子有親、君臣有義、夫婦有別、長幼有序、朋友有信**」、「**五常**」は「**仁義礼智信**」です。

「子曰わく、学びて時にこれを習う、亦説（よろこ）ばしからずや」 学んだことを時々復習すると、理解が一層深まり、いつの間にか身についている。これは嬉しいことではないか。

「朋有り遠方より来たる。亦楽しからずや。人知らずして慍（うら）みず。亦君子ならずや」 遠くから同門の学友が来る。なんと楽しいことではないか。人が自分を認めてくれなくても不満を持たない。なんと君子らしいではないか。

「子曰わく、己の欲せざる所は、人に施すこと勿れ」 自分が人からされたら嫌だと思うことは、自分がしてはいけません。

「子曰わく、己立たんと欲して人を立て、己達せんと欲して人を達すべし」 自分がこうありたい、こうなりたいと思うことは、自分から人にやってあげなさい。

「子曰わく、政を為すに徳を以てすれば、たとえば北辰其の所に居りて、衆星之に共うが如し」 上に立つ人が思いやりをもってリードすると、ちょうど北極星を中心に多くの星が廻っているように、いつの間にかチームワークがとれて、自然にみんなが協力しあうようになる。

「子曰わく、之を知る者は之を好む者に如かず、之を好む者は之を楽しむ者に如かず」 道を知っている人は道を好む人に及ばない。道を好む人は道を楽しむ人に及ばない。

「子曰わく、人の己れを知らざることを患えず、人を知らざることを患う」 他人が自分を知らない、理解してくれないといって悩むことはない。自分が他人を知らない、知ろうとしないことを心配すべきだ。

「子曰わく、巧言令色、鮮なし仁」 口ばかり達者でお世辞ばかり言うような人間は、他人を思いやる気持ちを持つことはない。

「子曰く、よく五つのものを天下に行なうを仁と為す。曰く、恭、寛、信、敏、恵なり。恭ならば侮（あなど）られず、寛ならば衆を得（う）、信ならば人（ひと）任（にん）じ、敏ならば功あり、恵ならば以って人を使うに足る」 五つの徳を政治に生かすことができれば、仁といっていい。慎重、寛大、誠実、勤勉、慈愛の五つです。慎重であれば人から軽視されることはない。寛大なものには人望が集まる。誠実なものはきっと信頼される。勤勉ならば実績は当然あがる。慈愛をもって接すれば人は喜んでついてくる」。

「子曰わく、吾れ十有五にして学に志す。三十にして立つ。四十にして惑わず。五十にして天命を知る。六十にして耳順（したが）う。七十にして心の欲する所に従って、矩（のり）を踰（こ）えず」私は十五歳のとき学問で身を立てようと決心した。三十歳で自分の立場ができた。四十歳で自分に確信を持った。五十歳で天からの使命を自覚した。六十歳で誰の意見にも耳を傾けられるようになった。七十歳で自分を押さえる努力をしなくても調和を保てるようになった。

「子曰わく、詩に興り、礼に立ち、楽に成る」人間らしさとは、詩によってわきおこり、礼によって安定し、音楽によって完成する。

郷中教育（ごうじゅう）

薩摩藩には、「造士館（一七七三年建設）という藩校に入学する前に、四~五の町内（方限）ごとに少・青年達が「方限（ほうぎり）」とか「郷中（ごうじゅう、ごじゅう）」という組織を作り、自治的に勉学する「郷中教育」という習慣がありました。参考↓「什の掟（じゅうのおきて）」

七歳くらいからを「小稚児（こちご）」、十一歳くらいからを「長稚児（おせちご）」、十五歳くらいまでの青年を「二才（にせ）」と呼び、リーダーとして「頭（かしら）」を置きました。新納忠元（にいろ　ただもと）武蔵守が一五九六元旦に書いた『二才咄格式定目（にせばなしかくしきじょうもく）が原典で、島津忠良が完成させた四十七首の「日新公いろは歌」を根幹とし、薬丸自顕流を中心に「年長者は年少者を指導すること、年少者は年長者を尊敬すること、負けるな、うそをつくな、弱い者をいじめるな」という人として生きていくために最も必要なことを武士教育として教えていました。西郷隆盛（一八二八年一月二十三日~一八七七年九月二十四日、四十九歳））は下加治屋町郷中（健児社けんじのしゃ）に五歳のときに入り、やがて「二才頭（にせがしら）」になりました。大久保利通、大山巌、西郷従道、東郷平八郎、山本権兵衛、黒木為楨、山本英輔なども鹿児島県加治屋町の下級武士の郷中出身です。

後生畏るべし（こうせいおそるべし）

後進の者は、今後すばらしい成長・発展をする可能性があるから見くびってはいけない、という意味。

論語（子罕）にある「後生畏るべし、焉（いずく）んぞ来者の今に如（し）かざるを知らんや」。「無限の可能性を秘めた若者の存在は恐ろしいものだ。今の我の水準に及ばないなどと、どうして言えるものか」に基づいています。

膠着状態（こうちゃくじょうたい）

鍔迫り合いをしていて、打突しようとしているのに、双方どうにも技を出せない状態です。「剣道試合・審判規則」第二十九条四項によって、主審が「分れ」させ、直ちに試合を継続させます。膠着しても、主審による「止め」はありません。

副審は「分れ」を宣告できません。

私は、鍔迫り合いそのものを否定していますので（恐ろしいので刃物を持って押し合えるはずがない）、ぶつかって跳ね返るか、抜けるかしかしません。

攻防不二（一致、一如）（こうぼうふじ）

「**懸中待、待中懸**(けんちゅうたい、たいちゅうけん)」も同じ。

① 「防御だけでなく攻撃もしなければいけない。防ぐだけの技術は剣道にはなく、どんな場合でも相手の打ちに応じて、擦り上げる、抜く、返すなどして臨機応変に打っていく技を用意して、攻撃しなければならない」ということ。

② 「攻撃中でも防御を忘れない心構えが大切」ということ。攻撃中に、相手の動作で「虚を突かれる」ことがあってはいけません。

千葉周作は「千葉周作述剣術物語」で、「打を持て待ち、待つを持って打ち、退をもって進む、これ利功の要用なり」と言いました（「近代剣道名著大系　第二巻」P. 245）。

柳生宗矩は『兵法家伝書』「殺人刀」の「懸待二字仔細の事」で、「懸とは立あふやいなや、一念かけてきびしく切つてかかり、先の太刀をいれんとかかるを懸と云なり。敵の心にありても我心にても懸の心持は同時也。待とは卒爾にきってかからずして敵の仕かくる先を待を云ふ也」「待とは、卒爾にきつてかからずして、敵のしかくる先を待つを云ふ也。きびしく用心して居るを待と心得べし。懸待はかかると待との二つ也」「心をば待に身をば懸にすべし」と言っています（「兵法家伝書」P. 35～37）。

声（こえ）

声は息を吐くときに**気合**、**掛声**として出します。「呼吸」と「気」と本質的には同じです。

自分に対して発する場合

① 自分の心を整える。集中力を高める。自らを励まし、気勢を増す。恐怖心や迷いを取り去る。

② 疲れたときに気を取り戻す。

③ 切り返しや掛かり稽古の際に息を吐き続けるために声を長く伸ばす。

お相手に対して発する場合

① 準備が整ったことを伝える。

② 気をぶつけて反応を見る。無用な掛け声や野卑な掛け声はダメです。
③ 打突の意志を伝える声（残心まで続ける）**心気力の一致**をはかれます。

御詠歌（ごえいか）
仏教の教えを「五・七・五・七・七」の和歌にして一般の人々に伝えられたものです。御詠歌には独特な旋律があり、曲に乗せて唱えられています。広く全国に伝わった御詠歌は、真言宗、浄土宗、曹洞宗（三宝御和讃、正法御和讃、修証義御和讃、高祖道元禅師学道御和讃、同行御和讃など）、臨済宗などにあり、宗派の中でもそれぞれ「流派」があります。四国三十三寺を巡りながら唱えられるものもあります。

五五十　二八十　一九十（ごごのじゅう、にはちのじゅう、いっくのじゅう）
平安時代頃、京八流の祖の鬼一法眼が、弟子の源義経に当てた手紙に、「来則迎去則送対則和、五五十、二八十、一九十、以是可和察虚實職陰伏　大絶方処入細入徹塵殺活在機変化応時　臨事莫動心矣　寿永三年二月　鬼一法眼　源九郎殿」とあります。「相手がやって来れば、すなわちそれを迎え受け、相手が去ればすなわちそれを見送る。相手と我と、相対すれば相和する。彼が五、我が五。この五と五を加えれば十になる。二と八も十。一と九も十。相手と調和しバランスすることが、自然の理にかない、心のバランスを保てる。和することで、陰伏（駆け引き）が手に取るように分かり、相手の虚と実が識別されるので、どんな小さな機会や変化も見逃さず、生死の境でも心を動かすことがない。争う気持ちでなく、調和の中で統合しようと相手と和する気持ちが強い方が、主導権を取ることになる」という意味です。

呼吸（こきゅう）
呼吸は人間にとって何より重要で、すべての動作の中心をなすものです。野球選手がバットでボールを打つとき、息を止めるか、吐くかしないと鋭いスイングはできません。剣道では、声を出すことが息を吐くことになり、打突までに胸でなく腹を使って大きく呼吸を行ない（**腹式呼吸**）、強く声を出せることが重要です。また、いつでも息が残っているように、息を吸う時間を短く、吐く時間を長くすることも大切です。これを、「**長息法**」、「**長呼気丹田呼吸法**」、「**数息観**」と言います。切り返しを一声でするのも、掛かり稽古で息を上げるのも呼吸の訓練をしていることになります。

小川忠太郎（一九〇一年一月十日～一九九二年一月二十九日九十一歳。笹森順造から小野派一刀流免許皆伝を授か

る）は「吸った息をそのまま丹田に気をおさめてはいけない。一度丹田を通り越させ、踵から外へ出すようにする。そうするとひとりでに息が逆流してくるから、それを静かに丹田におさめればいい。それが本当の気になる。**踵で呼吸せよ**」と言ったそうです。

これは『荘子』の「内編」「大宗師編　第六」（「荘子第一冊」**P.175**）「古之真人、其寝不夢、其覚無憂、其食不甘、其息深深、真人息以踵、衆人息以喉」から来ています。「昔の真に悟った人は雑念がないから、寝ても夢をみない。覚めているときに少しも心配することはない。食事に美味を追求しない。その呼吸は深くて安らかです。真にさとった人の息は、踵でしますが、凡夫に呼吸は喉もとでしています」。なお「踵」は「足の裏」という意味です。

志（こころざし）

何になろう、何をしようと心に決めること、目指すこと。

『孟子』の「公孫丑（こうそんちゅう）章句上編」（「孟子上」**P.120**）に、不動心の内容を聞かれてする問答があります。「**夫志気之師也　気体之充也　夫志至焉　気次焉**」「夫れ志は気の師（すい）なり　気は体の充なり　夫れ志至れば　気これに次ぐ」（志が大変重要で、気を左右する。気は体に充満しているものである。意志の向かうところに気はそれにともなって動くものである）。「人間は、すべてに先だって、まず志を立てることが肝要である」という意味です。「**志師気　気統体**」と言われます。

「志ある者は事ついになる」『後漢書』にあるようです。

「立志に三要あり、一に曰く『高く』、二に曰く『大きく』、三に曰く『堅く』」。寛政の改革を断行した松平定信（白川楽翁）が言ったようです。

「志定まれば気盛んなり」吉田松陰。

「志を立てることは大にして高くすべし。小にして低ければ、小成に安んじて成就しがたし。天下第一等の人とならんと平生志すべし」「志のなきを恥よ」「志を立つるは、大にして高くすべし」貝原益軒（一六三〇～一七一四年、八十四歳。本草学者、儒学者）。

幕末の最高の知性といわれた**佐藤一斎**も、志の重要性を説いています。

「志あるの士は利刃（りじん）の如し。百邪辟易（ひやくじゃへきえき）す。志無きの士は鈍刀の如し。童蒙（どうもう）も侮翫（ぶかん）す」（志ある人は鋭利な刃物のようなもので、いろいろの魔物がすべてしり込みして近づけない。志の無い人はまなくら刀のようなもので、子供までが馬鹿にする）（『言志録』33「言志四録（一）」**P.59**）。

「著眼（ちゃくがん）高ければ即ち理を見て岐（き）せず」（大所高所に目をつければ、道理が見えて、迷うことはない）（『言志録』88「言志四録（一）」**P.111**）。

「立志の立の字は、豎立（じゅりつ）、標置（ひょうち）、不動の三義を兼ぬ」（立志の立という字は、真直（まっすぐ）に立つという豎立と、目標を立てるという標置と、し

っかりして動かないという不動の三つの意義を兼ねている」（『言志耋録』22「言志四録（四）」P.33）

牛頭馬頭（ごずめず）

大技も小技も使えということです。

牛の頭は大きく、馬の頭は小さいことからたとえたようです。大技ばかりでなく精妙なる業も使えてはじめて成長といえます。

なお、牛頭馬頭は、仏教用語の一つで、地獄で亡者達を責めさいなむ獄卒鬼のリーダーの「牛頭」と「馬頭」を合わせた言葉でもあります。「牛頭」は牛の頭で人間の体をしている鬼で、『枕草子』『太平記』など多くの文献に登場します。「馬頭」は馬の頭で人間の体の鬼です。人間の敵として登場し、退治されるという説話が多いです。

五省（ごせい）

日本海軍の将校を育成する江田島の海軍兵学校で一九三二年から使用されました。

戦争色を除けば大変素晴らしい生活の戒めなので、海上自衛隊が標語として用いてますし、英語（英古文）にも訳され、**FIVE POINTS OF SELF-DISPLINE**としてアナポリス海軍兵学校に掲示されています。

一、至誠(しせい)に悖(もと)るなかりしか（真心に反する点は、なかったか）Hast thou not gone against sincerity ?

一、言行(げんこう)に恥(は)ずるなかりしか（言行不一致な点はなかったか）Hast thou not felt ashamed of thy words and deeds ?

一、気力(きりょく)に缺(か)くるなかりしか（精神力は十分であったか）Hast thou not lacked vigor ?

一、努力(どりょく)に憾(うら)みなかりしか（十分に努力をしたか）Hast thou exerted all possible efforts ?

一、不精(ぶしょう)に亘(わた)るなかりしか（最後まで十分に取り組んだか）Hast thou not become slothful ?

一九三八年に西条八十が発表した詩に大村能章が作曲した「同期の桜」は江田島の兵学校がモチーフのようです。

この時代にも「受験戦争」があったようです。江田島の兵学校の受験資格は、十六歳から十九歳というだけだったのですが、全国から文武両道、男の中の男を自負する優秀な青年が競って志願する超難関であったので、江田島の兵学校受験のための予備校的な学校が全国にありました。逗子開成、海城高校の前身などで、それらは後に大学受験の進学校となりました。

小太刀の形（こだちのかた）

日本剣道形に三本あります。

太刀は「機を見て」仕掛けますが、小太刀三本はいずれも仕太刀が「半身」で、「入り身になろうと」します。小太刀は短いですが、「半身」になることで太刀と同じようなお相手との距離を作ります。尚そのうえで、お相手の懐に入り込むことで、短い小太刀でも勝機を得ます。恐怖を乗り越え、身を捨てお相手の手元に飛び込んでゆくことで、打太刀の機先を制します。長所を活かし短所を補うことで、「刀は長ければ長いほど有利ではない、刀が無くても何とかなる『無刀』もあり得る」という「**長短一味**」を学びます。

克己心（こっきしん）

自分の欲望をおさえる心。自制心。

いったん立てた目標を、やり抜くために、その他の欲望を抑え勝つことです。打つべきところまで我慢をしなければなりません。

『論語』の「顔淵第十二」に「顔淵問仁。子曰克己復礼為仁」（顔淵、仁を問う。子曰く、己に克ち禮に復るを仁と為す。）と、「自分に打ち勝って礼に立ち返ろうとすることが仁である」とあります（「仮名論語」P.161）。

小手技の主なもの

中段の構えの右小手（左手前では左小手）は、まっすぐ振り上げて、相手の竹刀の上を越えて、まっすぐ打ち下ろします。刃筋を立てます。

打った後はそのまま相手に相手が体当たりするか、相手がどいた場合に抜けるかです。その際お相手の左に抜けた場合は、右回りで振り返って残心を取ります。

斜め振りでの小手は刃筋が立っていれば有効ですが、どこかで当たるだけの技なので、評価は高くありません。

中段以外の構えなどのときの左小手または右小手を打っても有効です。

①出（端）小手　相手が打突してくるときに、自分の右足を相手の右足を踏むつもりで打ちます。

②上げ小手　相手が上段に構えようとするとき、面に打ち出すとき、手元が上がるときに打ちます。

③内小手　相手の中段の切っ先が下がったときに、小手の内側を打ちます。段の切っ先の下がったときに、小手の内側を打ちます。

④払い小手　相手の竹刀を裏から右に払うと同時に踏み込んで打ちます。

⑤かつぎ小手　肩に担いだとき大きく色を見せることで、相手が動揺して虚（＝隙）のできた小手を打ちます。小手が打てないときは面に伸びます。

⑥巻き小手　相手の竹刀を下から巻いて打ちます。切っ先で相手の竹刀の切っ先を中心にくるりと円を描いて、相手が構えを崩したところを小手に切ります。

⑦抜き小手　相手が小手に打ってくるのを、左足から後ろに下がって引き抜いて小手を打ちます。

⑧攻め込み小手打ち　切っ先を下げて相手の拳に付けると、相手はその気に押されて応じて手元が伸びる。そこを巻き小手の要領で打ちます。

⑨ 応じ返し小手　面を打ってくるのを応じ返して打ち込む。
⑩ 応じ小手　相手の小手を右上に弧を描くように右鎬で応じて打ち込む。
⑪ 擦り上げ小手　小手を打ってくるのを擦り上げて打ちます。
⑫ 左諸手上段より小手打ち　諸手や片手で打ちます。

言挙げ（ことあげ）

自分の意志をはっきりと「ことば」を声に出して言うことを「言挙げ」と言い、それが自分の慢心によるものであった場合には悪い結果がもたらされるので、むやみに自分の解釈や意思を言葉に出すことを戒めています。

最古の用例として、『古事記』の中巻に、伊吹山の神を討ち取りに出かけたヤマトタケルが髪である白猪に遭ったのに、「これは神の使者であろう。今殺さず帰る時に殺そう」と「言挙げ」したため、神の祟りにによって殺されてしまった、とあります。

剣道は「稽古見性（けんせい）」です。稽古でしか進歩発展はないので、稽古で表現すべきで、言葉ではありません。

貝原益軒（一六三〇~一七一四年、八十四歳。本草学者、儒学者）「養生訓」に、「言語をつつしみて、無用の言(コトバ)をはぶき、言をすくなくすべし。多く言語すれば、必ず気へりて、また気のぼる。甚だ元気をそこなふ。言語をつつしむも、また徳をやしなひ、身をやしなふ道なり」とあります（『養生訓』「養生と口数」P.51）。

子供

ドロシー・ロー・ノルトDorothy Law Nolte作。一九二四~二〇〇五年、八十一歳。ロサンゼルス出身。ミネソタ州立大学卒。四十代の終わりに英国国立聖職大学で博士号を取得。四十年以上にわたって家族関係についての授業や講演を行い、家庭教育や子育てコンサルタントを務めました。三人の子どもを持つ母親、二人の孫の祖母であり、ひ孫も六人。

詩『子は親の鏡』は一九五四年に書かれ、三十七カ国語に翻訳されました。その後、レイチャル・ハリスと共著の『子どもが育つ魔法の言葉Children Learn What They Live.』は二十二カ国語に翻訳され、多くの共感を呼び、ました。（加藤諦三著・アメリカインディアンの教え・扶桑社文庫より抜粋）

剣道を青少年に教える際の参考になります。

批判ばかり受けて育った子は非難ばかりします
If a child lives with criticism , He learnes to condemn .
敵意にみちた中で育った子はだれとでも戦います
If a child lives with hostility , He learnes to fight .
ひやかしを受けて育った子ははにかみ屋になります
If a child lives with ridicule , He learnes to be shy.

ねたみを受けて育った子はいつも悪いことをしているような気持ちになります
If a child lives with shame , He learnes to feel guilty .
心が寛大な人の中で育った子はがまん強くなります
If a child lives with tolerance , He learnes to be patient .
はげましを受けて育った子は自信を持ちます
If a child lives with encouragement , He learnes confidence .
ほめられる中で育った子はいつも感謝することを知ります
If a child lives with praise , He learnes to appreciate .
公明正大な中で育った子は正義心を持ちます
If a child lives with fairness , He learnes justice .
思いやりのある中で育った子は信仰心を持ちます
If a child lives with security , He learnes to have faith .
人に認めてもらえる中で育った子は自分を大事にします
If a child lives with approval , He learnes to like himself .
仲間の愛の中で育った子は世界に愛をみつけます
If a child lives with acceptance and friendship , He learnes to find love in the world .

小物（こもの）

竹刀を構成する部品で、弦を巻きつけて柄と結び弦の長さの調節を容易にする小さな革。

戦国時代は足軽として、小物、小物組頭、小物頭、足軽、足軽組頭（物頭）と区分されました。江戸時代は、足軽、中間（ちゅうげん）、小物（臨時のアルバイトのようなもの）という階級制でした。「足軽、小物」と言うと傘張りをしているような最下層の武士。

古流（こりゅう）

居合で全日本剣道連盟の制定居合に対して各流派の形を言います。神夢想林崎流（しんむそうはやしざきりゅう）または重信流、田宮流居合術、無雙直傳英信流居合術、大森流、関口流抜刀術、伯耆流居合術、立身流など。

コンステレーション

一般には星座（constellation）ですが、「布置（ふち）」と訳されるユング心理学の概念のひとつです。一つひとつの事柄や状況が、それだけでは何の関係も意味もなしていないようであっても、あるとき、それらが一つのまとまりとして、全体的な意味を示してくることに気づくというものです。ユング派の分析家であった河合隼雄は、「心の中の状況と外的に起こることがうまく合致して、全体として何かが星座のようにまとまること」と言っています。河合は**六道曼荼羅との共通点にも**言及しています。

さ

冴え（さえ）

瞬間の鋭さと強さが、合理的で無駄がなく科学的にエネルギーが最も有効に使われた瞬間的な「小気味良さ」。「技に冴えがある」、「打突の冴え」、「冴えのある打ち」、「手の内の冴え」などと使われますが、いずれも同じことを言っています。無駄な力を入れないで、必要な筋肉だけを重力を生かすように使って、**「刀勢」**が鋭く「刃筋を立てて」パクンと一瞬で打突部位に衝撃を与える様子を言います。

全日本剣道連盟は「強度と冴え」の「強度」で言い表しているようですが、「刀」ではないのですが「刀」といして考えて、重力と加速度を竹刀に乗せた打ち方は、刀の振り方と同じであるという意味で「刀勢」を使いたいです。

差し表（さしおもて）

刀を腰に差したとき（刃は上）に、外側になる方を言います。体に密着する方が裏。従って、中段に構えたときの左側が表です。竹刀で中段に構えたときの「表」と「裏」と言う場合も同じです。

刺し面（さしめん）

竹刀を振りかぶらず、手だけ伸ばして相手の面にチョコンと触るような、冴えのない、「まやかし」の打突。木の上の鳥を鳥餅のついた竿を使ってスッと捕まえてしまう様に似ていることから、「鳥刺し面」と言われ、それが「刺し面」となりました。かつての大日本武徳会では、一本とは認めないという規定を設けたとのことです。

しかし、「大きく、ゆっくり」が「早く、鋭く」になって行く「大・強・速・軽」の発達段階を経て「竹刀を振りかぶらず小さく打つが、全身の勢いの発露で打ちに冴えがある」というのは、熟練者の理想的な打ち方です。ときどきこの正しい打ちを「刺し面」と呼ぶ人がありますが、誤りです。手首のスナップを利かせるだけの打ちと違うことを理解しましょう。

佐藤一斎（さとういっさい）

一七七二～一八五九年、八十七歳。幕末の儒学者。朱子学にも陽明学にも見識が広く、「陽朱陰王」と呼ばれるほどでした。幕府の昌平坂学問所に入門し、三十三歳で塾長に昇進。七十歳にして公的な最高位である儒官となりました。

幕末の昌平坂学問所で佐藤一斉に、佐久間象山、渡辺崋山、横井小楠などが学び、さらに佐久間象山の弟子である中江藤樹（一六〇八～一六四八、四十歳）、吉田松陰（寅次郎、小林虎三郎とともに「象門の二虎」）、小林虎三郎

（『米百俵』で有名）、河井継之助、坂本龍馬、勝海舟が学び、明治維新で活躍しました。

その後も大塩中斎（平八郎）、熊沢蕃山、山田方谷、西郷隆盛、三島由紀夫、安岡正篤などが信奉しました。

四十二歳から八十二歳までの約四十年間に箴言を**『言志四録』**という、**『言志録**246**』『言志後録**255**』『言志晩録**292**』『言志耋録（げんしてつろく）**340**』**の四書に千百三十三条を書きました。西郷隆盛や佐久間象山、吉田松陰その他などが座右の銘とした金科玉条です。

「少而学則壮而有為。壮而学則老而不衰。老而学則死而不朽」少にして学べば、則ち壮にして為すことあり。壮にして学べば、則ち老いて衰えず。老いて学べば、則ち死して朽ちず。（『言志晩録』60。「言志四録（三）」P.80）

「春風接人　秋霜自粛」春風（しゅんぷう）を以（もっ）て人に接し、秋霜（しゅうそう）を以て自（みずか）ら粛（つつし）む。（『言志後録』33。「言志四録（二）」P.52）

「我当視人之長処。勿視人短処。視短処。則我勝彼。於我無益。視長処。則彼勝我。於我有益」我れは当（まさ）に人の長処（ちょうしょ）を視（み）るべし。人の短処（たんしょ）を視ること勿（なか）れ。短処を視れば、則ち我れ彼れに勝（まさ）り、我れに於（おい）て益（えき）無し。長処を視れば、則ち彼れ我れに勝（まさ）り、我れに於（おい）て益（えき）有り（『言志晩録』70「言志四録（三）」P.95）

西郷隆盛は、島流しにあったとき、百条を抜き書きし、座右の銘としていました（『手抄言志録』）。

悟り（さとり）

真理（法）に目覚めること。悟りとは仏教では「迷いからさめる」ことですが、いったん得た悟りも、そこにとどまっていては進歩向上のさまたげで、悟ってはその悟りの跡を払い、さらに悟ってはその跡を払って、その奥を極める必要があるそうです。そして最後には、悟りの意識までも払いつくして、生死の区別もない自然のあるがままの境地に至り、安心が得られ、生命力がみなぎり、自利と利他共に自由自在に、しかも創造的に活動しうるようになるそうです。剣道でも、多年に亘る難行苦行の結果到達できた人もいます。

『剣法秘訣(孫の千葉勝太郎編・千葉周作遺稿)』「五　剣道名人の位」に、きこりが「さとり」という獣を獲った有名な逸話があります（「近代剣道名著大系 第二巻」P.225）。

「さとり」はきこりの心を読めるので、きこりが「さとり」を殺そうと思うと、「さとり」に分かってしまって、手も足も出ませんでした。しかし、きこりが、「さとり」を忘れて一心に木を切っていたところ、斧（「無念」の斧と記載されています）の頭が飛んで「さとり」を撃ち殺したという話です。究極は、無念無想の無意識の一本だと言っています。

「ある話に樵夫（きこり）深山に入りて、木を切りおりたりしに、さとりという獣、そのところへ来たりしかば、異獣なるゆえ、何とかして生捕りたく思いしかば、そのさとりのいうよう、その方は心中に我を生捕りたく思うなるべしという、樵夫はこれを聞きて大いに驚きしかば、さとりまたいう。その方今わが悟りたることを不審に思うなるべしと、樵夫益々驚き、竊（ひそ）かにこの斧を以って一打ちに打ち殺さんと思うとき、さとりまたいう。その方我を殺したく思うなるべし、依りて樵夫心中に思う様、かように我が思うこと、為さんとすることを知りてはとても致し方なしと、またもとの如く斧を以って木を切り掛かりしかば、さとりまたいうよう、その方はもはや致し方なく思うなるべしと、樵夫これにも構わず一心に木を切りおりたりしに、その斧自然に飛び抜けて、さとりの頭を打ち砕きしかば、異獣二言を発せず死せりという、さすがのさとりも無念の斧には打たれしとのたとえなり、剣術もそのごとく、この方の思うところ、なさんとするところをことごとく知らるるものゆえ、とかく無念無想の打ち突きになくては叶わぬことなり、よくよく練磨すべし」。

木鶏（もっけい）も有名です。虚心無我になったときに最も強くなるということ。荘子（そうし、紀元前三六九～紀元前二八六年、八十三歳。道教の始祖の一人）の書いた『荘子（そうじ）』達生篇（「荘子 第三冊」P.53）にある「望之似木鶏」（之ヲ望ムニ木鶏ノ似シ）。

金も名誉も勝ち負けも、愛憎も、生死さえも、一切の我執を捨てきったときに、徳が充実して「真人(=道を体得した人物)」となる。そうすれば、自分でも気づかなかったような巨大な力がほとばしり出てきて、戦わずして勝つ、つまり相手を呑んでしまうというたとえです。

昔、紀省子(きせいし)という闘鶏を飼育する名人が、王から一羽の闘鶏の訓練を仰せつかった。

十日も経ったころ、王が様子をたずねた。「どうだ、もうそろそろ使えるのではないかな」。

すると紀省子はこう答えた。「いや、まだでございます。今はやみくもに殺気だって、しきりに敵を求めております」。

それから十日経って王が尋ねると、「いや、まだでございます。他の鶏の鳴き声を聞いたり、気配を感じたりすると、たちまち闘志をみなぎらせます」。

また十日経って王がたずねると、「いや、まだでございます。他の鶏の姿をみると、にらみつけ、いきりたちます」。

さらに十日たって王がたずねると、こんどはこう答えた。

「もうよろしゅうございましょう。そばで他の鶏がいくら鳴いても挑んでも、いっこう動ずる気配もなく、まるで木鶏のようにみえます。これこそ徳が充実した証拠です。こうなればしめたもの、どんな鶏でもかないっこありません。姿を見ただけで逃げ出してしまうでしょう」。

安岡正篤（一八九八～一九八三年、八十五歳）が酒席で語ったこの話を聞いていた横綱双葉山が、連勝が六十九回で終わった一九三九年一月、安岡に「ワレイマダモッケイタリエズフタバヤマ」という無電を打ったのは有名な話です。現役引退した双葉山は、のちに相撲協会理事長に就任し、時津風になり、一九五九年十二月安岡の自宅を訪ね、「木鶏」の揮毫をお願いしました。これを契機に「木鶏会」が出来ました。処女作『わが決断と勇気』を出した伊藤肇（一九二六～一九八〇年、五十四歳。安岡正篤の高弟で昭和後期の評論家）が元日立金属相談役の中村隆一氏に「木鶏」の二文字の揮毫（きごう）をお願いしたところ、一年もかかって扁額をもらえましたが、その理由は中村氏が納得できるものを書けるまで二百枚以上も書き直したので、時間がかかったしからでした。

木鶏四つの教訓（伊藤肇）

① 「競わず」　むやみと余計な競争心をかりたてないこと。
② 「てらわず」　自分を自分以上に見せない事。
③ 「瞳を動かさず」　落ち着かぬ態度で、あたりをきょろきょろ見回さぬこと。
④ 「静かなること木鶏の如し」　木彫りの鶏の如く静かに自己を見つめること。

禅では、「木鶏子夜に鳴く」とも言うそうです。「子夜」の「子」は午前零時の「子（ね）の刻」のことで、人知れぬうちにということで、「無心」の象徴的な言い方です。

『猫之妙術』（ねこのみょうじゅつ）佚斎樗山子(いっさいちょざんし。丹羽十郎左衛門忠明の筆名。号で丹羽樗山とも。一六五九～一七四一年、八十二歳）が一七二九年に刊行した『**田舎荘子**（いなかそうじ。半紙本。四巻四冊。一七二七年刊。板元は江戸和泉屋儀兵衛）』の中の一章で、猫が大ネズミを捕まえる話を通して、「わざ、気、心を錬りに錬って悟ると、無意識のうちに一本が取れるようになる」ということを言っています。

「雀蝶変化」「木兎自得」など全十六編を収めます。そのほとんどが動植物の対話という形式の、知足安分、運命随順などを説く寓話です。老荘思想の強い影響を受けて書かれたものですが、特に巻末の「荘子大意」に見られる作者の荘子についての理解は、儒教思想と一致していたので、当代の識者たちを感嘆させたそうです。更に有名な『**天狗藝術論**』を世に問うています。

茶道（さどう）

茶碗や掛け軸や花などの美術品を使って茶事として進行する、招いたお客様との一体感を味わいます。「茶の湯」とも。

安土桃山時代から、書院における豪華な茶の湯に対し、村田珠光、堺の町衆である武野紹鴎、その弟子の千利休（せんのりきゅう、せんりきゅう一五二二～一五九四年四月二十一日、六十九歳）が、簡素簡略の境地すなわち「わび」の精神を重んじた茶道を完成させました。蒲生氏郷、細川三斎、牧村兵部、瀬田掃部、古田織部、芝山監物、高山右近ら利休七哲と呼ばれる弟子たちを生み、井伊直弼も親しみました。千利休は、秀吉に重用されましたが、名声の絶頂期に秀吉に切腹を命じられました。著書はなく、南坊宗啓か高山左近が著したとされる『南方録』や手紙文は茶事の作法や連絡事が書いてあるだけで、教訓めいた内容は書いてなく、『利休大事典』の索引にもありません。

茶道の言葉

一期一会（いちごいちえ）　一生にただ一度限りの出会いと思い、そのひとときを最大限に充実させ楽しむため、心のすべてをつくすこと。千利休の門人、山上宗二が**一期一会**と記した（「山上宗二記」）とされています。井伊宗観（井伊直弼の茶人としての名。井伊直弼は、幕末の騒乱の時代江戸幕府の大老職にあって、安政の大獄や日米修好条約締結をし、桜田門外で暗殺されました）の書いた「茶湯一会集（ちゃのゆいちえしゅう）」によって広く知られ、茶席での心得とすべき言葉になっているそうです。「此書は、茶湯一会之始終、主客の心得を委敷（くわしく）あらはす也、故に題号を一会集（いちえしゅう）といふ、猶、一会ニ深き主意あり、抑（そもそも）、茶湯の交会は、一期一会といひて、たとへハ幾度おなじ主客交会するとも、今日の会にふたゝひかへらさる事を思へハ、実に我一世一度の会也、去るニより、主人ハ万事ニ心を配り、聊（いささか）も麁末（そまつ）のなきよう深切実意を尽くし、客ニも此会ニまた逢ひかたき事を弁（わきま）へ、亭主の趣向、何壱つもおろかならぬを感心し、実意を以て交るへき也、是を一期一会といふ」

和敬静寂（わけいせいじゃく）　茶禅一味をめざす茶道家に最も親しまれる語です。互いに敬びあい、拝み合う仏教的精神、汚れなき清らかさ、清楚さです。茶道は和（なご）みの世界をつくり、人を敬い、物事に動じない心を生み出していくことであり、「もてなし」と「しつらい（準備を整えること）の文化です。なお、侘（わ）びは、落胆することを指す「侘びる」が転じた、閑静でひっそりとした様子に味わいを見出す美意識です。寂（さび）は、色褪せることを指す「寂る」が転じた、古びて枯れた、寂しい様子に趣を見出す美意識です。寂滅は仏教、大乗禅の究極の目標です。

一碗のお茶を自分だけさっさと飲むのではなく、お隣の方に「いかがですか」「お先に」と言っていただく。これは外国人の方がマナーとして知っていて、「Excuse me」とか「After you」とかやっています。「他人を思いやり、感謝し譲り合う心」が日本の心だったはずです。

余情残心（よじょうざんしん）　茶事が終わり、お客様が帰った後に、残った茶を飲みながらその日の自らの行動を反省し、素晴らしいひとときを過ごせて良かったとしみじみ思える余韻や風趣のことです。

守破離（しゅはり）　能の世阿弥が『風姿花伝』の中で展開した芸能論の一部を、後に千利休が「規矩作法守りつくして破るとも、離るるとても、もとを忘るな」と詠んだそうです。

座法、坐法（ざほう）

坐る際の足の組み方。剣道では、① **正坐**と② **蹲踞**（そんきょ）があります

因みに、漢字としては「**坐**」はsit「すわる」という「動作」を表わす自動詞、「**座**」はseat「すわるところ」という「場所」を表わす名詞ですが、常用漢字では「座」だけが採用されています。この本では使い分けました。

幕末から昭和初期ころまでの武道の礼法は、蹲踞礼だけでした。堀正平の『第二期の試合礼（剣道考古館、一九四一年）』に、「双方道場の中程に進み、立礼はせず直に蹲踞（折敷）し、右手を下げて会釈し、抜合せて立つた。但し陸軍は一八九三年から片手剣術（双手剣術は日露戦争後）で立礼を行った」と述べられているそうです。

剣道の試合で抜刀しながら蹲踞するのは、もともと蹲踞姿勢から右膝頭・右手を床につける礼法、もしくは蹲踞姿勢から両手指を床につける指建礼を行っていたなごりのようです。

柔道の試合を始めるときは、一九六七年制定の『国際柔道試合審判規程』から、立礼から始めることが明記されました。それまでは、剣道の蹲踞礼もしくは両膝頭を畳につけて踵を爪立て両手をついて礼をする座礼方式でした。昭和に入り、足の甲を畳に付ける正坐方式に変わりました。

つまり、武道の礼法は一見古いようですが、実は明治末から昭和（戦前期）にかけて和洋折衷だったり、伝統の作法を再構成したものです。

① 正坐

現在の剣道の作法では、坐る時は左の膝を先に床につけ、立ちあがる時は右の膝を先に上げるようする、**左坐右起**（さざうき）です。居合でも採用されており、剣道では当たり前になっています。正坐が正しい坐り方とされるようになったのは明治時代になってからです。また、左坐右起は一九四一年四月、文部省が『礼法要項』を公刊したので講道館がこれを採用したときに剣道もそれに倣ったので、それまでは「右坐左起」が主流だったようです。現在でも、茶道の表千家は両足同時、裏千家は下座の膝を立てる、など様々です。

武士は、敵がいつ来ても刀をすぐに抜けるように、坐る時も立ち上がる時も右の膝が上がるようにしていたためと言われていますが、江戸時代は武士は屋敷に入るときは刀を預けてしまうので、帯刀したまま正坐をすることはなかったようです。

正坐して黙想します。これを「**静坐**（静坐とも）」という場合もあります。中国では儒教で心身を静める瞑想法として行われていました。従って、儒教から派生した朱子学でも陽明学でも行われていました。

② 蹲踞

「蹲踞」をする理由は、相手への礼を表すためです。

「蹲踞」の仕方は、緊張感を高めていって、「先の気」で立ち上がるのが目的ですから、左右前後に傾くことなく、やや右半身で、左脚により強く力を感じながら腰を下ろしていって、腰は下ろしきらず、下腹に力を入れて浮かしたまま我慢し、そこから立ち上がります。腰を落としていいのは、試合中の合議を待つとき、剣道形で仕太刀が小刀を置くのを打太刀が待つときなどです。

鞘の中（さやのうち「鞘の内」とも）

居合で言われる奥義。抜けば殺せるが無益な殺生をしないために、心と正論で争いを納めること。「勝敗は鞘の内にあり」と言うときは、「抜いたら勝負ではなく生死」という意味や、「速い方が勝つので抜かなくても勝負はついている」ということでもあるようです。

なお、「武芸者（芸者）は、死んでは仕官もできませんし流派をなすこともできないので、相手に抜かせてはいけなかった」という意味もあるようです。

因みに江戸時代の侍は仕官している役職を世襲しましたので、自己の生死よりもお家の存続が重要でした。武士は、義があれば相手を殺しても、その場で切腹すれば家は存続したようです。自分は死ななければならないので、なかなか刀は抜けなかったようでが、刀を抜かないで斬られる、後ろから斬られる、ふんどしが解けていたなど「恥ずかしい死に方」をしたらお家断絶になったそうです。

鞘引き（さやびき）

日本刀や居合刀で抜刀に際して鯉口を持った左手を、小指が帯から離れないようにしつつ、左後に引くこと。抜刀に勢いを増すためです。刀は右手だけで抜くのではなく左右の手でも抜くものであることを十分に認識します。鞘引きをしない流派もあります。木刀や竹刀を構えるときにはしません。

座礼（ざれい）

日本の礼法は武士の礼節が、生け花（華道）、茶の湯（茶道）などで広がったと考えられ、弓馬術の**小笠原流礼法**に体系的に残っています。

小笠原流礼法の座礼には**九品礼**（くひんれい）と言って、**首礼**（しゅれい）、**目礼**（もくれい）、**指建礼**（しけんれい）、**爪甲礼**（そこうれい）、**折手礼**（せっしゅれい）、**拓手礼**（たくしゅれい）、**双手礼**（そうしゅれい）、**合手礼**（ごうしゅれい）、**合掌礼**（がっしょうれい）があります。双手礼が剣道の座礼で、両手は親指を揃えて自然に八の字を描きます。

茶道では流派によって違いがあり、表千家の場合、女性は両手を七センチほど、男性は二十センチほどあけて八の字につきますが、裏千家では両手の指先を揃えます。裏千家では掌を全部畳に付ける「真」、手の指の第二関節から先が畳に付く「行」、指先を膝の前の畳に付ける「草」の三種を使い分けます。

山海の変わり（替り）（さんかいのかわり）

同じ攻めは二回までしか、してはいけないと言うこと。敵が山と思えば海と仕掛け、海と思えば山と仕掛けるというふうに、同じ攻めを繰り返しません。宮本武蔵『五輪書』「火の巻」二十一番目です（「五輪書・武教講録」P.222）。

三角矩の構え（さんかくくのかまえ）
中段の構えのポイントを教えたもので、眼、腹、剣先の三角形の定規をはずさないように構えることを言います。この教えは山岡鉄舟が考え出しました（「近代剣道名著大系・第十二巻」P.14）。

三功一致（さんこういっち）
「攻めて技を出すときは、切先、身体、気合が一致する」という教え。出典は不明。なんとなく分かりますが、具体的にどのような動作を一致させるのかが分かりません。

三尺去って師の影を踏まず（さんじゃくさがって…）

弟子は師を尊んで、礼儀を忘れないようにしなければなりません。先生の影を踏まないぐらい間隔をとって後からついていくべきだという意味です。「三尺」は約九十センチメートル。同意語に「三尺下がって師の影を踏まず」、「三歩下がって師の影を踏まず」があります。

残心（ざんしん）

お相手を打突した後にも、攻める気持ちを持ち続け、お相手の動作にすぐに対応できるように示す心構えや身構え。多くの人が、右に出ながら面を打ち、打った後**バンザイ**をします。これは残心ではありません。

私は残心の実際の動きは、「**打った後はお相手にぶつかって跳ね返るか、打ちぬけて振り返り、十分な間合を取って構えること**」だと思います。そして心は、「**没我の一打がお相手の心を打ったかどうか確認すること**」だと思います。

打ってすぐにガッツポーズなどをすると一本になりません。打突後に「引き揚げ」をしたり、必要以上に駆け抜けたり、片手を放すなど、残心がないということで、合議の上、取り消されます（『剣道試合・審判規則』第二十七条と細則第二十四条）。**昔の審判規則にあった**「正対する」という条件はなくなりました。

剣道の有効打突は、『剣道試合・審判規則』第十二条に規定しているように、「充実した気勢、適正な姿勢をもって竹刀の打突部で打突部位を刃筋正しく打突し、残心あるものとする」ということですので、打ってお相手の前で止まるような打突は正しくないのです。引き面のときは上段に取ります。引き小手のときは中段です。残心は一連の流れに含まれるものであって、後から付加するものではありません。最初から最後まで一貫した精神力を持続していることが重要なのです。特に、声がその表れで、振り返って一歩出るまで声を下げないこと、縁を切らないことが正しい一本になります。正しい稽古をしていれば当然、どの一本にも残心があります。残心のある稽古をしましょう。

また、打突が有効であるかどうかだけでなく、謙虚な、お相手を尊重し、思いやる、「打って反省、打たれて感謝」の気持ちでいないと、殺し合いの殺伐たる「畜生剣道」になってしまうことも理解しましょう。大リーグではホームランを打った打者はガッツポーズをしませんが、その理由は「投手を侮辱することになるからであり、次回の『死球』を約束することになるから」だということです。

「一刀流兵法箇条目録」には、「残心は、心を残すと訓（よ）みて、全々**勝と見ても、油断せぬ**と云ふ教なり。仮令（たとえ）、手ごたえ有る程突くなり切るなりすると も、敵に如何（いか）程の巧みあるも計り難し。兎（う）の毛の入らぬ間より不慮のあること、古今に例多し。打ち倒し首取りても安心せまじと云ふ所より、残心と号（なづ）けり」とあります。

一刀流の伝書に「残心は捨てる意あり」とか「残心とは返る意なり」などの教えは、「身を捨ててこそ浮かぶ瀬もあれ」（柳生石舟斎）の教えの如く、身を捨てて、身全霊をもって打突すると、自然に、残心を意識しないのに残心が生ずると言っています。「茶碗の水を捨てる時、全部を一気に捨てるつもりで、思い切って勢いよく捨てると、あとに一滴の水が残る」。それが残心だという教えもあります。

残心を残す心と思うなよ　打った気力を暫し其の儘（作者不詳）

対手をば打ちたるときも心して構えくずさず後を備えよ（作者不詳）

三節の礼（さんせつのれい）

神に対する礼、師に対する礼、同僚に対する礼。出典は不明。「礼をするときは三回ある」というような意味でしょうか。

三段の間合（さんだんのまあい）

一足一刀の間合、近間、遠間、の三つを言います。「間合三段の位」と千葉周作は千葉勝太郎編千葉周作遺稿『剣術物語』（「近代剣道名著大系・第二巻」P.218、24 4）」）で言っています。

山中の賊（さんちゅうのぞく）
目の前の敵なら、明確に意識して対応できますが、心の中の邪念は、非常に強敵だという、精神修養の困難さを言っています。
王陽明（一四七二〜一五二八、五十七歳。中国・明中期の儒学者、政治家。陽明学の祖）の言葉で、「破山中賊易、破心中賊難」。「山中の賊を破るは易く、心中の賊を破るは難し」と読みます。文字とおり、「山中の賊（悪者）は力でねじ伏せることができるが、心に中にある賊（悪者）を退治するのは並大抵ではできない」という意味です。
剣道に当てはめてみると、この「心中の賊」とは、四戒そのものでしょう。「驚懼疑惑（きょうくぎわく）」を起こさないようにするには、修行しかありません。

三昧（ざんまい）
精神を集中して余念がないこと、一心不乱に物事をすること。
梵語のSamadhiを漢字に音写したもので、三摩地とも書かれ、「**正受**」と意訳されています。以下の三つを実践します。
① **正念相続**（しょうねんそうぞく）寝ても覚めても、いても立っても、いつでもどこでも、雑念を払い、仏道を心に思いとどめることを意味します。妄想を捨て去り、頭で考えたものではない自然、当たり前の自分に気づくことです。転じて、剣道を極めるための、雑事を払って剣道をし続けること、正しい稽古を続けることを言います。「正念」とは、臨済禅などの仏教語です。悟りに至るまでの基本的な実践方法です「八正道(はっしょうどう)」の第一。残りの七つは正見、正思惟、正語、正業、正命、正精進、正定です。禅門では、坐禅をして「数息観」をします。息を数える以外には何も考えないで、息を数えることに三昧になります。息を数えようとする一念だけが生き生きと働き、それが切れ目なく一貫相続します。集中力が付くということは、実社会での個人の仕事能力の差は、知能指数の差ではなく、集中力の差です。正念の不断相続の集中力を学びます。
② 「**自他不二、心境一如、物我不二**」　お釈迦様の悟りの時の投機の偈（げ、仏典のなかで、仏の教えや仏・菩薩の徳を讃えるのに韻文の形式で述べたもの。「偈頌(げじゅ)」とも）として「山川草木悉皆成仏」「天地と我と同根、万物と我と一体」とあるように、まさに「見性」（けんしょう　けんせい　悟り）には、この「自他不二、心境一如、物我不二」の**三昧**に至ること無しには出来ないとされています。
③ 「正受にして不受」　正受とは、明鏡が物を映すように、そっくりそのまま受け入れるということです。不受とは、明鏡の前から物がなくなれば、鏡には物は跡形もなく消えてしまうということです。何が聞こえても、何が見えても、全く邪魔にならないのです。「雁長空を過ぎて影寒水に沈む、雁に遺蹤の意なく水に沈影の心無し」。

三磨之位（さんまのくらい）

柳生新陰流の剣道を学ぶための心得。**循環無端**です。柳生新陰流の連也口伝伝書。柳生流一円上に三点、習い、稽古、工夫を書いて三磨と言います。

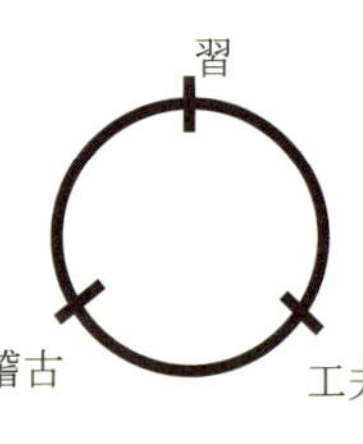

「習う」、良い祖師、先哲の教えに付いて正しく習います。即ち篤信、積習が第一点です。

「工夫」、師から習ったことを鵜呑みではなく工夫してみる。工夫は自己の心中に求める修行で、真実の追求です。

「稽古」、工夫しながら実際に稽古、鍛錬を積み重ねるということです。

そしてこの三点には境がなく、どれ一つを欠くことなく、一円相上に追及して循環して出精せよの教えです。

笹森順造は、何百年も門人以外には見せることのなかった秘伝書を現代語に改めて出版した『**一刀流極意**』で以下のように述べています。「**循環無端**とは、相手と縁を切るなということ。相手と対時したとき、旺盛なるが途切れず、技も途切れず、その働きを持続させる。気の途切れ、技の途切れは相手にとっては打突の好機であり、最も忌むべきところ。常に懸中待、待中懸の心がけが大事です」。

この「循環無端」を形に描くと、まるい輪が一つ（**円相**）。これは「**一刀即万刀、万刀即一刀**」の一刀流の根本理念であり、禅の極意にも通じています。

また、『一刀流極意』は極意「**一刀は万刀に化し、万刀は一刀に帰す**」を紹介しています。「一刀流の哲理は万有が一に初まり一に帰する原則に立つ。この理による組太刀は、いろは四十八文字にたとえられる。初め習う時には、い、ろ、は、と一字づつ順々に覚え、一旦覚えたらその順序を捨て必要に応じてこれらを自由に組み合わせて言葉を言い、文章を綴って用を弁ずる。組太刀もそのように初めは一本一本正しく習い、覚えたものが後には敵の有様に応じ、いずれの用にも働き得るようにする。たとえば切落の一本の理が組太刀百本に乗り移り、百本の技が切落一本に帰する。百本の枝が各々離れ離れにならぬ様に一貫して一本に使う」。

笹森順造は、海外の人々に剣道を奨励するために、『剣道(「This is kendo」 the art of Japanese fencing / by Junzo Sasamori and Gordon Warnet 1964)』を英語で出版しました。

「**循環無端**」が一刀流でも柳生新陰流でも出てくるのは、孫氏の『兵法』の「勢篇第五」から引いたからです（「孫子」P.53）。

「三軍之衆、可使必受敵而無敗者、奇正是也（三軍の衆必ず敵うけて敗るること無からしむ可きものは、奇勢是なり。全軍の兵士が、敵軍に上手く対応して負けないようにできるのは、正攻法と奇計の使い分けのおかげである）」その後に「奇正相生、如循環之無端。執能窮之（奇正のあい生ずること、循環の端なきがごとし、執〈たれ〉かよくこれを窮めんや。これは丸い輪に終点がないようなものである。奇策から正法がうまれ、正法から奇策がうまれる。誰にそれが窮められようか）」とあります。「戦いは正と奇の二つで成り立っているが、正と奇を切れ目なく、意表をついたり、真っ直ぐに打ったりしなければ勝てない。その組み合わせは無限で、きわめることはできない」という意味です。これを「**奇正**（きせい）」と言います。

し

地（じ）

一般に使われる言葉で、基本的、本質的なもののことをいい、「地力」といえば本来の実力のことだが、剣道では見せかけや偶然ではなく、スピードや体力だけでもない、真の実力がついてきたことを「地ができてきた」などと表現することが多い。

試合・審判規則（しあい　しんぱんきそく）

現代では試合＝試し合いで、ややもすると真剣みに欠けますが、剣道の起源は、死合、仕合＝殺し合いで、命のやり取りです。『**甲陽軍鑑**（こうようぐんかん一五八六年ごろ。武田氏の戦略、戦術を記した軍学書。本編二十巻全五十九章、末書二巻。高坂昌信著とされる。小幡景憲が写本）』に「陣なきとき、武士かけ向かいの勝負をば、斬合、或いはしあひと申す」とあり、郡山藩條目には「他流と仕合、堅無用之事」とあり、生死を賭して「仕（つかまつ）る」という意味でした。

試合のルールは「剣道試合・審判規則および剣道試合・審判細則」と「剣道試合・審判・運営要領の手引き」を全日本剣道連盟が定めており、適宜改正されています。

勝敗は三本勝負を原則とし、試合時間内に有効打突を二本先取したものが勝ちですが、一方が一本を取りそのままで試合時間が終了したときは、この者を勝ちとします。試合時間内に勝敗が決しない場合は延長戦を行い、先に一本取った者を勝ちとします。また、判定もしくは抽選により勝敗を決め、あるいは引き分けとすることもできます。

団体試合では「**勝者数法**」（先鋒同士、次鋒同士と次々と、一対一の勝利者数によって団体の勝敗を決し、勝者が同数の場合は総本数の多い方を、総本数が同数の場合は**代表者戦**によって勝敗を決する方法。**対勝負（たいしょうぶ）**、**対試合**とも言います。三人制、五人制、七人制などが一般的ですが、学校同士の対抗戦など、二十人～三十人以上でも行なわれます)と、「**勝ち抜き法**」(勝者が続けて試合を行い、団体の勝敗を決する方法。**抜き勝負、勝ち抜き戦、抜き戦**とも。戦えない者が出てしまうという難点がありますが、何人も連続で抜く選手が登場する面白さがあり、玉竜旗高校剣道大会などで採用されています)がありますが、その他にも、**リーグ戦**など各大会で定めた方法により勝敗を決することができます。

仕掛け技（しかけわざ）

応用打突には、仕掛け（攻め）技と応じ技があります。仕掛け技は、①連続技・二・三段の技、②.出端、出鼻、起こり技、③離れ際技、引き技、④払い技、張り技、⑤捲き技、⑥担ぎ技、⑦片手技、⑧上段技があります。こちらが先に仕掛けて打ち込む技です。「先の先」と「先」の技です。

一、連続技、二、三段技　二段、三段の二つ以上の技を連続して打つ技は、単なる連続を目的としてはいません。一つの部位を攻撃したところ。相手に余されたり、抜かれたり、応じられたりして不成功に終わったので、そのまま続けて第二第三の目標を攻撃します。

①小手面　一つ一つ全精神を集中して打突し、たとえ小手打ちが不十分であっても絶対に気をゆるめないで一気に打ちます。左足の引きつけを早くして、面の踏み込みが速く出来るようにします。

②小手胴　相手の右小手に打ち込み、相手が避けようとして手元を上げた瞬間、相手の胴を直ちに打ちます。

③面面、連続面　中段から相手の面を打ち込み、相手が余したため不十分に終わった瞬間、更に踏み込んで面を打つ技です。左足の引きつけが二本目を有効にします。また、鍔競り合いから正面、右面と打つことを言う場合があります。

④面胴　思い切って面に打ち込んだとき、相手が竹刀で受け、手元が上がって胴に隙が生じた所を、更に出て打ち込む技です。またつば（鍔）ぜり合いから退いて打つ場合もあります。

⑤面小手　こちらが面を打ったとき手元を上げて避けながら下がる相手に、いったん体当たりして引き（退き）小手を打ちます。

⑥突き面　こちらの突きに対して相手が体を反らしてか前を開くか、退いて剣先を下げたとき、更に踏み込んで面を打ちます。

⑦突き小手　こちらの突きをしのごうとして手元を上げるところを、更に出て右小手を打ちます。

⑧小手面面　相手が下がるので、追いかけて打ちます。一つ一つの打ちを正確に、しかも打ちと打ちの間に気分を抜かないようにします。

⑨小手面胴　小手面面と同様です。

二、出端技、出鼻技（『警視庁剣道教本』では「**起こり技**」）相手が技を出そうと起こる機会を打突する技です。起こり頭（おこりがしら）には有形と無形とがあります。有形の起こり頭は拳と剣先がわずかに動作に現われたところです。無形のそれは、まさに動作の発意のところです。最初は有形の起こりに反応するように稽古し、やがて「実を避けて虚を打つ」ために、「虚」である相手の発意のところ、無形の起こり頭を明鏡止水の心境で感知し、すかさず打突するように稽古します。宮本武蔵は『五輪書』の「火の巻」の三番目（「五輪書・武教講録」P.158）と『兵法三十五箇条』の二十三番目に「**枕の押さえ**」と言い、起こりを捕らえれば、小の力で大の力を押さえられるということです。充実した攻めが必要なので、武蔵は『兵法三十五箇条』では「心にてもおさえ、身にてもおさえ、太刀にてもおさふる物なり」と教えています。

①出端面　相手が面を打とうとして技に起こる頭を面に打つ技です。

②出端小手　相手が面や小手を打とうとする起こる小手を打つ技です。

③出端突き　相手が面や小手や突きに出ようとした起こりを突く技です。

三、離れ際技、引き（退き）技　鍔迫り合いや接近している時、相手を動かし、または、体当たりなどして隙を作って、すかさず引きながら打つ技です。

①引き面　送り足、または、開き足で、後方、或いは、斜め後方へ引きながら正(左、右)面を打ちます。なお体当たりによって、相手の構えをくずしたり、相手の手元を押し、その反動を利用して打つ場合もあります。

②引き胴　相手の肘が伸びるか手元が上がって右胴に隙が生じた瞬間、送り足、または、開き足(左足前）で後方、或いは、斜め後方へ引きながら右胴を打ちます。大きく振りかぶって、手の内を返して正確に打ちます。

③引き小手　斜め左後方へ開き足で大きく引きながら、右小手を打ちます。打った後見苦しい引き上げにならないよう、節度を持って中段に構え残心をとります。

四、払い技（警視庁剣道教本では「**張り技**」）　相手の竹刀を左（右）に払って、相手の構えをくずすと同時に打ち込む技です。

①払い面　右足から踏み込みながら、相手の竹刀を斜め左（右）上に払い上げまたは、斜め左下に払い落として、直ちに面を打ちます。右手のみでなく、両手で払う。弧を描くようにして払い、払った竹刀の方向と力が、そのまま打つ竹刀として有効に働くように一拍子に動かします。相手が出ようとする瞬間、また退こうとする瞬間が良い機会です。

②払い小手　右足から踏み込みながら、相手の竹刀を右斜め上に払い上げて小手を打ちます。打ったときに左足を引きつけます。

③払い胴　右足から踏み込みながら、相手の竹刀を右（左）上に大きく払い上げ、直ちに左（右）胴を打ちます。

④払い突き　右足から踏み込みながら、相手の竹刀を斜め左下に払い落とし直ちに突きます。手が先行することなく、十分踏み込んで腰を入れます。

五、巻き技　以下の二通りあります。強く巻くと、相手が竹刀を落とすことがあります。巻いた後の隙に小手面胴のいずれかに打ち込みます。

①巻き落とし　右足より一歩踏み込みながら竹刀の鎬を相手の竹刀の下から時計回りに回し、左下に巻き落とします。

②巻き上げ　左に回して右上に巻き上げます。

六、担ぎ技　右足より一歩大きく踏み込みながら竹刀を左肩にかつぎ、相手がその勢いに、心が動揺したところを打つ、仕掛け技です。

①担ぎ面　右足より踏み込みながら竹刀を左肩にかつぎ、すかさず相手の正面、または、右面を打ちます。
②担ぎ小手　①と同じ要領
③担ぎ胴　①と同じ要領

七、片手技　たいていは左片手で打突する技です。腰を入れて「しっかり」打ちます。「しっかり」でなく軽いと、有効打突とされません。

①片手面　左足より踏み込んで体を右に開き相手右面を左片手で打ちます。横振りにならないように、斜め下に打ち下ろします。左肘を伸ばして打ち、右拳は右腹部につけ、右足を左足に引きつけます。
②片手突　左拳を内側にやや絞りながら左手で突きます。身体全体で突くこと。
③片手小手　真っ直ぐに小手を打つ技と、右に手を絞り込むようにして外側から打つ小手技があります。

八、上段技　上段の構えは左上段、右上段ともに諸手と片手があり、四種類あります。上段の構えから相手の面、小手、胴を打ちます。また、上段をいったん下ろすようにしてから打つ場合があります。

①上段からの面　左足を出して打つ片手面と、右足より踏み込んで諸手で相手の面を打つ場合があります。
②上段からの小手　左足から斜め左前に開いて、左方手で相手の右小手を打つ技です。
③相上段からの小手　相上段の場合に左足から踏み込み、左方手で相手の右小手、または左小手を打つ技です。
④上段から胴　相手の面を攻め、相手が面を防ごうとした瞬間、右足より相手のやや左側に踏み込んで、相手の右胴を諸手で打ちます。

九、フェイント　自分からやることはお勧めしません。相手がかけてきたときには対応できるよう、研究しておきましょう。

直心是道場（じきしんこれどうじょう）
どこでも稽古はできる、至るところすべて修行の場だ、と言う意味。
出典は『維摩経（後二世紀ごろ。大乗仏教経典の一つで、サンスクリット本、チベット語訳と三種の漢訳〈支謙訳、鳩摩羅什訳、玄奘訳〉が現存）』の中の維摩居士の言葉です。それが『六祖壇経』の「為時衆説定慧門（じょうえもん）の「一行三昧」にもあります（「六祖壇経」P.83）。

光厳童子（こうげんどうじ）があるとき、閑静な修行に適した道場を求めて喧騒の城内から出ると、城に入ろうとする維摩居士（ゆいまこじ）に出会いました。光厳童子が「どちらから戻られましたか？」と訊ねたところ、維摩は「道場からです」と。光厳が「えっ、道場ですって？それは何処にあるのですか」と聞いたところ、維摩は「直心是道場」と言いました。
素直な心をもって精進修行すれば天地到るところが道場であり修行の場所です。

四拳定法（しきょじょうほう）
構えたときの足の前後の幅、竹刀を握る左右の手の間隔などが、自分の胸幅に相当し、拳を四つ並べた幅と同じで、この間隔が力を発揮するのに一番適度なところなので、無理・無駄の無い打ちを実現することができる、という教え（『正眼の文化』P.173）。

四句請願（しくせいがん）

坐禅の前に、最低三回、自らの誓いを口から発して耳にフィードバックさせて、意志を再確認するのが「四句請願」です。

衆生無辺誓願度（しゅじょうむへん、せいがん、ど）　生きとし生けるものを救い幸せに導くことを、私は宇宙の一部でありすべてである己の全身に誓います。

煩悩無盡誓願断（ぼんのうむじん、せいがん、だん）　己の尽きることの無い邪な欲望（邪心）には負けないということを、私は宇宙の一部でありすべてである己の全身に誓います。

法門無量誓願学（ほうもんむりょう、せいがん、がく）　釈尊の発見した真理（宇宙の法則）をあらゆる場所の体験を通じて学び尽くすことを、私は宇宙の一部でありすべてである己の全身に誓います。

仏道無上誓願成（ぶつどうむじょう、せいがん、じょう）　正しい智慧、正しい生き方を獲得するために生きることを、私は宇宙の一部でありすべてである己の全身に誓います。

四苦八苦（しくはっく）

なやみ。**四苦**である**生老病死**（しょうろうびょうし）に**愛別離苦**（愛する人と別れる苦）、**怨憎会苦**（おんぞうえく憎い人と会う苦）、**求不得苦**（ぐふとくく欲しいものが得られない苦）、**五陰盛苦**（ごおんじょうく人間の心身を形成する五要素から起こる苦）を加えたもの。

獅子身中の虫（しししんちゅうのむし）

「山中の賊」より怖い、味方でありながら内部から災いをもたらす者や恩を仇で返す者を「獅子身中の虫（しししんちゅうのむし）」と言います。「腐ったみかんの方程式」でもあります。語源は、『梵網経（ぼんもうきょう。経典。二巻。鳩摩羅什〈くまらじゅう〉の漢訳と伝えられます。特に下巻は大乗菩薩戒の根本聖典です）』の下と、『仁王般若経（にんのうはんにゃきょう。大乗仏教の経典。二巻）』の「嘱第八」にあります。『仁王般若経』は、後秦の鳩摩羅什訳の『仁王般若波羅蜜経』と唐の不空訳の『仁王護国般若波羅蜜多経』とがあります。この経を受持することによって、災害を祓い、福を齎すと信じられ、『法華経』『金光明経』とともに『護国三部経』として尊ばれました。

「如師子身中蟲、自食師子肉」「獅子身中の虫、自ら獅子の肉を食らい、余外の虫にあらざるが如し」です。獅子の体に寄生して、ついには獅子を死に至らしめる虫の意から、仏教を害する仏弟子のたとえです。転じて、味方なのに内部から禍（わざわい）を齎（もたら）すことを言います。

四書五経（ししょごきょう）

儒教の経書の中で特に重要とされる四書と五経の総称。紀元前四七〇年ごろ。四書は『論語』『大学』『中庸』『孟子』、五経は『易経』『書経』『詩経』『礼記』『春秋』です。『大学』『中庸』は『礼記』の一章を独立させたものとのこと。

姿勢（しせい）

体の構えを言います。「勢」は、「気（イキ）競（キホフ）」の約と言われ、競う気配（「大言海」P.136）ですから、正しい姿勢は気を養います。剣道では構えたときの姿勢の美しさが重視されます。

しかし、打つための事前動作として、無駄な動きや、竹刀で調子を取ること、重心の浮き沈みなどの動作をする人が多いです。そこでこの本では、丹田が正中線上の前に引かれた構えをすることによって、良い姿勢なのにいつでも打てる状態にすることをお勧めしています。

貝原益軒の『養生訓』にも「養気の術つねに腰を正しくすゑ、真気を丹田におさめあつめ、呼吸をしづめてあらくせず」と正しい姿勢と長呼気丹田呼吸が気を養うと言っています（「養生訓」「48丹田に気を集める」P.76）。

宮本武蔵の『五輪書』の「水の巻」の二番目に「兵法の身なりの事」に「身のかかり、顔はうつむかず、仰のかず、傾かず、ひずまず、目を見出さず、額に皺をよせず、眉あいに皺をよせて目の玉の動かざるやうにして、瞬きせぬように思ひて、目を少しすくめるやうにして、うらやかに見ゆる、顔、鼻すじ直にして、少しおとがひを出す心なり。首は後ろの筋を直に、うなじに力を入れて、肩より総身はひとしく覚え、両の肩を下げ、脊筋をろくに、尻を出さず、膝より足先まで力を入れて、腰の屈まざる様に腹をはり、くさびをしむると云て、脇差の鞘に腹を持たせて、帯のくつろがざるやうに、くさびをしむると云う教えあり」とあります（「五輪書・武教講録」P.92）。

鏡新明智流（きょうしんめいちりゅう）は四代目の桃井春蔵直正（もものい　しゅんぞう一八二五～一八八五年十二月三日、六十一歳）の時には「姿勢、位は他に類なし」と賞賛されましたが、現在は失伝してしまい、末流である鏡心流に抜刀型が十本と、警視流木太刀形と立居合に一本ずつ伝えられるのみだということです。

四聖諦（ししょうたい）

略して四諦(したい)とも。釈迦尊の四つの聖なる真理。四諦の中の道諦としての八正道が重要なので、四諦八正道とも言われます。『転法輪経』にあるそうです（仏教の基礎知識）P.181）。自ら悟る場合（自内証の法門）には十二縁起を観察し、人々に解き明かす（他者教導の法門）のに四諦八正道を使いました。

苦諦（くたい）生まれて来た我々の世の中の様相は「苦」だと見極めること。

集諦（じったい）苦を引き起こすのは「渇愛」です。欲望と執着を集めることと見極めること。

滅諦（めったい）見極めた「苦」の原因である、人の世の欲望と執着を捨て去ること。慧解脱から心解脱して涅槃へ。

道諦（どうたい）悟りに到達する方法は「**八正道**」であるという真理。「八正道」とは悟りに到達するための正しい考え方や生活。

正見（しょうけん）すべて無常であることを認め、「中道（ちゅうどう、自由無碍）」の立場で四聖諦を見極めること。

正語（しょうご）正思惟の実践です。、妄語（嘘）を離れ、綺語（無駄話）を離れ、両舌（仲違いさせる言葉）を離れ、悪口（粗暴な言葉）を離れます。

正業（しょうごう）正思惟の実践です。殺生を離れ、盗みを離れ、性的行為（特に社会道徳に反する性的関係）、他人の迷惑にならない行いをする。

正命（しょうみょう）殺生や道徳に反することをしない仕事で生活を営むこと。

正精進（しょうしょうじん）四正勤（ししょうごん）、すなわち「すでに起こった不善を断ずる」「未来に起こる不善を生じないようにする」「過去に生じた善を増長させる」「いまだ生じていない善を生じさせる」という四つの実践について努力すること。

正念（しょうねん）気づくという意味です。正しく四聖諦を見きわめるという意味です。

正思惟（しょうしゆい）正見に基づいて無害心（むがいしん。他人を慈しむ）、無瞋恚（むしんに。怒らない）、無貪欲（むどんよく。欲をかかない）。

正定（しょうじょう）正念や正見に基づいて実現される「心の統一」つまり正しい禅定（禅をする）。正しい集中力（サマーディ）を完成することで、「正念」と一緒になって「正見」が得られます。

自然体（しぜんたい）

剣道の「構え」のもととなる体勢。どこにも無理のない自然で安定感のある姿勢のこと。足幅は肩幅、あごを引き、背筋を伸ばし、へそを正面に向けます。動くにも止まっているにも良い姿勢で、剣道だけでなく一般的にも良い姿勢とされます。「気を付け」とは違います。「気をつけ」（attention）は、直立不動となる姿勢で、学校や軍隊など集団の統率をするために号令をかけて一斉にします。剣道には「気を付け」はありません。

四耐四不（したいしふ）

曾国藩(一八一一～一八七二年、六十一歳)の言葉。中国、清末期の軍人であり文人。礼節を重んじ、漢人なのに清朝でも重用されました。太平天国の乱の鎮圧、近代軍事工場導入、中国最初の留学生派遣（米）など活躍しました。部下に李鴻章。

「四耐四不訣」と言い、「耐冷、耐苦、耐煩、耐閑。不激、不躁、不競、不随」、つまり「周囲の冷たさ、苦しさ、煩わしさ、暇な状態に耐え、激せず、躁（さわ）がず、競わず、人の言いなりにならず、以て大事を成すべし」ということです。

指摘を受け入れる

「素直でない」と言われる人に良く見られる特徴は、せっかくの忠告を聞かないことです。対人関係を円滑にするには、①自己開示と、②他人からのフィードバックを聞き入れる必要があります。「ダメ出し」や「朱筆」を素直に受け入れましょう。ジョセフ・ラフト(Joseph Luft)、ハリー・インガム(Harry Ingham)が一九五五年に考案した「心の四つの窓（ジョハリの窓Johari Window）」が参考になります。

指導者の心得（しどうしゃのこころえ）

全日本剣道連盟は二〇〇七年三月十四日に『剣道指導の心構え』を制定、剣道の目的を指導者側に徹底しました。

「道」とつく芸や習い事は「師弟関係」の上での指導が必要です。師について学び、師となって指導をしなくてはなりません。「教うるは学ぶの半ば（『書経』・説明下）」という言葉や、We learn b teaching.（人は教えることによって学ぶもの）と言われるように、自己の成長発展にも効果的です。

教育的観点で、育成の手法も学び、教わる人に合った的確な指導をします。修行の目標を技能の段階に合わせ、

① 初心者・打ち込める、
② 初級者（三段以下）・打って勝つ、
③ 中級者（四段及び五段）・力を抜いて勝つ、
④ 上級者（六段以上）・攻めて和す、

のように四段階に分けて考えると良いと思います。この区分は全日本剣道連盟の『講習会資料』の「剣道指導法」も同じですが、目標は私案です。

以下も試案ですが、指導者としては以下の点を心得るといいと思います。

一、自分が習うこと

① 確固たる信念と情熱を持つこと
② 人格を養い技能の向上に努力すること。禅を学び、理合に通ずること

③ 指導を受ける者とともに指導者も修練すること
④ 審判技術に熟達すること
⑤ 自分以外はみんな自分の先生だという謙虚な気持ちで真剣になること

二、教育的観点

① 愛情を持って誠心誠意指導にあたること
② 教えることに喜びを持つこと
③ 良い所を伸ばし、いつかはできると長い目で観ること

三、指導技術

① 能率的、合理的な指導法の研究をすること。理合を教えること
② 自分の教えをうまく表現する能力を養うこと。「百聞は一見に如かず」「百言一行に如かず」
③ 指導を受ける者の持つ個々の優れた才能を見つけることのできる指導者としての目を養うこと
④ 指導のし過ぎにならぬよう留意し、説明するのではなく、範を示し、燃えさせよ
⑤ 興味を喚起します。「打たれ上手に褒め上手」を心がけます
⑥ 健康管理
⑦ 用具管理
⑧ 道場管理

竹刀（しない）

「ちくとう」とも言います。竹刀の語源、由来は、弾力があってしなやかに曲がる意味の動詞「撓う（しなう）」の連用形「撓い（しない）」に、「竹」がついた「撓い竹（しないたけ、しないだけ）」の略とされます。漢字は「竹刀」のほか、「撓」「試合刀」「革刀」「竹袋」「品柄」「順刀」などと表現されていました。

刀や木刀での形稽古から、新陰流開祖の上泉伊勢守信綱が竹を十六～三十二本ぐらいに細かく割ったものに革の袋をかぶせた「袋竹刀（ふくろしない）」を創作し、慶長以前からシナエ、シナイという言葉で呼んで、実際に打ち合う稽古をしました。しかし、木刀なら即死するところを重症程度になる破壊力があります。

柳生流は、「**袋竹刀**」と同じように革袋の中に割り竹を仕込んだもので、表面が縮んで皺が寄り、がま蛙の肌に似ていた「蟇肌竹刀、ひきはだ竹刀」を使いました。これも「木刀よりまし」の痛さです。

現在のような「**四つ割り**」の四枚の竹を結束した竹刀は、徳川中期、鹿島神傳直心影流第八代の長沼四郎左衛門によって、面、小手（籠手）、胸当てと共に完成しました。一刀流の中西忠蔵は胴を完成させました。大石種次（おおいし　たねつぐ。通称、進。一七九七～一八六三年、六十六歳）が長さ五尺三寸の竹刀で道場荒らしをしたので、時の講武所師範男谷精一郎信友（おだに一七九八～一八六四年、六十六歳）は講武所規則覚書に「撓は、柄共

総長曲尺にて三尺八寸より長さは不相成、云々」と定め、これが基準となりました。

現在は、剣道の剣道具（防具）を打突するので、竹刀の目的は①打突しやすいこと、②剣道具（防具）を壊さない程の強度であり、耐久性があることです。「剣道試合審判細則」の第二条第一項に「竹刀の構造は、四つ割りのものとし、…」とあります。

竹刀で剣道が変わります。例えば、振りかぶるときに右に竹刀が曲がってしまう人は、柄を短くすれば真っ直ぐになります。握力のない人は柄が細い竹刀を使うとよいです。振りが遅いと悩んでいる人は、胴張りが良いかも知れません。大人であれば「真竹」をお勧めします。「真竹」は、桂竹より弾力があり硬いのです。良い「真竹」は、固く、粘りがあって、相手の打ちを跳ね返しますし、打突に冴えが出ます。「一拍子の打ち」ができるようになります。

自分に合った竹刀を選びましょう。竹刀を選ぶ際には、以下のようなことを考えます。

① 竹刀自体の重さ：重くても、打ってみると軽く感じる竹刀もあります。
② 竹刀のバランス：手元重心とか先重（さきおも）とか。
③ 竹刀の形：胴張型とか古刀型とか。切っ先から最初の節までが長いものと短いもの。
④ 竹刀の材質：国産真竹、中国真竹、桂竹（けいちく・台湾真竹）、など。
⑤ 竹刀の切削方法：節ごとに曲がっていますので、それを温めながら真っ直ぐに矯正してから削りますが、中途半端な矯正で削った竹刀もあり、そんな竹刀はささくれやすいです。
⑥ 仕組と仕組み方：先ゴムを、少し大きめの径にする。最初に仕組むときに、竹刀の角を削り取る。竹刀用の油を塗る。四つの竹をボンドで止めてあるのは外す。柄革や先革、中結い、弦、小物に凝る？
⑦ 柄の形：小判とか八角とか。
⑧ 柄の太さ：大人用の竹刀なら、直径26㎜とか、ミリ単位です。
⑨ 柄の長さ：柄短（つかたん）とか。

日本の推定竹刀消費量百四十万本のうちの約半分は、**宏達竹劍股份有限公司**が作っています。台湾出身の林信宏氏（一九五〇年ごろ～）が一九六八年に台湾で始め、中国の蘇州に工場展開しましたが、中国では工場拡大の用地確保ができなかったことと人件費が二十倍に高騰したこと、若い労働力が多くなかったことから、二〇一一年にインドネシアのジャワ島に移りました。

竹刀落とし

試合中や稽古中、竹刀を落としたときは、タイムをかけ、もしくは審判が「止め」をかけた場合それに従って、試合ないし稽古を中断し、落とした人が**「落した竹刀に近**

い方の膝をついて」竹刀を片手で拾います。「膝をついて」は「刀礼」です。

試合中、竹刀を落とすと、反則一回に数えられます（『剣道試合・審判規則』第十七条第五項）。ちなみに、竹刀が一旦手からはずれ、空中で掴（つか）み直した場合の「竹刀離し」も「竹刀落とし」として扱われます。

また第二十条第四項によって、「その直後に相手が打突」は一回だけ認められます（故意に二回以上打突した場合は反則をになります）。

撓競技（しないきょうぎ）

第二次世界大戦後ＧＨＱにより剣道が禁止されたので、代わりに笹森順造などがフェンシングに似せたスポーツ形式の競技を考案し、ＧＨＱの許可を得て一九五〇年に全日本撓競技連盟を組織しました。シャツ、ズボンに簡単な防具をつけ、袋竹刀を使用してポイントを競い合うものです。かけ声は禁止されました。中学校以上の学校教育に採用され、全国大会が行なわれたり、オープン競技として国体に参加するなど盛んでした。

一九五一年にサンフランシスコで講和条約が締結されて、剣道が自由にできるようになったので、撓競技も含めて剣道撓競技連盟と称しました。一九五二年に撓競技を含まない全日本剣道連盟が創立され、撓競技は一九五五年代に下火になりました。

竹刀と刀

「竹刀は真剣と同じように」と言われる本質は、「刃物を持った真剣さを持て」ということだと思います。

出来る限り刀の操法（そうほう）に倣い、打ったときに物打ちに最大の力を出せる、「切れる剣道」「刃で切る」ようにする、というのは論理の展開に無理があるようです。なぜなら刀法は「お相手を先に斬って自分は斬られないこと」が最大の眼目なので、片手でサクッと斬ったり、逆にお相手が避けてもその上から叩き斬るなど、刃物としての機能を最大限に生かすことが重要だからです。

それに較べて竹刀剣道は、軽くて長い竹刀を前提にして、気剣体の一致した残心あるものを一本としました。もし「真剣と同じように」を徹底させるなら、打突部位は体の全体で、指に竹刀が触っても「有効」とし、冴えのある打突がなくてもお相手が負けを認めたら一本、三処避けのような避けるだけで止まってさばこうとしなかったら負け、と言うようなルールがふさわしいのでしょう。

「切先の怖さ」と「攻めによる機会に打突すること」が「竹刀は真剣と同じように」と言われる本質だと思います。構えだけで相手が「打っていくのが怖い」と思わせられたら、勝ったようなものです。剣先を活かした突きにつながる攻めで、お相手を出させたり引かせたり思うようにできたら、当然勝てるでしょう。

　取り扱い方も、「刀と同じように」というのは難しいですが、手入れして最高の状態にしておくことは必須不可欠です。しかし、「刀礼」などありませんし、たいていの場合、正坐したときは左に置きます。本来は正坐したときは自分の右に置き日本剣道形のように試合場までは右手で提刀し礼をしてから左手に持ち替えるべきところを簡略化しています。

竹刀のお手入れ（しないのおていれ）

　竹刀は壊れるのがあたりまえなので、お手入れすることが剣道をする人の常識です。古くなると割れやすく、ささくれやすくなります。稽古には、取り替えられるように必ず二本以上持参ください。ということは、少なくとも三本は所有して、こまめにお手入れしながら順番に使っていくことをお勧めします。お相手を傷付けないように、細心の注意を払ってください。

　使う人によって竹刀の痛みは大きく違うもので、矯め割れや虫食いなどの初期不良を除いてはメーカーや販売店の責任ではありません。竹刀はたった一回使っただけでも、割れたり折れたりします。その主な理由は以下の五つです。

①中結いがきつく結んであって、竹刀油も塗っていなくて竹刀がしならなかった。
②面金に強烈に当たった。
③突きなどでしなった竹刀が戻らなかった。
④竹刀と竹刀が強烈にぶつかった（縦に割れます）。
⑤刃筋が悪く胴を打った（竹刀は斜め方向に打突するともろいです）。

　買うとき、「矯（た）め割れ（竹刀の竹を熱して曲げたときにできた割れ）」や虫食いがないことを確認します。竹の「あざ」のような模様は厳しい環境で丈夫に育った証拠で、むしろ好ましいものです。

　使い始める前、竹と竹とが滑りやすくして、打突の衝撃に竹刀がしなうように、中結いをはずして、四本の竹の縁を少し削り、竹刀油、ワセリンなどを塗ります。

　買ったばかりの竹刀は、一回使うと弦が伸びますし、先革も柄革も伸びます。弦が伸びたら必ず弦を締め直してください。

　稽古の後、竹刀を竹刀袋に入れるとき、痛みはないか点検し、ささくれを取ったり、割れた竹を交換したりしてお手入れしておきます。

保存時、竹は使わなくても空気に触れて酸化して劣化しますので、一年以上保存した竹刀は、割れやすく、ささくれやすくなり、稽古や試合に使うのには危険です。

竹刀の構造（しないのこうぞう）

『剣道試合審判細則』の第二条第一項に「竹刀の構造は、四つ割りのものとし、…」とあります。

竹を割った四本部分を、「先革」「中結」「柄」「弦（つる）」、と「小物」で結束した、棒状のもの。

全日本剣道連盟の『剣道試合・審判規則』第三条に「竹または竹に代わる化学製品」とあり、桂竹と真竹、カーボン竹刀用のピースが使えます。竹は日本産の「真竹」、台湾や韓国産の「桂竹」を使います。日本の代表的な竹の「**孟宗竹**（もうそうちく）」は竹刀に使える弾力はなく、すぐに折れてしまいます。真っ直ぐなので胴の太鼓に使います。ちなみに「真竹」は節が二本線になっているのに対して、「孟宗竹」は一本線です。もともとは中国原産で、雪の寒い日に年老いた母親のために筍を掘りにいった孟宗という人物にちなんで付けられたそうで、江戸時代に京都か鹿児島に入ってきたようです。人手を介しないと広がらない孟宗竹が全国津々浦々にあるのは、タケノコを食べるだけでなく、暮らしに役立つ材料であったからです。

真竹（まだけ）は苦竹(にがたけ)とも。桂竹に比較すると二～四倍の価格です。四季の寒暖や湿度差のある日本で育ったので、比重が重く弾性に富むので、良いものは竹刀の「腰」が強く、伸びのある面打ち、鋭い二段打ちや返し技を体験できます。桂竹に比べると肉質が柔らかいので傷みやすいという特徴があります。なお、中国産の真竹もあります。

日本では、真竹の竹林を持った農家が、下草刈りなどメンテしていて、農閑期の冬の寒い時期に竹刀用に五節取れる竹を伐採しました。この時期は筍の出る前、つまり「子供を産む前」なので、竹の水揚げが止まっており、パワーが充溢していて、目も詰んでいて、虫も付きにくいのです。竹取物語の竹から生まれたかぐや姫はわずか3カ月で美しい娘に成長しましたが、これは竹の成長スピードが早いことを表しています。実は竹はイネ科の植物で、三カ月ぐらいで十メートル以上、直径五センチ以上になり、三～四年で直径八～十二センチメートルになり資源として有効利用できるようになります。

この竹を湯炊きしてから、六～八枚に割って細くします。これを一年ぐらい野積みして、竹の「含水量」が空気中の湿度と同じくらいになるまで自然乾燥させます。「横取り」して幅を大まかに揃え、竹は節ごとに曲がっていますので、火にあぶって矯（た）めて真っ直ぐにします。節を温めて白い蒸気が上がってきたところを「矯め木」で丁寧に曲げ直します。竹の特性に合わせるノウハウと根気と力のいる作業です。「面取り」して、「手カンナ」で四十五度の角度をつけ、「面直し」し、節をヤスリがけし、「カキ」で丸みを持たせ、サンダーで磨き、鮫革で磨き、「チキリ」をはめ込み、柄の部分を削り出します。一本の真竹を割った竹では節は一致しないので、一致する割り竹を束ねて一本の竹刀にします。

しかし、竹は六十～百二十年周期で花が咲き種子を実らせて枯れてしまいます。「竹の死病」とも言われるほど被害が甚大で、一九七〇年ごろ、日本の真竹がいっせいに花が咲いてしまい、竹刀に使う竹を台湾真竹に頼ったようです。さらに、農業が廃れ、真竹で作っていた生垣や籠などがプラスチック製になるとともに真竹の林を維持管理する農家が減り、竹刀用の真竹を育て冬に伐採してくれる農家がほとんどいなくなりました。

桂竹（けいちく）は、台湾真竹とも。市販の竹刀のほとんどの材料です。台湾産で、直径七～八センチメートルのものを年中伐採できます。繊維が細く多いので硬く、長持ちします。輸入する際の検疫で煮沸して乾燥させるので水分や油分が抜けて、ささくれやすいという特徴があります。

桂竹を高温で燻煙し樹脂液を内部に均一に浸透させ持ちを良くした「バイオ竹」というものがあります。

使用してはならない竹刀

- 中に異物（先皮内部の芯、柄頭のちぎり以外のもの）が入っているもの
- 折れたり、割れたり、ささくれが出来ているもの
- 先皮が破けているもの
- 規定より長いもの
- 剣先が異常に細いもの
- 購入後一年以上経ったもの（例外もあります）

竹刀を構成する以下は、総称して「付属品」と言い、牛の白鞣し革でできています。牛革は厚いので、薄くするために「吟」と呼ばれるツルツルした表皮のある「吟付き」と、「吟」のない「床革」に剥ぎます。「吟付き」は丈夫ですが、「床革」は伸びやすいです。

① 先革（さきがわ）一九九九年四月に危険を予防するために規定が改正され、長さが五センチ以上になりました。この先側の中に先ゴムが入ります。太さが三種類ぐらいあり、竹刀の先の空洞のサイズより少しだけ大きいものを選択し、竹同士が擦れ合いやすくします。カーボン竹刀用の先ゴムは専用の物を使います。

② 中結い（なかゆい）四枚の竹が打突の際にばらばらにならないように、竹刀全体の長さの四分の一の位置に、皮を三回捲きつけて編み上げて結びます。（一九九九年四月までは「柄を除いた部分の三分の一」という規定でした。）

③ 柄革（つかがわ）糸で縫って、裏返しにした構造です。ミシン縫いと手縫いがあります。ミシン縫いは表面に丈夫な縫い糸が出ているので、小手の手の内の革が傷みやすいです。柄革は滑らないようにざらついたものが良いです。柄の長さや形に規定はありません。刀は、自分に合った柄の長さに調節します。柄の長さの規定はありません。通常は、竹刀が三九なら三九用の柄をはめますが、短いのが好きな人は三八用を、もっと短いのが好きな人は柄を切って縫い直すなどして短くして使っています。関西では「三九用三七」のようにサイズが豊富です。柄は長いほど竹刀を操作しやすいですが、右手が利いて横振りになりやすく、正確さを欠いたり、冴えた打ちができなくなったりします。短いと両手に平均的に力が入り物打ちに力が入り、冴えた打突になりますが、重いので竹刀操作は鈍くなります。形も断面が丸いのが通常ですが、楕円形の小判柄（こばんづか）は、刀や木刀と同じような感覚で扱えるので、刃筋を意識

でき、竹刀が回らないことがメリットです。しかしデメリットとして①手首への衝撃が丸い断面の竹刀よりも大きくなることがある、②上下の竹と左右の竹の形が違うため、傷んだ際に交換できない、がありま す。その他、断面が六角、六角小判、逆三角形など、さまざまありま す。

④弦（つる）　先革と柄を結び、中結いを取り付けています。昔は絹の「琴弦」というのがありましたが、現在はナイロン製の丈夫なものです。テニスのガットを使う方もまれにおいでになります。色はさまざまありますが、中体連では試合に使えるのは、白、黄色、紫のみに制限しています。

⑤小物（こもの）　弦を張る際に、弦の折り返しの部位に挟む革の切れ端。弦を結んで止めると、固くなってほどけず、弦の長さの調節が難しいです。

⑥つば（鍔）プラスチック製のものから皮製のものまでさまざまです。竹刀に合った穴の大きさのものを使います。削る工具もあります。

⑦鍔止め（つばどめ）　鍔を止めておくもので、ゴム製です。紐のついた革製のものもあります。色や形の規定はありません。

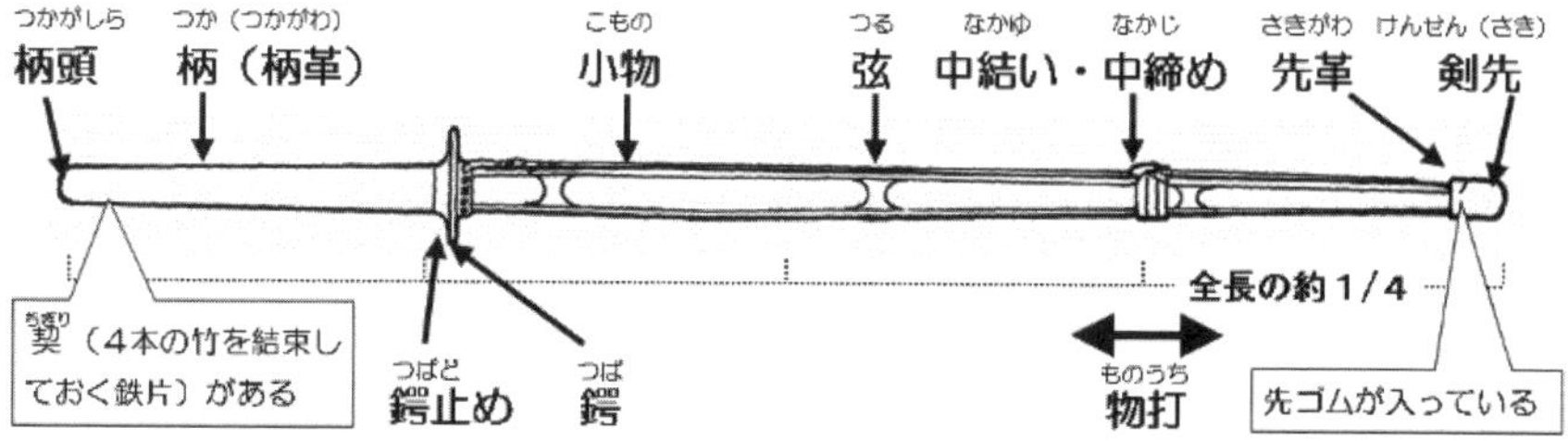

⑧物打（ものうち）　刀で言えば、最も切れる部分です。小手を打つときは先側近く、面を打つときは中結い近く、胴を打つときは中結いより柄に近いところが物打になりま す。

竹刀の長さの由来（しないのながさのゆらい）

江戸時代末期に試合に有利な五尺三寸の竹刀を大石種次（おおいし　たねつぐ。通称、進。一七九七～一八六三年、六十六歳）が使用し、流行したため、安政三年に講武所師範男谷精一郎信友（おだにー七九八～一八六四、六十六歳）は講武所規則覚書に、「撓は、柄共総長曲尺にて三尺八寸より長さは不相成、云々」と定め、これが基準となりました。

しかし日本刀を想定して短い竹刀を用いる山岡鉄舟や中山博道、堀江幸夫先生などもおいでになりました。

竹刀の持ち方（しないのもちかた）

斬り手（きりて）に持ちます。

竹刀を構えたときの左手の持ち方。小指丘を竹刀の上に乗せ、硬くなく、しかし風が吹いたときにはしっかり握れる「**傘の持ちよう**」の持ち方です。

左右の手の親指と人差し指の「V」字が竹刀の上にずっとなければ冴えある打ちができません。

宮本武蔵の『五輪書』「水の巻」の四番目に「太刀の持やうの事」があります。「太刀のとりやうは大指、ひとさしを浮べる心に持ち、たけ高指しめずゆるまず、くすしゆび、小指をしむる心にして持也。手の内にはくつろぎのある事悪し」とあり、太刀の持ち方は、親指と人差し指をやや浮かすような心持ちとし、中指はしめずゆるめず、薬指と小指をしめるようにして持つのである。手の内にゆるみがあるのは良くない」とあります（「五輪書・武教講録」P.98）。

鹿島神傳直心影流第十五代の山田次朗吉の書いた『剣道極意義解』に、「堅からず柔らからず、手筋よく通り、傘を持つ心にて切るときは茶巾絞りの加減最もたり」とあるそうで、道歌にも「執る太刀の握り調子はやわらかに、しずめずゆるめず小指離さず」、「右を先、左を後にやんわりと、手拭絞る心にて持て」とあります。この、**手拭絞り（てぬぐいしぼり）**や「雑巾を絞るように」と教えている人が多いですが、手首を左右にひねったら、竹刀を真っ直ぐに伸ばすベクトルが働かなくなります。握りを変えると刃筋が変わる恐れがありますし、遅くなります。手のひらにマメができます。冴えた打突をするときの握りや、手首の作用は、「右を先、左をあとにやんわりと手拭を絞る心にて持て」（古道歌。神道無念流『根岸信五郎先生遺稿剣道講話録』に載っているようです）という形ではないでしょうか。また、この歌が「**雑巾絞り**」になってしまったのではないでしょうか。「絞る」は「握る」という意味だと解釈すれば、①握りを変えない、②強くは握らない、③右手は卵を握るようにやんわりと、④左手は小指を巻きつけて余さないということだと思います。「左右にひねる」「絞る」という動作を奨励しないことをお勧めします。

高野佐三郎が一九一五年に自著『剣道』の第二編「術理」第一章「技術の基礎」の中の「三　太刀の持ち方」で、「**茶巾絞り**」と題して次のように表現しています。「肘は伸び過ぎず屈み過ぎず、両腕の各関節を寛げ、手にて持つと思わずに心にて持つと思い、軽く柔らかに握るべし。手の内はあたかも鶏卵を握る心持にてきわめて軽く柄を握り、茶巾または濡れ手拭いを絞るごとくすべし、緊（きびし）く握れば太刀死して動作の自由を失い、太刀先上がりて物打ちの力を減じ、あるいは太刀を打ち落とさるるおそれあり。斬る時には太刀を締め左右の拇指薬指小指をもって絞る如く斬らざれば斬れざるものとす」

ところが、『剣道日本二〇〇三年十月号No.332　P.116』に掲載されていた裏千家の中島宗基今日庵業躰、教士七段によれば、「水を湿した茶巾の滴りを取る絞り方に決まったやり方はない」とのこと。茶道用語にはありません。茶巾は片麻（縦糸が綿、横糸が麻で織った薄いガーゼのような布）の小さい（約13.5×30cm）ものです。茶道でこの小さな布を「ねじって絞る」ので、およそ打突時の手の内の動作とかけ離れています。「力を入れない」と言いたくて、誤解を生む表現になってしまったのでしょう。

井上正孝先生は、『人生に生きる 五輪の書』で、「薄い布巾を左手の小指で引き、右手の小指でわずかに絞り込むような気持ちで押す」と紹介して、「手拭い絞り」を「最も悪い硬直の手となる」と断じています。

竹刀を置く道場での作法

基本的には壁際に横にして置きます。竹刀がないと稽古できないから竹刀は大切だという意味から、踏まれて折れたり、蹴飛ばされて傷つくのは困るという意味でも、道場で竹刀を置く場所や置き方には作法と理由があります。竹刀を立てて置かざるを得ない場合は、柄を下にします。理由は、先革を下にするのは刀であれば切っ先を床に差すことになるからという見た目上の理由と、突きをする先革を汚さないためです。

竹刀を購入したとき

竹刀を購入したら分解しましょう。目的は「矯め割れ」「虫食い」探しと、柄の部分を接着剤で結束してありますので、それを外すことです。「矯め割れ」があったら、それは製造不良なので交換してもらいます。柄の接着を外す理由は、打突時に竹刀全体が「撓る（しなる）」ようにするためです。接着する理由は、製造時に柄を丸く（楕円、八角などもある）削るときのやりやすさのためです。製造時には必要でも、使用時は外さないと竹全体のしなりが出ないので、「微妙な使用感」に違いが出ます。「微妙な使用感」にこだわる人には必須の作業です。

竹の「あざ」のような模様は厳しい環境で丈夫に育った証拠で、むしろ好ましいものです。

使い始める前、中結いをはずして、必要があれば四本の竹の縁を少し削り、竹刀油のような油を塗り、竹と竹とが滑りやすくして打突の際に竹刀がしなうようにします。変質しやすいごま油のような植物由来の油は使いません。また竹刀になった竹は、漬け置きしても水分も油もほとんど吸い込みません。

買ったばかりの竹刀は、一回使うと弦が伸びますし、先革も柄革も伸びます。稽古の後、竹刀を竹刀袋に入れるとき、点検します。痛みはないか点検し、ささくれを取ったり、割れた竹を交換したりしてお手入れしておきます。

保存時、竹は使わなくても空気に触れて酸化して劣化しますので、一年以上保存した竹刀は、割れやすく、ささくれやすくなり、稽古や試合に使うのには危険です。

竹刀を持ち運ぶとき

竹刀袋に入れて持ち運びます。竹刀を刀と考えますので、「大事なものである」、「むやみに見せない」という意味合いで、袋に入れます。

竹刀が二本入るものか三本入るものか、木刀をはさめるベルトがついているか、背負うための紐が付いているか、など形が様々あり、材質も帆布、クラリーノ、革、ナイロン、など様々です。

竹刀袋は竹刀を持ち運ぶためのもので、保存には適しません。梅雨の時期など一カ月ぐらい竹刀袋に入れたままにしておいた竹刀はカビることがあります。

島田虎之助（しまだとらのすけ）

一八一四～一八五二年、三十八歳で病没。豊前中津藩（福岡県東部）士の子として生まれる。藩の剣術師範役、外他一刀(とのだいっとう)流の堀次郎左衛門のもとに入門。十五歳で藩内では相手がいなくなり九州を武者修行した。二十四歳のとき江戸に出て男谷精一郎信友（おだに一七九八～一八六四年、六十六歳）の内弟子になり、儒教や禅も学んで、鹿島神傳直心影流島田派を名乗りました。博多では臨済宗古月派の聖福寺の仙厓義梵（せんがい　ぎぼん）和尚（一七五〇～一八三七、八十八歳。全身溢れる絵と狂歌で有名）に参禅して「硯山」の号を与えられています。「剣は心なり。心正しからざれば剣又正しからず。剣を学ばんと欲すれば、先づ心より学ぶべし」と心の修養の重要性を言いました。男谷精一郎信友、大石種次（おおいし　たねつぐ。通称、進）とならび**幕末の三剣士**と言われました。兄弟弟子には榊原健吉がいます。浅草の新堀に鹿島神傳直心影流島田派の道場を開いたとき、弟子に幕末に活躍した少年時代の勝海舟（一八二三～一八九九年、七十五歳）がいました。

寂然不動（じゃくねんふどう）

『易経（えききょう）』の繫辞上に「無思無為、寂然不動、感而遂通於天下之故」とあり、これは「易にはなんら意識的な情意も作為もない。それ自体はひっそりとして動かないが、来て問う人があればその意思に感応して遂には天下のあらゆる事柄に通暁してその吉凶を明らかにする」という意味です（「易経（下）」P.237）。

『猫の妙術』にも紹介されています（「天狗芸術論・猫の妙術」P.168）。

修身（しゅうしん）、道徳（どうとく）

明治政府は、すべての国民に初等教育を受けさせるために、一九二九年に文部省を設置し、翌年に「学制」を発布しました。その序文（大政宮布告二百十四号）に、「すべての人々は身を修め智を開き」とあり、修身が最も重んじられました。いかに西洋文化を取り入れようと、わが国の伝統的精神を失わようにしました。一九三九年から一九四五年にかけて六年間、第二次世界大戦があり、敗戦後GHQ（連合国軍総司令部General Headquarters / Supreme Commander for the Allied Powers）の指導を受けて、一九四八年六月十九日、衆参両院で、教育勅語等の失効決議がなされました。

一九五八年に「修身」に代わるものとして、「道徳」という科目が生まれ現在に至ります。

道徳的な考え方の中心は、孔子の教え（儒教）が源泉になっています。孔子が述べた五つの理論的な関係、すなわち「五倫」の君臣（治めるものと治められるもの）、父子、夫婦、兄弟、朋友の関係はもともと日本人が文化的に持っていたものであったため、また、孔子自体が冷静、温和にして、世才があり、宗教的色彩が薄かったので、政治道徳の格言の数々が支配階級であった武士に適合し、よりどころでした。

① **廉恥**（れんち）恥を知る心が強いこと。性行がいさぎよく、節義を重んずること。現代人に欲しい徳目です。その逆は「破廉恥（ハレンチ）」です。武士にとって「恥を知る」ことは一番大事な思想でした。マーク・トウェイン（Mark Twain、一八三五年十一月三十日〜一九一〇年四月二十一日、七十四歳。『トム・ソーヤーの冒険』『ハックルベリー・フィンの冒険』の作者。本名は、サミュエル・ラングホーン・クレメンズ〈Samuel Langhorne Clemens〉）の言葉。「**赤面する唯一の動物。それが人間である**」。一九四六年にアメリカの文化人類学者ルース・ベネディクト（一八八七〜一九四八年、六十一歳）が発表した『菊と刀』の中で、西洋の「罪の文化」に対し、日本を「恥の文化」と見ました。

② **智仁勇**（ちじんゆう）剣道家に備わっていて欲しい最も基本的な三つの徳です。智(知)は是非、善悪を判断する能力、仁は慈しみや思いやり、勇は勇気や気力、雄々しさを意味します。剣道家に備わっていて欲しい最も基本的な三つの徳です。四書五経の『中庸（ちゅうよう）』第八章に「智仁勇の三者は、天下の達徳なり」とあり（「大学・中庸」P.188）、徳川家康もこれを引用しています。

③ 日常五心（出典は不明です。）
「ありがとう」という、感謝の心
「すみません」という、反省の心

「おかげさまで」という、謙虚な心
「私がします」という、奉仕の心
「はい」という、素直な心

④　森　信三（のぶぞう）一八九六年九月二十三日～一九九二年十一月二十一日、八十六歳。哲学者・教育者。『修身教授録』が有名。剣道とは直接関係ありませんが、「立腰」論、「人生二度なし」の真理を説き、日本民族の再定義をしてくれました。

柔道（じゅうどう）

「柔」（やわら）の術を用いての徳義涵養を目的とした武道のこと。嘉納治五郎が様々な流派を研究してそれぞれの良い部分を取り入れ、さらに自らの創意と工夫を加えた技術体系の「柔よく剛を制す」という心身の力をもっとも有効に活用した原理を完成させ、一八八二年創始。柔道は、投げ技、固め技、当身技の三つを主体とする武術・武道、そしてそれを元にした社会教育的な大系となっています。

一九四九年五月に全日本柔道連盟（初代会長・嘉納履正講道館長）が設立されました。全日本剣道連盟は三年後の一九五二年に創設されました。

この後、男子は一九六四年の東京オリンピックからオリンピック競技に加わり、女子は一九九二年のバルセロナオリンピックから正式種目として実施されました。これに伴って一九五一年に創立していた国際柔道連盟（International Judo Federation、略称：IJF）が中心となり、理事によって運営されています。二〇〇七年九月、理事選挙で山下泰裕が落選し、上村春樹が議決権を有しない指名理事に選ばれましたが、二〇一三年八月に暴力指導問題などの不祥事で上村春樹が退任しました。四年間IJKの日本人理事がいない状態が続きましたが二〇一七年八月に全日本柔道連盟会長の山下泰裕氏、講道館の上村春樹館長の両氏が理事に再任されました。任期は二〇二一年までの四年間です。なお、マリアス・ビゼール会長は会長就任までに多額の資金(主にカジノ機材、葉巻等で得た)と組織力で多数派工作を行ったとか、理事の過半数を指名できるようにしたとか、IJKの体勢に対する世界からの疑念もあります。

什の掟（じゅうのおきて）

日新館という会津藩校の掟です。日新館は、一八〇三年、会津藩の御用商人であった須田新九郎が新築経費を寄付し、会津若松城の西隣に校舎が完成しました。八千坪の敷地に校舎、天文台、武道場、水練場を備えた全国有数の藩校でした。藩士の子は十六歳で卒業し、白虎隊に入隊することになっていました。

日新館入学前の六～九歳の子供達が、「**什（じゅう）**」という町内の十人毎の班を作り、日常行動を集団生活して藩士としての基礎教育を受けました（この班の一番組と二番組を「辺（へん）」と言いました）。お話の会の始めに毎回、最年長者が読み上げ、みんなで、「ハイ」と頭を下げて拝聴するのが「什の掟」でした。徳目を厳然と守らせる道徳教育が、社会的規範および人格育成の基本です。

一つ、年長者の言うことに背いてはなりませぬ。
二つ、年長者にはお辞儀をせねばなりませぬ。
三つ、うそを言うてはなりませぬ。
四つ、卑怯な振る舞いをしてはなりませぬ。
五つ、弱い者をいじめてはなりませぬ。
六つ、戸外で物を食べてはなりませぬ。
七つ、戸外で婦人と言葉を交えてはなりませぬ。
ならぬことはならぬものです。

朱熹（しゅき）

南宋の朱熹（一一三〇～一二〇〇年、七十歳）は儒教を「朱子学」として再構築しました。「朱子学」は日本で使われる用語であり、中国では、朱熹がみずからの先駆者と位置づけた北宋の程頤（ていい一〇三三～一一〇七年、七十四歳。中国北宋時代の儒学者）と合わせて程朱学、程朱学派と呼ばれます。

朱子学の根本原理となっている「格物致知」（かくぶつちち）とは、古代中国における思想史上の術語で、重要視され、格致（かくち）と略されます。『礼記』大学篇（『大学』）の一節「致知在格物、物格而知至」に由来し、儒学史上、さまざまな解釈がなされ、定説はありませんが、格物の格とは、正すと読み、「対象に向かう心の働きを正しく発揮すること」が格物で、「心のなかに先天的に備える良知を明らかにすること」が、致知と考えられます。宋代以降の儒教（宋学）において「窮理」（「易」説卦伝に由来）と結びつけられ、事物の理を究明しその極に至ろうとすることです（「大学・中庸」P.35,P.98）。

鎌倉時代後期までには、五山を中心として学僧等の基礎教養として広まり、一二九九年に来日した元の僧**一山一寧**（いっさん　いちねい、一二四七～一三一七年、七十歳）がもたらした注釈によって学理を完成しました。

楠木正成（一二九四～一三三六年、四十二歳）は、朱子学の熱心な信奉者で、鎌倉滅亡から建武の新政にかけては朱子学に基づいていると思われます。「湊川の戦い（みなとがわのたたかい）」で足利尊氏に敗れ、弟と刺し違えて自刃しています。「湊川の戦い」の前に広厳寺に中国からの来日僧である明極楚俊（みんきそしゅん一二六二～一三三六、七十四歳）和尚に「**両頭倶に截断して、一剣天に倚って寒じ**（りょうとうともにせつだんしていっけんてんによってすさまじ）（生きるか死ぬかなどという相対概念や分別を断ちきってしまえ。天命に従った般若の知恵はよく切れるのだ」と、死ぬときゃ死ぬのでこだわるな、と言われました。「仁と義と勇にやさしき武夫（もののふ）は火にさえ焼けず水に溺れず」と詠みました。神風特別攻撃隊の特攻機の尾翼に書かれていた菊水は楠家の紋です。

　江戸時代に入り、**林羅山**によって朱子学の名分論が武家政治の基礎理念とされ、江戸幕府の正学になりました。その朱子学の主君論が、「幕府でなく天皇を中心とした国づくりをするべき」という尊王論を生み、倒幕運動、明治維新へつながって行きました。

修道学院（しゅうどうがくえん）

　高野佐三郎（たかのささぶろう一八六二〜一九五〇年、八十八歳）が、一九一八年五月（五十六歳）のとき神田今川小路一丁目に「修道学院」を建設。日本全国から剣道を目指す若者で溢れ、一九二八年十二月（六十六歳）、神田一ツ橋にも新設。一九四四年（八十二歳）に第二次世界大戦の激化する中、強制疎開で取り壊されました。これ以前は、一八八八年十月（二十六歳）に高野佐三郎は警視庁から埼玉県警察本部武術教授に転勤。浦和に「浦和明信館」道場を開き、次いで一八九九年春（三十七歳）、東京都麹町に「東京明信館」を建設していました。

樹人（じゅじん）

　教育には年数がかかるということ。

　『管子（管仲（B.C.六三〇〜五七〇、六十歳）の著書だと言われます。政治家で思想家。法学の祖と呼ばれる一方、後の孔子、墨子、孟子、列子、荘子、荀子、韓非子から、批判を受けています。日本の士農工商の淵源という説もあります。「倉廩（そうりん）満ちて礼節を知り、衣食足りて栄辱を知る」という言葉も有名）』の「巻第一　權修第三」にあります。

「一年之計、莫如樹穀」一年の計には穀を樹（う）うるに如く莫し。穀物を育てるには一年の計があれば十分。

「十年之計、莫如樹木」十年の計には樹を樹（う）うるに如く莫し。樹を育てるには十年の計が必要となる。

「終身之計、莫如樹人」終身の計には人を樹（た）つるに如く莫し。人材を育てるには一生の計を立てなければならない。

準備運動と整理運動（じゅんびうんどうとせいりうんどう）

　堀江先生は道場では準備運動をしませんでした。「武士が準備運動をしてからでないと動けなかったら斬られてしまう」という理由です。そして、朝、起きるや否や「静的ストレッチ」をしていたのです。体が非常に柔らかく、開脚して上半身をぴったり床につけて笑っておいででした。

準備体操には「静的ストレッチ」は筋肉を伸ばして柔らかくしてしまうので、十分以上やると運動能力が最大にならなくなる、従って怪我をすることもあるのでよくないとのこと。運動後のクールダウンにするなら良いそうです。アキレス腱を充分に伸ばしたりすれば、逆に力が入らなくなるようです。

準備体操には、リズムに合わせて関節周りの筋肉をほぐす「動的ストレッチ」が良いとのこと。これから使う筋肉や関節に、「行くぞー！」という指令を与えることになるようです。剣道で言えば、まさに切り返しや面打ちが良いようです。

称号（しょうごう）

財団法人日本剣道連盟は『段位審査規程、称号審査規程』を定めており、段位は剣道の技術的力量を示すもの、称号はそれに加え指導力や見識などを備えた剣道人としての完成度を示すものとしました。称号には、錬士、教士、範士があり審査を受けて付与されます。

錬士は六段受有者で、六段受有後一年を経過し、加盟団体の選考を経て、加盟団体会長より推薦された者。

教士は、錬士七段受有者で、七段受有後二年限を経過し、加盟団体の選考を経て、加盟団体会長より推薦された者。

範士は、教士八段受有者で、八段受有後八年以上経過し、加盟団体の選考を経て、加盟団体会長より推薦された者、および全剣連会長が適格と認めた者。

定寸（じょうすん）

江戸初期、「かぶき者」が長い刀を差して派手ないでたちで闊歩したため一六四五年、町人の帯刀が禁じられました。家光の一六五一年までには幕府が「定寸（二尺三寸五分、約七十センチメートル）」までと規制しましたが、規定されたのは、武士の正式な二本差しであって、脇差のような二尺に満たない刀を一本だけ差す場合は規制がありませんでした。一六八三年に町人の帯刀禁止令が、一七〇二年には「町人百姓等刀帯び候儀、御停止」令が出ましたが、やはり二尺に満たない刀は別扱いで、禁止されていませんでした。「苗字帯刀」については、各藩でそれぞれに制限していたようです。

現在も一般的に居合刀などは二尺三寸五分（約七十センチメートル）が定寸とされていますが、規程があるわけではなく指標として言われているだけで、好みの長さを選択する人がほとんどです。

昇段審査の意味（しょうだんしんさのいみ）

試合が有効打突を競うものであるなら、昇段は剣道の正しさを認めていただくものでしょう。全日本剣道連盟は各段位に基準を設け、それに達した者は合格します。以下を**昇段審査の心得**として臨みましょう。

①端正なる容姿。稽古着は色あせしていない、洗濯したてのものを背中がだぶつかないように着ます。新しい綿袴を二〜三度はいて、余分な藍と硬さをとり、襞をつけて前下がりにはきます。剣道具（防具）は色あせていない試合用を使います。

②充実した気勢。立ち上がって数秒間は力をためて、腹から大きな声を出します。

③何度も触刃から交刃の間合へ攻めて入ります。

④剣道は打ち合いでなく、攻め合い。自分の打ちたい気持ちを抑えて、一本になる打ちだけを打ちます。

⑤残心を示します。それまで声を発声し続けます。

少年指導での留意点（しょうねんしどうでのりゅういてん）

青少年が健全に成長して行くためには、親や先生、師匠と一緒に努力をして、成功体験をすること、褒めてもらうことが何よりも必要なのです。人間の本質的な喜びは、努力して成し得た成功体験です。目標を立て、やる気を出して挑戦し、やり遂げる、努力の素晴らしさ、感動の連鎖を味わうことです。それをときには優しく、ときには厳しく見守る経験者が必要なのです。「かわいくば、五つ数えて三つほめ、二つ叱って良き人となせ」（二宮尊徳、江戸時代後期の農政家、一七八七〜一八五六、六十九歳）

指導をする際には、技と同時に心も修養します。これを**「楠と杉の教え」**と言います。「楠の木は根を一寸張れば上に一寸伸びるように、根と幹とが常に相和して成長するが、杉は根を張らず上へ上へと伸びていく。したがって楠は大風にも倒れない。しかし、杉はすぐに吹き倒れてしまう」。いたずらに枝だけを伸ばして大きくなっても、心が大きくなっていなければ、困難があったときに挫ける弱い人になります。

少年少女に剣道を指導するには、次の①〜④を親にご理解いただきます。

①親と共に剣道を小学卒業まで辞めないことを、本人と親と先生の三者で約束する。中学二年生で初段が取れる素地ができ、「やればできる」「継続は力なり」を実感させてください。技能だけでなく精神面も学んでいただきますし、剣道用具はお手入れが必要で子供にはできませんので安全のためにも、親と一緒に学んでもらう必要があります。親が子供と共に成長できるのは、小学生の期間までで、それまでに「親子が一緒に何かに打ち込んだこと」が子供にとって非常に重要な体験になります。

②「ピアノやそろばんのように、お金を払っているから、親は手を出さない」のでは、根本的に誤解があります。剣道はたいていボランティアで教えています。その精神に敬意

を表すると共に、親が会の運営を手伝う必要があることへの理解とご協力を同意いただきます。

③子供が先生を尊敬、敬愛するために、「親が先生を尊敬していただくこと」にご賛同、実践いただきます。親が先生に対する敬意と礼を尽くしてください。それが子供にも伝わります。感謝する気持ち、礼、礼儀、信義、奉仕を教えます。

④気力、忍耐力、集中力が必要な厳しさが面白いこと、自分で意識して改善すること、学習すること、成長することの面白さと、「元気に楽しく。自分からやってみる」ことを教えます。日本とアメリカではいざというときの心構えが異なるそうです。「九回ツーアウト満塁、一打逆転の打席に立ったバッター」に何と声をかけるか。日本では、「頑張れ。火事場の馬鹿力を出せ。打てなかったら承知しない」と声をかけ、本人も大いに責任とプレッシャーを感じ、緊張して事に当たるでしょう。しかし、アメリカでは、「気楽に行こう（Take it easy!）。ベストを尽くせ（Do your best!）。できるさ（You can get it!）」と声をかけ、本人も、自分ができたときを思い浮かべながら、集中力を発揮して事に当たるそうです。成功する自分を思い浮かべながらやる方が、失敗した恐ろしさを考えるよりうまく行くのは自明です。自分から「やろう」という意思のもとでなければ、元気にできませんし、楽しくもありません。

⑤仲間と一緒に学んでいくことの楽しさ、協調性、を教えます。剣道そのものだけではなく、礼儀や作法や道徳、日本の文化や風習は、今では学べるところが少なくなりました。

⑥子供と先生方との「手帳」などで、文章での意見交換をする。子供の反応や理解度を確かめながら、共に成長していきましょう。

⑦自立心や自律を教えます。子供たちが自分の言いたいことを相手に聞いてもらう力を付け、相手の心を聴く力を付け、一緒に何かをして、痛みを分かち合い、喜びを共有する最初の人間関係のルールが「あいさつ、返事、始末」です。「あいさつ」とは「心を開いて、相手に迫る」という意味です。「返事」とは「どう分かったか、相手に知らせること」です。「始末」とは「人に迷惑をかけないようにすること」です。「**我以外、皆師**」とか「**賢者は愚者に学び、愚者は賢者に学ばず**」と言うように、多くの人から吸収して大きくなる最初の一歩が、会話のキャッチボールをすることではないでしょうか。「**あいさつ、返事、始末**」をさせましょう。三つのお約束「挨拶をしよう、お話は相手の目を見て、自分のことは自分でしよう」を唱和しましょう（私見）。

⑧正しい剣道を、基本を中心に教えます。特に「声を出し、攻め、先に打つ」ことを教えます。相手に打たれたくないので、どうしても本能的に避けてしまう子供がいます。しかし、避ける動作は「一本」にはなりません。避ける動作でなくさばくのが剣道です。この矯正は、「相打ち」をしようと思うことから始めます。相手より一瞬でも早く打つことに、全力を集中してください。避けてから打っても一本にはなかなかなりません。勢いのある打突が一本になります。後から動き始めて勝つことは、ほぼありません。打ったときは、相手の動きに合わせたり、反応したりしているように見えても、打てた方が実際は先に動き出していま

す。勝つためには、相手より早く動作を始めることです。その動きが、一歩前に出る動作や竹刀を抑えたりはじいたりする動作です。それが「攻め」です。先に仕掛けましょう。

⑨環境変化の中で勝つための戦略戦術の重要性を教えます。「勝ちに不思議の勝ちあり、負けに不思議の負けなし」「勝つに技あり負けるに理あり」です。できないのは技がないからです。

杖道

四尺（約百二十センチメートル）前後の樫の丸棒の杖（じょう）を用いる日本武術です。四尺以上の棒を用いていても杖術と称している流派もあり、類似の武術である棒術との区別は難しいです。

犯罪者を捕縛する者の術、脇差（脇指）しか帯刀を許されなかった農民や商人等の護身術として、発達しました。

杖道の起源は十七世紀初頭に夢想権之助によって創始された神道夢想流杖術で、現在は警察、剣道の剣道連盟に普及し、剣道の理合と融合した杖道となり、剣道、居合道、杖道を極めた中山博道が「三道を習え」と推奨しました。松井健二範士八段が継承しています。

杖道の試合は、二組の出場者が、太刀を「打」、杖を「仕」とする基本十二本、その応用技十二本を仕打交代して演武し、その「充実した気勢」「正しい姿勢」「正確な打突と打ち込みの強弱」「問合と間」「礼法」などを審判員が判定して勝敗を決します。

今枝新流、津山藩士松岡治部助政親を初祖とします。現在でも岡山の日新館で継承しています。

無比無敵流杖術、流祖、佐々木哲斎徳久は槍の名手であり関が原の戦いにおいて九尺の槍を使い激戦中、槍先が折れ柄を持って奮戦し、その後悟りを得ました。水戸地方に伝承されてきました。

竹生島流棒術、流祖は難波平治光閑で、源平合戦の最中に長刀が折れ、柄だけなりながら大勢討ち取りました。これから棒術を編み出しました。

無辺流棒術、出羽の住人、大内無辺流槍術の流れを汲む斉藤亦右衛門が、真剣勝負で槍を切られたのにも関わらず、勝ちを得ました。棒に専念し、「無辺要眼流」と称えました。

聖徳太子（しょうとくたいし）

正式には、廏戸豐聰耳皇子（うまやととよさとみみのおうじ、五七四〜六二二年、四十八歳）で、官僚や貴族に対する道徳的な規範を示した『十七条憲法』を作りました。『日本書紀』『先代旧事本紀』に載っているとのこと。

例えば第一条の「以和爲貴」は、孔子の『論語』「学而第一」「有子曰　禮之用和爲貴（礼をこれ用うるには、和を貴しとなす）」（「仮名論語」P.7）が引用元であるように儒教、仏教、道教の影響も見られます。

以下、『日本書紀』第二十二巻『豊御食炊屋姫天皇（トヨミケカシキヤヒメノスメラミコト）推古天皇十二年』より、抜粋します。

夏四月丙寅朔戊辰。皇太子親肇作憲法十七條。（夏四月の丙寅のついたち戊辰の日に、皇太子、親（みずか）らはじめて憲法十七條（いつくしきのりとをあまりななをち）をつくりたまふ。）

一曰。以和爲貴。無忤爲宗。人皆有黨。亦少達者。是以或不順君父。乍違于隣里。然上和下睦。諧於論事。則事理自通。何事不成。【一にいわく、和（やわらぎ）を以（もち）て貴（たっと）しとし、忤（さか）ふることなきをむねとせよ。是を以て、或は君父（くんぷ）に順（したが）はず、乍（また）隣里（さととなり）に違（たが）ふ。然れども上（かみ）和（やは）らぎ、下（しも）睦（むつ）びて諧（ととの）へば、事を論（あげつ）らはむに、則ち理（ことわり）自ら通（かよ）へり。何事か成らざらむ。】

二曰。篤敬三寶。三寶者佛法僧也。則四生之終歸。萬國之極宗。何世何人非貴是法。人鮮尤惡。能教從之。其不歸三寶。何以直枉。【二にいわく、篤（あつく）く三宝をうやまへ。三宝とは仏（ほとけ）、法（のり）、僧（ほうしなり。則ち四生（よつのうまれ）の終りの帰（ところ）、萬國（ばんこく）の極宗（おほむね）なり。何（いづ）れの世の何れの人か、是の法を貴ばざらん。人尤（はなは）だ惡しきは鮮（すくな）し。能（よく）く教（おし）ふれば之（これ）に従はむ。其れ三寶に帰（よ）らずば何を以てか枉（まが）れるを直（ただ）さむ。】

三曰。承詔必謹。君則天之。臣則地之。天覆地載。四時順行。万氣得通。地欲覆天。則致壊耳。是以君言臣承。上行下靡。故承詔必愼。不謹自敗。【三にいわく、詔を承りては必ず謹（つつし）め。君をば天（あめ）とす、臣をば地（つち）とす。天覆（おほ）ひ地載（の）す。四時（しじ）順（めぐ）り行きて、万気（ばんき）通（かよ）ふことを得ん。地天を覆（おほ）はむと欲（よ）せば、即ち壊（やぶ）るることを致さむのみ。是を以て君言（のたま）ふときは、臣承り、上行へば下靡（なび）く。故に詔を受けては必ず慎（つつし）め。謹（つつし）まざれば自らに敗れなむ。】

四曰。群卿百寮、以禮爲本。其治民之本。要在乎禮。上不禮而下非齊。下無禮以必有罪。是以群臣有禮。位次不亂。百姓有禮。國家自治。【四にいわく、群臣百寮、礼を以て本とせよ。其れ民を治むるが本、必ず礼にあり。上礼なきときは、下斉（ととのわ）ず。下礼無きときは、必ず罪有り。ここをもって群臣礼あれば位次乱れず、百姓礼あれば、国家自（みず）から治まる。】

五曰。絶餮棄欲明辨訴訟。其百姓之訟。一日千事。一日尚爾。況乎累歳。頃治訟者。得利爲常。見賄聽?。便有財之訟。如石投水。乏者之訴。似水投石。是以貧民則不知所由。臣道亦於焉闕。【五にいわく、餮（てつ＝むさぼること）を絶ち欲することを棄て、明（あきらか）に訴訟（うったえ）を弁（わきまえ）よ。其れ百姓の訴、一日に千事（せんじ）あり。一日すら尚爾（しか）り。況（いわ）んや歳を累（かさね）てをや。頃（このごろ）、訟を治むべき者、利を得るを常と為し、賄（まひなひ）を見て聴（いかり）を聴（ゆる）す。便（すなは）ち財有るものの訟は、石をもて水に投（なぐ）るが如く。貧（まず）しき者の訴は、水をもて石に投（な）ぐるに似たり。是を以て貧しき民は、則ち由（よ）る所（ところ）を知らず。臣（やつかれ）の道（みち）亦た焉（ここ）に於て闕（か）く。】

六曰。懲惡勸善。古之良典。是以無匿人善。見惡必匡。其諂詐者。則爲覆國家之利器。爲絶人民之鋒劔。亦佞媚者。對上則好説下過。逢下則誹謗上失。其如此人。皆無忠於君。無仁於民。是大亂之本也。【六にいわく、悪しきを懲らし善（ほまれ）を勧むるは、古の良き典（のり）なり。是を以て人の善（ほまれ）を匿（かく）すこと無（なか）れ。惡を見ては必ず匡（ただ）すべし。其れ諂（へつら）ひ詐（あざむ）く者は、則ち國家（こっか）を覆（くつがへ）すの利器（ときうつはもの）為（な）り。人民を絶（た）つ鋒剣（すぐれたるつるぎ）たり。亦た佞（かたま）しく媚（こ）ぶる者（もの）は、上に対（むか）ひては、則ち好みて下の過（あやまち）を説（と）き、下に逢（あ）ては、則ち上の失（あやまち）を誹謗（そし）る。其れ此の如き人は、皆君に忠なく、民において仁無し。是れ大なる亂（みだれ）の本（もと）なり。】

七曰。人各有任。掌宜不濫。其賢哲任官。頌音則起。奸者有官。禍亂則繁。世少生知。尅念作聖。事無大少。得人必治。時無急緩。遇賢自寛。因此國家永久。社稷勿危。故古聖王爲官以求人。爲人不求官。【七にいわく、人各（おのおの）任（よさ）有り。宜しく濫（みだ）れざるに掌（つかさど）る。其れ賢哲官（さかしきひとつかさ）に任（よさ）すときは、頌音（ほむるこえ）則ち起る。奸者（かたましきもの）、官を有（たも）つときは、禍亂（わざわひみだれ）則ち繁し。世に生れながらに知るもの少し。尅（よ）く念（おも）へば聖となる事大小となく、人を得れば必ず治る。時に急緩（ときおそき）となく賢に遇へば自ら寛（ゆたか）なり。此に因りて國家（みかど）永く久しく、社稷（くに）危きこと勿し。故に古への聖王（ひじりのきみ）は官（つかさ）のために人を求めて、人のために官を求めず。】

八曰。群卿百寮。早朝晏退。公事靡盬。終日難盡。是以遲朝不逮于急。早退必事不盡。【八にいわく、群卿百寮、早朝晏（おそく）退でよ。公事（おほやけのこと）監（いとま）靡（な）し。終日（ひねもす）尽（つく）し難（がた）し。是（これ）を以て遲（おそ）く朝（まい）れば、急（すみやか）于（な）るに逮（およ）ばず。早く退（まか）れば必ず事（こと）盡（つく）さず。】

九曰。信是義本。毎事有信。其善惡成敗。要在于信。群臣共信。何事不成。群臣無信。萬事悉敗。【九にいわく、信（まこと）は是れ義（ことはり）の本（もと）なり。事毎（ことごと）に信（まこと）あれ。其れ善悪（よきあしき）成敗（なりならず）、要（かなら）ず信（まこと）にあり。君臣（くんしん）ともに信あるときは何事か成らざらむ。君臣信なければ万事悉（ことごと）く敗る。】

十曰。絶忿棄瞋。不怒人違。人皆有心。心各有執。彼是則我非。我是則彼非。我必非聖。彼必非愚。共是凡夫耳。是非之理。詎能可定。相共賢愚如鐶无端。是以彼人雖瞋。還恐我失。我獨雖得。從衆同擧。【十にいわく、忿（ふんい＝こころのいかり）を絶ちて、瞋（しんい＝おもてのいかり）を棄（す）て、人の違（たが）うことを怒らざれ。人皆心あり。心おのおの執（と）れることあり。彼（あ）れ是（ぜ）なれば、則ち我は非なり。我れ必ずしも聖（ひじり）に非ず。彼れ必ずしも愚（おろか）に非ず。共に是れ凡夫（ただひと）のみ。是非（ぜひ）の理（ことはり）を誰かよく定むべき。相共に賢愚（かしこきおろか）なること、鐶（みみがね）の端（はし）なきが如し。是（これ）を以て彼の人は瞋（しん）いと雖も、還（かへ）って我が失（あやまち）を恐れよ。我獨（ひと）り得たりと雖（いえど）も、衆（もろもろ）に従ひて同く挙（おこな）へ。】

十一日。明察功過。賞罰必當。日者賞不在功。罰不在罪。執事群卿。宜明賞罰。【十一にいわく、功と過（あやまち）を明らかに察（み）て、賞罰（たまものつみなへ）を必ず当てよ。日者（このごろ）賞は功（いさを）に在（あ）らず、罰は罪に在らず。事を執れる群卿（ぐんけい）宜（よろ）しく賞罰を明かにすべし。】

十二日。國司。國造。勿歛百姓。國靡二君。民無兩主。率土兆民以王爲主。所任官司。皆是王臣。何敢與公賦歛百姓。【十二にいわく、国司(くにのみこともち)、国造(くにのみやつこ)、百姓(おおみたから)に収斂（おさめとる）ことなかれ。國に二君（ふたつのきみ）靡（な）し。民に両主（ふたりのあるじ）無し。率土（くにのうち）の兆民（おほんたから）は、王（きみ）を以て主（あるじ）と為す。任（よさ）せる所の官司（つかさ）は、皆是（こ）れ王の臣。何ぞ敢（あえ）て公（おほやけ）と与に百姓に賦（をさ）め歛（と）らむ。】

十三日。諸任官者。同知職掌。或病或使。有闕於事然得知之日。和如曾識。其以非與聞。勿防公務。【十三にいわく、諸々（もろもろ）の任（よさ）せる官者（つかさびと）、同じく職掌（つかさごと）を知れ。或は病（やまひ）し、或は使（つかひ）して事に闕（か）ぐるおいて有（あ）らむ。然（しか）れども知ることを得るの日には、和（あまな）ふこと曾（かつて）より識れるが如く。其れ与（あずか）り聞（き）かざるを以て公務（まつりごと）を防ぐること勿（なか）れ。】

十四日。群臣百寮。無有嫉妬。我既嫉人。人亦嫉我。嫉妬之患。不知其極。所以智勝於己則不悦。才優於己則嫉妬。是以五百之乃今遇賢。千載以難待一聖。其不得賢聖。何以治國。【十四にいわく、群卿（ぐんけい）百寮（ひゃくりょう）、嫉（そね）み妬（ねた）むこと勿れ。我れ既に人を嫉（そね）まば、人亦（また）我を嫉まむ。嫉妬（ねた）みの患（うれい）　其（そ）の極（きわま）りを知らず。所以（ゆえ）に智（さとり）己（おの）れに勝（まさ）るれば則（すな）ち悦（よろこ）ばず。才（かど）己れに優（すぐ）るれば則ち嫉妬（ねた）む。是を以て五百歳（いほとせ）の後乃（すなわ）ち賢に遇はしむるも、千載（ちとせ）にして以て一聖（ひとりのひじり）を待つこと難し。其れ聖賢（せいけん）を得ざれるときは、何を以てか國を治めむ。】

十五日。背私向公。是臣之道矣。凡夫人有私必有恨。有憾必非同。非同則以私妨公。憾起則違制。害法。故初章云。上下和諧。其亦是情歟。【十五にいわく、私に背（そむ）きて公（おほやけ）に向（ゆ）くは是れ臣（しん）の道矣（なり）。凡そ人に私あれば必ず恨み有り。憾（うらみ）有るときは必ず同（ととのほ）らず。同（ととのほ）らざれば則ち私を以て公を妨ぐ。憾（うらみ）起る時は則ち制

（ことはり）に違ひ法（のり）を害（やぶ）る。故に初の章（くだり）に云へり、上下和諧（あまなひととのほ）れと。其れ亦是（こ）の情（こころ）なる歟（かな）。】

十六曰。使民以時。古之良典。故冬月有間。以可使民。從春至秋。農桑之節。不可使民。其不農何食。不桑何服。【十六にいわく、民を使（つか）ふに時を以（もっ）てするは古の良（よ）き典（のり）なり。故に冬の月には間（いとま）有（あ）あり。以て民を使ふ可（べ）し。春より秋に至るまでは農桑（なりはひこかひ）の節（とき）なり。民を使ふ可（べか）らず。其れ農（なりはひ）せざれば何をか食（くら）はむ。桑（こがひ）せざれば何をか服（き）む。】

十七曰。夫事不可獨斷必與衆宜論。少事是輕。不可必衆。唯逮論大事。若疑有失。故與衆相辨。辭則得理【十七にいわく、夫（そ）れ事をば獨（ひと）り斷（さだ）むべからず。必ず衆（もろもろ）と與（とも）によろしく論（あげつら）ふべし。小事（いささけのこと）は是れ輕（かる）し。必ずしも衆（もろもろ）と與（とも）にすべからず。唯（ただ）し大事（おほきなるわざ）を論ふに逮（およ）びては、若し失（あやまち）あらむことを疑ふ。故に衆と與（とも）に相ひ辨（わきま）ふるときは辭（こと）則ち理（ことはり）を得む。】

所作（しょさ）

剣道のあらゆる場面での基本的な動き方を言います。姿勢、態度とともに重要な文化的・礼法的な意味・目的がありますので、その意味・目的に適うような動作をします。

剣道着や袴、剣道用具の付け方外し方、取り扱い方、剣道場に出入りするときの礼と所作、竹刀の置き方、面をつけるときの小手の頭を上座に向ける、面の中に手拭いを入れる、竹刀は左に置く、竹刀の抜き方、蹲踞までの動き、試合場・稽古での姿勢・態度・行動、などなどを学びます。

蜀江（しょっこう）

剣道具（防具）の面垂、胴胸などの刺繍。

防具は江戸中期に、面、小手（籠手）、胸当てを鹿島神傳直心影流第八代の長沼国郷が港区虎ノ門の道場で四つ割り竹刀と共に使い、一刀流の中西忠蔵が鎧(よろい)兜(かぶと)からヒントを得て胴を完成させました。

最初は刺し通して縫って硬く丈夫にするための「刺(さし)」だけでしたが、装飾を兼ね備えた「蜀江」が使われ出しました。碁盤刺、斜め刺、亀甲(きっこう)、二重亀甲、毘沙門(びしゃもん)亀甲、花菱(はなびし)、麻(あさ)の葉、波(なみ)千鳥(ちどり)など様々の模様が様々の色で刺されます。「オールベタ刺」は「雲飾りがない、刺だけ」という意味です。

「蜀紅」「曙光」とも書かれる様々の模様は、中国の三国志の時代の「蜀」の国の特産物だった錦の織物「蜀江」が日本に伝わり、伝統柄となったと考えられています。

蜀江や印傳革の柄

「江戸小紋」と呼ばれています。「江戸小紋」の原型である「小紋型」は足利時代（一三〇〇～一五〇〇年）が起源と考えられています。また、その古典柄となると平安時代以前まで遡ることが出来ます。代表的な模様として「鮫」（紀州藩徳川氏）、「行儀」「角通し」（以上をまとめて「三役」という）、「松葉」（徳川氏）「御召し十」（徳川氏）「万筋」、「菊菱」（加賀藩前田氏）、「大小あられ」（薩摩藩島津氏）「胡麻柄」（佐賀藩鍋島氏）など。

「江戸小紋」はもともと男の柄でした。裃小紋（かみしもこもん）とも呼ばれ、裃（武士の正装）から発達したもので江戸初期には技法が完成しました。型紙は伊勢で作らせていました（伊勢型紙）。当時の柄は大柄の物もあったようですが、平和な江戸中期に、力のある藩は留柄（とめがら）と呼ばれる藩専用の柄を作ったりして、現在のような細かい柄が出来上がっていきました。江戸中期ごろからは庶民の身の回りの物にも男女の区別なく使われるようになったようです。

一九五四年に、文化財保護委員会が無形文化財に指定する際、京都や金沢の多彩色の小紋染めと区別するために「江戸小紋」と名付けました。大名が着用していたという経緯から江戸小紋は格式が高く、背中に家紋を入れることで色無地と同格になり、準礼装となります。

印伝の例。

青海波（せいかいは）

亀甲（きっこう）

瓢箪（ひょうたん）

紗綾形（あやすぎがた）

初発刀（しょはっとう）

稽古や試合での、初太刀の一本です。最初の一刀を自分が出すこと。お相手に先んじられないようにすることを「初太刀を許さない」と言います。

制定居合の最初の技は、ほとんどがお相手に先んじて一刀を切り込みますが、致命傷を与えることが目的ではなく、小さく先に斬り、その優位に立って二刀目で致命傷を与えます。この「二の太刀」を「**二の躬（にのみ）**」と言います。

白井亨（しらい　とおる）

一七八三～一八四三年十二月五日、六十歳。中西派一刀流第三代の中西子啓の門下で、**寺田宗有**と白井亨と**高柳又四郎**（生没年不詳。相手に自分の竹刀を触らせない間合の名人「音なしの勝負」）と並んで「**一刀流中西道場の三羽烏**」と呼ばれました。寺田五右衛門（宗有）の弟子でもあり、天真一刀流第二代を継承しました。「**兵法未知志留辺ひょうほうみちしるべ**」を一八三三年に書きました。剣禅一如を実践した名人です。

白井の師匠が「**天真一刀流**」の**寺田五右衛門（宗有）**（一七四五～一八二五年、八十歳）でした。寺田は中西派一刀流第三代の中西子啓の竹刀剣道の門下にあって、組太刀の名人で、**白隠慧鶴禅師**の高弟の伊豆三島の龍沢寺の東嶺円慈（とうれいえんじ）**和尚**に参禅し、「**己の木剣から は火炎が出る**」と言っていました。その寺田が六十六歳のとき、同門の二十八歳の白井亨が挑んできましたが、白井は手も足も出ませんでした。そこで白井は心法による剣術を理想として、寺田の「天真一刀流」に入門し、寺田に薦められた禅の「潅水(かんすい)の行」を五年続けたところ体を壊し、その後は白隠が『夜船閑話』等に記した内観法を行い、練丹を重視し、「**天真赫機（てんしんしんき）**」という開眼に至りました。白井亨は丹田に気息を充実させれば、おのずから気、剣、体一致し、「**吾が木刀の先より は輪が出ずる**」と言いました。勝海舟談話の『氷川清話』（講談社学術文庫）に「無我無心は禅機の極意」という項があり、白井亨の達人ぶりを書いています。

白井亨は『兵法未知志留辺』で、古今独歩の名人として次の四人の名前を挙げた上で、「此レ、其人(そのひと)敏ニシテ、時ニ其妙ヲ得ル者ナリ。其者、真理ニ通ヅトイヘドモ、練丹ノ法ナクシテ階梯(かいてい)ナキガ故ニ、空理ニヒトシ」とけなしています。これは剣術における心法に着目していたからです。

① **針ヶ谷夕雲(はりがや　せきうん)**（生年不詳～1669年）は、無住心剣〈むじゅうしんけん〉流剣術の祖。

② 針ヶ谷夕雲の弟子の**小田切一雲**（「小出切」か？一六三〇～一七〇六、七十六歳）は**空鈍(くうどん)流剣術**の祖。

③ 小田切一雲に兄事（けいじ、兄のように敬う）していた**金子夢幻**(むげん、名は範任、弥次左衛門。一六三七～一七〇四、六十七歳。**放心(ほうしん「法心(神)」とも。)流剣術**の祖。著書『梅華集』の跋文に参禅していた品川の**東海寺**（沢庵和尚のための寺）の**雲巌（全底）禅師**の「天真の

砂、太極の理、おのおの固より心性のあるのみ（天真之妙大極之理 各々固ヨリ心性之論ノミ也）」）という跋文（ばつぶん、後書き）があるようです。

④ 寺田宗有が若い頃学んだ、**平常無敵（へいじょうむてき）流平法**の祖**山内一真**（号、蓮真〈れんしん〉甚五兵衛一真）。

白鞘（しらざや）

白鞘は「休め鞘」とも言われ、塗りを施さない白木の朴（ほお）の良く乾燥したものを使い、刀身がぴったりと、なおかつ浮いた状態になるように作ります。二つに割って鞘の中を掃除できるように、続飯（そくい）で軽く貼り合わせてあります。

白鞘の柄のまま振り回すと、柄は割れて危険です。

白鞘は拵の鞘よりも太く作られる場合が多く、その理由は、汚れたら表面を削るためです。

人格の陶冶（じんかくのとうや）

人間形成の精神面での目標。武の五徳を学ぶことで人間としての自己完成を目指します。人間形成には、自己統制や生まれついた性質や才能を鍛えて練り上げること、組織や社会へ良い影響を与え貢献することなどの段階的な成長が考えられます。

まず、自分勝手ではなく協調性があって迷惑をかけない段階から始まって、良い影響を与える人になり、やがて人のお役に立ち、社会に貢献し、人類の平和繁栄に寄与するようになることです。

具体的には、人間は社会の中に生きているので、組織の三要素、① 目的共有、② 相互扶助、③ 意思疎通（コミュニケーション）のレベルを上げることが、活性化した効率性を生むことになります。この三要素の基礎となるのが、マナーや言葉遣い、常識、道徳観、めげない心、他人への配慮や集中力です。

心眼（しんがん）

心の目によって、目に見えない真実を見抜く力。

具体的には目や耳などの感覚器で知覚することが出来ない情報を、経験と想像力で推論することによって、具体的な形質や挙動を把握すること。武術においては相手の挙動を予測して自然に行動すること。第六感や勘。

真行草（しんぎょうそう）

篆（てん）、隷（れい）、楷（かい）、行（ぎょう）草（そう）の漢字五書体があり、このうちの楷書（真書）、行書、草書のことです。

篆書

隷書

楷(真)書

行書

草書

日本剣道形の小太刀三本の勝ち方の違いを言う場合があります。一本目は相手の脳天をしっかり打って致命傷を負わせてはっきりと「勝ち」とするので「楷」、二本目は顔面を割りますが、相手に戦闘能力が残っていると思われるので油断なきよう腕を制して「勝ち」とするので「行」、三本目はどこにも怪我を負わせずに、腕を決めて位詰めにして「勝ち」としているので「草」です。

修行の段階を言う場合があります。高野佐三郎は『剣道』第二編術理第六「二刀流聞き書き」（「近代剣道名著大系・第三巻」P.154）に以下のように言っています。

「遣い方に、真、行、草、之れ有り候えども、全く腕にあるにあらず、心の真行草なり。業熟し候う上にて太刀と体と心と一致の所なり。例えば梅の花を見るに、絵に描きたるものは匂いなし。土がありてその上に水気を吸い上げ、大木にもなり、花も咲き、実も成るなり。絵に描き候うは真という土台無き故、見て美しきばかりなり。剣術も土より物の生ずる如く地形土台の真が肝腎の所なり」

心気力の一致（しんきりょくのいっち）

動かざる心で腹に溜めた気を、瞬時に発動すること。攻防の要諦。千葉周作が「剣道の極意は、心気力の三者一致して、これを行（や）るに瞬息の機をもってするにあり」と言いました（「近代剣道名著大系 第二巻」P.277）。

「心」とは、観察力（敵の心の働きを観る力、いわゆる心眼や不動心（敵の動きにまどわされない平常心）。

「気」とは集中力（精神エネルギーを集中させる力）や制圧力（敵を気で圧倒し、その心身の動きを制圧する力）、

「力」とは、瞬発力（敵の変化に対応する技の力）や智力（戦いを有利に導くためのかけひき）。

心と気はともに精神ですが、心は直感・知覚思慮分別といった精神の鍛錬によって得られます。一方、気は心で培ったものが外に表われるエネルギーであり、精神力とか生命力という活力です。心が「精神の静」で、気は「精神の動」と言えるようです。そして力は身体の力であり、これが発動することにより技になります。

「気剣体」は「剣道試合・審判規則」第十二条に有効打突の条件です。「充実した気勢、適正な姿勢をもって、竹刀の打突部で打突部位を刃筋正しく打突し、残心あるものとする」とあります。

人生八変化（じんせいはちへんげ）

意識（心）が変われば、言葉が変わる。
言葉が変われば、態度が変わる。
態度が変われば、行動が変わる。
行動が変われば、習慣が変わる。
習慣が変われば、人格が変わる。

人格が変われば、運が変わる。
運が変われば、人生が変わる。
作者不詳です。

神道（しんとう）

神道は、日本の祖先神への尊崇で、日本古来の土着の信仰で、仏教などとも親和性が良く「神仏混淆」でしたが、明治維新以降、第二次世界大戦が終わるまで、日本人に愛国心と忠誠心を植え付けることに利用されました。

一、明（あけ）き、清き、正しき、直（なお）き心

神道での「穏やかで澄み渡った心の本来の姿」を指す言葉。

ほとんどの剣道の道場には、神棚があって、鹿島神宮、香取神宮のお札を祀ってあります。稽古のはじめには、神棚に向かって礼をし、自分達の稽古の安全を守ってくれる道場の神様に感謝し、「明き、清き、正しき、直き」心で稽古をさせて頂くことを誓います。

日本人は、例えば雪を頂いた富士山の日の出を「霊峰富士のご来光」と手を合わせたり、澄んだ湖を「神秘的」と思ったり、深い森を「神が住む」と言ったりし、自然現象に神々（こうごう）しさを感じます。森羅万象に八百万（やおよろず=たくさん）の神がいると信じ、神社を作り、祭りました。自然を崇拝し、あらゆる物に霊的存在が宿ると考えるアニミズム的な考え方でした。

また、この「明き、清き、正しき、直き」心の逆が、「穢れ」であり、禊（みそぎ）、祓い（はらい）などをすることで常に清浄さを大切にしてきました。日本は神の国であり、天照大御神（あまてらすおおみかみ）が日本を作り、天照大御神の子孫の天皇も現人神（あらひとがみ）とされています。

なお、吉川英治の小説の中で武蔵は一乗寺下がり松の決闘の前に、「神は頼むものにあらず、崇めるものなり」と言っています。「神頼み」は、してはいけません。

祓詞（はらえのことば　神社等で祭儀の最初に奏上される、もっとも簡潔で基本的な言葉）

掛(か)けまくも畏(かしこ)き　伊邪那岐(いざなぎ)の大神(おほかみ)　筑紫(ちくし)の日向(ひむか)の橘(たちばな)の小戸(をど)の阿波岐原(あはぎはら)に禊(みそ)ぎ祓(はら)へ給(たま)ひし時(とき)に　生(な)り坐(ま)せる祓(はら)へ戸(ど)の大神(おほかみ)たち諸々(もろもろ)の禍事(まがこと)・罪(つみ)・穢(けが)れあらむをば祓(はら)へ給(たま)ひ清(きよ)め給(たま)へと　白(まを)すことを聞(き)こし召(め)せと　恐(かしこ)み恐(かしこ)みも白(まを)す。

神社への礼

一、参拝方法

①鳥居をくぐるときはお祓いを意味するので、鳥居をくぐる前に一礼（「**一揖**〈いちゆう〉」）します。鳥居の右側から入るときは右足から、左側から入るときは左足から。神社の境内は結界（けっかい）の中の「神域」です。

②参道は中央を歩いてはいけません。左右どちらかに避け、ゆっくりと歩きます。まん中は「正中」と言って、神様がお通るになる道。まん中を通るときは頭を下げます。

③「手水舎（てみずや）」で手を「お手水（ちょうず）」で清め、俗界の穢れを落とします。

イ、右手で柄杓を持ち、左手をすすぎ、

ロ、柄杓を持ち替えて、右手をすすぎ、

ハ、もう一度柄杓を持ち替えて、左手に水を受け、口をすすぎ（柄杓には口をつけません）。

ニ、もう一度左手をすすぎ、柄杓を立てて残りの水で柄杓の柄をすすぎ、

ホ、きれいなハンカチ等で手を拭きます。

④神前に進みます。

イ、軽く一礼（「一揖」）します。手荷物などは足下に置きます。

ロ、お賽銭を奉納します。捧げものとして神前に米を撒く風習の名残り。大事な米や銭を賽銭として差し出すことによって心の靄を祓うという意味があります。金額に決まりはないし金額の多寡で神様の気分が変わるということはありません。語呂合わせで「ご縁（五円）がありますように」といった感じでよいと思います。

ハ、鈴に付いている紐を下げて（振り回さなくても下げれば鳴る）、数回振って鈴を鳴らします。鈴は邪なるものを祓う力があると考えられており、鈴の音によって邪気を払います。

⑤「**二礼二拍手一礼**（にれいにはくしゅいちれい。「二拝二拍手一拝」とも）」（出雲大社では、二拝四拍手一拝）をします。

イ、深いお辞儀（腰を九十度に折る）を二回繰り返します。一回目の礼は自分の守護霊に（大神様には願いが届きにくいので守護礼を通してお願いするため）、二回目の礼は大神様に。

ロ、両手を胸の高さで合わせ、右指先を少し下にずらし、肩幅程度に両手を開いて、拍手を二回打ちます。掌をずらすのは、神と人とがまだ一体になっていないということです。二度手を打つことで神を招き、その後掌を合わせることで神人が一体となり、祈願を込めて神の力を体得するからだそうです。拍手を打つのは「お邪魔します」という意味で、いわば玄関でチャイムを鳴らすようなものです。拍手には、音霊（おとだま）によってその場を清めるという意味もありますので、拍手を打つ時は、きれいないい音を出します。手のひらにくぼみを作り、両手をずらして空気が入るイメージです。拍手は柏の葉をあわせる様に両手をあわせ手を打つところから柏手（かしわで）と言います。日常の生活の中でも、嬉しい時や称える時に拍手をしますが、神前で行う拍手も神様に対し誠の心を捧げ、感謝の意を表して打つものです。

ハ、両手をきちんと合わせながら心を込めて祈ります。

ニ、両手をおろし、最後にもう一度深いお辞儀をします。

⑥鳥居を出てから一礼をし、帰ります。

なお、喪中の参拝はなるべく避け、やむを得ないときは鳥居をくぐらず脇を通ります。

二、正式参拝

禊祓詞（みそぎはらへのことば）、大祓詞（おほはらへのことば）、神棚拝詞（かみだなはいし）を奏上します。但し、時間が無い等の場合には「禊祓詞」のみの奏上でも可とのこと。

大祓詞（神社本庁蔵版より）

高天原に神留り坐す　皇親神漏岐　神漏美の命以て
たかまのはらにかむづまります　すめらがむつかむろぎかむろぎのみこともちて
八百萬神等を神集へに集へ賜ひ　神議りに議り賜ひて
やほよろづのかみたちをかむつどへにつどへたまひ　かむはかりにはかりたまひて
我が皇御孫命は　豊葦原瑞穂國を　安國と平らけく知ろし食せと
あがすめみまのみことは　とよあしはらみづほのくにをやすくにとたいらけくしろしめせと
事依さし奉りき　此く依さし奉りし國中に　荒振る神等をば　神問はしに問はし賜ひ
ことよさしまつりき　かくよさしまつりし　しくぬちにあらぶるかみたちをば　かむとはしにとはしたまひ
神掃ひに掃ひ賜ひて　語問ひし　磐根　樹根立　草の片葉をも語止めて
かむはらひにはらひたまひて　こととひし　いはね　きねたち　くさのかきはをもことやめて
天の磐座放ち　天の八重雲を　伊頭の千別きに千別きて　天降し依さし奉りき
あめのいはくらはなち　あめのやへぐもを　いつのちわきにちわきて　あまくだしよさしまつりき
此く依さし奉りし四方の國中と　大倭日高見國を安國と定め奉りて
かくよさしまつりしよものくになかと　おほやまとひだかみのくにをやすくにとさだめまつりて
下つ磐根に宮柱太敷き立て　高天原に千木高知りて
したついはねにみやばしらふとしきたて　たかまのはらにちぎたかしりて
皇御孫命の瑞の御殿仕へ奉りて　天の御蔭　日の御蔭と隠り坐して
すめみまのみことのみづのみあらかつかへまつりて　あめのみかげ　ひのみかげとかくりまして
安國と平けく知ろし食さむ國中に成り出でむ天の益人等が
やすくにとたいらけくしろしめさむくぬちになりいでむあめのますびとらが
過ち犯しけむ種種の罪事は　天つ罪　國つ罪　許許太久の

あやまちをかしけむくさぐさのつみごとは　あまつつみ　くにつつみ　ここだくの

罪出でむ　此く出でば　天つ宮事以ちて　天つ金木を本打ち切り　末打ち断ちて

つみいでむ　かくいでば　あまつみやごともちて　あまつかなぎをもとうちきり　すゑうちたちて

千座の置座に置き足らはして　天つ菅麻を　本刈り断ち　末刈り切りて　八針に取り辟きて

ちくらのおきくらにおきたらはして　あまつすがそをもとかりたち　すゑかりきりて　やはりにとりさきて

天つ祝詞の太祝詞を宣れ　此く宣らば　天つ神は天の磐門を押し披きて

あまつのりとのふとのりとごとをのれ　かくのらば　あまつかみはあめのいはとをおしひらきて

天の八重雲を伊頭の千別きに千別きて　聞こし食さむ　國つ神は高山の末

あめのやへぐもをいつのちわきにちわきて　きこしめさむ　くにつかみはたかやまのすゑ

短山の末に上り坐して　高山の伊褒理　短山の伊褒理を掻き別けて聞こし食さむ

ひきやまのすゑにのぼりまして　たかやまのいぼり　ひきやまのいぼりをかきわめてきこしめさむ

此く聞こし食してば　罪と言ふ罪は在らじと　科戸の風の天の八重雲を吹き放つ事の如く

かくきこしめしてば　つみといふつみはあらじと　しなどのかぜのあめのやへぐもをふきはなつことのごとく

朝の御霧　夕の御霧を　朝風　夕風の吹き払ふ事の如く　大津辺に居る大船を

あしたのみぎり　ゆふべのみぎりをあさかぜ　ゆふかぜのふきはらふことのごとく　おほつべにをるおほふねを

舳解き放ち　艫解き放ちて　大海原に押し放つ事の如く

へときはなち　ともときはなちて　おほうなばらにおしはなつことのごとく

彼方の繁木が本を　焼鎌の敏鎌以ちて　打ち掃ふ事の如く　遺る罪は在らじと

をちかたのしげきがもとを　やきがまのとがまもちて　うちはらふことのごとく　のこるつみはあらじと

祓へ給ひ清め給ふ事を　高山の末　短山の末より　佐久那太理に落ち多岐つ

はらへたまひきよめたまふことを　たかやまのすゑ　ひきやまのすゑより　さくなだりにおちたぎつ

速川の瀬に坐す瀬織津比賣と言ふ神　大海原に持ち出でなむ　此く持ち出で往なば

はやかわのせにますせおりつひめといふかみ　おほうなばらにもちいでなむ　かくもちいでいなば

荒潮の潮の八百道の八潮道の潮の八百會に坐す　速開都比賣と言ふ神
あらしほのしほのやほぢのやしほぢのしほのやほあひにます　はやあきつひめといふかみ

持ち加加呑みてむ　此く加加呑みてば　気吹戸に坐す　気吹戸主と言ふ神
もちかかのみてむ　かくかかのみてば　いぶきどにます　いぶきどぬしといふかみ

根國之底之國に気吹き放ちてむ　此く気吹き放ちてば　根國　底國に坐す
ねのくに　そこのくににいぶきはなちてむ　かくいぶきはなちてば　ねのくに　そこのくににます

速佐須良比賣と言ふ神　持ち佐須良ひ失ひてむ　此く佐須良ひ失ひてば
はやさすらひめといふかみ　もちさすらひうしなひてむ　かくさすらひうしなひてば

罪と言ふ罪は在らじと　祓へ給ひ清め給ふ事を　天つ神國つ神
つみといふつみはあらじと　はらへたまひきよめたまふことを　あまつかみ　くにつかみ

八百萬神等共に　聞こし食せと白す
やほよろづのかみたちともに　きこしめせとまをす

三、御神籤（おみくじ）

「御御籤」とも。神社のものは「神籤」、寺のものは「仏籤」と表記します。おみくじを引いた際に、結びつけるのは厄を祓うためです。よいお御籤を引いたときは、結びつける必要はまったくありません。

四、どんどやき

日本各地の神社で行なわれる小正月の火祭りで、お正月にお迎えした神様をお送りする日本の伝統的な行事です。一月十四日の夜または十五日の朝が多く行なわれます。どんどさん、どんどん焼、さんくろうなどともいいます。「どんど」とは「尊いもの」という意味があるようです。また「どんど・どんど」とはやすことからどんど焼きと言うようになったという説もあります

青竹を骨格として、藁を詰めて三角柱の櫓を組み、これに火を投じてお正月に使った門松やしめ縄、お守り、破魔矢、祈願成就した「だるま」などを持ち寄って焼きます。豪快に上がった火の中に書初めを投じで、高く舞い上がると上達するなどといわれます。火力がすこし弱まった頃を見はからって篠竹などの先に餅を刺して焼きます。また、どんど焼きの燃えさしは魔除けになると言われ、持ち帰って門口に立てる人もおいでになるようです。

なお、松送りのどんど焼きと、神事のどんど焼きと区別している神社もあります。

五、注連縄（しめなわ）

神域と外界（俗界）とを隔てるための、紙垂（しで）をつけた縄。「標縄」とも。一定の間隔で藁を三、五、七本と垂

らすため七五三縄とも書きます。注連縄、注連飾りには、大根締め、ゴボウ締め、輪飾りなど色々な種類の形式があります。大根締めは両端がつぼまり、ゴボウ締めは片側のみが細いです。神社の周り、あるいは御神体を縄で囲い、その中を神域とします（結界）。日本の正月や、家々の門、玄関、出入り口などに飾る注連飾りも、この注連縄の一形態です。縄の材料は干した稲藁です。天照大神が天岩戸から引き出された際、二度と天岩戸に入れないよう太玉命が注連縄（「尻久米縄（しりくめなわ）」）で戸を塞いだのが起源とされます。

六、香取、鹿島

香取神社には経津主神(ふつぬしのかみ)を、鹿島神社に武甕槌命(たけみかづちのみこと)をお祭りしています。ともに武神なので「鹿島大明神」「香取大明神」として道場の神棚に祀られることが多いです。

鹿島神宮（かしまじんぐう）は、茨城県鹿嶋市にある神社。式内社（「延喜式」の神名帳(じんみょうちょう)に記載されている千年以上の歴史のある宗教施設）、常陸国**一宮**（地域の中で最も社格の高いとされる神社）で、旧社格は官幣大社（戦後廃止されたランクで最上）です。日本全国に約六百社ある鹿島神社の総本社です。

香取神宮（かとりじんぐう）は、千葉県香取市にある神社。式内社、下総国一宮で、旧社格は官幣大社。日本全国に約四百社ある香取神社の総本社です。

両宮は、JR鹿島線で四駅、直線距離で十三キロメートルしかない近さです。**飯篠長威斎家直**は香取で天真正伝香取神道流を流興し、日本剣道の源流として知られています。鹿島剣流を創始した**松本備前守政信**は鹿島神宮の祝部（はふりべ。神官であり一武将として家臣を束ねる）で、飯篠長威斎家直の弟子でした。**塚原卜伝**は天真正伝香取神道流を養父から学んで家伝の鹿島中古流を折衷して鹿島新当流を創始していますし、新陰流を創始した**上泉伊勢守**も松本備前守政信からここで学びました。

心拍数（しんぱくすう）

東京工大の本川達雄先生の「ゾウの時間ネズミの時間」（中公新書）では、動物はだいたい生涯で十五億回の心拍数と言われ、心拍数を遅くすることが長生きの秘訣のようです。ですから寿命は、十五億拍を一分当たりの心拍数で割って、（三百六十五日×二十四時間×六十分）で割れば、寿命が分かります。仏教のお坊さんの世界では、「五十、六十はな垂れ小僧」といわれるほど長命な高僧が多いそうですが、多分、白隠禅師のお書きになった夜船閑話（やせんかんな）の中の『内観の秘訣』の長息法（長呼気丹田呼吸法、数息観〈すそくかん〉）をしているので、心拍が遅いからではないでしょうか。

審判員の任務（しんぱんいんのにんむ）

審判員の任務は以下です。

① 当該試合を運営し、
② 宣告および表示を明確に行い、
③ 審判員相互の意思統一をはかり、
④ 審判員相互の旗の表示を確認し、

⑤ 試合終了後、必要に応じ審判主任または審判長の所見を徴し、他の審判員とともに当該審判の反省を行います（細則第二十一）。

主審一人、副審二人で審判員を構成し、有効打突その他の判定をします（規則第二十四①）。主審は、当該試合運営の全般に関する権限を有し、審判旗を持って有効打突および反則などの表示と宣告を行います（規則第二十四②）。副審は、審判旗を持って有効打突および反則などの表示を行い、運営上主審を補佐します。なお、緊急の時は、試合中止の表示と宣告をすることができます（規則第二十四③）。

審判としての心構え（しんぱんいんとしてのこころがまえ）

審判は、妥当性と客観性に基づいた総合的な自己の判断で判定します。「剣道試合・審判・運営要領の手引き」によれば、以下のとおりです。

一般的要件

① 公正無私であること
② 試合・審判規則および細則、運営要領を熟知し、正しく運用できる。
③ 剣理に精通していること。
④ 審判技術に熟達していること。
⑤ 健康体で、かつ活動的であること。

留意事項

① 服装を端正にすること。
② 姿勢・態度・所作などを厳正にすること。
③ 言語が明晰であること。
④ 数多く審判を経験し、反省と研鑽に努めること。
⑤ よい審判を見て学ぶこと。

神道無念流（しんどうむねんりゅう）

栃木県下都賀郡壬生町出身の福井嘉平〈ふくい　よしひら兵右衛門一七〇〇～一七八二、八十二歳〉が、新陰流の上泉伊勢守の門弟だった野中新蔵成常が創始した「新神陰一円流」を学んだ後、創始。

戸賀崎暉芳（とがさきてるよし、熊太郎。一七四四～一八〇九年六月二十三日、六十五歳）は福井嘉平に学んで皆伝を得、郷里の武蔵(むさし)埼玉郡上清久(かみきよく)村に道場を開き、のち江戸麹町(こうじまち)に道場を開き、使用人富吉に稽古をつけて親の仇(あだ)討ちを成功させて評判となりました。

この後、岡田吉利の「撃剣館」系は斎藤弥九郎が練兵館を開き幕末江戸三大道場と言われました。長岡藩士・根岸信五郎は、北越戦争を生き残り、一八八〇年頃、東京に有信館という道場を開きました。根岸から流儀を継承した中山博道によって、有信館は修道学院（中西派一刀流高野佐三郎道場）と並ぶ戦前の剣道界の二大勢力となり、中倉清、羽賀準一、中島五郎蔵は「有信館三羽烏」と呼ばれました。

戸賀崎暉芳の子の戸賀崎胤芳（二代目熊太郎）は、一七七八年千代田区二番町に道場を開いて門弟三千人を数えたとのこと。三代芳栄（喜道軒）、四代芳武（尚道軒）、と続き、五代保之進（好道軒一八六五～一九二一年五十七歳）が病没する前に道場が廃されました。しかし、戸賀崎氏の出身地武蔵国清久（現・埼玉県久喜市上清久）ではその後も戸賀崎流として存続し、二〇〇六年、現当主・戸賀崎正道により再び神道無念流「恵文館」道場として復興しています。

神仏混淆（しんぶつこんこう）

日本古来の神祇信仰と仏教信仰を折衷して一つの体系となっていること。神仏習合（しんぶつしゅうごう）とも。子供が生まれれば神社でお宮参り（お寺では初参り）をし、人が亡くなればお寺でお葬式（神社では神葬祭）をすることです。

七一五年には越前国気比大神の託宣により国家レベルで鹿島神宮、賀茂神社、伊勢神宮などで**神宮寺**（じんぐうじ。神社に附属して建てられた仏教寺院や仏堂）が併設されました。一八六八年明治政府によって、神仏分離令が発布され、廃仏毀釈で、仏教が神道に隷属しました。その後、第二次世界大戦中は「神国日本」でしたが、一九四七年五月三日に施行された日本国憲法から「信教の自由」により再び神仏混淆となりました。

神武不殺（じんむふさつ）

神の武は、人を殺さず、争わずしてすべてを調和させていく、ということ。

『易経（えききょう）』の繋辞上伝（けいじじょうでん）に「古之聡明叡知、神武不殺者夫」とあり、「古（いにしえ）の聡明叡知、神のごとき武勇をそなえてしかも人を殺さぬ仁徳の人の他にはありえぬであろう」と「周の文王があえて兵を興さず、泰然として時を待った」ことを賛えた言葉があります（「易経（下）」P.244）。

佚斎樗山子の書いた「田舎荘子（いなかそうじ）」の「猫之妙術」の中にも、「彼猫は、己を忘れ物を忘れて物なきに帰す。神武にして、殺さずといふものなり。我また彼に及ばざること遠し」とあります。（「天狗芸術論・猫の妙術」P.165）

す

好きこそ物の上手なりけり

何事によらず、好きであれば自然それに熱中するので上達します。

生まれつきの能力（器用、不器用）よりも、執着の強い方が進歩・発展するということです。

「好きと巧み上手と三つをくらぶれば　好きこそものの上手なりけり」神陰流、道歌。

数息観（すそくかん）

息を数える呼吸法です。息を長く吐いて短く吸うので長呼気丹田呼吸法、長息法、とも言います。

仰向けになって、手を軽く開き、全身の力を抜きます。そして軽く目をつむり鼻孔の下に鳥の羽が乗っていて鼻息で羽が飛んでいかないようにイメージしながら、軽く閉じた口から「ひとー」と、ゆっくりと腹式呼吸で横隔膜を上げ切って、すべての息を吐ききります（十五秒）。

そのまましばらく耐えた後、小さく早く短く静かに鼻から下腹部（丹田）を膨らませることで息を吸い「つ」と心の中で数えます（三秒）。少し止め（二秒）ます。以下「ふたー」「つ」と続けます。これを繰り返すと、血行が良くなり、抹消の毛細血管まで活性化され、心拍が遅くなります。禅の高僧は、一息で般若心経を読み切るといわれます。

腹圧を伴った呼吸法で、赤ちゃんが空腹時に泣くときの呼吸法です。自律神経のアンバランスを除き、各種ホルモンを調整し、内臓を強化します。血中の酸素量が増え、酸素分子を代謝に必要なときまで筋肉中に貯蔵する色素タンパク質を作るので、疲労を回復させます。人間の生命の原動力である「気」が旺盛になるとも言われます。東京工大の本川達雄先生の『ゾウの時間ネズミの時間』（中公新書）では、動物はだいたい生涯で十五億回の心拍数と言われ、心拍数を遅くする意味でも数息観は良いようです。

白隠禅師が優れた心身健康法として『夜船閑話』に引用した「内観の秘訣」です。白隠禅師は「気海、丹田各々臍下に屈す」と言っています。だんだんゆっくりになって、息がなくなると苦しいのですが、その臨死状態が体を再生するようです。やがて体がぽかぽかと暖かくなってきます。なにか得体のしれない良い気持ちになります。これは、人間がもともと持っている自然治癒力が高まっている証拠です。最高でも健康時で三十分位にします。毎晩一カ月続けるだけでも効果絶大ですので是非お試しくださいませ。次の言葉を内観します。

① わがこの気海丹田、まさに是れわが本来の面目、面目なんの鼻孔かある。

② わがこの気海丹田、まさに是れわが本分の家郷、家郷なんの消息かある。

③ わがこの気海丹田、まさに是れわが唯心の浄土、浄土なんの荘厳かある。

④ わがこの気海丹田、まさに是れわが己身の弥陀、弥陀なんの法をか説く。

捨て身（すてみ）

相打ちを覚悟すること。自分の保身を忘れること。剣道の極意。

強い者が必ず勝つとは限りませんが、躊躇していれば勝つ可能性が低いです。無心に攻め、機と見たら思い切りのよい打ち込みを繰り返していく事で、気を高め、心を動かさないようになっていきます。避けながら打ったり、当てに行くのでは成長がありません。

本書の「七つの知恵」の「攻め打ち」をしましょう。

斬り結ぶ刃（やいば）の下は地獄なり、身を捨ててこそ浮かぶ瀬もあれ（柳生石舟斎宗厳）

斬り結ぶ　刀の下ぞ地獄なれ　ただ斬り込めよ　神妙の剣（柳生石舟斎宗厳）

斬り結ぶ　太刀の下こそ地獄なれ　踏み込み行けば　後は極楽（鹿塚原卜伝）

山川の　末に流るる栃殻も　身を捨ててこそ　浮かむ瀬もあれ（空也上人くうやしょうにん九〇三〜九七二年、六十九歳『絵詞伝』）

山川の　瀬々に流るる栃からも　実を捨ててこそ　浮かむ瀬もあれ（千葉勝太郎編千葉周作遺稿『剣法秘訣』（「近代剣道名著大系　第二巻」P.236）

切り結ぶ　太刀の下こそ地獄なれ　踏み込み見れば　後は極楽（千葉勝太郎編千葉周作遺稿『剣法秘訣』（「近代剣道名著大系　第二巻」P.236）

素振り（すぶり）

素振りの種類は七種類が代表的です。①三〜一挙動の素振り（面、小手、胴）、②前進後退面、③前進後退左右面、④上下振り、大素振り、⑤左右面、⑥跳躍素振り（早素振り）、⑦斜め振り、です。

丹田を前に出すことで竹刀が上がりはじめたときに、「天井を突くように少しだけ力を添える」だけにし、サッカーのスローインのように、上半身を反って腹筋を使う「体幹のしなり」と、「斬り手」による脱力で、力まずに一拍子の勢いよく振ることを稽古します。止めなくても止まる振りをマスターしましょう。

① **三〜一挙動の素振り**　三挙動は、振りかぶり→打つ→構え、二挙動は、振りかぶって打つまでが一つになり、一挙動は振りかぶってから打って構えるまでを一拍子で行ないます。中段の構えから「手の内」を変えないようにして竹刀を天井を突くように上げて頭上四十五度まで振りかぶります。それ以上の角度に竹刀を寝せると無駄な動きになります。

面を打ったときは、右腕は肩の高さ、左こぶしはみぞおちの高さで、十分に両肘を伸ばして、竹刀の物打ちが自分の面の高さになるように止めます。

小手打ちは、竹刀が水平になるところで両肘を十分に伸ばして止めます。

胴打ちは、手首を返して胴を刃筋正しく、両肘を伸ばして、左拳が中心線を動くように打ちます。

その後、そのまま振りかぶり、動作を繰り返します。

② **前進後退面** 正面の素振りと要領は同じで、前進して打ち、後退して打ちます。足が構えの形に戻るように留意します。

③ **前進後退左右面** ②の前進後退面を左右面にします。振り上げるときは両手が正中を通るようにします。振り下ろすときは、左のこぶしが自分の中心からはずれないように、左右四十五度の角度でお相手の面紐の位置を刃筋が立つように打ちます。

④ **上下振り** 目的は左右にぶれないかどうか確かめるためです。ゆっくり、力を抜いて振ります。「手の内」を変えないようにして竹刀をできるだけ大きく、お尻に着くまで振りかぶります。両腕を伸ばし、左こぶしを下腹部の前まで充分に振り下ろします。振りおろした時の剣先の位置は膝頭の高さぐらいにします。この動作を繰り返します。

⑤ **左右面** 体を左右にさばいて左右面を打ちます。動かないお相手に対して、右の回って右面、左に回って左面と打ちますので、円弧の一部を動くようにします。振り上げるときは両手が正中を通るようにします。振り下ろすときは、左のこぶしが自分の中心からはずれないように、左右四十五度の角度でお相手の面紐の位置を刃筋が立つように打ちます。この動作を繰り返します。

⑥ **跳躍素振り（早素振り）** 正面の素振りと要領は同じですが、振りかぶるときに後ろに飛び下がり、打つときに前に踏み込みます。下がったときも前に出たときも、足が構えの形になるようにします。

⑦ **斜め振り** ⑤の左右面の要領で、膝頭の高さぐらいまで振りおろします。

素振りの効果

① 気剣体の一致を修練することができます。

② 初心者は、素振りによって竹刀の操作を覚えることができます。

③ 打突に必要な手の内を覚え、打ちの冴えを身につけることができます。

④ 竹刀の振りと足さばきと体の調和を身につけることができます。

⑤ 稽古の前に行うと準備運動としてもよい効果的が期待できます。

スポーツとの違い

剣道は「スポーツ」ではありません。「武道」です。精神性だとか礼節について差異はないでしょう。武道は肉体的にムダムラムリのない動作の習得と同時に、精神的に堂々とすることや苦しいことやつらいことから立ち直る人間形成が中心で、生きている限り上達するところが大きく異なるのです。どんなスポーツでも、年寄は若者と互角にプレイできません。しかし武道は年寄でも若者には歯が立たない名人もいます。海外の剣士はここに武道の素晴らしさを見出しているのではないでしょうか。剣道を続ける人は、武士が一生武士であったように、毎日の一瞬も剣道につながるような、剣道イコール生活・人生を望んでいます。剣道を一生続け、人間形成の道を歩んでいただきたいという思いを込めて、剣道は武道なのです。

せ

世阿弥（ぜあみ）
一三六三〜一四四三年九月一日?、八十歳?。日本の室町時代初期の猿楽師。
それまでの猿楽から、父、観阿弥（一三三三〜一三八四年六月八日、五十一?）と共に幽玄美を理想とした能に発展させ、観世流として芸術に高めました。能の前に演じられることの多い狂言（きょうげん）は、同じ頃に発生しました。少年時から将軍義光の寵愛を受け、三十代前半の隆盛期に観阿弥の口伝を推敲してまとめたのが『**風姿花伝**』。壮年期に出家して書かれた『**花鏡**（かきょう）』はさらにハイレベルです。多数の能作品と能楽論がありますす。これらは、修行をし、自分を高めていくというところが剣道とも共通ですので、その言葉は剣道にも数多く影響しています。晩年は将軍義教の命を拒み、佐渡に流されました。
優雅で品のある姿や風情を「幽玄（ゆうげん）」、観客に感動を与える力を「**花**」と表現しています。「少年は美しい声と姿を持つが、それは「**時分の花**」に過ぎない。能の奥義「**まことの花**」は「心の工夫公案から生まれる」と説きます。「**秘すれば花なり。秘せずは花なるべからず**」として『風姿花伝』の内容は長らく秘伝とされてきました。

序破急（じょはきゅう）ゆったりとした導入、主要な展開、短く躍動的な終結を意味します。日本の音楽・舞踊・演劇などで、楽曲構成・演出・速度などに関して三部分または三段階を表わす用語。転じて、連歌、蹴鞠、香道、剣術、抜刀術、居合道などで「導入・展開・終結」や「はじめと中間とおわり」の三部構成や速度の増す様を言います。起源は世阿弥の言葉の「能能安見するに、万象、森羅、是非、大小、有生、非生、ことごとく、おのおの序破急をそなえたり。鳥のさへずり、虫の無く音にいたるまで、其分其分の理を鳴くは、序破急なり」（『拾玉得花（しゅうぎょくとくか）』）です。居合の刀の抜き方がこの方式です。鯉口を切り、静かに抜き初め、次第に速度を増し、抜きつけの鞘ばなれを早く鋭くします。

千秋楽（せんしゅうらく）　何日か続いた法会（ホウエ）の最後の日にはいつも雅楽の「千秋楽」という曲を奏したことから、演劇、すもうなどの興行の、最後の日。

初心忘るべからず　「是非（ぜひ）の初心忘るべからず。時々の初心忘るべからず。老後の初心忘るべからず、この三、よくよく口伝すべし」（「花鏡」）修行を始めたころの気持ちを、ずっと忘れずにもっていなさい。修行の各段階で、その時に合う風体を改めて工夫しなければいけない。老後は、老後の風体に合う工夫を改めてしなければいけない。

目前心後　眼で前を見ながら、さらに心の眼を自分の背後に置く。
能の演者は、自分の姿を観客の目でも見、左右前後、さらに自分の後姿まで自覚し、つまり心の目で体のすみずみまで意識して優美な舞姿を保たねばならない。

動十分心、動七分身　心は十分に動かし、身体は七分に動かす。心にはいっぱいに気持ちを込め、身体の動きを控えめに演技すれば、十分に動いた心が演技の情緒的な表現になり、面白い風情を伝える。

強身動宥足踏、強足踏宥身動（ごうしんどうゆうそくとう、ごうそくとうゆうしんどう）　身体を強く動かす時には足は柔らかく踏みならし、足を強く踏む時には身体を静かに動かす。演技の視覚効果と聴覚効果をずらし、その融合する面白い風情を感じさせる。

離見の見（りけんのけん）　「見所（けんぞ）より見る所の風姿は我が離見也」「離見の見にて見る所は、即、見所同心の見也」（「花鏡（かきょう）」）「観客が舞台上の自分を見ている視線、これに同化するようにして見ることで、自分の眼では決して見ることのできない自分の後ろ姿まで見よ、自分の姿の全体を捉えよ」と言っています。

声攻先心（せいこうせんしん）
東大泉剣友会のオリジナル。会の理想とする剣道を言い表した「声を出し、攻め、先に打ち、残心」の略。

蹲踞から立ち上がる時に息を吸って、構えて気合を出します。しかし、残心が終わるまでは、息を溜めたり気合を出すなどして息を吸わないのです。長呼気丹田呼吸をすることによって気を抜かない稽古になります。息を吸うのは残心後か攻め合いの中で間合が切れたり三殺法が功を奏しているときです。

攻めは「打てる体勢」で前に出るところが必要条件です。自分が打てる体勢なので、お相手が焦って打ってきたり、居ついたり、下がったときに打突できるのです。自分が打てる体勢なので、お相手の動きを予測して、先に打つ、上から打つ、擦り上げる、返す、抜く、切り落とすなどの打突につなげることもできます。

隙だと思って動くのでは遅いのです。そのためには体を瞬時に前に出せるよう丹田を向け、しかも上半身や腕や肩を力ませず、お相手の動きが分かった時にそのタイミングで、丹田から先に動き出した気を胸から腕に伝えるようにして、抜重してしなやかに打突します。イメージとしては弓から矢がはじき出される勢いです。

すべての打突は立ち止まってはいけません。打った勢いはさらに加速する必要はありませんが、意図して減速してはいけません。勢いをそのままお相手の正中に預けます。岩の割れ目にくさびが割り進むイメージです。お相手を張り飛ばすのではなく、お相手の体で勢いが減殺されれば、跳ね返る勢いに腕で押した勢いを加えて後方に跳ぶように下がります。もしお相手が正中にいなければ、そのまま真っ直ぐに抜けることになります。打って右に抜けて逃げていくのが残心ではありませんし、右に抜けようとして面を打てば、面打ちそのものが斜め打ちになったり、お相手の竹刀を避けているだけで当たらない軌道を描いていること になりがちです。そして、鍔迫り合いをしないことが本来の姿です。

声の高さを上げて残心をとり終えるまで、ずっと気合を続けます。

正中線と半身（せいちゅうせんとはんみ）

正中線とは、一般的には「体の眉間、喉、みぞおち、臍（へそ）を結んだ左右中央の線」で次の①を指す場合が多いですが、この本では、①~③が一致した場合を言います。

① 自分の中心を通る「面」
② 太刀筋と左拳が通る「面」
③ お相手の面の中心を通る「面」

左上段や脇構えや八相、日本剣道形の小刀では三本とも、半身になり、小刀は三本とも「入り身」になると、自分の体は正面を向いていないので正中ではなくなります。また、左上段の左拳は額の真ん中ではなく少し左に偏します。

全剣連番号（ぜんけんれんばんごう）

有段者（初段以上）情報を登録・管理するシステム（全剣連会員管理システム）へ登録する際に個人を識別する目的で付番される整理番号のことを「全剣連番号」と呼んでいます。二〇一七年九月から公式ホームページ上で「全剣連番号検索」と「称号・段位取得証明書（有料）の発行申込」が出来るようになりました。

静中の動（せいちゅうのどう）

静かで動いていないように見えて実は動ける準備ができており、動いているが精神はゆるぎなく静かである、ということ。動中の静は、動いているときに心が不動であることを言います。「**静中動**」「**動中静**」ができるようになるには、「相手にどうやって勝つか」という考え方から、「いかにスムーズに自分の業を出すか」という考え方に変える必要があります。人間の反射神経では、相手の動きに対して間髪を入れずいろいろな対処法を取ることはできません。「自分の得意とする技が出せるときに打突する」ことこそ大事です。得意技がいつでも出せるようにしておくことこそ「静中動」でしょうし、いざ得意技を出すとなったら自信にあふれて打つことこそ「動中静」でしょう。

由来は、①『華厳経』の中にあるとも、② 北宋の学者、周濂沃（一〇一七～一〇七三年、五十四歳）が太極図を描き、「動が極まって静となり、静が極まって動となり、動中静あり、静中動ありと、無限に変化する陰陽の中に生成と発展があり、果てしない循環の中に調和と統一が保たれている」とした太極拳の陰陽説から来ているとも、③王夫之（王船山とも一六一九～一六九二年、七十三歳）の「静は静動にして、不動にあらず。静は動を含み、動は静を捨てず。静中動にふれ、動なお静の如し」によるものとも言われます。

攻めながら守り、守りながら攻める理想の心と動きを、**待中懸・懸中待**（たいちゅうけん・けんちゅうたい）と言います。そのためには、何もしていないようで準備したり、動いているのだけれども落ち着いていることが必要です。まるで、白鳥の見えない水面下力の強い脚掻きと、見えている静かな水面上の姿のようなものです。「構えている」のは「弓を引き絞って矢を放とうとしている」状態で、見た目は静かであっても、スタンバイできている状態でなければなりません。また、いったん前に攻めだしても、相手の動きによっては、そのまま打つ場合と、相手の動作を引き出して応じる場合も、止まる場合もあります。

青年よ、大志を抱け（せいねんよ、たいしをいだけ）

クラーク博士（William Smith Clark、一八二六年七月三十一日～一八八六年三月九日、五十九歳）の言葉。マサチューセッツ州の農村の医師の息子に生まれ、アマースト大を卒業。ドイツ留学して博士号を取得して帰米。アマースト大の化学教授になりました。アマースト大に留学していた新島襄が日本政府に紹介して、日本政府から要請を受けてマサチューセッツ農科大学の一年間の休暇を利用して、一八七六年、札幌農学校教頭に赴任しました。部下二人と共に着任し、アマースト大卒業生の内藤誠太郎が通訳兼助手としてサポート。チャレンジ精神に富んだ熱い気持ちで、米のフロンティアスピリットを一期生十六人（卒業時十三人）に教えました。開拓使からの要請で建築や気象観測なども指導しました。八カ月の任務を終え、左記の有名な奨励の言葉を残して離任。短かったのに影響は大きかったことに驚きます。札幌農学校二期生の新渡戸稲造はアメリカで「武士道」を出版しました。

Be ambitious not for money or for selfish aggrandizement , not for that evanescent thing which men call fame . Be ambitious for the attainment of all that a an ought to be .

青年よ、大志を抱け。それは金銭に対してでも、自己の利益に対してでもなく、また世間で名声と呼ぶむなしいものに対してでもない。人間が人間として備えていなければならぬあらゆることをなし遂げるために大志を抱け。

鶺鴒の尾（せきれいのお）

千葉周作の北辰一刀流の下段星眼の構えで、竹刀を構えた時に剣先を常に揺らして変化にいつでも応じられるようにしていることを言います。鳥のセキレイの尾の動きに似た動きです。居つく、待つのを諌めています。（『剣法秘訣(孫の千葉勝太郎編・千葉周作遺稿)』「三　剣術修行心得」「近代剣道名著大系　第二巻」P.207）。

高野佐三郎は『剣道』「第二編　術理」「第二章　技術の活用」「二　剣先の活動」に、「剣尖は絶えず小波の起伏するごとく、あるいは鶺鴒の尾の上下するごとくうごかすべし」と言っています（「近代剣道名著大系・第三巻」P.98）

しかし、私は相手の剣先をむやみやたらに押さえたり、払ったり、カチャカチャやるのは、自分の迷いをさらけ出すようなものだと思います。

積極的傾聴（けいちょう）

アクティブ・リスニング（active listening）。「話し相手の言わんとする事実とその背後にある感情を正しく理解しようとする心構え、あるいは態度」（カール・ロジャースCarl Ransom Rogers 九〇二～一九八七年、八十五歳、アメリカの臨床心理学者）が唱えました。聴き手に「あなたを本当に尊重し、信頼する気持ちがある」ことを態度で伝え、相手の自画像（自己認知している事柄）に脅威を与えることなく相手の懐に入る積極的な傾聴方法です。素直に「私はこう聞いたのですが、これで良いのですか」とお相手の言いたいことを確認していきます。剣道に於いても人から学ぶためには基本的なスキルです。

攻め（せめ）

「攻め」の目的は、「打突の機会」を作ることです。一般的な定義は、「お相手が脅威を感じるように仕向ける」とか「お相手の機先を制し、自由を奪い、自分の動作を有利にして、打突の機会を作る」と説明されます。お相手の「気を殺す。剣（竹刀、太刀）を殺す。技を殺す」せば打突の機会を作ることができると言われ、**「三殺法**（さんさっぽう）」とも言われます。

以下が『剣法秘訣(孫の千葉勝太郎編・千葉周作遺稿)』の「三　剣術修行心得」にある「**三つの挫き**」です（「近代剣道名著大系　第二巻」P.212～213）。

「また三つの挫きと言ふことあり、一つは太刀を殺し、一つは業を殺し、一つは気を殺すを言ふ、太刀を殺すと云うは、向うの太刀を右へ押さえ、また左へ押さえ、あるいは払いなどして、向うの切先を立てさせぬをいうなり。また業を殺すというは、向うよく業をするものならば二段突き、または突き掛け、或いは諸手面などを仕掛け、打ち突きの外るるとも構わず、向うの手元へ寄ると、透き間なく足がら、あるいは捩じ倒し、または体の当たりにて突き倒しなどすること、およそ三四度もすれば、向ういかなる業早きものにても、その勢いに挫かれ、業のできぬ者なり、かつその勇気に恐れ、とても及ばぬと気も挫け、はなはだ遣いよくなるものなり、此れを三つの挫きという」

この原典を読んでみれば、稽古中にお相手を凹ませることを言っています。脅威を感じたり打てなくなったら、守りに入ってしまうと思います。そこで、「打たれずに打つ」ための攻めは、自分から、上からお相手に乗る気持ちで竹刀をお相手の竹刀に添わせて、打つ途中の動きとして

イ、さらに丹田を前に出し始める。

ロ、右足を滑らせて前に出始める。

ハ、小さく一歩出る。

ニ、竹刀を動かす。上下左右、押えたり払ったり。

のいずれかをすることが効果的だと思います。攻めが功を奏してお相手の心が動く（恐懼疑惑）刹那の**「動く先」が感じられたときが「打突の機会」**だと思います。

剣先で単にカチャカチャするのが攻めだと思っている人も多いのですが、お相手の心が動かない様な行為は意味がありません。「身を捨てて」「打たれに行く」からお相手が打ちたくなって心が動揺するのです。

攻め打ち

この本での用語です。「攻めて打つ」の裏側には「七つの知恵」を生かして、力まずしなやかな動きと、お相手の心を動かすやり取りや打ちがあるのです。

一般的に見られる剣道は、「待ち打ち」や「攻め避け」「待ち避け」が中心です。しかし、「心を打つ」のは、何物にもとらわれない自然な打ちやしなやかで冴えある打ちです。そのためには攻め打ちでなければなりません。

先（せん）・三つの先

時間的、精神的に、お相手よりも「前」に打ち出すことを言います。実際には、「攻撃は最大の防御なり」といわれるように、先に「攻め」て打突の機会を作ることが、冴えある打突につながるので、「攻め」ない剣道は正しくないとされます。

「三つの先」は、流派、出典により分け方や説明の仕方が異なり、五つ、あるいは七つの先をあげている例もありますが、最も一般に言われるのは、一刀流に基づく、「先々の先」「（先前の）先」「後の先」という分類です。高野佐三郎が「剣道教本・下P.80～82」に書きました。

① 「先々の先」、自分から攻めたとき、お相手が**動作を起こす直前**に生じる隙を打つ機会。「未発の発」。合気の面、飛び込み面がこの機会です。

②「先（先前の先、対の先）」、お相手の**出頭**に隙が生じたところを打つ機会のことで、出ばな技、払い面、払い小手、擦り上げ、応じ返し、抜き技がこの機会です。

③「後の先」、お相手の**打突を捌いて**隙を打つ機会。返し技、打ち落とし技がこの機会です。高野先生は擦り上げ、応じ返しが「先」だと書いていますが、私はこちらに分類したいです。

宮本武蔵は、「懸（かかり）の先、待（たい）の先、体（対）々の先」と『五輪書』の「火の巻」の二番目（「五輪書・武教講録」P.172）と兵法三十五箇条の十三番目で言っています。

禅（ぜん）

禅は「今、今此処に生きている人間が、迷いなく生き生きと生きることを身に着ける道」です。強く「生きる覚悟」をさせるのが禅です。禅とは、梵語のジュハーナ（禅那）です。自覚した根元的人間性である「仏心」を自覚し、日常生活の中での人間形成をする道。「どのように生きるか」を禅と言います。「死後に天国へ行くための善行を積む」のではなく、我々に本来そなわる尊厳で純粋な人間性（仏性［ぶっしょう］）を、坐禅、公案、読経、作務などの修行を通して、「自我」を空じて（完全否定して）「無我」となり、「無心」となる**本来無一物**（あらゆる相反は上位に統合される「一如」である）、無念無想の心境の自覚（見性）を得ることが「究極の智慧」であることを体得します。

禅は仏教の開祖ゴータマ・シッダールタ（釈迦、仏陀）から数えて二十八代目のボーディダルマ（菩提達磨）が、インドから中国に伝え、中国で発展した「中国禅宗」が鎌倉時代に日本に伝わりました。中国は禅宗五家（臨済、潙仰、曹洞、雲門、法眼）、日本の禅宗は、**臨済宗**、**曹洞宗**、**黄檗宗**、**普化宗**などです。

臨済宗（りんざいしゅう）中国から臨済禅を伝えた栄西（一一四一～一二一五年、六十四歳）が開祖です。四万八千の経、千七百の公案があり、師が出した問題「公案」を問答によって修行する「看話(かんな)禅」です。臨済宗の宗旨は、我々に本来そなわる尊厳で純粋な人間性「仏性（ぶっしょう）」を修行を通して自覚「見性（けんせい）」することです。臨済禅師（?～八六七年）の言行録『**臨済録**（一一二〇年に円覚宗演が重刊した）』にある以下の逸話がこれを表しています。「上堂云。赤肉團上有一無位真人。常従汝等諸人面門出入。未證據者**看看**。時有僧出問。如何是無位真人。師下禪床把住云。道道。其僧擬議。師托開云。無位真人是什麼乾屎橛。便帰方丈」「臨済禅師が上堂して言った。赤肉団上（しゃくにくだんじょう）に一無位（いちむい）の真人（しんにん）あり。常に汝等諸人（なんじらしょにん）の面門（めんもん）より出入す。未だ証拠せざる者は、看（み）よ看よ。時に僧あり、出でて問う、如何なるか是れ無位の真人。師、禅床（ぜんじょう）を下りて把住（はじゅう）して云く、道（い）え道え。その僧、擬議す。師、托開（たっかい）して云く、無位の真人これ什麼（なん）の乾屎撅（かんしけつ）ぞ。便ち方丈に帰る」。「臨済禅師が上堂して言った。この肉体に一無位真人がいて、常にお前たちの口を出たり入ったりしている。まだ見届けていないものは見ろ見ろ。その時ひとりの僧が進み出て問うた。その無位真人とはなんですか。師は、席を下りて、僧の胸倉を掴んで言った。言え、言え。その僧は躊躇した。師は僧を突き放して、無位真人もこれでは糞かきべらではないかと言って、そのまま居間に帰った」（「臨済録」P.40）「自分の中に仏がいることに気付きなさい」ということだと思います。

曹洞宗（そうとうしゅう）道元禅師が、臨済宗黄龍派の明全に随身した後、共に宋に渡り、天童山で曹洞宗の天童如浄（長翁如浄）に師事して開悟(身心脱落)して修行が終わり、一二二六年に帰国して開きました。「曹洞宗」を用いるようになったのは、第四祖**瑩山紹瑾**（一二六八～一三二五年、五十七歳）とその後席**峨山韶碩**（一二七五～一三六六年、九十一歳）の頃からで、中国における曹洞宗の名を使っているのではなく、**曹渓慧能**（えのう六三八～七一三年、七十四歳中国禅宗の第六祖）と**洞山良价**（とうざんりょうかい、八〇七～八六九年、中国の曹洞宗の開祖）の頭文字を取って曹洞宗としています。

黄檗宗（おうばくしゅう）中国では臨済宗に含まれますが、念仏禅を特徴とし、読経が楽器を伴う明風の梵唄です。

普化宗（ふけしゅう）坐禅の代わりに尺八を吹きながら虚無僧（こむそう）として旅をします。法螺貝を吹く山伏は密教系の修験道です。

前後際断（ぜんごさいだん）

前後のことは断ち切って、一瞬一瞬に集中する事が大事、と言う意味。

道元禅師が、生死の関係を薪と灰にたとえて示されています（「正法眼蔵」の「第一　現成公案」で、「正法眼蔵一」P.55）。「たきぎはいとなる。さらにかへりてたきぎとなるべきにあらず。しかあるを、灰はのち、薪はさきと見取すべからず。しるべし、薪は薪の法位に住して、さきありのちあり、前後ありといへども、前後際断せり」これは、「薪の時は薪のみ、灰の時には灰のみ、薪の時には灰は無いし、灰の時には薪は無い」ということです。生死だけでなく、宇宙一切のことは前後際断であって、つながっているようで切れている。切れているようでつながっている」ということです。

沢庵も『不動智神妙録』で「今と前、今と後、この間を立ち切って前も後も捨ててしまえ」と言っています（「沢庵　不動智神妙録」P.106）。

禅譲（ぜんじょう）

帝王がその位を世襲せず、争いなく平和裡に有徳者に代替わりさせること。

中国の伝説で、昔の王の堯が血縁者ではないが徳のある舜に帝位を譲り、舜は禹に譲った。

千日の稽古を鍛とし、万日の稽古を錬とす

宮本武蔵の『五輪書』の水の巻の最後にある言葉です（「五輪書・武教講録」P.158）。剣道は稽古で上達・成長しますので、稽古の数次第という意味です。「朝鍛夕錬」は『五輪書』の序文にあります（「五輪書・武教講録」P.17）。毎日稽古して千日は約三年です。千日稽古すれば、ちょっとかかりますが、参段ぐらいの実力がつきます。毎日ですと二十七年近くかかります。上達しようと思ったら週四回以上の稽古が必要です。週二回程度だと千日の稽古でも十年近くかかりますが、

「鍛錬（たんれん）」は、金属を打ちきたえるように、修養・訓練を積んで心身・技能をりっぱにすること。「練」を使う場合もあります。百錬自得（ひゃくれんじとく）も、「面数（めんかず）増やす」も同様です。面を付けること、即ち稽古するという意味です。

禅林類聚（ぜんりんるいじゅう）

元の天寧万寿寺善俊、智境、道泰らが一三〇七年に共編しました。禅宗の公案と拈頌の最も総合的な集大成です。『五灯録』と諸家の語録中より五千二百七十二則を選び、原典によって本文を删定し、その内容によって、これを帝王、宰臣、儒士以下百二門に分類し、検索の便を計ったものです。春屋妙葩の臨川寺版をはじめとする五山の開版があり、日本では一六七五年に卍元師蛮（まんげんしばん一六二六～一七一〇年、八十四歳）が全篇に亘って訓点を付したものもあります。

「**自家撞着**（じかどうちゃく。自分の言うことが前後で合わないこと。自己矛盾）」もあります。

「**照顧脚下**」が巻二十にあります。

「**歩歩是道場**」（維摩経が原典）もあります。

そ

相殺（そうさい）

双方が同時に二回の反則を犯して双方が負けとなる場合に、二回目の反則を反則として数えないこと。「剣道試合・審判規則」第二十条と細則第十七条。

争心なし（そうしんなし）

禅の「自他不二」という考え方からすると「争心なし」は当然の帰結です。

『老子』第八章（P.39）には「上善若水。水善利万物而**不争**」「最上の善なるあり方は水のようなものだ」とあり、第68章（P.313）に「善爲士者不武、善戰者不怒、善勝敵者不與、善用人者爲之下。是謂**不争**之徳」「善く士たる者は武ならず。善く戦う者は怒（いか）らず。善く敵に勝つ者は与(とも)にせず。善く人を用いる者はこれが下

（しも）と為(な)る。これを争わざるの徳と謂(い)う」とあります。

「争心あれば壮心なし」は出典が分かりませんが、ＷＥＢ上の多数派は「勝敗にこだわるのであれば道を究める壮大な心は存在しない」という意味とのこと。

斎藤弥九郎（神道無念流、一七九八～一八七一年十一月十四日、七十三歳）は、江戸幕末の三大道場と謳われた、鏡心明智流桃井春蔵の八丁堀蜊河岸士学館、北辰一刀流千葉周作の神田お玉ケ池玄武館、と並ぶ練兵館を主宰しました。長州藩の桂小五郎（のちの木戸孝允）も良く斎藤の薫陶を受け、生涯を通して一度も剣を抜いて人を殺したことがありませんでした。その斎藤の教えは以下です。「**武は戈（ほこ）を止むるの義なれば**、少しも争心あるべからず。剣を学ぶ人は心の和平なるを要とす。兵は凶器といえばその身一生用うることのなきは、大幸というべし」。

吉田兼好（『徒然草』著者）、「己を後にし人を先にし、人と争はざるを善人とす。囲碁の戯れのごとく人に勝つをもって楽とするは古(いにしえ)の礼にあらざるなり」。

山岡鉄舟は「無刀流と称するの説」で言いました。「剣法者、鍛錬刻苦して無敵に至りたるをもって至極となす。優劣のある時は無敵に非ず、これ皆心のなすところにて…（「近代剣道名著大系・第十二巻」P.63）」。「心外無刀」つまり、心の外に敵を作らないということです。

曾国藩(一八一一～一八七二年六十一歳。清末期の政治家・学者）は「四耐四不訣」と言っています。「耐冷、耐苦、耐煩、耐閑。不激、不躁、不競、不随」です。

荘子(そうじ、そうし)

荘子（荘周）の著書とされる道家の文献。現存するテキストは、内篇七篇・外篇十五篇・雑篇十一篇の三十三篇で構成されます。岩波文庫で三分冊です。

姿かたちはさまざまでも、万物はすべて「道（タオ）」と呼ばれる根本原理が変化したものであり、もとより一体であるという「万物斉同」思想です。すべてのものをあるがままに受け容れ、「道」と一体化する無為自然を説いています。

同じく「道」を説く「老子」と一緒に「老荘思想」と言われますが、「老子」には世俗世界で幸せに生きるための「処世術」、「荘子」には世俗世界から脱するための知恵が書かれています。

鎗術（そうじゅつ）

「槍術」とも。鉾(ほこ)に類似のものから変化したもので、長い柄の先端に剣状の刃物（穂）を付けたもの。

古くは「突き遣る」という意味で「鑓（やり）」と書きました。

それまでは長い武器としては薙刀が主流でしたが、鎌倉最末期に徒歩集団戦の激化とともに、甲冑の発達もあって、切るよりも突くほうが殺傷力が高いので、主要武器となりました。鉄砲の伝来と共に戦場では使われなくなりました。
城内で中小姓以上の武士に伝授されていたということで、剣術にくらべ槍術の流派が極めて少なく、明治以降になるとほとんどの流派は断絶しました。次の四流派は現存しているとのこと。

①尾張貫流、「二間の管槍」。始祖、津田権之助丞平信之。
②佐分利流、「九尺の鍵槍」で穂は「両鎬の大身槍」。形では立方（たちかた）は「小素槍」を用います。流祖、佐分利猪之助重隆は初め、富田流槍術の開祖である富田牛生について富田流を学びました。
③風伝流、「二間の素槍」。始祖は中山源兵吉成で、竹内流槍術の達人であった父中山角兵衛家吉より竹内流を学び、工夫改良を加えました。
④宝蔵院流高田派、全長九尺の「十文字鎌槍」。奈良興福寺の宝蔵院覚禅房胤栄が流祖で、上泉伊勢守から刀術を学びました。→可児才蔵→権律師禅栄坊胤舜。「表九本」「真位六本」合わせて十五本の式目。手闇の夜の鑓の構えは一露にて音なきやうに当りてぞ知れ（法蔵院流）

この他にも自得院流槍術（高橋泥舟）、種田流槍術（谷万太郎）などがあります。また他の武器術に併せて槍術を伝えている荒木流、竹内流、立身流、天真正伝香取神道流、馬庭念流などがあります。その他、現存していないと思われますが名の知られた、伊東流、内海流、大島流（信田作太夫）、木下流、疋田流、本心鏡智流、無辺流、空玄流、正智流、新天流、疋田流などがあります。
刀で言えば刀身に当たる刃の部分を槍では穂（ほ）と呼びます。刀と違ってたいていは穂の両側に刃がついています。穂の根元のくびれた部分をけら首（塩首）と言います。
柄は樫で作られる場合が多く、薙刀と違って断面は円形です。バランスをとるため穂の方に近づくにつれ細くなるのが普通です。柄の端には石突（いしづき）という金具が取り付けられます。

穂の形による分類

直槍（すぐやり）、素槍とも。通常の直線的な形状の槍。断面の形状によって平三角、正三角、両鎬の三種あります。最もよく見られるのは平三角槍です。両鎬は重くなりますが切るのに適しています。穂が直槍で、拵えに特別の仕掛けが無いものを素槍（すやり）と呼びます。

鎌槍（かまやり）、穂に鎌の刃のような枝の出たもの。一方だけに鎌のある片鎌槍、両側に出た両鎌槍（十文字鎌槍、十文字槍）があります。鎌槍はすべて両鎬。また通常は刃に鎌が付いていますが、鎬から直角に鎌の出るものもあります。鎌により攻撃範囲が広くなり、相手の得物を引っ掛けたり、抑えたりすることができます。

菊池槍（きくちやり）、穂が短刀のような形の片刃のもの。槍の原型と言われています。筑紫槍とも言います。

茎仕立(なかごじたて)と袋槍（ふくろやり）、我が国の槍の多くは刀や薙刀と同様、柄の中に穂を差し込んで目釘で固定する茎仕立(なかごじたて)ですが、筒状になった穂に柄の方を差し込む袋槍のものもあります。武器としての威力は茎仕立の方が優れています。袋槍は重くなるので、切る、打つ場合に不利である一方、柄の製作が容易で、また柄が折れた場合は手近な棒に付けて使うことができる利点が有ります。中国や西洋の槍はすべて袋式です。日本の古代の矛（ほこ）も袋式でした。

大身槍（おおみやり）、槍の穂が一尺以上の長いもの。

長さによる分類

二間槍（にけんやり）、全長が二間（三十六センチメートル）の槍。槍の寸法は二間が標準で単に素槍というと二間の素槍を指します。

小素槍（こずやり）、全長が一間半（=九尺=二百七十十センチメートル）の短めの素槍。

手槍（てやり）、全長が約七尺（二百十センチメートル）の短い槍。

拵え等による分類

管槍（くだやり）、柄に金属製の管を通し、前の手にその管を握って管を通して突く槍。摩擦が少ないため突きが速い。

早槍（「くだやり」と読む）とも書きます。

鍵槍（かぎやり）、柄に鉤形の金具を取り付けた槍。鎌槍と同様に引っ掛けたりすることができます。

孫子（そんし）

中国春秋時代の思想家孫武（紀元前五百年ごろ）の作とされる兵法書。武経七書（『孫子』、『呉子』、『尉繚子』、『六韜』、『三略』、『司馬法』、『李衛公問対』）の一つ。

クラウゼヴィッツの『戦争論』と並び、東西の二大戦争書と呼ばれ、処世の書、政治の書、経営の書にも用いられています。

特徴を四つにまとめます。

① 戦争は国家の消耗を伴うので避けるべきである。「百戦百勝は、善の善なるものにあらず」（謀攻篇）。

② 現実主義、正確な情報把握が重要である。『孫子』「謀攻篇第三」の「故に勝を知るに五あり。戦うべきと戦うべからざると知る者は勝つ。衆寡の用を識る者は勝つ。上下の欲を同じうする者は勝つ。虞（ぐ）を以って不虞を待つ者は勝つ。将の能（のう）にして君の御せざる者は勝つ。この五者は勝を知るの道なり。故に曰く、彼を知りて己れを知らば、百戦して殆うからず。彼を知らずして己れを知れば、一勝一敗す。彼を知らず己を知らざれば、戦う毎に必ず殆うし」（「孫子」P.41）。

③ 戦う前に勝つ方策=戦略が勝敗を決する。開戦の前に廟堂（祖先祭祀の御廟）で行われる軍議「廟算」で、以下の「七計」によって敵味方の実情分析をし、判断をします。

一、敵味方、どちらの君主が人心を把握しているか（為政者と民とが一致団結するような政治や教化のあり方）。

二、将軍はどちらが優秀な人材であるか。

た

三、天の利（天候などの自然）・地の利はどちらの軍に有利か。
四、軍規はどちらがより厳格に守られているか。
五、軍隊はどちらが強力か。
六、兵卒の訓練は、どちらがよりなされているか。
七、信賞必罰はどちらがより明確に守られているか。

④勝つ方策
一、「先手必勝」主導性の重視。「凡そ先に戦地に処して敵を待つ者は佚（しっ）し、遅れて戦地に処して戦に趨（おもむく）者は労す。故に善く戦う者は、人を致して人に致されず」（虚実篇 P.60）、「善く攻むる者には、敵、その守る所を知らず。善く守る者には、敵、其の攻むる所を知らず」（虚実篇 P.62）。
二、敵をおびき出す。
三、敵のいないところを取る。
四、相手の虚（盲点）をつく。
五、敵を分散させる。

武田信玄の「**風林火山**」の語源は『孫子』「軍争篇第七」（「孫子」P.77）にあります。

「故にその速きこと風のごとく、その静かなること林のごとく、侵略すること火のごとく、動かざること山のごとく、知りがたきこと陰のごとく、動くこと雷ていのごとし。郷を掠（かす）むるには衆を分かち、地をひろむるには利を分かち、権を懸けて動く。迂直（うちょく）の計を先知する者は勝つ。これ軍争の法なり」

体当たり（たいあたり）、当たり

打突に伴う勢い（余勢）が残心を表わすことになりますので、必ず、相手が前にいれば体当たりし、いなければ抜けます。
①**お相手の正中に吸い込まれる**ように、竹刀を立て、
②**柄の中央あたりでお相手の柄の中央にぶつかるようにして体を預け、**
③**反動に腕の突っ張りを加えて一気に下がる**ことを、打突の一分だと考え、気合も伸ばします。
特に②ができていないと、手指を骨折しますので注意します。激しくぶちかますのは、危険なだけで意味がありません。打って止まるのは、打突自体に前に出ていく勢いがないことを証明しています。両腕を伸ばして相手を押したり、頭から突っ込むのは、自分の体勢が崩れているから体を相手に支えてもらっているので、正しくありません。

自分の体重を一瞬相手にぶつけることで、自分が跳ね返ります。糸でつるした二つの鋼球をぶつけるオブジェがありますが、その動きと同様に、はじかれるように離れます。道場の壁などを相手に、跳ね返る稽古をするとできるようになります。昔の武専の人たちは武徳殿の柱を相手にやっていたそうです。この正しい当たりが出来ると、打った時の腰の位置が安定します。

お相手が正面に居なくなったときは、抜けます。抜けるときは、相手の右に抜けたときは左に回り、相手の左に抜けたときは右に回ります。

体当りの効果は、

① 姿勢を整え、体力を練る。
② 勇気と思い切りよさを養う。
③ 足の踏み込みを良くし、体の動作を自由軽快にする。
④ 腰のすわりを良くする。
⑤ 相手の気勢をくじく。
⑥ 相手の体勢をくずして隙を作る。
⑦ 相手を圧倒して反撃をゆるさない。

真剣を持っているのに、「ぶつかって、相手の姿勢を崩して打突の機会を作る」というのは理合ではないと思います。「相手を倒すためにぶつかる」とか、「自分の体勢（特に腰）の安定、気力の養成をはかるうえで大切」も、「相手の気をくじき、体勢をくじき、相手の構えが崩れたところをすかさず打つ」というのも、本末転倒な考え方だと思います。

堀田捨次郎の「**剣道講話**」には、「正面及斜面を斬撃する打込みの間、正面を打ち充分の伸びたる時両手を我体の腹部に引寄せ刀の斜楯堅立とし息を整へ、充分追行すると共に敵体の中央を目標とし、下腹の所に全力を輿へて両手を下より上に伸ばしつつ全体で当たるのである。これ体当たりの要領である。両手を伸ばして面金を押し、或は頭部を出して敵の胸部にぶつけるのではないのである。下腹部の力により手脚の力とし敵の腹部を目標として当たることに注意せねばならぬ」と書かれています。

太阿の剣（たいあのけん）

沢庵宗彭が記した「太阿記（たいあき）」では、「兵法通達の人」を禅の視点から説いていて、太阿の剣とは、悟りを得た者のみ知る「本性」です。「本性」とは、すべての執着する心を掘り下げて見極めた、「自分は何もないこと」です。「太阿の剣」は金属であれ石であれ何でも切れる剣ですが、達人の域になればだれでも持てる、物ではなく心だと言っています。「剣の悟りを得れば活殺自在になるし、それ故に争う必要がなくなるし、拈華微笑（ねんげみしょう）の以心伝心の力を持てる」とあります。（「沢庵　不動智神妙録」**P.244～249**）

「太阿の剣」という言葉の原典は、『越絶書』（えつぜつしょ、後漢初期に書かれた春秋戦国時代の呉と越に関する書物）にある楚の国を救った楚王の宝剣「泰阿」（『楚辞』『晋書』では「太阿」）のようです。

大強速軽（だいきょうそくけい）

「技は大きく、気は強く、息速くして、足は軽やか」と言う剣道の稽古・修行の心得です。

指導の順序と上達への過程を教えたもの、すなわち「最初は大きく振りかぶって強く正しく打つ。そのうちに技もだんだん速くなり、無駄力をなくして次第に軽妙になり、冴えのある立派な剣道になる」という意味もあります。出展は不明です。

太鼓

剣道大会などの開始時が「三、七、二（さん、なな、に）」で、三つ叩いて一拍おいて、七つ叩いて一拍置いて、二つ叩きます。終了時は「二、七、三（に、なな、さん）」です。

この、原典は分かりません。

大巧は拙なるが若し（たいこうはせつなるがごとし）

本当の名人上手は無為自然で小細工などしないので、かえって下手くそに見えるものだ。『老子』第四十五章に「大直若屈、大巧若拙、大弁若訥」とあります「老子」P.212)。「大賢は愚なるが如し」も類語。

体捌き（たいさばき）

足捌きとこれに伴う体の運用を言います。

「太刀さばき」と同様、「捌く」の意味は「うまく処理する」「使いこなす」ということです。

足捌きに伴い、上下動の少ない上半身を作り（胴造り）、前後左右斜めと変幻自在に動けるようにします。

帯刀（たいとう）

提刀から左手を腰まで上げて、鍔に親指をかけた姿勢。柄頭が正中に来ます。右手も腰まで上げます。刀を抜く直前の姿勢です。

苗字帯刀（みょうじたいとう）は、江戸時代、武士に許された特権です。しかし、農工商などの庶民が「名字(苗字)を称し、帯刀するという士に準じる資格」を許されることもありました。この資格には永代許可、一代限り、あるいは名字や帯刀（二本差し）の一方だけなどの別があったようです。ただし、脇差（脇指）のような短い刀を一本差す場合は、正規の刀ではないという位置付けが定着しており、商人であっても違和感なかったようです。

大日本武徳会剣道試合審判規程（だいにっぽんぶとくかい

一八九九年に大浦兼武（一八五〇年六月十五日～一九一八年九月三十日、六十八歳、薩摩藩士から内務省官僚・政治家）を委員長として制定され、何度か改正され、一九五三年まで有効でした。剣術の試合は幕末期には十本勝負が通例とされていたようですが、これ以降三本勝負となりました。

第一条 剣道の試合において通例一名の審判員を置く。
第二条 試合は特に指定する場合の外三本勝負とす。但し審判員は試合中臨機一本勝負若くは引分となすことあるべし。
第三条 審判員は試合者礼おわり互いに気充つるを機として「勝負三本（または一本）」と声を掛け勝負あるごとに撃突の部位を宣言し同時に手をもっていずれが勝者なりを表示す。
第四条 撃突は左の部位に限る。斬撃部位、面（こめかみ部以上に限る）胴（左右）右籠手（揚げ籠手、上段の場合等は左籠手の斬撃も有効とす）刺突の部位、喉（面垂）。
第五条 撃突は充実せる気勢と刃筋の正しき業および適法なる姿勢とをもってなしたるを有効とす。
第六条 撃突後備えを崩し気勢を弛め残心なき動作をもって試合を中断するは違法の引き揚げとしてこれを禁ず。もし違背する時は審判員において注意を与え、なお違背する時は試合を停止するものとす。
第七条 違法の引き揚げをなしたる時は有効なる撃突あるともこれを勝と認めず。この場合かえって相手者より撃突せられたる時は後の撃突者を勝とす。
第八条 片手をもってする撃突は正確にして最も有効なるものにあらざれば勝ちと認めず。
第九条 刀を落としまたは落とされたる時はすかさず対敵動作をなすべし。ただし審判員は組み打ちを差し止め改めて試合をなさしむ。
第十条 試合中非礼または陋劣（ろうれつ）の言動あるときは審判員において注意を与えその甚だしきは試合を停止す。撃突有効なるも非礼または陋劣の言動あるときは勝ちと認めず。
第十一条 第六条、第十条により試合を停止したる時はその相手者を勝ちとす。

大名稽古（だいみょうげいこ）

打ってきたのを捌くばかりの稽古。子供や初心者など、下位者に教えることが中心になり、自分が上位にかかっていく機会が減ってしまうとなりがちです。攻めのない剣道は意味がありません。

高野佐三郎（たかのささぶろう）

一八六二～一九五〇年、八十八歳。幼少時から祖父で忍藩剣術指南役の高野佐吉郎（佐三郎の祖父）に中西派一刀流剣術を学ぶ。警視庁撃剣世話掛、東京高等師範学校教授などを歴任。一八八八年十月警視庁を辞職し、浦和に「**浦和明信館**」道場を開きました。一八九九年春、東京都麹町に「**東京明信館**」を建設。一九一八年五月神田今川小路一丁目に「**修道学院**」を建設。日本全国から剣道を目指す若者で溢れ、一九二八年十二月、神田一ツ橋に「**修道学院**」を新設しましたが、一九四四年強制疎開で取り壊されました。

中山博道と共に昭和の剣聖と言われ、近代剣道界の双璧です。著書は、『剣道』一九一五年、『日本剣道教範』一九二〇年、『剣道教本』一九三〇年。

沢庵宗彭（たくあんそうほう）

一五七三年十二月二十四日～一六四六年一月二十七日、七十三歳。江戸時代の臨済宗の僧。但馬国出石（現兵庫県豊岡市）の生まれ。第三代将軍徳川家光は、武道指南役の柳生但馬守宗矩の勧めにより、沢庵禅師を江戸に招喚し、たびたび城中に招き、禅を聞きました。しかし沢庵禅師は「大徳寺に帰りたい」と申し出たので、家光は一六三九〈寛永十六〉年、品川に**東海寺**を創建、江戸に留めました。

沢庵禅師は、書画、詩文に通じ、茶の湯（茶道）にも親しみ『茶禅同一味』を著し、また多くの墨跡を残しています。著書は「不動智神妙録（一六二四年ごろ）」のほか、「太阿記」「玲瓏集」などがあります。

家光が東海寺に沢庵禅師を訪れた際、ダイコンのたくわえ漬を家光に供したところ気に入り、「たくわえ漬にあらず沢庵漬なり」と命名したと伝えられ、沢庵漬けの考案者と言われています。

『**不動智神妙録**』は、沢庵禅師が柳生但馬守宗矩に「剣禅一味」を解説して欲しいと頼まれて書いた手紙文です。剣法と心法との接点に高い見識を示しています。以下のテーマを箇条書きのように解説しており、最後に「**心こそ心迷はす心なれ、心に心心ゆるすな**」で終っています。この道歌は鎌倉幕府第五代執権の北条時頼(一二二七～六三、三十六歳)の作とされます。

無明住地煩悩
諸仏不動智
理之修行事之修行
間不容髪
石火之機
心の置所
本心妄心
有心之心無心之心
水上打胡蘆子
応無所住而生其心
覓放心心要放
前後際断
敬の一字

この後、柳生但馬守宗矩は、将軍家兵法指南役として「大の兵法」の、さらに家光自身の心の鍛錬にもなるように『兵法家伝書』を一六三二年に書いています。

正しい
「正」という字は、「一」と「止」でできています。「一」は「□」が「■」になり「一」と略され、「□」は「囲まれた土地」でした。「止」は「足」の形からできており「あるいて、すすむ」「前進」を意味しています。「土地へ進んでいく」つまり「征服すること」で「武」も

「戈を持って進む」という意味であるように、戦って国を広げることが強いものの正義だったのです。平和な時代になって現在のような意味になりました。（「漢字の成り立ち事典」P.304）

孔子は「**仁**」を説き、釈迦は「**慈悲**」と言い、キリストは「**愛**」を強調しましたが、これらはすべて究極的には「正義」であり、その出発点は「悪を憎み、**恥**を知る」ことです。

島田虎之助は、「**剣は心なり。心正しからざれば剣また正しからず。剣を学ばんと欲すれば、まず心より学ぶべし**」と言いました。

立ち切り稽古

「特別稽古」に分類されます。「立ち切り試合」とも。

「一人の基立ち剣士に対して、挑戦剣士十人が、一人十試合、合計百試合行う。五分間一本勝負。時間内に勝敗の決しない場合は引き分け。場外反則なし、倒れたり、竹刀を落とすと負け」というようなルールで行う荒稽古です。山岡鉄舟の春風館道場の「誓願」を参考に行なわれるようになりました。

「**誓願**」は「一死を誓って稽古を請願する」というもので、体力の限度で不撓不屈の気合を養うものでした。三期に分かれていて、第一期は誓願の日から満三年間一日も怠りなく稽古をし、満期にあったて終日立切り二百回の試合をします。第二期はさらに数年修業を積んだ上で、三日間六百回の試合を行います。第三期はさらに修業を積んだ者が、七日間立切り千四百回の試合を行います。この試合の間は一切外出を禁止され、三度の食事は粥と梅干のみになります。七日間坐ることを許されず、間断なく新手を向かえ、試合を続けなければなりません。夜になれば立ったまま眠る。試合に立つ者は、入り替り何としても立ち切りを成功させまいと、猛烈きわまる攻撃をしかけてきます。誓願者は次第に疲れ、動作が鈍くなってくると、相手方はたちまち組みつき面をねじり、首を抱いて押し倒し、道場の板の間をひきずりまわします。殴られ・突かれ・蹴り倒されても、また立ち上がって戦います。

龍の口（たつのくち）

柳生新陰流の右手の手の内。小指から三本と小指丘で握ると、親指と人差し指が自然にU字型に開きます。この形が龍の口に似ているということです。小指から腋へ至る腕の裏側のラインを「下筋（したすじ）」と言い、龍の口にすると体と剣がつながって体幹の力を剣に伝えられるとのこと。「斬り手」も同じ原理ですが、少し形が違います。

打突の好機（だとつのこうき）

打突すべき次のような瞬間的に生ずる機会、すなわち「**隙**」です。隙とは「隙間」のことで、防御できない瞬間です。「**虚**」でもあります。

『剣法秘訣（孫の千葉勝太郎編・千葉周作遺稿）』「三剣術修行心得」には「剣術に許さぬところ三つあり、一は向うの起り頭、二は向うの受け留めたるところ、三は向うの尽きたるところなり、この三つはいずれも遁すべからず、そのまま畳み掛けて、打ち突きを繁く出すべし。その内には勝ちを得るものなり、右のほか許さぬところ四つありといえども、まずこの三つを肝要なりとす」と言っています（「近代剣道名著大系　第二巻」P.209）。

高野佐三郎は「剣道教本・上P. 105～107」で、**撃つべき好機**の七つを示し、「**三つの許さぬところ**（三つの好機）」を上げています。しかし、「撃つべき好機」に「受け止めた所」がないのは不思議です。

撃つべき好機

第一、実を避けて虚を撃つ。『孫子』「虚実篇第六」（「孫子」P.71）

第二、起こり頭または懸り口を撃つ。

第三、狐疑心（こぎしん）の働くのを見たならば撃つ。（狐疑心とは、疑い深いせいで迷って決心がつかないことを戒めていう言葉です。「狐は疑い深い動物で、狩人に追われたときに逃げ場に困り、逃げ道を決めかねている間に、狩人に撃たれてしまう』という言い伝えから。山岡鉄舟の『一刀流兵法箇条目録』の七には「きつねぎしん」も出て来ます。（「剣禅話」高野澄・タチバナ教養文庫 P.60））

第四、居付きたるを撃つ。

第五、急かせて撃つ。

第六、尽きたるを撃つ。（体力や気力が尽きたとき、打った竹刀が外れて死に太刀となって「再生」の力を失ったとき。）

第七、剣先の下がった所を撃つ。

三つの許さぬところ

① 起こり頭（おこりがしら）

② 受け止めた所

③ 尽きたるところ

「撃つべき好機」の七つの打ち二つしか「三つの許さぬところ」に入っていないのは『剣法秘訣』に倣って肝要な三つを挙げたのでしょう。

総合して列挙すると以下のようになりました。

① **居着いたところ**油断や心の迷いなどによって体と心の動きが止まって、相手の動きに反応できなくなった瞬間。呼気と吸気の境目。攻められて左の踵が床について動けなくなったり、心が「四戒」に入って動作が一瞬止まった状態などです。「三つの先」にはない機会です。**山岡鉄舟**は「一刀流兵法箇条目録」で「うつべきところあらば一刀にうちて用をなしたる故、こゝにすたることあらばまたをこる、万化すといへどもみなしかり。うつてうたざるもとの心となる（「剣禅話」高野澄・タチバナ教養文庫 P.62）」と言い、**柳生宗矩**は『兵法家伝書』の「殺人刀 上」「病気の

事」で「何事も心の一すじにとどまりたる病とする也」と、自由自在の境地を得てかつ無心でなければ「居着き」だということです（「兵法家伝書」P.51）。**山岡鉄舟**の「一刀流兵法箇条目録」の十に「無他心通」という言葉が載っています。敵を討とうとするだけの心になりきれという意味です（「剣禅話」高野澄・タチバナ教養文庫P.61）。

② **起こり頭**。**出頭**（でがしら）、**出鼻**（でばな）とも言い、相手が「出よう」とする動作を起こした瞬間。相手が面を打とうとして竹刀を上げる瞬間に、自分の右足を相手の右足の方向へ踏み出して相手の右小手を打つ「出端小手」、相手が打突の気を見せ身体を前に出した瞬間、相手より早く面を打つ「出端面」、など「先の技」「出端技」の機会です。『五輪書』の「火之巻」三番目では「枕をおさゆるといふ事」。

③ **技の尽きたところ**、技の動作や技の終わりを尽きると言い、尽きた瞬間は息が切れ、体が伸び、心が止まってどうにも身動きのならない状態になります。打突してきて失敗した瞬間です。「三つの先」にはない機会です。

④ **受け止めたところ**、打突を受け止めれば別のところに隙ができます。面を受ければ胴が開き、小手をよければ面があきます。「防御しようとしてできた隙（間に合わない、間違えた、止めた）」もあります。「三つの先」にはない機会です。

⑤ **心の隙**、油断したり、四戒「驚（きょう）、懼（く）、疑（ぎ）、惑（わく）」の気持ちを持ったとき。「狐疑心」「急がせて」も「心の隙」です。「三つの先」にはない機会です。

⑥ 打とうとして「**出る直前**」「未発の発」。合気の面、飛び込み面など先先の先」の機会です。

分析的には以下の「**三つの隙**」が分かりやすいかも知れません。出典は分かりません。

① 「心の隙」、注意力散漫だったり油断した状態や、四戒（四病とも）といわれる驚(きょう)、懼(く)または恐(きょう)、疑(ぎ)、惑(わく)の生じた正確な判断ができなくなった状態。この隙が現れないように不動心、平常心を養うことが大切です。

② 「技の隙」
　イ、構えの隙（剣先が中心から外れた、手元が上がった、下がった）、
　ロ、想定外（相手の攻撃が予想を超えた速さだった、距離感が違った、防御が間に合わなかった）、
　ハ、防御を間違えた（避けた部位以外を打突されるとき、避けるのを迷った、止めたとき）、
　ニ、技が遅れたとき（起こり頭、防御への切り替えが困難だった、技が尽きたときだった）、
　ホ、竹刀の自由を奪われた（枕の押さえ、擦り上げ、斬り落とし、巻き上げ、弾かれ）

③ 「身体の隙」、打とうと出るところ、退くところ、打突に失敗したとき、残心がとれないときなどに生ずる体勢の崩れ、呼吸の乱れや、四戒で体が硬くなり思い通り動けないとき。

しかし、打突の機会や隙を意識しても打てるようにはなりません。この本の七つの知恵の「丹田を出して自分の竹刀が自然に上がるなら、一拍子で打つ」を稽古し、次に、

攻めが功を奏したときの「動く先」に合わせて打突する稽古を心がけましょう。実際に打てるようになることが重要です。

打突部（だとつぶ）

その部分が相手の打突部位に正確に当たれば有効打突となる、「物打ちを中心とした刃部」。『剣道試合・審判規則』第十三条。

以前の試合規則では竹刀の先から三分の一の部分とされていましたが、面は竹刀の先の方が当たって押し切る形が多いですし、胴技の場合はもっと竹刀の鍔元に近い部分からひいて切るような形なので、「物打ちを中心にした刃部」と言う表現になりました。

打突部位（だとつぶい）

気剣体の一致した刃筋正しい打突が当たり、残心がとれれば有効打突となる部分。『剣道試合・審判規則』第十四条。細則第十三条。

①面部（正面および左右面）左右面は、こめかみ部以上。
②小手部（右小手および左小手）中段の構えの右小手（左手前の左小手）および中段以外の構えなどのときの左小手。または右小手。
③胴部（右胴および左胴）
④突部（突き垂れ）

溜（ため）

丹田が正中線上の前に引かれた構えをしていつでも打てる状態から、さらに丹田を出して爆発寸前の状態です。打てる状態にしているのですが打たないで我慢している状態です。打突の途中の状態です。

矯め割れ（ためわれ）

竹刀の竹の製造時の割れ。竹（真竹、桂竹）は節ごとに曲がっています。真っ直ぐにするために水蒸気が中から出てくる温度まで熱して、木で作った「コ」の字型をした治具で曲りを真っ直ぐに矯正（矯める）します。そのときの力で竹の内側の「肉」が横にひび割れする場合がありますす。製造時にひび割れした竹は廃棄しますが、まれに目視できずに竹刀として組み立ててしまいます。いったん組みあがった竹刀の外観からは「矯め割れ」は見えません。しかし「矯め割れ」は、強い衝撃によって竹刀の折れる原因となったり、破片となって飛ぶことがあり、危険です。

竹刀を購入した際に中を開く目的のひとつが「矯め割れ」探しです。

他力本願（たりきほんがん）

本来は、浄土真宗の宗祖である「親鸞聖人（しんらんしょうにん）」によって広められた仏教語。他力本願の「他力」は「阿弥陀仏の力」を意味し、「本願」は阿弥陀仏が善悪を問わず、生命のあるすべての存在を極楽浄土に往生させようとする誓願のことで、**「自分の修行の力ではなく、阿弥陀仏の本願の力によって成仏すること」**です。

しかし、一般的には「他力」は「自力」の反意語として、**他人の力をあてにする**意味として定着してしまいます。

達磨（だるま）

菩提達磨（ぼだいだるま）三七八年?~五二八年?一五〇歳?。摩訶迦葉尊者から二十八代目の祖師が、達磨大師です。達磨大師は、南インド香至国の王子さまでした。仏法を正伝されて、五二〇年に海を渡って中国へ布教に来ました。まず、厚く仏教を信仰している梁の武帝に迎えられましたが、禅は受け入れられずに北魏に行きました。嵩山の少林寺で毎日坐禅をしていたところ、第二祖となる慧可と出会いました。達磨が中国に禅宗を伝え、六祖慧能にまで伝わりました。「ダルマ」というのは、サンスクリット語で「法」を表す言葉です。

短所・長所

荻生徂徠（儒学者）は「人を用(もち)うるの道は、その長所をとりて短所はかまわぬことなり。長所に短所はつきてならぬものゆえ、短所は知るに及ばず。ただよく長所を用うれば、天下に棄物(きぶつ)なし」と言ったようです。

指導する際に、短所は、指摘するだけではストレスになるだけで、修正方法を指示することなしに指摘してはいけません。また、長所を褒めることも返って本人の自発的な積極性を阻害することがあるのでしません。長所を認め、長所をさらに伸ばすような新しい取り組みを勧めることが、指導の効果があります。

段位、称号（だんい、しょうごう）

財団法人日本剣道連盟は「称号・段位審査規則、同細則」を定めており（一九八九月十六日改正、一九九〇年四月実施）、段位は剣道の技術的力量を示すもの、称号はそれに加え指導力や見識などを備えた剣道人としての完成度を示すものとしました。

一九九二年の全剣連の『剣道と全剣連のあゆみ、この十年』では、「剣道の級位、段位、称号は、剣道の奨励であり、剣道修行者にとって一つの目標である」とあります。

一九九九年四月一日から、範士を称号、段位を通じ最高位とし、九段および十段を審査しないこととしました。

二〇〇三年から、剣道七段から四段までの実技審査の審査員数を、七人から六人に改め、四人の合意を以て合格としました。また錬士、教士の審査も同様です。剣道八段の二次審査は、これまでの十人を九人にし、六人の合意を以て合格としました。

六段以上および称号の審査は財団法人日本剣道連盟が東京はじめ主要都市で行い、合格者の登録および証書の交付をしており、五段以下の審査は各都道府県剣道連盟に委任しています。

「六段ないし八段の受審を希望し、年齢六十歳以上なら、六段は五段受有後二年、七段は六段受有後三年、八段は七段受有後五年を経た者は受審できました」が、二〇〇九年から高段者審査における六十歳以上の修業年限の優遇措置を廃止。

団体戦の戦い方

勝者数だけでなく、勝者が同数のときは本数が多くなるようにします。例えば、五人戦ですと、中堅までで二対一で勝っていた場合、副将は明らかに相手の選手が強いとき、負けないように危険な打突はしないで、引き分けに持ち込みます。そうすると、大将戦で負けても、勝者数が同じになり、本数が多ければ勝てます。仲間の勝利を無駄にせず、チームワークよく、守り勝つ作戦もあります。玉竜旗高校剣道大会のような勝ち抜き戦では、負けないこと、引き分けが重要です。

丹田（たんでん）

武道や武術、ヨガ、禅、日本舞踊、能、三味線、謡などで使われる言葉で、臍（へそ）の下三寸の腹筋の奥にあることになっています。**臍下丹田**とも。「丹田」は、人間の心と体と気のエネルギーの中心とされ、呼吸法や「気力を溜める」ことで、腹のすわった姿勢が保たれ、心の動揺も抑えられ、健康になると言われています。

もともとは、「内丹術（ないたんじゅつ。道家の哲学を基盤に、古代の神仙思想を取り込み、禅宗と儒家の思想と実践を融合したもの）」や道教そのものの発想のようです。目と目の間もしくは眉間(みけん)を「**上丹田**(じょうたんでん)、寸田(すんでん。一刀流)」と言います。急所です。丹田は胆力精気の無限に生じるところ、上丹田は智力判断力等の英智の沸き出ずるところとされ、上丹田と丹田を垂直に置く姿勢が最も充実した気力、体力を発生させる姿勢です。丹田の丹は赤であり、物の精粋です。中国では昔不老不死の薬を丹と言います。貝原益軒は「臍下三寸を丹田といい、これは身命の命根のある所なり」と説いています（『養生訓』「48丹田に気を集める」P.76）。切腹は丹田を切り、日本人は腹（肚）で考えて来たようです。

東洋医学では、生体制御療法としてのツボ（経穴）があります。気血が流れる道筋としての十四本の正経と呼ばれる**経絡**（けいらく。古代中国の医学において、人体の中の気や血などといった生きるために必要な、代謝物質の通り道）が内蔵に繋がって全身を巡っていて、この経絡上の反応点のことを経穴といい、ＷＨＯ（世界保健機構）では三百六十一定義され、おもに鍼治療に利用されています。丹田は、経穴としては臍から指二本下にある**気海**（きかい）（関元という説もあり）とされています。漢方学や鍼灸学の基本となる書は、『**黄帝内経**』（こうていだいけい）であり、『**難経**』はその解説書と言えるものです。『難経』に「臍下腎間の動気は、人の生命なり、十二経（鍼灸学の身体を流れる気の流れの十二経脈のこと）の根本なり」とあります。「ここは生命の根本が集合している。気を養う術は、常に腰を正しくすえて真気を丹田に集め、呼吸を静かにし荒くしないと、力が養われる。（中略）とにかく技術を行うもの、とくに武士はこの法を知らなくてはならない。また道士が気を養い、僧が坐禅するのも、みな真気を臍の下に集中する方法である。これは主静（妄想を去り心を静かにする）の工夫で・・・」と書いてあります。

西洋医学では、丹田の位置には小腸が存在し、体の中で一番大きな静脈である下大静脈があり、その両側には下半身と上半身をつなぎ骨盤のインナーマッスル（深層筋）として重要な腸腰筋（大腰筋・腸骨筋）があります。生理学的にも、姿勢を正しく、腹式呼吸をすることで、腹腔側の大動脈の血流が良くなり、背筋および腹筋の刺激により、体幹を支える脊椎を支え、脊髄の神経系を活発にします。発生学的では、進化の過程で脳は腸管からできたことになっていますし、脳にある神経伝達物質のセロトニンなどは腸ででき、腸と脳は密接な関わりがあるとされています。

ち

乳革（ちがわ）

紐を結びつけるための革を、乳首の形に似ているので「乳革」と言います。①　面紐を付ける「面乳革」、②　胴紐をつける「胴胸乳革」「胴横乳革」、があります。いずれもサイズ、色、漬ける位置の規定はありません。

知足（ちそく）

禅語。足るを知ると、欲望が制御され、煩悩妄想による迷いもおのずと消え、心清き状態になるということです。

『老子』第三十三に「知足者冨（足るを知るは冨み）」があります（「老子」P.156)

遺教経（ゆいきょうぎょう、鳩摩羅什訳、仏垂般涅槃略説教誡経、略して仏遺教経などとも。漢字の数にして二千五百字ばかりの、釈迦仏が入滅に臨じて、その遺言として教誨（きょうかい）を垂れたもの。釈迦の遺言と言われます。ちなみに禅宗では特に重んじて仏祖三経の一つとしています）に、「若し諸の苦悩を脱せんと欲せば、まさに知足を観ずべし（苦悩のない人生はありませんが、もしもその苦悩から離れたいのであれば、足ることを知ることをよくよく考えなければならない）。知足の法は即ち富楽安穏の処なり（足ることを知る教えは、豊かで楽しく穏やかな世界です）。知足の人は地上に臥すといえども、安楽なりとなす（足るを知る人は地べたに寝るような生活であっても幸せを実感できます）。不知足の者は富むといえども、しかも貧し（足ることを知らない者は裕福であっても心は貧しい）。知足の人は 貧しといえども而も富めり（足るを知る人は、物はなくても心は豊かです）。不知足の者は常に五欲のために牽かれて、知足の者のために憐愍せらる（足ることを知らない者は、常に五つの欲望〈食欲、性欲、財欲、出世欲、睡眠欲〉に振り回され、足ることを知る人からは哀れみの眼で見られます）。是を知足と名づく（これを知足といいます）」とあります。

石庭で知られる竜安寺に有る「**吾唯知足**（われただ足るを知る）（何事にも満足し、不満の気持ちを抱かない）」の蹲踞（つくばい「蹲」だけでも良い。「そんきょ」と同じ字）は水戸光圀公が大日本史を編集する際に資料提供を得られたお礼として寄進したものです。石庭の反対側の暗い所にありました。見えるのはレプリカで、本物は一般人の入れない茶室の横にあるそうです。

千葉周作成政（ちばしゅうさく）

一七九三～一八五六年、六十三歳。江戸時代の剣術の流派**北辰一刀流**の創始者。

中西派一刀流の浅利義信に入門し、浅利義信の婿となって後を継ぐことを期待されましたが、組太刀の改変について浅利義信と意見が対立し、妻（浅利の養女）を連れて、一八二二年秋、日本橋品川町に玄武館という道場を建て、後に神田お玉ヶ池に移転し、多数の門人を抱えて、北辰一刀流を創始しました。

習得までの段階を、それまでの八段階（小太刀、刃引、仏捨刀〈ほっしゃとう〉、目録、かな字、取立免状、本目録皆伝、指南免状）から三段階（初目録、中目録免許、大目録皆伝）と簡素化した（「近代剣道名著大系・第二巻」

P.204）こともあり、大盛況で人気は絶大なものとなり、「力の斎藤」（斎藤弥九郎）、「位の桃井」（桃井春蔵）とならんで、「技の千葉」として玄武館は幕末三大道場のひとつに数えられました。

切り結ぶ　刃の下ぞ地獄なる　身を捨ててこそ浮かむ瀬もあれ
（剣道名歌「近代剣道名著大系二」P.236）

切り結ぶ　太刀の下こそ地獄なれ　踏み込み見れば　後は極楽

山川の　瀬々に流るる栃からも　実を捨ててこそ　浮かむ瀬もあれ

谷川の瀬々を流るる栃がらも実を捨ててこそ浮かぶ瀬もあれ
（剣道名歌「近代剣道名著大系二」P.236）

極意とは己が睫毛のごとくにて近くあれどもみえざりにけり
（剣道名歌「近代剣道名著大系二」P.236）

我体は破軍の星の形にて敵する方へまはす剣先
雨あられ雪や氷とへだつれどとけては同じ谷川の水

森要蔵は、千葉周作の「玄武館の四天王」のひとりです。後に江戸麻布永坂に道場を開きました。その作の二首。

業芸は　業を怠るのそのすきに　理のみ長じて下手となりけり
打つは太刀　進は足のものならば　心は何の主となるらん。

茶革（ちゃがわ）
燻（くすべ）るので、「くすべ革」とも。茶革は鞣（なめ）した鹿革をドラムに貼って回しながら藁を燃やした煙で燻（いぶ）して作りますが、印伝にも使われますので、その技術は継承されています。

白い鹿革に鞣す人は既においでにならなくなったようです。牛革のクロザン革（胴胸などに使う、鞣した牛革に漆を塗ってシボをかけた黒い革）も、最近職人がいなくなったようです。しかし、いずれの革も十年ぐらいは剣道具（防具）の製造を続けられるぐらいの在庫が製造者や流通過程にあるそうです。

白革や茶革や紺革は、使い勝手の良さ（触り心地の良さ、柔らかいこと）、長持ちすること（穴がすぐ開かない、伸びない、固くならない、変質しない）という二つの条件を満足すれば素晴らしいですが、本当に良い天然皮革はなかなかないし、それ故に高価です。これを百とすると、そこそこ良い天然皮革と同等の化学繊維が三十ぐらいの価格です。動物愛護の観点からも、化学繊維がより進化することを願ってやみません。

「小唐（ことう）」とは、中国の成獣で柴犬くらいの小さな鹿です。その革は伸縮性に優れ、柔らかくかつ丈夫なので高級剣道具（防具）に使われます。革の全長は四十センチメートルぐらいと小さいうえに、林の中の枝による擦り傷が多く、鉄砲の弾が当たった穴が開いていますので大きく使うことはできません。垂の腹帯が一枚で覆ってある鹿革は、「小唐」であるはずかないことがわかります。そして革は身長方向に縦に使うと(縦取り）濡れたときに縮みにくいのですが、横に使う（横取り）と縮んでしまいがちです。垂はお腹に巻くのですから、鹿革も横取りしなければならないことになるので、「中唐」でも革の良い部分を使おうとすると大きさが足りないぐらいです。茶色の燻し革でも藍染めでも一デシ（十センチ×十センチ）あたり二百円以上しますので、一枚四千円程度はします。例えば小手の頭と手の内に使おうと四枚用意すると一万六千円以上になります。

中唐(ちゅうとう)はオーストラリア産の一般的な鹿の革です。革の全長は八十センチメートルぐらいです。

大唐(だいとう)は肉厚で丈夫ですが、ワシントン条約により輸入できず、在庫のみです。

日本では鹿が増えすぎて自然環境に影響があると駆除されているようですが、二本では鞣されて革になっていないようで、鞣した皮は輸入した物がほとんどのようです。

中心を取る（ちゅうしんをとる）

相手を正面に置いて、自分の正中線に竹刀を構えること。左手の位置を定めて動かさないことで、以下の二つの意味があります。

① 自分の中心を通る「面」
② 竹刀を振る「面」
③ お相手の面の中心を通る「面」

の三つが重なったときです。

正中線を「中墨（なかずみ）」とも言います。中墨とは大工（だいく）の道具で、墨縄（すみなわ）をはじいて描く真っ直ぐな線のことです。「中墨」は小野派一刀流の極意剣であり、柳生新陰流では「人中」（じんちゅう）と言い、たとえ敵がどのようにきても、自らの《人中路》を真っ直ぐにして一刀両段（『碧巌録』「第六十三則 南泉斬猫擧」の言葉なので「断」ではなく「段」という〈「碧巌録(中)」P.281〉）に斬ると、必ず敵の拳が斬れる「十文字勝ち」をいう教えがあります。

① 中心を取る「中墨をはずすな」日本刀を持たせた案山子に向かってまっすぐ打っていったら自分のどこかに当たるので、正面からは切りかかれません。中心を崩さないことが最大の守りになります。相手の攻撃に対する防御が遅れた場合でも、中心線を外さず一歩前に出れば相手を迎え突きに制する事が出来ます。しかし、できる限り応じ技か返し技、擦り上げ技などで対応し、やむを得ないときのみ、相手の喉（中心）に剣先が残っているのが良いようです。相手に驚かされない不動心と、上半身がこわばらないことが必要です。

② 中心を割る「中墨をとれ」中心を外さないことは相手を崩す一番の方法です。竹刀の延長線を相手の眉間（目と目の間）に付けて、竹刀の延長線上に竹刀が出ていくように前

に攻め込むと、相手は竹刀の長さが判断できず、目に近づいてくる攻めから生じる恐怖感が湧きます。居ついたり、慌てて打ってくるお相手なら、捨てきった打ちを出す機会になります。打って来ない、避けるお相手には中心を取らず竹刀をお相手の竹刀に添わせるようにした方が打突の機会ができます。

中道（ちゅうどう）

仏教用語として二つのものの対立を離れていること。断・常の二見、あるいは有・無の二辺を離れた執着のない**自由無碍**であること（参考・「仏教の基礎知識」P.51）。

長短一味（ちょうたんいちみ）

長所は短所となりうるし、短所を長所に変えられる、ということ。

柳生新陰流参学円の太刀（武術叢書 P.300～302）の五本目です。

一刀両段、
斬釘截鉄、
半開半向、
右旋左転、
長短一味

鹿島神傳直心影流法定の四本目です。

相發破（春・後の先）、
一刀両断（夏・先々の先）、
右転左転、または右旋左旋とも（秋・変化の太刀）、
長短一味（冬・太刀の長短の得失は我が進退に有りて決して刀の長短に無き。我體の心気陰陽昇降三焦虚實往来して體浮かべば気沈むの理合を教える）（鹿島神傳直心影流百錬会
https://100ren.jimdo.com/%E7%9B%B4%E5%BF%83%E5%BD%B1%E6%B5%81%E3%81%AE%E5%BD%A2/)

つ

塚原卜伝（つかはら　ぼくでん　たかもと）

一四八九～一五七一年、八十二歳。鹿島神宮の祝部（はふりべ）の子で養子となった養父の塚原土佐守安幹（やすもと一三八七～一四八八年、一〇一歳）から飯篠長威斎の神道流を学び、家伝の鹿島中古流を折衷して鹿島新当流を創始しました。

塚原卜伝自筆の伝書が存在しないので明らかではありませんが「**一ツ太刀**（ひとつのたち）」が有名です。「一ツ太刀とは一刀に敵を二つにして二度振り上げざることを示す」（日本武道流祖伝）ということで、天の時、地の利、人の和の三位一体でひとつに和したときに、はじめて剣の真髄を発揮できるということらしいです。

現在でも第六十五代宗家吉川常隆氏が道統を継いでおいでで、日本古武道教会のオフィシャルサイトによれば「甲

冑武道を基礎として想定された実戦的古武道である。身は深く与え、太刀は浅く残して、心はいつも懸りにて在りと伝えられてきた。甲冑の最も弱点とされる、小手、頸動脈、喉、上帯通しなどを突き、あるいは切ることによって相手を制する」ということです。

卜伝百首より

武士の名にあふものは矢なれや深くもあふげ高砂の松
武士の鎧の下に乗る馬はくせありとても強き好めり
太刀の寸臍にくらべて差しつべしわが身の丈の合わぬ嫌へり
弓はただおのが力にまかすべし手にあまりたる弓な好みそ
勝負はながきみぢかきかはらねどさのみみぢかき太刀な好みそ
鍔はただ革にまされるものはなし糸にておけばぬれて乾かぬ
鍔はただ切りぬきあるを好むべし厚き無紋をふかく嫌へり
武士の軍の場(にわ)に出るとき湯漬けにしくはなしと知るべし
武士のいつも身に添へ持つべきは刃つくる為の砥石なるべし
武士は女にそまぬ心もてこれぞほまれの教なりける
武士の軍の庭にもつ物は梅干にますものはあらじな
武士の酒を過ごすぞ不覚なる無下に飲まぬも又おろかなり
武士の心のうちに死の一つ忘れざりせば不覚あらじな
武士の生死二つをうち捨て進む心にしくことはなし
斬り結ぶ太刀の下こそ地獄なれ　踏み込み行けば　後は極楽

月の異名（雅語）

季節を楽しむ日本人が「万葉集」には既に使っていました。

一月・睦月（むつき）親類一同集まって睦びあう月
二月・如月（きさらぎ）まだ寒さが残り衣を更に着る（きぬさらぎ）月
三月・弥生（やよい）木草弥生い茂る（きくさいやおいしげる）月
四月・卯月（うづき）十二支の4番目「卯」にかけて4番目の月
五月・皐月（さつき）早苗（さなえ）を植える月
六月・水無月（みなづき）田に水を入れる月（「無」は「の」の意味）
七月・文月（ふみづき）稲の穂が実る月（穂含月・ほふみづき）
八月・葉月（はづき）木々の葉落ち月（はおちづき）
九月・長月（ながつき）夜長月（よながづき）
十月・神無月（かみなづき）新穀を神に捧げる神嘗月（かんなめづき）
十一月・霜月（しもつき）霜の降る月
十二月・師走（しわす）師匠といえど趨走（すうそう）する月

突き技の主なもの

突きは高校生からで、小中学生は危険防止のため有効打突になりません（財団法人日本中学校体育連盟などには明文があるようです）。

居着く相手、下がる相手、上段に対して（片手突き）に効果的です。両手で竹刀を持ったまま突く諸手突きと、右手を離して左手一本で突く片手突きがあります。突く時は、右手で突くのではなく、足で間合に入り、腰を入れて、左手を中心に突き、左足の引きつけを早くします。突ききるのではなく、突き戻すことで残心を取ります。遠間から踏み込むのではなく、足で間合に入り、近間から摺り足で突いた方が、突き垂に正確に当たります。

突きは、両手を伸ばして突き垂を突き、お相手に衝撃が加わったら、引き、残心をとります。いったん切っ先を少し下げてから突く人と、少し上に上げて突く人もおいでです。

①表突き（押さえ突き）　相手の竹刀に対して右から突きます。

②裏突き（攻め込み突き）　相手の竹刀に対して左から突きます。

③利生突き 千葉周作の『剣法秘訣（「近代剣道名著大系 第二巻」P.281）』にあります。相手の出端に竹刀を伸ばすと相手の勢いで自然と突きになというものです。

④片手表突き 相手が間合を切るとき、小手をかばおうとしたときに大きく突きます。上段に対しても同じ理由で有効です。足で間合に入り、腰を入れて左拳を内側にやや絞りながら右手を離して左手一本で突き、左足の引きつけを早くします。身体全体で突きます。突ききるのではなく、突き戻すことで残心を取ります。

⑤片手裏突き 竹刀を下げて拳を攻めたとき、竹刀で攻め返してきたとき切っ先の気の乱れる瞬間に突きます。

⑥切り落とし突き 相手が右胴または小手に打ち込んでくるのをやや左斜めに体を引くと同時に相手の刀を切り落とし、同時に突く。

⑦巻き落とし突き 相手の竹刀を右下ないし左下に巻き落として突きます。

⑧入れ突き 相手が突いて来たときに左足より体を後に引くと共に萎やし入れ、突きます。

⑨迎え突き 出てくるとこをカウンターに。突きには、相手に精神的、肉体的なダメージを与える、次のようなものがあります。「剣道試合・審判規則、同細則」には記載がありませんが、いずれも「使ってはいけない突」です。

⑩止め突き お相手が打ってくるのを止めるだけの胸突きはありますが、機会が正しくないと諭すためにやるのも、思い切って打ち込むことを止めさせることになるので感心しません。「突っ張りは技の止まり」と言う言葉があります。

⑪スコップ突き 出てくるところを下から上へ突き上げるという、「迎え突き」よりも悪意に満ちた技です。

付ける（つける）

稽古や試合では、切っ先をお相手の体のどこかに触れさせることを言います。例えば、「剣先を、小手に付け、これ以上打っても無効であると相手の動きを制し、攻撃に対応するための準備体勢を整える」とか、「被打突者の剣先が、相手の上体前面に付いている場合は『試合・審判細則』第十二条の有効打突にならない」などです。

日本剣道形では、接触させないで、木刀ないし刀の延長を向けること、もしくは切先の高さを言います。

一本目・仕太刀の残心「剣先の延長を顔の中心（両目の間）につける」、

三本目・仕太刀の残心「顔の中心につける」
五本目・仕太刀の残心「顔の中心につけながら」
六本目・仕太刀の「打太刀の上段の左拳につけながら」
七本目・打太刀も仕太刀も「剣先を中段の程度につける」
小刀の二本目、三本目・仕太刀「剣先の延長を咽喉部につける」

辻月丹資茂（つじげったんすけもち）

一六四八～一七二七年、七十九歳。無外流の始祖。

麻布の普光山吸江寺の石潭禅師(臨済宗)に日夜参禅し、石潭禅師入滅後は神州禅師について学び続け四十五歳にして遂に大悟し、石潭禅師の御名をもって「一法実無外　乾坤得一貞　吹毛方納密　動着則光清」の一偈（いちげ、仏典のなかで、仏の教えや仏・菩薩の徳を讃えるのに韻文の形式で述べたもの。「偈頌(げじゅ)」とも）を与えられ、「無外流」と定めました。「へなへな剣」と形容されます。文武に堪能。常に約六〇センチメートル四方の槻（ケヤキ）の板を敷物とし、これに両の拳を突き当てながら読書に励んだとのこと。「剣術の要は敵を打つ気持ちをひたすら敵の心へ貫通させること。すなわち必死三昧でなければいけぬ」「受けつ流しつの技が上手だとて、いっこう役にたたぬ。一人二人の立ち会いならまだしも、槍ぶすまを作って向かってくる戦場の時には、ただただ精一無雑に飢えたる鷹の如く、怒れる虎の如く、躊躇なく突撃して、初めて妙境自在がある」と言ったそうです。

門人の杉田庄左衛門が半蔵門堀端で親の敵を討ったことが評判になって、細川家に麹町九丁目に大きな道場を立ててもらって、最盛期の門人は一万人を超えたと言われます。鹿島神傳直心影流の堀内流という一派を立てて小石川牛天神下に道場のあった堀内源太左衛門と並び称される江戸屈指の道場だったようです。土佐藩では、四代藩主山内豊昌のころから幕末にいたるまで筆頭流儀だったようです。終生独身。貧窮の生活をし、困窮者に分け与え続けたという達人でした。

常に糸矩を心に持つべし（つねにいとかねを）

相手の心の動きを知ることの大切さを言っています。『五輪書』にはなく、『兵法三十五箇条』の十番目。「相手毎に、いとを付て見れば、強き処、弱き処、直き所、ゆがむ所、はる所、たるむ所、我心をかねにして、すぐにして、いとを引きあて見れば、人の心能しるゝ物也」。

つば（鍔）競り合い

「適正な鍔競り合い」は、

① 左の上図のように鍔と鍔が接していて、
② 打突の意志があり、

③ 別れる意思がある場合です。「剣道試合・審判・運営要領の手引き」のP.9を参照のこと。

正しい
つば（鍔）競り合い

不当な
つば（鍔）競り合い
鍔と鍔が接しない

「適正なつば（鍔）競り合い」が膠着した場合には、主審は「専決事項」として「分れ」をかけられますが、副審は「分れ」も「やめ」もかけられません（「剣道試合・審判・運営要領の手引き」P.11、P.29）。

② 打突の意志と、③ 別れる意思がないと判断された場合は、審判細則第十七条の七の「その他、この規則に反する行為」を受けた細則第十六条の七「不当なつば（鍔）競り合い」か同条六の「故意に時間の空費をする」に当たるため、反則一回を取ります。

鍔迫り合い関係の判断は主審の専決事項ですので、合議で意見を聞かれない限り、副審は何も主張できません。

「つばぜりあい」の全日本剣道連盟の標記は、三つあります。

「**つば（鍔）競り合い**」『剣道試合・審判規則 剣道試合・審判細則（P.9など）』

「鍔競り合い」『剣道試合・審判・運営要領の手引き（P.11など）』

「鍔ぜり合い」『剣道講習会資料（P.27など）』、『剣道指導要領（P.164など）』

私は、「つばぜりあい」は刀では怖くてできないと思います。すぐに離れざるをえないのですから、「競う」などとんでもないので「迫る」だけだと思います。しかし、この本では一般的な「鍔競り合い」の表記にしました。

「鍔競り合い」にならないような剣道を心がけましょう。『剣道教本・上（高野佐三郎）』第六章試合心得其の三離方P.85）には「敵に接近して鍔迫り合いとなったときは、速（すぐ）に離れるようにする」とあります（『剣道』第二編術理第二章技術の活用一間合でも同様。「近代剣道名著大系・第三巻」P.97）。

椿（つばき）

東京に住んでいると、椿は花が終わったときに花弁が散らずに花ごと落ちるので、「首が落ちるので縁起が悪い」と言われます。しかし、京都を旅行すると、実は、椿が不吉な花とされたのは、徳川末期あたりからで、本当は大変めでたい、魔除けの力を持つ植物であり、吉祥模様なのです。

椿の語源は、葉が厚く艶やかなので「艶葉木（つやばき）」から来ており、古くは、神の依代（よりしろ）となり、「椿」の文字どおり春の訪れを告げる木とされていました。古事記の時代から、椿は珍重されていたようです。平安時代には長寿・招福・吉兆の木とされていました。京都の寺院には樹齢何百年の椿の木がたくさんありますし、御神木として祀っている神社仏閣も多いようです。京都府与謝郡与謝野町滝三一六番地の「滝の千年椿」は、樹齢千年とも千二百年とも言われます。茶道では欠かせない花ですし、着物の意匠になっています。

赤い椿の花言葉は「控えめな素晴らしさ」「気取らない優美さ」「慎しみ深い」「高潔な理性」「謙虚な美徳」

白い椿の花言葉は「最高の愛らしさ」「至上の美」「理想的な愛情」「冷ややかな美しさ」「素晴らしい魅力」「

特に白玉椿は平安時代より、長寿・招福・吉兆の木として愛されたようで、おしるこに入ってる白玉の語源のようです。

鍔競り注意（つばぜりちゅうい）が昔はあった。

一九五三年からは、「鍔競り合い五秒以内に及ぶ場合は試合を中止させ、開始線まで戻して再び開始させる」ルールでした。

一九六九年からは、「打突の意思のない鍔競り合いをする」と一回目は注意、二回目以降は反則でした。

一九八七年四月十日に、鍔競り合いは二十秒以上すると注意になりました。

一九九五年四月一日に、現在のような「適正なつ鍔競り合い」が「膠着した場合」「分かれ」をかけて間合を取らせて、「はじめ」させるようになりました。

当初鍔競り合いは五秒以内で仕切りなおしでしたが、罰則をつけることで積極的に打つように規則を変えました。膠着すれば分れをかけてもらえるのですから、相手の引き技を封じながら、主審の「分れ」を待つ試合者がいます。それでは試合の緊張感が保てませんので、警視庁では、鍔競り合いからは自主的に分かれるよう指導しています。

鍔止め（つばどめ）→「竹刀の構造」

規程がないので色や形は自由です。鍔が止まり薄くて軽くて丈夫なものが良いです。下は筆者のオリジナルです。

強くなければ生きていけない、優しくなければ生きる資格がない

アメリカの作家レイモンド・チャンドラー（一八八八～一九五九年、七十一歳）が、主人公の私立探偵フィリップ・マーロウに、小説の第六作の「プレイバック」で言わせた言葉です。"If I wasn't hard, I wouldn't be alive. If I couldn't ever be gentle, I wouldn't deserve to be alive."一見対極で矛盾するように感じられますが真理です。自己中心のわがまま放題は、自分を磨いていないので無垢でやわです。自己鍛錬し、自分が確立し、自分に価値を感じ、自信が生まれてこそ、他人を認める寛容さや謙虚さ、尊敬やゆとりが生まれます。自分を高めましょう。

て

出足（であし）

「踏み込み足」の別の言い方です。「踏み込み足」が鋭いと「出足が良い」と言います。

辞書的には、

①「雨で―がくじかれる」「客の―がよい」などの出向く人数、

②「新製品の好調な―」という物事の始まり、

③「―の速い車」など自動車の出発時の速度、

などを言います。

提刀（ていとう）、提げ刀（さげとう）の姿勢

立礼をするときに、自然体で刀や木刀や竹刀のつば元を左手で持って、刀の峰、竹刀の弦を下に向け、左腕を伸ばしている姿勢のこと。納めるときも最後に提刀して礼をします。上半身を前に傾けたときに刀や木刀や竹刀が最小限の動きになるようにします。

敵を致して、致されない

相手を自分の思うままに動かすこと。主導権、主体性を持つことを言います。『孫子』「虚実篇第六」（「孫子」P.60）「凡そ先きに戦地に処（お）りて敵を待つ者は佚（いっ）し、後れて戦地に処りて戦いにおもむく者は労す。故に善く戦う者は、人を致して人に致されず。能く敵人をして自ら至らしむる者はこれを利すればなり。能く敵人をして至るを得ざらしむる者はこれを害すればなり。故に敵、佚すれば能くこれを労し、飽けば能くこれを飢えしめ、安んずれば能くこれを動かす」「先に戦場にいて敵を迎え撃つ戦いは有利であり、後から戦場に遅れてきて臨む戦いは不利である。だから、戦い上手な者は、自分が主導権を握り、相手を翻弄し相手に翻弄されることがない。敵から行動させるようにするのは、そうすれば有利になると思わせて誘うからだ。敵を行動させないようにするのは、不利になると思わせてとどまらせるからだ。だから、敵に余裕があればそれを疲弊させ、敵の食料が足りていればそれを飢えさせ、的に動きがなければそれを動かすことができる」

山岡鉄舟は「**剣法正邪弁**」では「剣法正伝真の極意者、別に法なし、敵の好む処に随ひて勝を得るにあり（「剣禅話」高野澄・タチバナ教養文庫P.49）」と言っています。宮本武蔵は「**将、卒を知る**」と言い、自分の兵法の知力をもって、敵を部下と思い自分を将と思い、動かしたいように敵を自由に引き回すことの大切さを言っています。

出稽古（でげいこ）

普段稽古をしている道場以外に出かけていって稽古することです。その道場のしきたりに従い、一緒に行動します。大変緊張し、思うように動けないものですが、これがまさに精神的な訓練になりますので、礼を尽くして真理を求めて正しい稽古をさせていただきます。**一期一会**を大切に、様々な人に出会って、正しい剣道をし、様々な技だけでなく、稽古法や雰囲気を味わい、「**交剣知愛**」を学びます。大人だけでなく、子供にもお勧めします。

手で打つな足で打て。足で打つな腰で打て。

打突の際の体の使い方の理想です。

相手の動きに柔軟に対応しつつ、鋭い打突を繰り出すには、姿勢を崩さずに軽やかに動ける「胴造り」が必要です。

①　相手に正対し、
②　左足の踵が二センチメートルぐらい上がっていて、
③　左足の向きが真っ直ぐ前を向いていて（撞木、がに股にならない）、
④　右足の踵も紙一重で浮かせ、
⑤　左のひかがみ（膝の後）を軽く伸ばしている、

という足と丹田（臍下丹田）がまっすぐに前を向く腰を作ります。その上に「平常心」を載せます。そして、腰から打突します。

これは理論的には分かっていたのですが、なかなか実現できませんでした。しかし、この本の七つの知恵で、「丹田が正中線上の前に引かれた」構えと、「丹田を前に出す」攻め、「抜重」による踏み込み、「斬り手」と「スローイン」の上から前への面打ち、「トマトが五階から落ちて破裂する」刀勢、お相手の正中に吸い込まれて跳ね返る残心という、スクリーンの中央を押した後前面がしなやかに勢いづいて動く、自然な動きで、すべてできてしまいます。

手の内・手の裡（てのうち）

冴えた一拍子の打突を生む、両手首・両手の指を最も効率的に使って竹刀を操作する動きを言います。「**掌中の作用**」とも言います。

具体的には、

① 柄を持つ左右の手の持ち方（右手は「斬り手」）
② 打突の際の両手の力の入れ具合（左手の小指を締める）
③ 打突後の力のゆるめ方（抜く）

です。上手になると、冴えによって打ちが小さくても衝撃が大くなります。

井上正孝は『正眼の文化』P.111で以下のように「手の裡」を説明しています。

「攻め指」は人さし指であり、「極め指」は小指である。そして中指が「力指」として攻めにも極めにも両方に役立っているが、そうした指の相関作用を研究、体得していくのが「手の裡」の研究である。

手元が堅い

攻撃を仕掛けても剣先に迷いがなく常に正面を向き、打込む隙のない構えをすること。竹刀を固く握っているという意味ではありません。褒め言葉です。

寺田宗有（てらだ　むねあり）

一七四五～一八二五年八月一日、八十一歳。通称、五右衛門。高崎藩士・寺田五郎右衛門宗定の子。

十五歳のとき、小野家第四代・小野忠一の直弟子であった中西子定（たねさだ）が開いた中西道場に入門しました。中西子定は防具を着けて四つ割竹刀の打込稽古を導入しました。二世子武（たねたけ忠蔵）が道場を継いで間もない、十七歳のときに、打込稽古を「剣法の真意に背く」と考えて中西道場を止めました。翌年、十八歳で高崎藩に出仕し、剣術は平常無敵流（熊沢蕃山の門人の山内一真（号、蓮真）が江戸に出て僧・白厳の下で禅を修行して心法を練り開いた）の池田八左衛門成春に入門し、十二年間修行して三十歳で谷神伝（こくしんでん）という奥義を授けられ、重鎮となりましたが、居合は伊賀平右衛門、砲術は佐々木伝四郎、槍術は長尾撫髪、柔術は金子伝右衛門から皆伝免許を得たとのことです。

四十七歳のときから高崎在勤として民政役で業績上げましたが、高崎藩では一刀流でないと剣術師範になれなかったため、五十一歳のとき、藩侯・松平輝和から一刀流の再修行を下命され、江戸に出て再び三世子啓（忠太）の中西道場に戻りました。このとき高柳又四郎が二十代で師範代を務めており、翌年に白井亨が入門しました。しかし竹刀稽古を一切せず、木刀での形稽古、組太刀をしていました。禅機・練丹の重要性に着目し、伊豆三島の龍沢寺の白隠慧鶴禅師の高弟・東嶺円慈(とうれいえんじ)和尚に参禅、「己の木剣からは火炎が出る」と言いました。毎朝二百回以上の水浴びや数日間の断食を死ぬまで続け、「壮より八旬に至る迄練丹自強する事、夙夜懈る事なく、終に一旦豁然として見性得悟の大事を究め、仏祖不伝の妙、其天真に貫通することを得たり」と大悟して天真翁と号し、天真一刀流（天真伝一刀流とも）を興しました。宗有は五十六歳で一刀流の皆伝免許を許されました。その翌享中西子啓が四十七歳で急逝し、子啓の養子の十五歳の兵馬が継いだとき、兵馬（その後、宗家四世を継いで中西子正（忠兵衛））を後見し、高柳、白井の二人を師範代に道場を支え、寺田宗有、高柳又四郎、白井亨の三人が「中西道場の三羽烏」と呼ばれました。六十六歳のとき三十八歳年下の二十八歳の白井亨に立ち合いを依頼され、白井は何もできずに宗有の天真一刀流に入門。五年後、七十一歳の宗有は白井に天真一刀流の印可を授けた。

宗有の子の寺田喜三太が宗有の死の翌年に夭折したため、白井亨が天真一刀流を継ぎました。道統は白井から津田明馨、その養子の津田明常に伝えられましたが高崎では明常の死によって絶えました。白井は後に「天真伝兵法（天真白井流）」を創始します。

電光影裏に春風を斬る（でんこうえいりにしゅんぷうをきる）

不動心を言い表している言葉です。

南宋の寺で坐禅をしている無学祖元（むがくそげん、一二二六～一二八六年、六十歳・中国の生まれ。一二七九年に鎌倉幕府第8代執権・北条時宗の招きにより来日し、帰化。臨済宗の禅僧。鎌倉の円覚寺を開山）のところへ、攻めてきた元（モンゴル）の兵隊が乱入し、その首を切ろうとしました。しかし、そのとき無学祖元は泰然として、「珍重す大元三尺の剣、電光影裏に春風を斬る」という有名な偈文を唱えました。「刀が稲妻のように光って自分の首をはねたとしても、春風を斬ったのとなんら変わりはない。そんなことには動じない」ということで、この悟りの境地を見た兵隊は感動し、礼拝して出て行きました。

これを、沢庵禅師は柳生宗矩に与えた「不動智神妙録」では、「鎌倉の無学禅師、大唐の乱に、捕らへられて切らるゝ時に、電光影裏斬春風という偈を作りたれば、太刀を ば捨てゝ走りたるとや」と書いています（「沢庵 不動智神妙録」P. 95）。

山岡鉄舟は以下のように言っています（「近代剣道名著大系・第十二巻」P.63、「剣禅話」P.46）。

学剣労心数十年　剣を学び心を労すること数十年
臨機応変守愈堅　絶対不敗の境地までは来た

一朝塁壁皆催破　今齟齬の難関を砕き破ったぞ
露影湛如還覚全　露が溜ったような満足感だ
論心総是迷心中　あれこれ考えるのは迷っているからだ
凝帯輸贏還失工　勝負にこだわれば動きが堅くなる
要識剣家精妙処　剣の秘訣が知りたいのだ
電光影裏斬春風　春風をさっと断ち切るだけさ

篆刻（てんこく）

主に石の印材に名前や名言を篆書体の文字で彫ること。石は、寿山石、鶏血石など中国産の石。動物や模様の彫刻した「紐（ちゅう）」のあるものもあります。文字の形は、楷行草隷篆の基本五体のうち篆書、さらにその中で「印篆」、「大篆」、「小篆」からデザインします。文字が赤く押せる「朱文（しゅぶん）」と白く残る「白文（はくぶん）」があります。

これに、水銀と硫黄を焼きしめてできる朱砂（しゅさ）と、柳の葉などから採られる繊維、木蝋（もくろう）、松脂、ひまし油などを練り合わせて作られる「**印泥**（いんでい）」と言われる朱肉をつけて押します。因泥には緑、青など様々な色があり、赤でも明かるい朱色の「光明（こうみょう）」鮮やかな「箭鏃（せんぞく）」、濃い「美麗（びれい）」とあります。上海西冷印社が有名です。

① 姓名印は「**落款**印」と言われることが多く、本名を白文で刻む場合が多いです。性を白文で名を朱文で彫ることも、その逆もありますし、二文字を主文と白文で刻んだ物もあります。作品の最後の作者名の下に押します。落成款識（らくせいかんし）の略語です。

② **雅号印**は自分の雅号（本名以外の風雅な名前）を刻んだもので多くは朱文です。姓名印の下に押します。

③ **遊印**は正しくは「押脚印」で詞句印（好きな言葉など）が多いです。作品の右下に押します。

④ **引首印**は、作品の頭初、右上に押す印で、書き始めのしるしです。様々な形の印で、白文でも朱文でも良く、詩句や熟語などが彫られます。「関防印」とも呼ばれ、公文書偽造を防ぐ為の長方形の割り印だったようです。

① 姓名印と④ 引首印の三つを合わせて**三顆印**(さんかいん)と言い、正式のようです。

本来は書に押すものですが、竹刀の柄に押す場合は、印面を柄に密着させるように回しながら付け、印影に木工ボンドを塗ると、乾いて透明な皮膜となり印影を保護します。

と

天覧、台覧

天覧とは天皇がご覧になること。叡覧(えいらん)とも。台覧は、高貴な人、特に三后（太皇太后・皇太后・皇后の総称。三宮(さんぐう)）や皇族（天皇を除く天皇家一族。皇后・太皇太后・皇太后・親王・親王妃・内親王・王・王妃・女王）がご覧になること。

道歌（どうか）

仏教や武道などの教訓や教えを伝える短歌。和歌は、漢詩に対して「倭歌」として天平時代に始まった日本固有の詩歌。和歌は、長歌・短歌・旋頭(せどう)歌・片歌などの総称。短歌は三十一文字(みそひともじ)の五・七・五・七・七は日本人の根底に流れる音節です。「古道歌」という場合は、江戸時代の心学者が盛んに道歌を作って道歌が盛んになった以前のものを言うようです。山本五十六の有名な言葉も「目で見せて耳で聞かせてして見せて、やらせて褒めにゃ事ならぬなり」という道歌が既にあったようです。

動機付け（どうきづけ）やる気にさせる

動機や意欲を与えること。motivationモチベーション。

動機（motive）とは、人が行動に移るための理由や原因です。人を行動へ駆り立て、目標へ向かわせるような内的過程で、行動の原因となる生活体内部の動因と、その目標となる外部の誘因によってもたらされます。理論の系譜としては、以下のようです。

欲求系理論の**マズロー**（A.H.Maslow 一九〇八～一九七〇年、六十二歳。アメリカの心理学者）の**欲求五段階理論**が有名です。

期待理論（V.H.ブルーム Vroom、E.E.ローラーLowler）

公平理論（J・ステイシー・アダムス）、

目標理論（ドラッカーPeter Ferdinand Drucker 一九〇九～二〇〇五年、九十六歳。オーストリア生まれの経営学者・社会学者）のほか、

衛生理論（ハーズバーグ Frederick Herzberg、一九二三～二〇〇〇年、七十七歳。アメリカ合衆国の臨床心理学者）、

XY理論（マグレガーDouglas Murray McGregor、一九〇六～一九六四年、五十八歳）は、アメリカ合衆国の心理学者）、

未成熟・成熟理論（アージリス C.Argyris 一九二三～）

その人に内在する動機は、欲求や期待、目標、などで、成長の過程や現在ある状況などにより様々です。しかし、その動機の如何にかかわらず、

① 自分の心理的な「成功体験」をし、
② 自己評価が増し、
③ 自分の心理的なエネルギーを増幅され、
④ さらに挑戦したくなっていく、

「成長の良循環」を維持することが、普遍的な動機付けのサイクルだと思います。

「できるようになる」ことを認識できる子供にしたいと思っています。**J.W.アトキンソン(J.W.Atkinson 一八三二～一八九二年、六十歳)**の「努力したいのに努力できない」「達成したい目標があるのに行動できない」というときに、心の中で「うまく行ったら嬉しいし自信がつく」という「**成功への接近傾向(performance-approach goal)**（「誇り」が伴う）」よりも、「失敗して恥をかきたくな

い」「**失敗の回避傾向**(performance-avoidance goal)（「恥」が伴う）」が強いのです。アトキンソンは、一九六四年に発表した「**達成動機**(achievement motive)**づけ理論**」で、「達成動機の強さ＝達成したいという動機×主観的成功確率×目標の魅力・誘因という法則の上で、「現状では難しいが、がんばればなんとか達成できるかもしれない」と思える程度の目標に対して達成動機が高まるとされる」と言っています。「成功への接近傾向」を高めるには、小さな成功を誉めることでしょう。剣道でできるようになったこと、お話からの宿題を調べたこと、お話をまとめたこと、下の学年の人の外れないで困っている紐を解いてあげたこと、木刀による剣道基本稽古法や剣道形を覚えたこと、たくさんあります。剣道では、試合に勝つこと、稽古で相手より上手なことだけが素晴らしいのではないのです。剣道の稽古をしながら、たくさんの刺激を受けて、気付き、成長できるところが素晴らしいのです。さらに剣道では、恥をかくことを恐れないことを学びます。「聞くは一時の恥、聞かぬは一生の恥」というのと同じように、剣道では指摘されたり注意されて、改善をします。「悪いところは直す」のです。ぜひ「失敗の回避傾向」をなくしたいと思います。

アージリスが言っているように、本当のやる気は、成功の連続から学習されます。本人がわくわくする何かに打ち込める子供になって、自分の良いところを伸ばし誇り高い人生を歩めるようになって欲しいと思います。アージリスは「既に備えている考え方や行動の枠組みにしたがって問題解決を図っていく「シングルループ学習」で過去の成功体験から学んでいくだけでなく、「自らアンラーニングし、外部から新しい知識や枠組みを考えて環境に適応する「ダブルループ学習」ができる組織が良いと言っています。子供たちが、予め用意された教えを学ぶだけでなく、目的や目標を持って自分を変えて行くこともできると良いと思います。そんな「学習する組織」を提供しましょう。

同行二人（どうぎょうににん）

四国遍路霊場巡りの白装束に肩から斜めに掛けるズタ袋に書いてあり、「弘法大師空海様と一緒に歩いている」という意味です。

堀江先生は「**同行二人**」を、自分と師匠の酒匂久先生に当てはめていました。

道元禅師（どうげんぜんじ）

一二〇〇年一月十九日～一二五三年九月二十二日、五十三歳）が中国に渡り、先師古仏、**如浄**（にょじょう）に出会い、「**心身脱落**（しんじんだつらく）」をなし、印可を得て一二二八年に帰国し、**曹洞宗**（そうとうしゅう）を開きました。

道元禅師が留学僧として宋の天童山・如浄禅師のもとで修行していたとき、師の如浄禅師が「**心塵脱落**」として説かれていたものを道元禅師は「煩悩（心塵）からの解脱」だけでなく「身体の煩悩共に解脱」という意味で「身心脱落」としました。

『正法眼蔵』第六十六「三昧王三昧（さんまいおうざんまい「正法眼蔵（三）」P.354）で以下のように書いています。「先師古仏云く『参禅者身心脱落也。祇管（しかん、ひたすら）打坐（**只管打坐**）始得。焼香・礼拝・念仏・修懺（しゅさん、懺悔の法を修して身心を清浄にする）・看経（かんきん、お経を唱える）を要せず』」。あきらかに仏祖の眼睛を抉出しきたり。仏祖の眼睛裏に打坐すること、四五百年よりこのかたは、ただ先師ひとりなり。震旦国（しんだんこく）に斉肩すくなし。打坐の仏法なること、仏法は打坐なることをあきらめたるまれなり。たとひ打坐を仏法と体解（たいげ）すといふとも、打坐を打坐としれる、いまだあらず。いはんや仏法を仏法と保任（ほうにん）するあらんや」

帰国の翌年には「**普勧坐禅儀**（ふかんざぜんぎ）」を著しました。臨済宗の看話(かんな)禅は公案を中心とした師との問答によって修行しますが、曹洞宗は坐禅の中から自分の本性をみいだそうとする**見性禅**(けんしょうぜん)です。

『正法眼蔵』（しょうほうげんぞう）

道元禅師が、一二三一年から示寂する一二五三年まで生涯をかけて著した八十七巻に及ぶ大著で、中国曹洞宗の如浄の法を継ぎ、さらに道元禅師独自の思想深化発展させた日本曹洞禅思想の神髄を説いています。しかも、真理を正しく伝えたいという考えから、日本語の仮名で書きました。岩波文庫で四分冊になっています。「第一現成公案（げんじょうこうあん）」で、「仏道を習うということは、自己を習うということなり（「正法眼蔵 一」P.54）」、「付巻 生死（しょうじ）」に「ただわが身も心もはなちわすれて、仏のいへになげいれて、仏のかたより行はれて、これにしたがひもてゆくとき、ちからもいれず、こころもついやさずして、生死をはなれ仏となる（「正法眼蔵 四」P.468）」と言い、「**只管打坐**」ただひたすら黙々と結跏趺坐(けっかふざ)して坐禅することが安心（あんじん）をもたらすことだ」と説きました。人間は「あるがまま」でよいとする「**本来本法性**（ほんらいほんほっしょう）、**天然自性身**（てんねんじしょうしん）」とし、「**今、ここ、我**」を説きました。「生死事大　無常迅速　光陰可惜　時不待人」と言っています。「**学道用心集**」も著しました。

大本山は**永平寺**（えいへいじ、福井県）と**總持寺**（そうじじ、横浜市鶴見区）の二つで、**両大本山**といいます。

春は花　夏ほととぎす　秋は月　冬雪さえて　涼しかりけり。

水鳥の行くも帰るも跡絶えてされども道は忘れざりけり（「従容録」）

一念不生　一片の妄心も起こさない、澄みきった境界に達する、ということ。数息観を行っている時に心の動きがまったくなくなった悟りの状態。『正法眼蔵』の「第十四　空華（くうげ）」に「一念不生全体現（いちねんふしょうぜんたいげん）」とあります（「正法眼蔵　一」P.276）。

東郷重位（とうごう　ちゅうい又はしげたか）

一五六一～一六四三年八月十一日、八十二歳。薩摩藩。示現流剣術の流祖。名字は瀬戸口、通称は藤兵衛。肥前守。諱（いみな、実名）は重位、示現流では口伝で「ちゅうい」とします。**タイ捨流**を学び、一五八八年、曹洞宗の京都天寧寺に参禅に訪れて、**善吉和尚**（寺坂政雅）より**天真正自顕流**を相伝しました。タイ捨流と天真正自顕流の両流派の利点を創意工夫した上で新流派「示現流剣術」を立て、御前試合でタイ捨流の師範を破り、島津家久の師範役となりました。天真正自顕流は、十瀬長宗から金子盛貞に、更に寺坂政雅に伝えられ、寺坂政雅は出家して善吉和尚善吉と名乗っていました。

稽古は、**蜻蛉（とんぼ）**という構えから、立木に向かって「**猿叫（えんきょう）**」と呼ばれる掛け声「**チェストー**」を発しながら、柞（ゆす）の木で作った木刀でたたきます。左右激しく打ちながら数箇所を打ちながら移動する「立木打ち」もあります。「二の太刀要らず」と言い、初太刀に勝負を掛けます。幕末期、新撰組局長近藤勇をして「薩摩者と勝負する時には初太刀を外せ」と言わしめたとされ、示現流及びその分派（示現流、太刀流、薬丸自顕流など）の初太刀の一撃は強く、受けた真剣が折れるか、折れなかったとしても避けたはずの自分の刀の峰が頭に食い込んで絶命した者が相当数いたとのことです。

二の太刀のありと思ふな一討ちに敵をいためよ当流の味
いましめの左のひじの動かねば太刀のはやさを知る人ぞなき

同時反則（どうじはんそく）

「一方の試合者が同時に二つの反則を犯した場合」、少しでも前後の区別ができるなら、先に犯した反則を取られます。まったく同時だった場合は、より重度の事項が反則です。例えば、ひどく怒鳴りながら不当な押し出しをした

ときは、「非礼な言動」で負け・退場です。（剣道試合・審判・運営要領の手引きP.23）

道場（どうじょう）

剣道を稽古する場所です。

本来は剣道をするために造られた建物を道場と呼ぶべきでしょうが、道を学ぶ場所ということですから、体育館であっても道場ですし、さらに言えば、いつ、どこでも剣道の修行はできますので、どこでも「道場」であると言えます。これは「直心是道場」という考え方です。

「道場」という言葉は、仏教の用語で、釈迦が悟りを開いた場所である梵語の「bodhi-manda菩提摩頭那（ぼでいまどな）」の訳語です。菩提樹下の金剛座を指し、仏の教えを学び、修行する神聖な場所という意味を持っています。修験者の行場や密教の道場に不動明王を祭ったり、注連縄（しめなわ）が張り巡らされているのは、神聖化するためです。鎌倉時代には芸道の世界でもその修行をする場所を示すようになりました。しかし武道においては、江戸時代初期の文献に見ることができるものの、剣術の稽古が充実する江戸中期でも一般的には稽古場などと呼ばれていました。現在のように剣道や柔道の稽古場として「道場」と称するようになったのは、明治末期以降のようです。

明治末期から大正・昭和にかけて体操科に剣道・柔道が取り入れられ、「武道場」が建てられ、「道場」と略されて言われるようになりました。同時に大日本武徳会では「武徳殿」と呼び、各地で建てられました。

「道場」という言葉が仏教の用語なのに、神棚を設けるのはそもそもおかしいのですが、文部省が一九四〇年に「道場ニハ神棚ヲ設クルコト」という答申を出したことと、もともと日本は千年以上「神仏習合（混交）」で、お寺の住職が宮司であった神社は沢山ありました。そこで違和感なく受け入れられたようです。

弓馬術礼法の小笠原流三十世宗家小笠原清信（一九一三年七月十六日～一九九二年六月五日、七十八歳）が「武道場は精神的な修行をする神聖な『室内』であり、肉体の運動性能を鍛える『屋内』ではない」ということを言っています。

大日本武徳会武道専門学校（武専）の主任教授であった内藤高治（一八六二～一九二九年、六七歳）は、京都武徳殿で準備運動をさせなかったそうですし、徳島の堀江幸夫範士八段は「朝起きたときにその日一日の準備運動をするので道場ではしません。敵に会ってから準備運動しますか」と言いました。剣道は日常すべてを稽古とし、その一部が道場だと考えたいものです。

警視庁の各署や警察学校の剣道場の床は白木です。体育館の床は塗料が塗ってあり素足でも滑りませんが、白木の床は驚くほど良く滑ります。滑るので、正しい腰や正しい摺り足、正しい打ち込みができるようになるのです。無理に力めませんのでアキレス腱が切れるような踏み込みはできません。水で濡らした雑巾を置いて足を湿らせたり、床に霧を拭いたりしてはもったいないかもしれません。高野佐三郎が幼少のころ道場に豆や油をひいて稽古させられたのもこの目的であったと推測できます。また適度に床が撓んでくれると打ち込みの際の衝撃が緩和され、その反発が適度だと、小気味の良い踏み込みができます。日本刀による戦いはもともと屋外で立ち会ったということから言えば、道場で気持ちよくやる稽古はぬるま湯かもしれません。しかし、素晴らしい床の道場で稽古するときの精神的高揚や充実感は、体育館で稽古するのとは大いに違い、感動があります。

道場における四つの礼
三つの礼という場合は次の②～④を言うようです。稽古の始めは②→③→④で、終了時には③→④→②の順です。

① 道場に出入りするときの礼（敬礼）。道場は稽古をさせていただける特別な場所ですから、入るときと出るときに、出入り口に立ち、中に向かって姿勢を正し、道場、中の先生、同僚、後輩すべてに感謝の気持ちを込めて、大きな声で「おはようございます」などと挨拶をして、頭を一呼吸ぐらいさげ、静かにもとの姿勢に戻す、礼をしてから入り、帰るときも道場の出入り口に立って「失礼します」「ありがとうございました」などと感謝を込めて礼をします。

② 神前への礼。正坐をして、黙想をして心を落ち着けてか、神前(神棚がない場所では神棚を仮定して正面)に、座礼をします。心の中で、「正しい剣道を精一杯しますので、見ていてください」と誓います。警視庁では神前への礼は立って礼をします。稽古終了時には「ありがとうございました」という感謝の礼をします。道場は精神修養の神聖な場所です。

③ 先生への礼。先生に正対し、大きな声で「お願いします」と座礼をします。手を突いたまま、先生が直るまで待ち、それから直ります。教えていただく態度と所作をわきまえてください。

④ お互いの礼。相手を尊重する気持ちを表します。同僚は左右に坐っていますので、正面を向いたまま座礼をし、気持ちは左右の全員に配ります。

胴造り（どうづくり）

「丹田が正中線上の前に引かれた構えにしておくこと」です。上半身の力を抜いて、下半身は打突のために緊張している状態です。「上虚下実」の現実的な形がこの形だったのです。右足を出さないと転んでしまう形になり不安定ですが、不安定ゆえに、解放した途端、打つ気配なく速く踏み込めます。

構えは、今にも打てる状態でなければなりません。「懸待一致」という言葉がありますが、「待」は「応じる」ことで、待つことでも防御することではありません。踏み込める状態にあるから応じることができます。

「腰から打つ」ために、左足で腰を押し出したり、右足を上げておく方法もありますが、「丹田が正中線上の前に引かれた構えにしておくこと」のほうが合理的であり効果が大きいです。

井上正孝は『正眼の文化』P.177で、「腰という字は人間の要（かなめ）と書いてあるが、まことに人体の要所であり・・・。腹は丹田であり、腹と腰とがしっかりすれば人間の基盤ができ、安定性が生まれる」と書いています。

道徳の三つのお約束

私が作り、東大泉剣友会で唱和しています。

挨拶をします。
お話は相手の目を見ます。
自分のことは自分でします。

刀法（とうほう）

刀の攻め、受け流し、押さえ等、鎬や反りを使った手の内を言います。竹刀を扱う場合でもこの刀法を意識して技を使いたいものです。

刀礼

刀に対しての礼です。

刀は危険であると同時に、神社の御神体である「三種の神器」（八咫鏡やたのかがみ、天叢雲剣あめのむらくものつるぎ、八尺瓊勾玉やさかにのまがたま）の一つでもあるように、特別な霊力のようなものがあるとされます。ですから、刀に畏敬の念を持つと同時に、持ち運んだり、抜いたり、収めるときなど、刀に対して礼をします。

胴技の主なもの

まっすぐ上げて手首を切り替えして相手の右胴を右斜め下に打ちおろします。打ち下ろした手は正面で左右がまっすぐになるのが理想です。胴に当たった竹刀は前に抜きます。返し胴か抜き胴が有効になります。

切先がいったん下がって水平に振ったり、下から上に振ったりすると刃筋が立たないので注意します。実際の試合では厳密に刃筋を見ておらず、当たれば有効になっているのはいかがなものでしょうか。片手で打つ、打った後片手で上に抜いてアピールする、打った後体が回る、なども同じ疑念を抱きます。

① **飛び込み右胴**　面を誘ってできた虚（＝隙）、相手の手元が上がるところ、竹刀を押さえて反発したところ、などに身を捨てて飛び込みます。

② **返し胴**　面を受け返して胴を打ちます。

③ **払い右胴**　面または突きを裏から払って打ちます。

④ **攻め込み右胴**　鋭く攻め込んだとき相手が虚を作ったとき機を逃さず打ち込みます。

⑤ **抜き胴**（右）　相手が面に打ち込んできたとき、右足を右に踏み込んで体をかわしながら打ちます。出てくる相手に合わせて自分も出て、前屈することなく姿勢を保ったまま、手首を返して右前に出て打ち、日本剣道形七本目のように視線を離さず、体を入れ替えて正対します。

⑥ **擦り上げ右胴**　面に対して左足を後に引いて体を左に開いて打ちます。

⑦ **逆胴**　お相手の左胴を打ち、当たった竹刀を抜ききらないと有効になりません。三所避け（三所隠し）をしているお相手には逆胴ぐらいしか打つところがないので、小学生でも有効になります。左片手面を打って来たときも効果的です。面を右から斜めに振るお相手には、少し左にさばきながらの抜き逆胴が決まりやすいです。左腰を流さず正面で斬ってから引き抜くようにするには、体を回さないように体幹を意識しなければなりません。面に対して左足を後に引いて体を左に開いて打つ擦り上げ左胴、左鎬で面を受け、そのまま逆胴を打つ返し胴もあります。

鳥居（とりい）

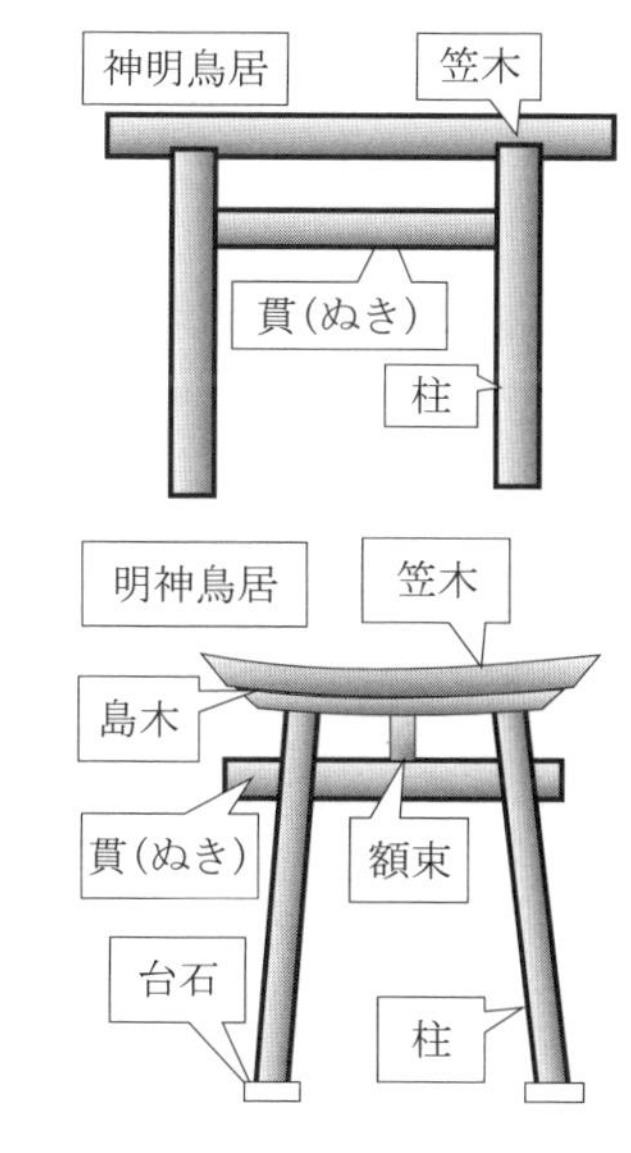

神域と外界（俗界）とを隔てるための神域への入口を示します。起源は諸説ありますが、八世紀ごろには現在の形になりました。大まかに大別すると神明鳥居（しんめいとりい）と明神鳥居（みょうじんとりい）の二つに分類され、そこから種々の形式に派生しました。身内に不幸があったら一年間鳥居はくぐらず、鳥居の外を回る「陰参り」をします。

な

直木三十五

一八九一～一九三四年、四十三歳。小説家。エンターテインメント系の新人の作品に与えられる直木賞は、彼に由来します。『日本剣豪列伝』を書きました。現在、直木賞と芥川賞は東京・築地の料亭「新喜楽」で選考会が開かれ、発表されています。

中村天風（てんぷう）

本名、中村三郎。一八七六～一九六八年、九十二歳。剣道をしていたかどうかは不明ですが、武道には見識が高かったようです。

高校柔道部の頃、試合後のケンカで相手の刃物で相手を刺殺したと言われます。退学の後、遠山満に学び、中国の諜報活動で活躍しましたが捕われ、九死に一生を得たそうです。重い肺結核にかかり、克服のため、米欧で医学と哲学、ヒマラヤ山麓でヨガを学びました。銀行頭取など務めた後に、思考を宇宙と同調させる「心身統一道（心身統一法）」を教え、原敬、山本五十六、双葉山、宇野千代、松下幸之助、稲盛和夫、広岡達郎など多数が薫陶を受けました。

「人生のできごとは、すべて自分の心が作り出しています。人生を健康的にも運命的にも、理想的にしたければ、平素の人生で心を十分に積極的にしなければなりません。強く思ったことは必ず現実化します。心をいつも積極的にし、楽しい、愉快なことだけを心に入れましょう。人生は楽しく過ごすものと強く思考しましょう。心は感じてから思って考えます。だからマイナスのことは、感じても思わないこと。消極的な言葉は一切口にしてはいけません。いやだ、おもしろくないと感じたら笑ってしまいましょう。酸いも甘いもかみわけているはずの年配者の方が悟りが遅いものです。余計なこだわりが多くあるからです。できるだけ積極的な人と交わりましょう。他人の消極的な言葉や行動に同化しないこと。取り越し苦労しないこと。本心良心にそむいた行ないはしないこと。今日一日、怒らず、怖れず、悲しまず、常に明るく朗らかに生き生きと何事にも対処しましょう」。

中山博道（なかやま　はくどう／ひろみち）

「はくどう」とも「ひろみち」とも使っていたようです。一八七三～一九五八年十二月十四日、八十五歳。石川県金沢市出身。養父根岸信五郎から神道無念流を学び第七代宗家となりました。有信館は一九三三年二月十一日紀元節、本郷真砂坂下に落成記念大会をしました。修道学院と並ぶ戦前の剣道の二大勢力となりました。「有信館三羽烏」は羽賀準一、中倉清、中島五郎蔵です。戦後一九四六年、中山が七十四歳のときに放棄しました。高野佐三郎とともに昭和の剣聖と言われ、近代剣道界の双璧とされます。剣道九段、居合道九段。大日本武徳会から剣・居・杖の三道で範士になった唯一の武道家。剣術、居合、杖術の三道で多くの流派の技を研究し「最後の武芸者」とも呼ばれます。中山博道は「**剣居一体**不岐（けんいいったいふき）」と常々言っていたそうです。剣道と居合道の両方を学ぶべきである、ということ。その弟子の**紙本栄一**（一九〇三年八月五日～一九九五年十二月六日、九十二歳。剣道範士八段、居合道範士九段。山口県出身）もこの言葉をよく言っていたそうです。形稽古（居合い）が主流だった時期の後、江戸後期に竹刀剣術としての剣道となったこともあって、「相手を刃物で斬る」ことを意識するために居合も学ぶべきだ、とのことです。

一九五七年、全日本剣道連盟から初の「剣道十段」授与を打診されましたが、十段制度に反対して受け取りませんでした。

長子善道（一九〇〇～一九八一年九月八十一歳）が第八代、第九代が佐伯宗一郎（一九二五年六月～一九九六年三月七十歳）、第十代が小川武とWEBでは出て来ますが、必ずしも伝承が正式にされているかどうかは不明です。

長沼国郷（ながぬまくにさと）

鹿島神傳直心影流の道統は、宗家制度ではなく、道統者の指名による実力主義の道統制度です。松本備前守紀政元が「鹿島神流稱神陰流」、第二代の上泉伊勢守藤原秀綱が「鹿島神傳改新陰流」、第三代の奥山休賀斎平公重が「改眞新神影流」、第四代の小笠原源信斎源長治が「改新陰直心流」、第五代の神谷傳心斎平真光が「改直心正統流」、第六代の高橋真翁斎源重冶が「改直心正統流」と流派の名前を変え続けましたが、第七代の山田光徳（みつのり）が「鹿島神傳直心影流」とし、以降変えないように約束させました。

山田光徳（一風斎。本名は長沼で、山田は母方の姓。一六八八～一七六七年、七十八歳）は、若い頃、仕合稽古中に大怪我をして修業を中断していましたが、三十二歳のときに、「直心正統流」の第六代高橋重冶の道場で「面、手袋アリ而怪我ナキヤウニ、身ヲシトミ稽古スル」のを見て、入門。その後皆伝を得て第七代となったのでした。

長沼国郷（一六八八～一七六七年、七九歳。通称、四郎左衛門）は、第七代の山田光徳〈みつのり〉の三男ですが八歳の時から父に剣を学び、造詣が深く第八代の道統を譲られました。二十二歳の時に栃木から港区虎ノ門に道場を構えました。

国郷は、「韜（かたな）之形十四本で、手の内は収められるが、個性の異なる各人に、真の心法、理業を会得させる方法は、打合い稽古に限る。しかし烈しい打合いに、互いに傷を受けぬ為には防具が必要である」として、面、小手（籠手）、胸当てを改良しほぼ完成し、近代剣道の礎を作りました。一時は一万余の門人を教えたとのこと。直心影流が世に鳴り渡ったのは、長沼国郷の功績です。その後、男谷派、長沼派、藤川派、島田派に別れて、切磋琢磨して大きく花開きました。

なお、小野派一刀流中西派の二代目中西忠蔵子武（たねたけ）が、宝暦年間（一七五一～一七六三年）に胴を充実させ、袋韜を四ツ割りの竹刀（撓い）に変えて使用しました。

薙刀（なぎなた）

幅広で反りの強い刀身に、長い柄をつけた武器。

平安時代から主に歩卒や僧兵が人馬を薙ぐ刀として使いました。戦国時代以後は殺傷能力の高い槍になりました。明治末から大正にかけて女子の武道として発展し、今に至っています。男子も行うことが出来ます。

戦後、一九五五年、山内禎子元侯爵夫人を会長に、「全日本なぎなた連盟」が発足。天道流薙刀術、直心影流薙刀術、戸田派武甲流薙刀術、楊心流薙刀術、その他を統合し、「なぎなた競技」の主催者として活動しています。兵庫県伊丹市に本拠を置いています。「なぎなた競技」のなぎなたは、刃部は竹で、柄部は樫の木で作られ、二百十～二百二十五センチと定められています。試合は防具として面、胴、小手、すね当てを着けます。柄の長さは七尺、刃は一尺程度であり、刀に柄をつけたものから発達したため、鍔があり、柄の断面も楕円形を呈しています。試合競技は二人の試合者が、打突部として定められた部位、面部、（正面と左右の側面）小手部（左右）、胴部（左右）、臑部（左右の外ずねと内ずね）、咽喉（のど）を確実に早く打突して勝負を競います。「全日本なぎなた連盟の形」があり、二人一組の演技者によって優劣を競い合います。

天道流薙刀術（てんどうりゅう）、塚原卜伝の最晩年の弟子、**金平**が、修験者に姿を変えた天狗と試合して敗れ、開眼した流派です。金平は**斎藤伝鬼房**と名を変え、天から授かったので流派名を天流としました。後に天道流と改名しました。明治に入ってから、十四代目宗家、**三田村顕教**が何度か天覧試合などで薙刀の妙技を見せ、大日本武徳会では天道流の薙刀術を教えることになりました。女学校などの師範は武徳会の出身でしたから、戦前の女学生は天道流の薙刀術を学んでいた、ということになるようです。「一文字の構え」という、相手に対して刃をまっすぐ向け、水平に薙刀を持つ構えが基本的な構えでした。

生まれ得し直なる形そのままにまがらで勝つを兵法とい
ふ（寺河原弁蔵一納）

極意とて別にきわまる事もなしたえぬ心のたしなみをいう

直心影流薙刀術、始祖の松本備前守紀政元が、室町時代末期、鹿島神伝神影流を創始したのに始まり、七代業孫より直心影流として今日に継承されています。一八九五年、十五代園部秀雄が東京世田谷区に道場修徳館（薙刀教員養成所）を創立してからは本格的に女子薙刀教師の養成に尽力し、女子武道としての薙刀術興隆に貢献しました。園部正美が十八代を継承して現在に至っています。

戸田派武甲流薙刀術、戸田清眼（富田勢源）が流祖。武士の表技でないとされ、家臣の強矢家に秘かに伝えられました。十三代強矢良輔武行は甲源一刀流も良く使い、晩年武甲斎と名乗りその頃から薙刀術を戸田派武甲流と名づけました。

楊心流薙刀術、九州柳川の二代目藩主、立花宗茂が、関が原で大坂方に組して敗れ奥州棚倉に蟄居した折り、警護の士として従った秋山四郎兵衛が編み出したとされています。

静流（しずかりゅう）・**鈴鹿流**（すずかりゅう）源義経(よしつね)の愛妾(あいしょう)静に由来するとのこと。岡山県に伝承していましたが、江戸時代に仙台藩に伝わり、東北訛りで「しずか」を「すずか」と発音したせいで鈴鹿流となったようです。三重県亀山市の旧坂下宿の鈴鹿御前を祀る片山神社に「鈴鹿流薙刀術発生之地」碑が建てられていますが、関係性は疑問です。

宝蔵院流（ほうぞういんりゅう）、宝蔵院胤栄が上泉伊勢守の忠告で剣術から槍術に転向。三日月槍を考案。十文字鎌槍を得意としました。笹の才蔵と異名をとる槍の名手可児才蔵（かに　さいぞう）も胤栄の教えを受けていたと言われます。

名札（なふだ）

正面の大垂に被せることが義務づけられており（「剣道試合・審判規則、同細則」第五条）、ないと試合に出られません。一九九五年三月までは「垂ネーム」と言いました。通称「ゼッケン」ですが、正式名称を使うように全剣連が通達しています。

常足、常歩（なみあし）

体をひねらずに歩く方法。歩き始めた赤ちゃんの歩き方。「常足」、「なんば」とも。

江戸末期頃までの日本人はこの歩き方をしていたそうです。右足が前に出るときには、左腰と肩が同時に前に出、体幹を捻りません。右手を出した途端に右足が出る、左手が…とほぼ同時に手足が連動することと、多少体を左右にぶれるようにして上半身をひねらずに前に出して歩こうとすると、コツがつかめます。

萎やす（なやす）

相手の打突を柔らかく効果のないものにすること。日本剣道形の三本目の仕太刀が、打太刀の水月への突きを「入れ突きに萎やす」動作です。

に

二刀（にとう）

「剣道試合・審判規則、同細則」に竹刀の重さと長さが規程され、公式試合で二刀で戦うことが認められています。高校生以下では禁止され、全日本学生剣道連盟では一九九二年から解禁されました。

小刀で攻撃を封じたり、受け流し、大刀で打ちます。小刀の打突は基本的に有効打突とされません（「剣道試合・審判・運営要領の手引き」**P.23**）。小刀の打突が有効になるのは、大刀で相手を制している場合で、打った方の肘が良く伸び、充分な打ちで条件を満たしていることを必要要件とされます。但し、鍔競り合いでの小刀の打突は原則として有効となりません。

構えには、大刀を右手に持って頭上に構える正二刀と、左に持つ逆二刀があります。

二刀の鍔競り合いは、「小刀を下、大刀を上とし二刀を交差する形」となっており、その形以外は反則となります。

二の躬（にのみ）

「初発刀」に続いて「二の太刀」で相手を両断すること。居合では、抜きつけた後、「二の太刀」で制します。「躬」は、率先躬行（きゅうこう）に使われているように、「身体」、「体」、「自分で」という意味です。

日本剣道形

一八九五年に、日清戦争で勝利した歓喜の中、京都府収税長の鳥海弘毅の発案により、平安遷都千百年を記念して、知事の渡辺千秋を中心に大日本武徳会が結成されました。この年、平安神宮隣接地に武徳殿を建立し、記念事業として、十月に第一回武徳祭を開催しました。

一九〇六年に、渡辺昇、柴江運八郎（神道無念流）、三橋鑑一郎（武蔵流）らの範士が中心に、上段、中段、下段（天地人）の三本から成る武徳会剣術形を制定しました。

一九一一年に剣道が中学校の正課教材となったので、一九一二年十月に辻真平、根岸信五郎、門名正、内藤高治、高野佐三郎の五人が主査として、二十五人の大日本帝国剣道形制定調査委員会が東京高等師範学校と相談協議して、威信をかけて取り入れられるよう要求する多くの流派から、太刀の形七本と、小太刀の形三本を加えた大日本帝国剣道形を制定しました。十一月六日から五週間にわたり講習が行われました。

一九一七年九月の加注、一九三三年五月に加注増補され、戦後、一九五二年に、全日本剣道連盟が結成されて日本剣道形と改称されました。

一九七九年、一九八八年、一九九一年、一九九五年に改訂、二〇〇二年に五十周年を記念して、解説文だけでなく本文の表現を口語にしました。

現在は「剣道講習会資料『日本剣道形』」に準拠します。これは、①「大日本帝國剣道形 増補加註寫眞説明（原本）一九三三年五月、大日本武徳會本部」、②「日本剣道形解説書一九八一年十二月七日、財団法人全日本剣道連盟」、③「剣道講習会資料『日本剣道形』二〇〇二年度版二〇〇二年四月、財団法人全日本剣道連盟」等の資料に基づいて集約しています。「これまで実施してきた内容を変更することなく」「明確にされていなかった点について新たに剣道形部会で合意が得られたもの」について明記しているとのことです。

日本剣道形の立ち合い前の作法

① 入場のときの木刀の持ち方は、右手で、手前に小刀を人差し指と親指で持ち、人差し指を挟んで残る三指で大刀を待ちます。小刀の切っ先を大刀につけて、ほぼ平行になるように持ちます。刃は上です。

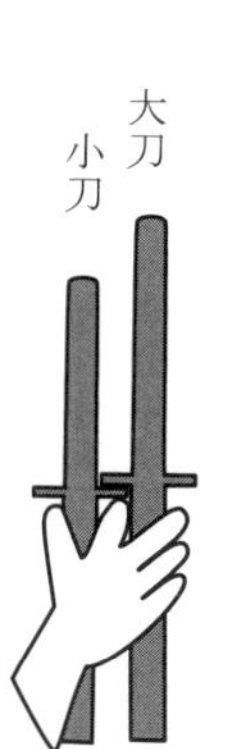

② 小太刀を置くときは、下坐側の膝をついて、刃を自分に向け、太刀の内側に置きます。丁重に取り扱うため左手を添えてもよいです。小太刀を置く位置は、仕太刀の立会の位置から右(左)後方約五歩のところに刃部を内側にして置きます。

③ 座礼の位置から立会の間合へ行く場合に、打太刀は仕太刀の動作をみながら加減して動作します。形終了後も同じです。

日本剣道形の目的、効果

日本剣道形は各流派のすぐれた技を集め、剣道の技術の中において最も基本的な打突法を組み立てたものです。礼式、構え、間合、攻め、打突、気合、残心など、すべての術技ともいえるもので、次のような目的、効果を達成することが出来ます。

その効果（目的）として、以下のような項目があります

① 正しい礼儀作法が身につく。
② 落ち着いた態度が身につく。
③ 姿勢が正しくなる。
④ 眼が明らかになり、相手の気持や動きをよみとることができる。
⑤ 足の運びが良くなる。
⑥ 刀法、太刀筋や打突が正確になり残心が会得できる。
⑦ 動作が機敏、軽快になる。
⑧ 技術上の悪癖をなおすことができる。
⑨ 適切な間合を知ることができる。
⑩ 気合、気迫が練れる。
⑪ 剣の理合を会得できる。
⑫ 気品や風格、気位が備わる。

日本剣道形稽古上の注意点

木刀をぶつけると大きな怪我をする場合がありますので、「寸止め」できる手の内になるまで、稽古者に注意を促し、指導者が細心の注意をします。

①（礼）上坐への立礼は三十度、お互いの礼は十五度です。
②（手）小刀を構えるときの左手は、親指を後に、四指を前に向けますが、刀のときは鞘を押さえるため親指は前にして栗形を軽く押さえます。（これを間違えただけで、昇段試験は不合格となります。）
③（手）木刀を帯刀するときは、柄頭が正中線に来るようにします。
④（手）中段の構えは、左拳を臍前より約一握り前にして、左手親指の付け根の関節を臍の高さにします。剣先の延長は、一足一刀の場合に両目の中央か左目にします。小刀も「これに準じ」ます。
⑤（目）相手から離さない。三本目は特に下を向かないように注意。視線が切れるのは七本目の打太刀が胴を抜かれるときだけです。
⑥（足）左足の踵は二センチメートル上げて踏み、右足は紙一枚上げます。
⑦（足）足運びは、原則として前進する時は前足から、後退するときは後ろ足からします。「右足から」という場合は、右足に伴って左足を引きつけて構えの足に戻します。「右足を」という場合は必ずしもひきつけなくても良いです。
⑧（足）足さばきは、すり足で行ない、踏み込んだりして音を出してはいけません。前に進むときも、下がるときも、つま先を上げません。足を上げません。足の裏を見せません。
⑨（足）打突後は後ろ足を残さないように、引き付けます。
⑩（呼吸）呼吸は構える時に吸い、前進する時は丹田に力を込めて、吐く勢いで打突します。
⑪（掛け声）掛け声は打太刀は「やー」、仕太刀は「とー」と丹田に力を込め、十分に充実した気合を出します。
⑫（間詰め）呼吸を合わせて合気で互いに間合まで進みます。
⑬（順序）打太刀（うちたち）は師の位で、弟子の位である仕太刀（したち）に、「打つときはここだ」と教えるために先に動き、仕太刀に動作を表示させます。**仕太刀は打太刀より先に始動してはいけません。**
⑭（順序）仕太刀は間合に接したとき、「横手」を合わせます。太刀（たち）の形では「機を見て打つ」とあり、小太刀（こだち）の形では「入り身になろうとするところ」から始めます。
⑮（順序）打太刀は一足一刀の間合から、一拍子になるよう技を出します。
⑯（打突）太刀を振りかぶる度合いは、両腕の間から相手の全体が見えるぐらいとし、剣先が両拳より下がりません。
⑰（打突）打突後に物打（ものうち）が打突部位に確実に届いていること。紙一重で止めます。
⑱（打突）大刀一本目の打太刀と仕太刀、四本目の打太刀と仕太刀、五本目の打太刀、七本目の打太刀、小刀では一本目の打太刀、の上段（もしくは上段に取ったとき）から打ち下ろすときは、反動がついて切先の位置が下がることがないように注意します。

⑲（残心）仕太刀は、打突後に十分な気位で残心を示します。相手が少しでも動き敵意がみられたら、絶対に許さぬという強い気迫、気位を表します。残心は形のないとき（太刀二、三、四、七本目、小太刀二本目）も必要で、気持ちをゆるめません。打太刀は、仕太刀の十分な残心を見届けてから次の動作を起こします。

⑳（所作）立会の所作、刀の取り扱いを適切に行います。小太刀を置く位置は、仕太刀の立会いの位置から右（左）後方約五歩のところに、刃部を内側に、下座側の膝を床につき、演舞者と平行に置きます。左手を添えてもよいです。

㉑（構え）小太刀の形においては、半身の構え、入り身の所作を自得します。

㉒（構え）構えを解いたときの切っ先の高さは相手の膝の下三センチから六センチ、刃の向きは左下、体側から僅かに離します。

㉓（気）初めの座礼から終わりの座礼まで、特に構えを解いて後退するときも気分をゆるめず充実した気迫で行います。

㉔（突き）突くところと、木刀の傾き。

三本目・打　左鎬ですり込みながら、**水月**（みずおち）

三本目・仕　左鎬で入れ突きに萎やし（刃先は右下を向く）、**胸部**（刃先は真下を向く）

四本目・打　剣先の高さは水平よりやや低めとなり、刃先は右を向く、**右肺**

七本目・打　刃先をやや右斜め下に向け、**胸部**

日本の演芸

日本の芸能・演芸も、修行し自己研鑽し、観客に評価してもらうことはある意味で勝負で、剣道と共通するところが多いです。

日本の演芸は、三弦、箏、尺八（初期は胡弓）の伴奏で歌われる場合が多く、落語にも三味線が入る噺（はなし）があります。

① 能（のう）・能楽（のうがく）、狂言（きょうげん）俳優「シテ」の歌舞を中心に、地謡（じうたい）や囃子（はやし）などを伴った音楽劇・仮面劇です。鎌倉時代後期から始まった猿楽が前身です。能の前に演じられることの多い狂言は同じ頃に発生しました。

② 歌舞伎（かぶき）長唄、人形浄瑠璃（文楽）から来た義太夫節、常磐津節・清元節・新内節（浄瑠璃の一種）の演奏を伴った、役者が男性だけの音楽劇です。

③ 浄瑠璃（じょうるり）、三味線を伴奏楽器として太夫が詞章（ししょう）を語る音曲・劇場音楽です。八流派の七つは関西で、東京は河東節（かとうぶし）のみです。歌舞伎の市川團十郎家のお家芸である歌舞伎十八番の一つ「助六」で、助六が花道から出る時の伴奏音楽を「出端の唄」と言い、「河東節連中」（かとうぶし れんじゅう）であり、蔵前の旦那衆である「十寸見会」（ますみ かい）という愛好会に所属する語り手たちが演じています。

③ 三味線音楽（唄物）箏曲・琴の音曲で、戦国末期に賢順が始め、八橋検校などが完成させました。

長唄　江戸を中心に広がった、三味線の伴奏で歌う音曲。

地唄（じうた）江戸長唄に対する地元＝上方で発達した三味線の伴奏で歌う音曲。

端唄（はうた）長唄に比べて短く、当世風で自由な、三味線の伴奏でのお座敷唄が中心。

歌沢（うたざわ）　端唄に「品と重み」を付けて丁寧に、節細かに歌います。

小唄（こうた）三味線の後弾き（おくり）で余情を出す、粋でいなせな江戸情緒の音曲。

俗曲（ぞっきょく）三味線が伴奏の短い大衆的な歌曲。端唄との明確な区別はありません。

④講談・講釈　高座におかれた釈台（しゃくだい）と呼ばれる小さな机の前に坐り、張り扇でそれを叩いて調子を取りつつ、軍記物や政談などを読み上げる演芸。

⑤詩吟　漢詩や短歌、俳句等に節をつけ、詩歌の心を吟じます。剣舞を織り交ぜることもあります。幕末から、学生の間で始まったものです。杜甫（とほ）の春望（しゅんぼう）の「國破山河在　城春草木深（國破れて山河在り　城春にして草木深し）」や朱熹（しゅき）の偶成（ぐうせい）の「少年易老學難成　一寸光陰不可軽（少年老い易く学なり難し　一寸の光陰軽んずべからず）なども有名ですが、天保一八四三年（十四）年の夏、現存する山口県玖珂郡大畠町遠崎妙円寺の住職月性（げっしょう一八一七～一八五八年、四十一歳）が二十七歳のときに作った「將東遊題壁（まさに東遊せんとして壁に題す）」も有名です。勤王の志士たちに愛唱され、「勤王立志の詩」と言われたそうです。「男児立志出郷関、学若無成不復還、埋骨何期墳墓地、人間到処有青山」。詩吟では「學若無成死不還（しすともかえらず）、埋骨豈惟墳墓地（あにただふんぼのちのみならんや）」読み下し文、「男児（だんじ）志（こころざし）を立てて郷関を出づ。学、もし成るなくんば、また還らず。骨を埋（うず）む、何ぞ期せん墳墓（ふんぼ）の地。人間（じんかん）到る処（ところ）青山（せいざん）あり」意訳、「男子が一度（ひとたび）志を立てて故郷を旅立つからには、志を成就させない限り二度と故郷の地を踏むことはできない。骨を埋めるのに、どうして墓所を決めておく必要などあろう。世の中にはどこにでも青山（墓地）があるのだ」浄土宗の僧であるのに、生涯故郷から旅をし、詩文、仏学、儒学を修め、各地の名士と交わり著述も多数残しました。二十五歳の時に長崎でオランダ船が航行するのを見て衝撃を受け、海防の必要性感じ、「内海杞憂」を書き「海防僧」と呼ばれたそうです。その教えが、彼と親交のあった久坂玄機や、吉田松陰の兄の梅太郎、彼の私塾の門下生、さらには高杉晋作の奇兵隊になりました。

⑥落語（らくご）江戸時代に始まった、話芸の一種。落ち（サゲ）を持つ「落とし噺」（おとしばなし）だけでなく、滑稽話、艶話、人情噺・芝居噺などを含めた総称で、古典落語と創作落語があり、寄席で演じられます。なお、「はめもの」と言って、上方落語では芸達者な年輩の婦人が三味線と歌で、囃子や歌を情景描写や心理描写に用いましたが、大正時代には東京に移入されました。なお、落語において三味線は不可欠で、落語家が高座に上がる際に三味線が出囃子（でばやし）を演奏しますが、落語家ごとに曲目が異なっており、観客の期待を盛り上げています。

⑦浪曲（ろうきょく）、浪花節（なにわぶし）明治時代初期から始まった、三味線を伴奏に用いて物語を語る演芸。

⑧その他の演芸演芸　漫談、音曲、コント、水芸、紙切り、腹話術奇術（マジック）、など。

日本間（和室）の部分の呼び名

①扁額（へんがく）　門や室内にかける、文言を彫り込んだり書いた細長い額のこと。「扁」は入り口にかける札という意味。

②鴨居（かもい）　③襖（ふすま）や⑲障子（しょうじ）を立て込むための溝がついた上にある横木。下にあるのが④敷居（しきい）。敷居は踏まないのが常識です。

⑤天井（てんじょう）　屋根裏を隠したり保温などのために、和室の上部に薄い板を一面に張りつめたもの。また、その板。

⑥長押（なげし）　鴨居の上部にある内法長押（うちのりなげし）をさすのが一般的ですが、柱の最下部につける地覆（じふく）長押、窓の下につける腰長押、天井の廻り縁の下部につける天井長押などがあります。

⑦畳（たたみ）　藁（わら）を重ねて麻糸（あさいと）で締めた畳床（たたみどこ）に、い草で編んだ畳表（たたみおもて）を、両縁に布の縁（へり）をつけて縫います。

⑧床の間（とこのま）は、⑨床柱（とこばしら）、⑩床框（框（かまち）とは、段差の高い方の床の末端に取り付けられる化粧の横木）、⑪床板、⑫落とし掛けなどから構成されます。隣接する部分に、⑬違い棚（ちがいだな）を主体に⑭天袋（てんぶくろ）や⑮地袋（じぶくろ。地板の上に作られた背の低い袋戸棚〈ふくろとだな〉。引き違いの

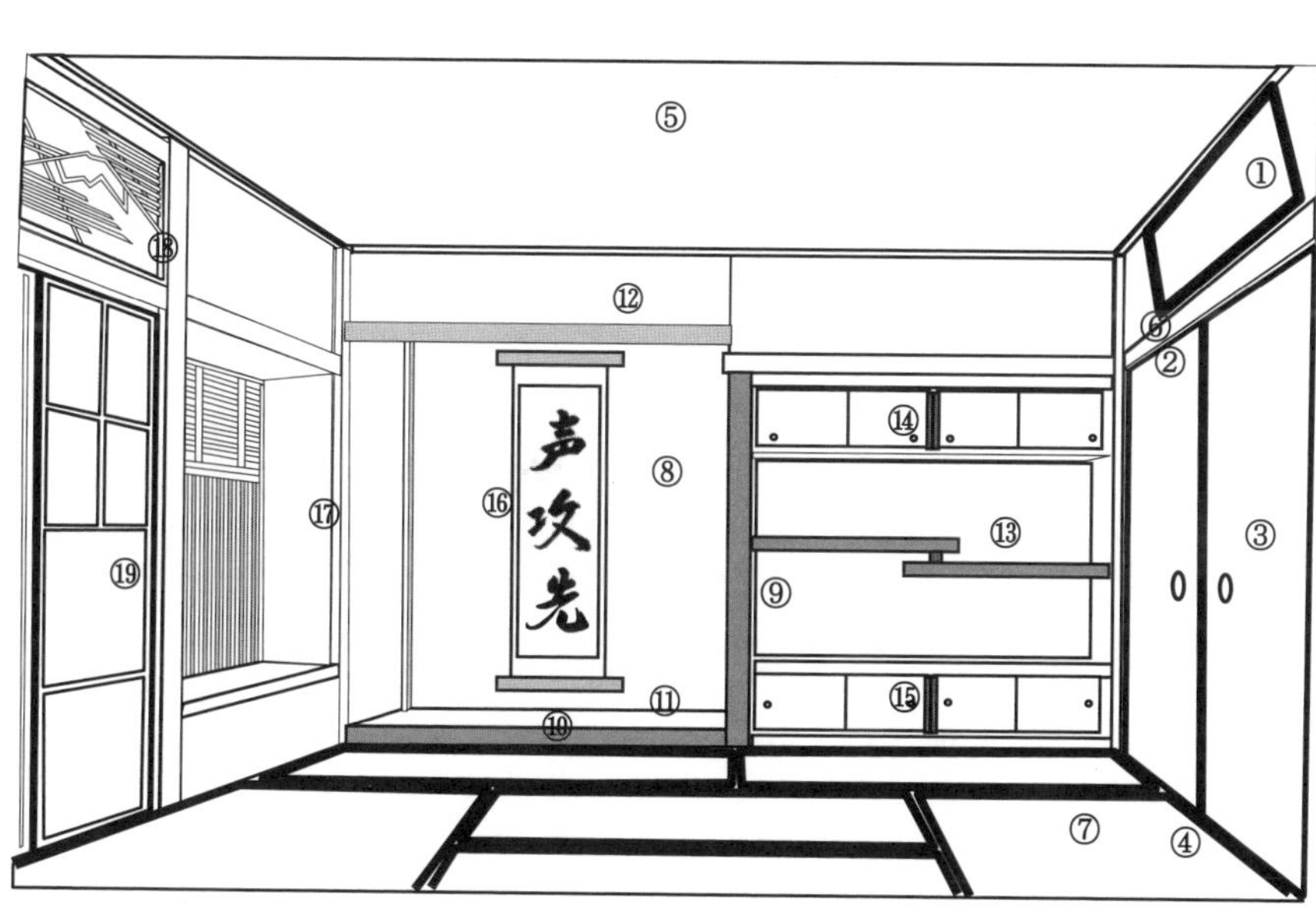

小襖〈こふすま〉がついています）と上にある「天袋（てんぶくろ）」を組み合わせた収納部分が続いて、一つの様式です。

⑯　掛け軸（かけじく）や花を飾り鑑賞します。

⑰　書院欄間（しょいんらんま）　書院とはもともと学者の居室の意で、床の間のわきに窓付きの張り出しのある客間。

⑱　欄間は天井と鴨居や長押の間にある、障子や透かし彫り、天然木などの工芸品をはめ込んだ通風・採光のための開口部です。

○　居間（いま）　応接や団欒（だんらん）に使われる家族の共用の部屋を言います。一般的には「リビング」です。

○押入れ（おしいれ）　和室専用の寝具類の収納部。寝具類の寸法から、幅一間(けん。一、八メートル)、奥行きは三尺(しゃく　約九十センチメートル)が基準です。

○上がり框（あがりかまち）　玄関の土間からの上がり口部分の床に、化粧を兼ねて取り付けられた横木を言います。

○雨樋（あまどい）　屋根の雨水を軒先で集めて流す溝形や管状の部材。

○三和土（たたき）　コンクリートで仕上げた土間。古くは、叩き土に石灰、水などを加えて塗り、たたき固めました。

○犬走り（いぬばしり）　建物の周囲を、四十～六十センチメートル位の幅で取りまくように砂利やコンクリートが打たれた部分。

日本の文化、風習

中国の文人や階層の高い人は古くから、琴碁書画（きんぎしょが）を嗜むことが必須条件で、**七絃琴**（しちげんきん）は儒学の精神修養の具でしたし、書や画に欠かせない**筆墨硯紙**（ひつぼくけんし）は**文房四宝**（ぶんぽうしほう）と言われました。それぞれに特色のある名品があり、例えば熊野筆、黒の濃い油煙墨（ゆえんぼく）や淡墨が青味があって美しい松煙墨（しょうえんぼく）、硯は「端渓（たんけい）」、紙は「鳥の子紙（とりのこがみ）」「画仙紙（がせんし）」などなど。

琴碁書画の影響を強く受けた日本では、和歌、俳句、詩吟、華道、茶道、書道、日本画などが固有の文化となり、嗜むのが常識となりました。宮本武蔵は墨絵、山岡鉄舟は書の大家で、「一芸に秀でる者は多芸に通ず」ようです。

日本の葬祭は仏教の影響が大きいのですが、位牌、戒名、葬式、喪などは、もともとは仏教ではなく、儒教の習慣だそうです。また死後七日毎の法要、一周忌、三回忌、六道、三途の川、閻魔なども元はバラモン教（古代のヒンドゥー教）や原始儒教の影響だそうです。

クリスマス、バレンタインデー、誕生日などの記念日、卒業式、結婚式、葬式、などと合わせて、季節の行事で四季を肌で感じ、家族で生きる幸せを祝いあう日本の習慣は、日本人らしさを形成していく風習であり、家庭の豊かさではないでしょうか。

①　門松（かどまつ）

正月に家の門の前などに立てる、竹や松で作った飾りのこと。その年の神様である「年神（としがみ）様」をお招きするための目印で、年神様がお降りになったときに宿られる場所「依代（よりしろ）」を表します。平安時代に中国から伝わり、室町時代に現在の様式になったようです。

形は、竹の先端を斜めにカットしてある「そぎ」と、直角に切った「寸胴（ずんどう）」の二種類があります。「そぎ」は徳川家康が生涯唯一敗けた「三方ヶ原の戦い」（一五七二年）の後、相手の武田信玄に「次は斬る」という念を込めたのが始まりとのことです。松、杉、椎（しい）、榊（さかき）といった常緑樹を用いていたのが、いつしか主として松を用いるようになり、そのことから門松と呼ばれるようになったようです。現在の門松は、竹三本を松で囲み、荒縄で結んだ形が一般的ですが、関西方面では松の小枝に半紙を巻き、それに水引きをかけたり、紙垂（しで）や橙（だいだい）、柊（ひいらぎ）などで飾った門松もあります。

飾るのは、早いところでは十二月二十日頃からですが、クリスマスが終わった二十五日以降が多いようです。十二月二十九日は「二重苦」、「苦待つ」、十二月三十一日は「一夜（いちや）飾り」と避けられ、十二月二十八日までに飾るか十二月三十日に飾ります。

門松を立てておく期間は地域によって様々で、関東では元日から一月六日の夕方か一月七日まで、関西では十四日か一月十五日までです。これは年神様のおいでになる期間である「松の内」が地方によって違うためで、「松の内」は関東では元日から一月七日まで、関西では一月十五日の小正月までのようです。その地方の風習に従います。

「門松は冥途の旅の一里塚めでたくもありめでたくもなし」の歌は一休（一休宗純。一三九四〜一四八一年、八十七歳）の作とされていますが、一休と親交のあった遊女、地獄大夫が一休のために詠んだものとの説もあります。

② 二十四節気（にじゅうしせっき）

陰暦で、太陽の黄道上の位置によって定めた季節区分。初期の陰暦では一年を二十四等分した平気（へいき）でしたが、後に黄道を二十四等分した定気（ていき）を採用しました。「二十四節季」という表記は間違いです。

二月四日(日)立春（りっしゅん）・節分の翌日。二十四節気の最初の節であり、八十八夜、二百十日など、すべて立春の日から数えます。暦の上ではこの日から春。

二月十九日(月)雨水（うすい）雪が雨に変わり、雪や氷は溶けて水になります。

三月六日(火)啓蟄（けいちつ）啓戸「蟄虫(すごもりむし)戸を啓(ひら)く」の日のこと。地中で冬眠をしていた虫たちが姿を表わす頃とされています。

三月二十一日(水)春分（しゅんぶん）昼と夜との時間は等しくなります。この日を中日として前後それぞれ三日間の七日間が春の彼岸。

四月五日(木)清明（せいめい）「万物ここに至りて皆潔斎にして清明なり」

四月二十日(金)穀雨（こくう）このころに降る雨は「百穀を潤す」とされています。

五月六日(日)立夏（りっか）この日から立秋までが夏。山野に新緑が目立ちはじめ、風もさわやかになって、いよいよ夏の気配が感じられます。

五月二十一日(月)小満（しょうまん）「陽気盛んにして万物ようやく長じて満つ」の頃とされます。

六月六日(水)芒種（ぼうしゅ）芒種というのは稲や麦など穂の出る穀物の種のことです。種播きの時期で、農家は田植えに追われます。

六月二十一日(金)夏至（げし）昼間の時間が壱年で一番長い。しかし、夏至のころは梅雨の真っ最中ですので日照時間は冬よりも短いです。

七月七日(土)小暑（しょうしょ）いよいよ暑さも本格的になり「温風至」の頃です。中国では「おんぷういたる」、日本では「あつかぜいたる」の意味です。

七月二十三日(月)大暑（たいしょ）極熱の盛んなる時で、この最も暑い時期を乗り切るために、土用の丑の日にウナギを食べる風習が生まれました。平賀源内が夏に売れなかった鰻を売るため流行らせたという説があります。

八月八日(水)立秋（りっしゅう）実際には最も暑い時期ですが、朝夕はなんとはなしに秋の気配が感じられます。

八月二十三日(木)処暑（しょしょ）「処は上声、止なり、暑気の止息するなり」という頃です。昼間はまだ暑い日が続きますが、暑さがおさまります。

九月八日(土)白露（はくろ）野の草には露が宿るようになります。「陰気ようやく重なり、露凝って白し」ということからの言葉です。

九月二十三日(日)秋分（しゅうぶん）春分と同様、昼と夜の長さが同じで、この日を境に夜の方が長くなって、夜長の季節へと移っていきます。秋のお彼岸。

十月二十四日(水)霜降（そうこう）「霜が降りる頃」という意味。

十一月八日(木)立冬（りっとう）陽の光も一段と弱く、日脚も目立って短くなり、冬の気配を感じるようになります。

十一月二十三日(金)小雪（しょうせつ）「小とは寒さまだ深からずして、雪いまだ大ならざるなり」という頃です。初冠雪があり、冬の到来が感じられるころです。

十二月七日(金)大雪（たいせつ）「積陰雪となりて、ここに至りて栗然として大なり」という頃です。日本海側や北国では本格的な雪が降りだします。

十二月二十二日(土)冬至（とうじ）寒さの厳しい時期ですが、この日を境に日脚は伸びていきます。柚子湯に入り、お粥やカボチャを食べて無病息災を祈ります。

一月六日(土小寒)（しょうかん）この日から「寒」に入り、寒さも本格的になります。

一月二十日(土)大寒（だいかん）一年で最も寒い時期です。

③ 節分（せつぶん）

立春、立夏、立秋、立冬の前日の名前です。特に立春の前日の節分は、二十四節気を基とする一年での「大晦日（おおみそか）」に当るので、無病息災で生きている幸せをお祝いします。

お祝いの仕方は地方によって多少違いますが、柊の枝に鰯の頭を刺したもの（柊鰯ひいらぎいわし）を戸口に立てたり、「年男」が豆撒きをしたり（このとき蒔かれた豆を自分の年の数だけ拾って食べる）、恵方巻を夜にその年の恵方（歳徳神の在する方位）に向かって笑いながら黙ってまるかぶりして食べる、などです。

豆をまいて邪鬼を追い払うのは、中国古代の攘災招福（じょうさいしょうふく）の考えで、本来十二月の大晦日に追儺（ついな）の行事によって邪鬼を追い払う行事を移したと考えられています。翌日の「立春」からは、言葉通り少しずつ寒さが緩み始めます。豆をまく際の掛け声の「フクハウチ、オニハソト」は、「不苦者有壽　遠仁者疎道」の音のようで、苦しいと言わずに頑張る人は福で、人を大切に思いやれない人は鬼という意味です。

因みに、千葉の成田山新勝寺はご本尊が不動明王で鬼が心を入れ替えてしまっているので、「福は内」だけです。また、「渡辺」さんは豆まきをしません。鬼である酒呑童子と茨木童子が渡辺綱に退治されてから、鬼が怖がって近づかないので、追い払う必要性がないためです。

④ お彼岸（おひがん）

飲食物などを供えたりする儀式や、お寺まいり、お墓まいりをして、仏様、ご先祖さまへの報恩感謝、すなわち「お祭り」をします。

お彼岸は年二回あり、中日（春分、秋分の日、昼と夜の時間が同じ）を中にはさんで前後三日ずつ計七日間（三月十八日もしくは九月二十日が彼岸の入り～三月二十四日もしくは九月二十六日が彼岸明け）です。「彼岸」とは、サンスクリット語の「あちら側」の訳語で、煩悩に満ちた現世を「比岸」（しがん＝こちら側）と呼び、煩悩を解脱（げだつ）した「あの世」つまり極楽浄土（ごくらくじょうど）を「彼岸」と呼びます。そして、この彼岸の極楽浄土は西方浄土(さいほうじょうど)といって、西方十万億土（せいほうじゅうまんおくど）の彼方にあるとされ、太陽が真西に沈む春分と秋分の日には太陽が西方の極楽浄土を照らしていて、現世の人々と極楽浄土が最も近くなり通じやすくなると言います。したがって彼岸は現世と極楽浄土を結ぶ特別な時であると考えられるようになり、彼岸に落日を拝むという風習ともなったようです。この時期は暑からず寒からずなので、「暑さ寒さも彼岸まで」の言葉が生まれました。

祖先を祭る日は、春秋の**彼岸**と**お盆**の年三回あります。お彼岸は墓参り、お盆には祖先の霊を家に迎えて家の中で祭ります。

なお、**極楽浄土**はサンスクリット語のSukhavatiの漢訳で、「幸ある所」です。安楽で何の心配もないところで、「地獄」の対義語です。天台宗の恵心僧都（源信九四二〜一〇一七年、七十五歳）が、『往生要集（おうじょうようしゅう、九八五年）』で、**地獄・極楽**を日本で始めて著わしたとのこと。

⑤ お盆（ぼん）

太陰太陽暦である和暦（天保暦など旧暦という）の七月十五日もしくは月遅れの八月十五日（旧盆とも）を中心に日本で行なわれる、祖先の霊を祀る一連の行事。一般に仏教の行事と認識されていますが、日本在来の民俗行事に仏教行事の盂蘭盆（うらぼん）が習合して現在の形が出来たと考えられています。

十三日に故人を家に迎える（故人が家に戻ってくることになっています）迎火（むかえび）という野火を炊（た）きます。墓が近い場合は墓まで出迎えに行きます。故人を家に迎えたあと、僧を招いたりして読経し、供養します。

盆が終わる十六日に故人を彼岸に見送る送火（おくりび）を炊（た）きます。野火は素焼きの大皿の上で苧殼（おがら）を炊（た）きます。十六日の晩には寺社の境内に老若男女が集まって盆踊りをします。

⑥ 雑節（ざっせつ）

雑節は農業に従事する人たちの生活の知恵の結晶です。中国で作られた二十四節気では季節の変化を読み取れないため、その補助をする為に考えられた日本独自の暦です。例えば「もうすぐ八十八夜だから、霜が降りてくる前に対策をしよう」というわけです

土用（どよう）一月三日頃立春、立夏、立秋、立冬の前の十八日間

節分（せつぶん）二月三日頃立春の前日。豆まき。

彼岸（ひがん）三月十七日頃春分・秋分の前後三日を含む七日間

土用（どよう）四月十七日頃立春、立夏、立秋、立冬の前の十八日間

八十八夜（はちじゅうはちや）五月二日頃立春から八十八日目。新茶を飲む。

入梅（にゅうばい）六月十一日頃梅雨に入る日

半夏生（はんげしょう）七月二日頃。梅雨が明ける。

土用（どよう）七月十九日頃立春、立夏、立秋、立冬の前の十八日間。土用の丑

二百十日（にひゃくとうか）九月一日頃台風の季節。立春から二百十日目。

彼岸（ひがん）九月二十日頃春分・秋分の前後三日を含む七日間

土用（どよう）十月二十日頃立春、立夏、立秋、立冬の前の十八日間

⑦ 結び（むすび）

紐を結ぶこと。日本の文化は結びの文化と言われ、様々な結びを生活の中で使っています。剣道においては、本結び、もやい結び（bowline knot 先革と弦）、蝶結びなどを使います。剣道具（防具）を着用する際には十カ所を結びます。竹刀も接着剤をほとんど使わずに結びでできています。

⑧ 鉢巻（はちまき）

頭に巻く細長い布で、日本において神代から、精神の統一や気合の向上、グループを表わすため、汗止め、武具などに用います。

捻って紐状にしたものは「ねじり鉢巻」、結び目を額に置と「向こう鉢巻」と言います。

鉢金（はちがね）は、鉢巻などに縫いつけて、額のみを保護する湾曲した鉄の板です。新撰組は主に鎖帷子（くさりかたびら）と鉢金が防具でした。土方歳三が義兄佐藤彦五郎に送ったものが東京日野市の「土方歳三資料館」にありますが、八箇所の刀痕が残っています。

⑨ 侘び寂び（わびさび）

日本の美意識の一つ。侘（わ）びは、動詞「わぶ」の名詞形で、形容詞の「わびしい」というように「立派な状態に対する劣った状態」です。「粗末」「簡素」を意味し、余分なものを排除した、質素で静かなゆえに、質的に（美的に）優れたものである、という意味です。「わび茶」という言葉も江戸時代、武野紹鴎や千利休に代表される堺の町衆が、室町時代の高価な「唐物」を尊ぶ風潮に対して、粗末なありふれた道具、小さな茶室で、「正直につつしみおごらぬ様」というような美意識を持ちました。

岡倉天心（一八六三~一九一三年、五十歳）は一九〇六年の著書The Book of Tea（『茶の本』）の中でimperfectと言い、世界へと広められました。一八九四年に内村鑑三の『代表的日本人Japan and The Japanese』、一九〇〇年の新渡戸稲造の『武士道』の英文でアメリカで出版された三冊は「**『日本のこころ』三大名著**」とされます。

寂（さび）は動詞「さぶ」の名詞形で、時間の経過によって劣化した様子（経年変化）から、人がいなくなって静かな状態を表すようになりました。『徒然草』などには古びた様子に美を見出す意識が生まれていたようです。松尾芭蕉以降の俳句では中心的な美意識です。

乳井義博（にゅういよしひろ）

一九〇六～一九七五年、七十歳。高野佐三郎（修道学院）の高弟で、高野から剣道十段を授与されました。宮城県警察部に勤務しながら第二高等学校の稽古に通った萱場照雄は、乳井から伝授された二刀流で一九四〇年の天覧試合で準優勝を果たしました。教え子の千葉仁は全日本剣道選手権大会で三回優勝（三回目は一九七二年）、甥の友川紘一は警視庁剣道師範を務めました。乳井が指導した「水平切り返し」は、宮城県の強豪である小牛田農林高校、角田高校に受け継がれています。

ね　ぬ

念阿弥慈恩（ねんあみじおん）

一三五一～一四四八年、九十七歳。室町期、父を忙殺された相馬四郎義元が出家して念阿弥慈恩となり、寿福寺神僧栄裕に習い、敵を討つために修行して会得し、「念流」を開祖しました。相手の攻撃を「はずす」という技がその源。奥義「**米糊（そくいつけ）**」は、相手の刀を受けると、それがまるでトリモチに取られたようになり、相手の自由を奪う技だそうです。

この念流から出たとされる流派。

一刀流(いっとうりゅう、祖は伊藤一刀齋)、

中条流(ちゅうじょうりゅう、祖は中条兵庫頭長秀)、

富田流(とんだりゅう、祖は富田九郎右衛門長家)、

鐘捲流(かねまきりゅう、祖は中条流の達人鐘捲自斎、伊藤一刀齋の師と言われる)、

馬庭念流(まにわねんりゅう、祖は樋口太郎)、

現在も群馬県多野郡吉井町馬庭（まにわ）の樋口家に伝わる六百四十年の歴史を持つ古武道（剣術）の一派です。

念流十四世樋口定高遺訓、「剣の道、業を勤めて自ら、業を離れて業にこそあれ」「技の稽古を真剣に行い、考えなくとも自然に出るようになる技こそ本物の技」。

の

野間道場・道場訓

道場訓とはその道場の目標や方針です。

野間道場は、講談社創業者の野間清治（一八七八年十二月十七日～一九三八年十月十六日、五十九歳）が一九二五年に開いた道場で、広く門戸を開き、全国各地から参集する修行者に流派を超えて場を提供しました。小野派一刀流高野佐三郎の修道学院、神道無念流中山博道の有信館、石井三郎の皇道義会と合わせ、戦前、東都四大道場と呼ばれました。二〇〇七年の秋に老朽化のため取り壊し、十一月に講談社が社有地再開発に伴い新築したビルの五階へ移転

しました。セキュリティのため自由な出入りが制限されています。野間道場の道場訓を掲げます。

一、正心 凡そ剣道に志すものはその心を正しくし、苟（いやしく）も技巧に慢心し、私心を挟みて、浮華軽佻に流るる如きことあるべからず。私心を去り小我を捨て正道をこれ道として勇往邁進する心ありて、剣道の達成は初めてこれを望むべきなり。古人曰く「心正しければ剱又正し」と、又曰く「兵は正を教へて奇を教へず」と。即ち心本にして技は末なりの意なり。肝銘すべきことなり。

二、信義礼譲 礼紀に曰く「夫れ人に礼あれば安く、礼なければ危うし」と。惟ふに礼の大本は人に敬するに存す。然れば各自敬虔の心を以て師長を敬するは固より、相互に礼儀を重じ、敬して離れず、親しみて押れざるれざるは士の道なり。交るに信義を重じ、相互に指導啓発し、公明正大を旨として、苟も人を誹謗するが如きことあるべからず。

三、心身一致 剣道は決して技芸技巧を目的とするにあらざれば、苟も一時の勝負に快を貪り技巧に拘泥して武芸の末葉に走るが如きことあるべからず。剣道の要訣は体を練り心を磨き、進んで剣なく人なく敵なく、我亡き心身一致の妙境を悟道するに存す。若しそれ、かかる妙境を悟道して、心静かに体胖（たいはん、体がのぶのびしていること）に正道を勇往邁進するか、手足は自由に動きて、臨機応変虚実の妙技茲（ここ）に現れ、初めて剣道の極意を体得するを得べし。深く心すべきなり。

四、平素の心 凡そ剣道に志す者は、道場にあると否とを問わず、平素油断なく精神の練磨修養を計り、その目的を貫通せんことを期すべし。又自ら工夫することは肝要なりと雖も、即断して、我流に執着するは剣道の最も忌む所なれば、苟も疑わしき処あれば、何時も躊躇せず、直ちに師長に就いて教へを受け、之を了得するよう心懸けざるべからず。

五、真剣の心 近来剣道を学ぶ者の中、動もすれば、戯れてこれに従い、技巧の末にのみ拘泥して、軽佻浮薄に傾くものなきにしもあらず。斯の如きは武術を弄び、剣道を毒し、又決して自ら上達し得るの道にあらざれば、厳にこれを戒めざるべからず。凡そ事に処して真剣なるより尊きはなし。又物に上達悟道するは、真剣真面目を以て第一義となす。然れば常に一意専心、実戦に臨む覚悟を以て、剣道の要訣を体得し、百折不撓練磨の功を積み、以てその目的を達成するの心なかるべからず。

は

袴（はかま）

剣道の袴は男女同じ形です。男袴（馬乗袴）を穿（は）きます。袴には、狩袴、野袴、指袴、小袴、長袴、行灯(あんどん)袴（二股に分かれていない）、女袴（行灯袴で腰板がない）、武者袴などその用途によっていろいろありました。

袴のひだは前に五本、後に一本ありますが、前のひだは儒教の「五常」仁義礼智信（「人が守るべき五つの徳。思い遣り、人助け、礼儀、知識、信頼」または「五倫」義親序別信（君臣の義、父子の親、夫婦の別、長幼の序、朋友の信）、後ろのひだは「忠孝一如」（二心のない誠の道）を表したものだとされ、先人が袴を穿くときの心掛けとしたといわれています。

弓道は男子は背板のある剣道と同じ袴を穿きますが、全日本弓道連盟の競技規則の補足に「女子は腰板のないのが一般的である」とあります。また、綿百パーセントの藍染めの袴は穿きません。

白隠禅師（はくいんぜんじ）

白隠慧鶴（はくいん　えかく一六八五～一七六八年、八十二歳）は、臨済宗中興の祖と称される江戸中期の禅僧。一七六九年、後桜町天皇より神機独妙禅師の諡号（しごう、おくりな）を、また一八八四年、明治天皇から正宗国師の諡号を賜りました。『槐安国語（かいあんこくご）』『荊叢毒蘂（けいそうどくずい）』『息耕録開筵普説（そくこうろくかいえんふせつ）』など漢文体の語録と、『**夜船閑話**（やせんかんな一七五八年）』『壁生草（いつまでぐさ）』『藪柑子（やぶこうじ）』『遠羅天釜（おらてがま）』『おたふく女郎粉引歌（じょろうこびきうた）』『大道（だいどう）ちょぼくれ』などの仮名法語があります。東嶺円慈（とうれいえんじ）、遂翁元盧（すいおうげんろ）、峨山慈棹（がざんじとう）、葦津慧隆（いしんえりゅう）など多数の禅傑を輩出、鵠林派（こうりんは）ともよばれその厳しい公案禅は臨済宗を席捲し法流を独占しました。明治以降、白隠はその墨蹟・禅画が広く知られ、臨済宗十四派すべてが白隠を中興とし、『白隠禅師坐禅和讃』を坐禅の折に誦むようになっています。

「禅の修行の三原則」は『息耕録開筵普説』という著書にあるようです。元は『高峯禅要』とのこと。

「**憤志**」　憤りを持つほどの強い意思で修行します。

「**大疑**」　最初から信じたら、それに囚われ、拘り、偏った考えになってしまうので、疑って疑って疑う過程で、疑いが解けたら、それを「あるがまま」に受け容れます。それでも疑い、疑うものが無くなり、疑う心が消えるまで疑い尽くす、徹底追及します。

「**信根**」　自分は正しい修行をするという強い信念。目先の欲に囚われず本道を行きます。

白隠は、『**遠羅手釜**』『**夜船閑話**』の中で、「**内観の法**（ないかんほのう、長呼気丹田呼吸）」と「**軟酥の法**（なんそのほう、頭の上の丸薬からえもいわれぬ気持ちよくなる薬が溶け出して全身を包む）」を紹介しています。激しい修行で体調を崩した雲水（うんすい、修行僧）のための行法であり、「気」を丹田に降ろす、すぐれた健康法です。剣道でも重要です。

隻手音声（せきしゅおんじょう）は白隠の公案です。「両手を叩けば音が鳴るが片手ではどんな音が出る？」という質問です。「まっさらになると音の無い音が聞ける」ということのようです。

恥（はじ）

日本人の価値観として言われますが、人間以外の動物にはない感情です。

マーク・トウェイン（Mark Twain 一八三五～一九一〇年、七十四歳、本名Samuel Langhorne Clemensアメリカ合衆国の作家。ミズーリ州出身）が「人間だけが赤面する動物である。あるいは、そうする必要のある動物である。The animal at which only man can blush. Or an animal with the necessity to do that.」と書いています。

「一二三四五六七」と書いて「恥知らず」と読みます。孝・悌・忠・信・礼・儀・廉・恥の八道徳の八番目が欠けているというのです。

刃筋（はすじ）

「剣道試合・審判規則」第十二条の有効打突の条件。刃物で物を切るとき、刃の方向が切れる方向に向いていること。

「剣道試合・審判規則」第十条に「刃筋正しく」とは「竹刀の打突方向と刃部の向きが同一方向」とあります。

切れる刀法で、「刃筋が立つ」とも言います。竹刀では弦の反対側が刃にあたり、物打ちの刃の部分が切る部分の垂直に当たるようにします。「刃筋が立たない」打突を「**平打ち**（ひらうち）」といい、竹刀が当たっても有効打突になりません。

また、竹刀の物打ち部でなく、元のほうで打突部位を打っている有効ではない打ちを「**元打ち**（もとうち）」と言います。竹刀の先のほうで当たっている場合は、その後押し切る形になる場合や機会をとらえている場合は有効打突になることがあり、抜き胴はもともと竹刀の中央寄りで打つことになります。「剣道試合・審判規則」第十三条「物打ちを中心にした刃部」と規定した理由です。

抜刀道

畳一畳分の畳表を巻いて、一昼夜ほど水に漬けたものを立てて、試斬します。「刀七分、腕三分」と言われ、鎬から刃先まで横断面形状が平らな、刃筋が多少ぶれても斬れるように包丁のように幅が広い、抜刀用の刀を使う人が多いようです。斬った後の刀身には目には見えない程の小さい「ひけ傷」が入りますので、錆びないようにすぐに油（浸透圧の高い鉱物性の方が良い）をひきます。斬った後血ぶりして鞘に納める、というのは現実的ではありません。

破門（はもん）

門弟が流派から追放されること。師匠との師弟関係は解消され、それまで門弟に授与された免許や段位も剥奪されるのが一般的です。一般財団法人全日本剣道連盟は、定款第五十六条と第五十九条によって、除名若しくは資格停止、又は称号・段級位の返上若しくは剥奪と復活を定めています。

林羅山（はやしらざん）

一五八三年〜一六五七年三月七日、七十四歳。江戸時代初期の朱子学派儒学者。林家の祖。羅山は号で、諱（いみな）は信勝（のぶかつ）。字は子信。通称又三郎。出家した後の号、道春（どうしゅん）の名でも知られます。

幼少の頃から秀才の誉高く、十二歳で京都・建仁寺で仏教を学びましたが、出家を拒否して十四歳のとき家に戻り、儒学を独学しました。朱子学に熱中し、二十一歳のとき藤原惺窩（せいか）と出会いました。一目で五行ずつ読んでいきすべて覚えているという羅山の英明さに驚いた惺窩は家康に推挙し、二十三歳でブレーンの一人となりました。五十二歳で武家諸法度を起草するなど実績を重ねました。四十九歳のとき、上野忍岡に私塾（学問所）・文庫と孔子廟を建てて「先聖殿」とし、多くの門人を育て、一七九〇年の幕府直轄の昌平坂学問所の基礎となりました。現在の湯島聖堂（ゆしませいどう）は昌平坂学問所の一部で、東京医科歯科大学の所有です。

肚（はら）

広辞苑に「はら【腹・肚】」とあるように、基本的には「腹」と同意。剣道用語としては、「腹」の場合は「おなか」という意味合いが強い場合に用い、「肚を練る」「肚に気をためる」など、臍下丹田を指したり、心のありようを示す場合には「肚」の文字を使うことが多いです。「肚」は「と」とも読み、「心の中」という意味の「肚裏（とり）」「肚裡（とり）」といった言葉もあります。

針谷夕雲（はりがやせきうん）

一五九三〜一六六二、六十九歳。無住心剣流剣術の開祖。名は正成。現深谷市に生まれました。真新陰流の小笠原長治（一五七〇〜?。源信斎）に学んで、生涯五十二度の試合で不敗でした。夕雲は四十歳ごろまでは無学文盲でした。そのころから本郷駒込にある臨済宗東福寺派の龍光寺の虎白（こはく）和尚へ参禅しました。「兵法を離れて勝理は明らかに人性天理の自然に安坐するところに存する」と「相抜け（あいぬけ）」を悟ったので、虎白和尚は「金剛般若経」から「無住心剣」と命名しました。

「相抜け」は無住心剣流の極意です。双方引き分けに終わることです。真っ直ぐに正しい面打ちをお互いがすると、ある程度の段階になれば双方が同時に当たり、「相打ち」になります。さらに精妙の段階になればお互いに当たらくなる「相抜け」になるということです。「聖人の太刀合い」とも言われています。「いずれかを勝ちと定めんいずれをか、負けと申さん合いの相抜け」。実際にできたのかどうか、ムリがあるのではないかと言う人もおいでになります。

鈴木大拙（一八七〇年十一月十一日～一九六六年七月十二日、九十五歳。禅についての著作を英語で著し、禅文化ならびに仏教文化を海外に広くしらしめた仏教学者）は、mutual escapeと訳し、「抜け」はpassing byとかgoing throughだと説明しています（大森曹玄『剣と禅』P.38）。

藩校（はんこう）

各藩で、藩士の男子に四書五経の素読、習字、歴史などと、弓・馬・剣等の武芸の「文武兼備」の教育をすることで、「武士はどのようにあるべきか、どのように生きるべきか」という精神を学ばせました。明治維新の原動力となる人材を育みました。下級武士や次男など庶民を、さらには子女を学ばせるところもあり、「日陰の身」から「陽の当たるところ」へ出るきっかけとなった身分制度からの解放という側面もありました。

「学問所、昌平坂学問所とも、昌平黌とも」（神田湯島）、「花畠教場（熊沢蕃山を招聘。一六四一年開校）」（岡山藩。池田光政は一六七〇年日本最初の庶民の学校「閑谷学校（しずたにがっこう）」開校）、

「日新館」（会津藩）、

「造士館」（薩摩藩）、

「興譲館」（米沢藩）、

「天下三弘道館」と言われる「弘道館」（水戸藩）、「弘道館」（佐賀藩）、「弘道館」（出石藩・兵庫県・豊岡市）、

「明倫館（長州藩・山口県　萩）」、

「進脩館」（中津藩）、

「時習館」（熊本藩）、

「就正館」（越後長岡藩）など。

また、江戸時代半ばから幕末にかけて、私塾が教育の一翼を担いました。

「鳴滝塾」（長崎）〈シーボルト〉、

「松下村塾」（山口）〈吉田松陰〉、

「適塾」（大阪）〈緒方洪庵〉、

「洗心洞塾」（大阪・大塩平八郎）、

「梅花塾」（大阪・篠崎小竹）、

「古義堂」（京都）〈伊藤仁斎〉、

「青山社」（大坂・江戸堀）〈頼春水、頼山陽〉、

「天真楼（江戸）〈杉田玄白〉、

「氷解塾（江戸）〈勝海舟〉、

「象山書院、五柳精舎（江戸）〈佐久間象山〉、

「鳩居堂（江戸）〈大村益次郎〉、

「慶應義塾（江戸）〈福澤諭吉〉、

「大江義塾（熊本）〈徳富蘇峰〉など。

反則（はんそく）

『剣道試合・審判規則』第三章の第二十条に「試合者が第二十七条二号ないし七号の行為をした場合」反則です。

「禁止行為」を罰則の程度で分類すると、三種類あります（「剣道試合・審判規則」第三章「禁止行為」）。反則は一試合を通じて積算されます。

① 「負けとし、相手に二本与え、退場を命じられ、反則が発覚するまでの本数や既得権は認めない」罰則を受ける。
「薬物使用・保持（第十四条）」

「非礼な言動（第十五条）」

② 「負けとし、相手に二本与えられる」罰則を受ける。
「不正用具使用（第十七条一号）」、

③ 「二回で相手に一本与えられる」罰則を受ける。
「足をかけまたは払う（第十七条二号）」

「場外押し出し（第十七条三号）」

「場外反則（第十七条四号）」

「竹刀落とし（第十七条五号）」

「不当な中止要請（第十七条六号）」

「その他、相手に手をかけまたは抱えこむ。

相手の竹刀を握るまたは自分の竹刀の刃部を握る。

相手の竹刀を抱える。

相手の肩に故意に竹刀をかける。

倒れたとき、相手の攻撃に対応することなく、うつ伏せなどになる。

故意に時間の空費をする。

不当な鍔競り合いおよび打突をする（第十七条七号）」


『剣道試合・審判・運営要領の手引き』P.8にあるように、違法なのか不当なのか「反則事項の見極め」が審判の基本的な留意点として重要です。

例・「赤が引き面を打ったとき、白が突きながら追い込んでいった」→正当な突きでなく、不当な突っかけであれば反則とします。

例・「相手の竹刀を強く叩いて落とした」→叩き落すことを意図せず、攻防の中で叩いたのであれば、落とした方を反則とします。叩き落すのが見苦しい程である場合は第一条（本規則の目的）に照らして反則にします。

例・「試合中に剣道具が外れた場合」→規則上反則にはならないが、頻繁であれば反則です。安全に対する注意義務を著しく怠り、これによって試合を継続することが不可能であれば反則とします。（「剣道試合・審判・運営要領の手引き」P.24～25）

判定（はんてい）

試合・審判規則第七条により、試合時間内に有効打突がない場合、技能の優劣を優先し、次いで試合態度の良否により判定します。試合終了と同時の打突は有効です（規則第九条）。

般若（はんにゃ）

「智慧」ですが、さらに高度の「無分別智」です。既成概念で良い悪い、美しい醜いと分別する「凡夫（ぼんぷ、普通の人）」の知恵ではなく、仏様の知恵です。例えば、水族館で大きな魚の餌に金魚をあげると「かわいそうだ」と言う人がいても、ドジョウをあげると誰も文句を言いません。大きな魚は餌を必要としており、金魚でもドジョウでも役立っただけのことなのです。（「禅がわかる本」P.108に著者付加。参考「仏教の基礎知識」P.232）

ひ

引き揚げ（ひきあげ）

打突後に残心がなく、打突のアピールや打突後に自分が打突されないよう、横を向いたり、背中を見せたり、逃げるような態度を取ること。やってはいけないことですので、「**引き上げをいましむ**」と言います。

明治維新による廃刀令や西洋軍制の導入によって仕事を失った榊原鍵吉をはじめ剣術の指導者たちが、相撲興行のように収入を得ようと、「撃剣興行」を始めました。この努力によって剣術の命脈は保たれましたが、見世物であったために、派手な「引き揚げ」をしました。

大袈裟な引き揚げは、一九八七年に改正になる前の試合規則では「見苦しい引き揚げ」とされて、有効打突を宣告した後でも取り消すとされていました。一九九九年には「剣道試合・審判規則」第二十七条で「不適切な行為」とされ、細則第二十四条が「規則第二十七条は、次のとおりとする。一、打突後、相手に対して身構え気構えがない場合。二、打突後、必要以上の余勢や有効などを誇示した場合」となりました。さらに、二〇〇二年十月八日の改正で「規則第二十七条不適切な行為とは打突後、必要以上の余勢や有効を誇示した場合などとする」になりました。有効打突の宣告があった後でも、合議の上、取り消すことができると規定しています。

左足、左腰、左手

体捌きの理想を示した言葉。中段の構えは、右手、右足を前にして構えますので、ややもすると右手で竹刀を振って、右足で踏み込み、右半身が捻れて流れ、左足が跳ね上がる「跳ね足」もしくは「馬足」になりがちです。冴えのある一拍子の打突は、「左」を意識し、常に中心を取ることで可能になる、という言葉。

しかし、この本の「七つの知恵」を実践いただければ、意識しなくてもできます。

左利きの左前の剣道

全日本剣道連盟の試合・審判規則には左前を禁じる規制がありません。

しかし、左前に構える人は、右腰に刀を指すことになり、左手で刀を持って提刀や帯刀することになりますので、作法が通常と異なるので、指導者の中には、異質を嫌う方もおいでになると思います。また、異分子の扱いを覚悟する必要があります。しかし、本質的には何ら変わることがないですし、武道ですからあって良いはずです。

ちなみに、左右のバランスを良くするため素振りや打ち込みを左前に竹刀を持ち、足も左前にして行う方がおいでになります。

膝頭で攻めよ

井上正孝先生は『正眼の文化』P.181で、「膝頭で相手を攻めよと言えば鉤足もなおり。膝の突っ張りもゆるみ、総合的にリラックスした重厚な構えになる」「体重が湧泉に落ちて非常に強力な踏切ができる」とお書きになっています。

この本の「七つの知恵」での攻めは、「丹田が正中線上の前に引かれた構えから、さらに丹田を前に出しながら打たずに我慢する」形を推奨しています。

人墨を磨らず、墨人を磨る

蘇東坡（そとうば一〇三六～一一〇一年、六十五歳。蘇軾〈そしょく〉とも。政治家、詩人、書家）の言葉です。「素晴らしい墨を、もったいないので磨らずにいたら、人間の寿命の方が磨り減ってなくなった」という意味です。人道具は使ってはじめて用を成し、命が輝きます。

拍子（ひょうし）

時間的間隙（かんげき）、タイミング。「間拍子」や「拍子の間」などに使われています。剣や体の修練によって得られる自然な威勢、あるいはそのような威勢によって生ずるその人独自の自然な調子、リズムです。

杉浦正森が一七八三年に書いた『唯心一刀流太刀之巻』中の「剣、体、色、勢、拍子之事」の条では、「拍子には品々あり。諸家に沙汰する如く、拍子、無拍子と云。又無拍子の拍子と云。或は不合の拍子などと云。亦離るる拍子と云。是皆自他ともに巧者の上の説なり。諸説のあしきに非ず。されども当流に近く説ときは、畢竟自然の威勢、天然の拍子なり」と「拍子」を説明しています。

兵法（ひょうほう）

室町時代後期から江戸時代初期の日本の刀剣（日本刀）で斬る武術としての「剣術」「剣法」を意味します。「宮本武蔵の「兵法三十五箇条」、白井亨の「兵法未知志留辺」などは「ひょうほう」と読みますが、山岡鉄舟の「一刀流兵法箇条目録」、柳生宗矩の『兵法家伝書』は「へいほう」と読みます。

日本の刀剣（日本刀）で斬る武術は、『日本書紀』では「多知加伎（たちかき）」「多知宇知（たちうち）」、平安時代から鎌倉時代は「太刀打（たちうち）」、室町時代後期から江戸時代初期は、「兵法（ひようほう）」が多く用いられ、江戸時代は「剣術」が最も多く、ほかに「剣法」「刀法」「剣技」「刀術（『本朝武芸小伝』）」、明治時代は「撃剣（げつけん）」が多く用いられました。竹刀で剣道具（防具）を打突する競技を通じて武道を学ぶようになってから「剣道」です。

「へいほう」と読むときは、古代中国で発達した戦争を有利に展開するための戦術・戦略の学問・理論である「軍学」「兵学」です。『孫子』『呉子』『司馬法』などの書がその代表。日本では**『甲陽軍鑑**（こうようぐんかん一五八六年ごろ武田氏の戦略、戦術を記した軍学書。本編二十巻全五十九章、末書二巻）』を写本した小幡景憲（一五七二〜一六六三年、九十一歳）、『士鑑用法』の北条氏長（一六〇九〜一六七〇年、六十一歳。小幡景憲〈おばたかげのり〉門下の逸材で三代将軍家光の兵法師範として、一九四五年『兵法雄鑑〈へいほうゆうかん〉』五十二巻を完成し、献上。その簡略版）、両者の弟子の山鹿素行などが代表的な兵法家です。

平山行蔵（ひらやまこうぞう）

一七五九〜一八二九年、六十九歳。号「兵原」、「子竜（しりょう）」は字。江戸出身。伊賀組同心として三〇俵二人扶持の微禄でありながら、現・新宿区三栄町の自宅に道場「兵聖閣武道塾」を構えていました。江戸中期の兵学者。伊賀国の忍者の末裔の家系といわれています。終生独身。常在戦場を心掛け、食は玄米に味噌を塗るだけ、六十一歳まで布団の上で寝たことがなかったようです。江戸の幕府学問所である昌平坂学問所にて古賀精里（柴野栗山・尾藤二洲とともに寛政の三博士。頼山陽に「厳密寡黙」と評されました）に儒学を学びましたが、普請役が嫌で病と称して辞し、以後読書に没頭、独自に兵学、農政学、土木学をよく研究して著書は五百巻に及ぶとのこと。大森曹玄が「剣と禅」の中で、「禅を学んだわけではないのに、仁王禅（徳川家康の家来であった鈴木正三（石平道人）が提唱。侍者の恵中が全三巻の「驢鞍橋（ろあんきょう）」にまとめた）にも匹敵する禅理に適っている」と書いています。

剣術（心貫流）、槍術をはじめ武器を持たない柔術まですべての武芸の達人で、文武両道の修行にくれる毎日だったようです。尾谷誠一郎氏名とも（小谷）が兵法の弟子です。『**剣説**』を書きました。

また、当時のロシア軍が蝦夷(北海道)まで勢力を伸ばしてきた際に対抗するべく『海防問答』を著したため、間宮林蔵、近藤重蔵と共に**蝦夷の三蔵**(通称名の行蔵より)と呼ばれました。

ふ

武（ぶ）

「武」の字は、『左伝　宣十二年』では「武は戈を止（「止」は「足」であり、進）むる」意で、「武器を持って立ち向かっていく」ことを言います（「大言海」**P.1765**、「漢字の成り立ち事典」**P.106**）。武は、当時の中国での国同士の戦争や民の統治について使われることが多いことに留意しましょう。

しかし、「武」は『春秋左氏傳（しゅんじゅうさしでん）』の中で七徳ありとされています。「夫れ武は暴を禁じ、兵を戢（おさ）む、大を保ち、功を定め民を安んじ、衆に和し、財を豊かにするものなり」と説かれています。中国の訓えであり、武の精神を通じて治国平天下の行政的心法施策となったのですが、日本ではその精神を汲んで「武徳」とか「武徳会」の名前ができました。

『春秋左氏傳』は、孔子の編纂と伝えられる歴史書『春秋』三十巻の解説書です。魯国の左丘明（さきゅうめい）が春秋時代（紀元前七七〇～紀元前四〇三年）に書いたとされます。単に『左氏伝』『左伝』とも呼ばれます。『春秋』の代表的な注釈書は三伝あり、『春秋左氏傳』ほか『春秋公羊伝』『春秋穀梁（こくりょう）伝』があります。

これらの事から、最初は「武器を持って立ち向かっていく」という意味だったのですが、紀元前七百年前頃には既に「矛を止（や）むる」と読んで「武」は「争わない」という意味になっていたと考えられます。

幕末、桂小五郎（木戸孝允）が二十歳の頃、江戸へ剣術修行に出て、神道無念流の斎藤弥九郎の道場で修業しましたが、そこに「武は戈（ほこ）を止むるの義なれば、少しも争心あるべからず。剣を学ぶ人は心の和平なるを要とす。兵は凶器といえばその身一生用うることのなきは、大幸というべし」という道場訓が掲げてあるのを見て大感動をして、生涯を通して一度も剣を抜いて人を殺したことがなかったそうです。高野佐三郎も「国民剣道教範」の中で「武は戈を止めるといって戦争を主とすべきものでない、戦争をやめさす程の実力をいうのである」と言っています（「近代剣道名著大系　第三巻」P.298）。

なお、「武」は「歩（ぶ）」の半分という意味もあります。この場合の「歩」は「止（歩いて進む）」が二つ合わさってできており、「二踏みで一歩」という意味で、約百五十センチメートルだったのに、尺貫法ではそれよりかなり長い六尺（約百八十一センチメートル）または六尺四寸（百九十三センチメートル）です。

また、「歩武（ほぶ）」は、①わずかな距離、②あしどり。あゆみという意味です。

草書体が平仮名の「む」に変化しました。

フェイント

「虚の打ち」、「色(いろ)の打ち」と蔑視される。見せかけの動きをして、だまし討ちや不意打ちをすること。本来剣道は、攻めによってお相手の恐懼疑惑を起こさせて隙を打ちます。例えば、本気の「実」に相手が気おされたところで小手を打つ、が正しい剣道です。騙しの動作は、お相手が必ず引っかかるわけではないので、偶然性や意外性に頼ることになり、「こうすれば、こうなる」という理合の剣道ではありません。一方でフェイントに似た正しい技もあるのも事実です。攻めの動きによってお相手が反応する蓋然性が高ければ、フェイントとは言わず、正当な技になるのでしょう。

武士道（ぶしどう）

① 武士道とは

一生自己研鑽を怠らず、成長し続け、公明正大で誰からも尊敬される生き方。「矜持を持って、成長し続ける自律性」といえるでしょう。

一八五八年、二十二歳の山岡鉄舟は以下の様な内容を言っています。「わが国の人びとのあいだには、一種微妙な道の思想がある。それは神道や儒教でなく、また仏教でもなく、その三道が融和してできた思想であって、中古の時代から主として武士の階層においていちじるしく発達してきたのである。わたしはこの思想を武士道と呼ぶ。しかし、この思想が文書としてまとめられたり体系化されて伝えられているものは、これまで一度も見たことがなかった。要するに、人の世の移り変わりや、いろいろの歴史的経験によって、われわれの物の考えのなかにつくられた道徳の一種であるといえばよいだろう。」（「剣禅話」P.90）

そして、武士道の本質は人間として最も尊敬される「天賦の才能を必死の努力で伸ばす」ことではないでしょうか。その人が卓抜・特殊なる能力を持ったとき、自信となり、矜持＝プライドとなります。さらに他人の模範となり、勇気づけ、導けるのです。武士道は、武術を一生磨いていくことで、己の力を知り、分をわきまえ、武士として組織や社会で生きることだったと思います。「生きる覚悟」を強めて、「神」の存在を必要としない自律性を確立する"bushido"は世界中で知られ、多くの外国人が尊敬し、あこがれています。

② 武士道の歴史的と内容

「武士（ぶし、もののふ）」は平安時代の十世紀ごろ発生し、そのころから「武士道」という言葉はありましたが、漢学に代表される外来の知識人的な才芸に対して、日本在来の伝統的知識、生活の中の知恵、教養などの「大和魂」を指しており、後の時代の武士道精神とは関係なかったようです。

十三世紀前半頃（鎌倉時代）に成立した『宇治拾遺物語』にあるという「日本の弓矢」という逸話を中里介山著が『続日本武術神妙記（河出文庫P.305）』に紹介しています。この武士は剣でなく弓矢ですが、「自分の能力を信じ、成長のために試してみる、社会の役に立つ」という、まさに武士道精神のお手本です。以下、要約です。

壱岐守宗行の家来の者が何かの失敗のほとぼりを冷ましに新羅の国へ渡って暮らしていたところ、「虎が村里へ入って人を喰う」という事件が起きました。その武士は「一矢射て見たい、射損なえば死ぬまでの事」と名乗り出たので、国守が「ではやってみろ」と許しました。

武士が虎の居所を聞いて行ってみると、広々した畑で百二十センチばかりの麻が生えています。その中を分け行ってみると、虎が伏していました。そこで尖矢（とがりや）をつがえて片膝を立てると、虎が人の匂いに気付いて体を低くして迫って来ます。武士は音もなく弓を引き絞ったまま待っていて、虎が大口を開いてこの日本人の上からのしかかるように飛びかかってくるところに矢を放ちました。矢は虎の口から首へ突き通り、二十センチばかり抜け出て止まりました。虎が倒れてもがくところに、二本の雁股（かりまた。狩猟用の股の形に開いた鏃やじりの矢）で腹を射て、地面に貼り付けて殺しました。

帰って国守にその旨を告げると、国守は驚いて多くの従者を召し連れて虎を見に来ました。すると虎は三本の矢を射通されて無残に死んでいます。これを見た国守が恐れて、「たとえ百疋千疋の虎が怒ってかかって来ても、日本の武士が十人ばかり馬で押し向って、矢を放ったら虎は全滅だ。我が新羅の国の弓の矢は、三十センチばかりの毒矢なので毒が廻ると虎は死ぬけれど、こういう風にその場所へ射伏せてしまうことなんぞは出来ない。まして、虎を恐れず弓矢で退治する勇者はいない。しかるに、日本の武士は己れの命を惜まず、危機一髪のところまで行って、大きな矢でこの通り射殺してしまうのだ。兵の道では日本の人には真実かなわない、恐ろしい国だ」と言ったとのことです。

高坂昌信著とされる『甲陽軍鑑（こうようぐんかん一五八六年ごろ武田氏の戦略、戦術を記した軍学書。本編二十巻全五十九章、末書二巻。小幡景憲が写本）』に「武士道」が出てきます。

藤堂高虎（一五五六〜一六三〇年、七十四歳）が「武士たるもの七度主君を変えねば武士とは言えぬ」という家訓を残したように、自分の実力だけで戦場を渡り歩く土地を持たない武士「ぶへんもの（武辺者）」は、主君への忠義より勇敢さを称えられました。一騎打ちによる戦法から、槍を使う兵の大量投入による戦法へと戦術形態が変化する中で、武士道は武名を高めることにより自己および一族郎党の発展を有利にすることを主眼としました。

平安時代以後、「武士道」も「大和魂」も死語となっていましたが、本居宣長（一七三〇〜一八〇一年、七十一歳）によって再び取り上げられ、漢意（からごころ）に対して日本独特の自然で清浄な精神性という思想的で倫理的な意味合いを持たせられました。

戦国が終わり、江戸時代（一六〇三〜一八六八年）になって、軍事的な緊張の弛緩した太平の世に、封建社会の武士階級の倫理及び価値基準として、各藩においてそれぞれ発達しました。それまで読み書きもできなかった武士が自らの倫理を叙述しだしました。「君に忠、親に孝、自らを節すること厳しく、下位の者に仁慈を以てし、敵には憐みをかけ、私欲を忌み、公正を尊び、富貴よりも名誉を以て貴しとなす」、「文武両道の鍛錬を欠かさず、自分の命を以って徹底責任をとる」、ひいては「家名の存続」という儒教的態度が底流に流れ、地位を相続し続ける「家禄（＝御家）」を守ること、を至上命題にしました。

儒学と軍学の大家であった**山鹿素行**（やまがそこう一六二二〜一六八五年、六十三歳）が、日本が「士道論」で、「仁義」「忠孝」などの儒教的な倫理が武士に要求される規範であるとしました。武士の魂を表す言葉として「一源三流」と言ったようです。朱子学を批判したので、幕府は山鹿を赤穂に流罪にしたため、藩主の浅野内匠頭や大石内蔵助らが薫陶を受けました。「裏切りは卑怯」「主君と生死を共にするのが武士」という概念が発生しました。乃木希典が愛読しました。

江戸時代中期の一七一六年ごろ、肥前国鍋島藩藩士、**山本常朝**（やまもと じょうちょう一六五九〜一七一九年、六十）が武士としての心得を「武士道」という用語で口述し、それを御書物役を御免になった田代陣基（たしろつらもと一六七八〜一七四八年、七十歳）が筆録した『葉隠（はがくれ）』全十一巻の中で、鍋島藩（佐賀藩）祖である鍋島直茂（一五三八〜一六一八年、八十歳）を武士の理想像とし、「武士道とは死ぬことと見つけたり」で代表される、「常住死身」（じょうじゅう・しにみ）という過剰な忠義の武士的倫理が展開されました。これが武士道の代表に扱われることも多いのですが、当時でさえ禁書に付され、常朝が焼き捨てるように、弟子の陣基に厳命していた秘本でしたが、佐賀藩士の間にはこっそり写されて読まれていました。全国に広まったわけではありませんし、当時の日本の一般的な考え方であったわけではありません。

常朝は湛然（たんねん。一六八〇年没）和尚、武士で師匠の石田一鼎（いしだ いってい。一六二九～一六九四年、六十五歳）から教えを受けていて（湛然、一鼎、常朝、陣基は「葉隠の四哲」と呼ばれます）、葉隠の考え方の基礎をなす「四誓願」には慈悲の心も入っています。

一、武士道においておくれ取り申すまじき事
一、主君の御用に立つべき事
一、親に孝行仕るべき事
一、大慈悲を起し、人の為になるべき事

一七〇三年一月三十日、赤穂浪士の「忠節」、仇討ちと殉死。主君との情誼的一体感を大事にする武士道の象徴です。

一七一五年、京都で肥後熊本の人、**井沢蟠竜子**（いざわばんりょうし）（一六六八～一七三〇年、六十二歳）が『武士訓（ぶしくん）』を出版しました。元禄（げんろく）（一六八八～一七〇四年）以降、武士道が廃れていくのに警鐘を鳴らした。武士たる者の日常心がけるべき事柄について模範とすべき実例をあげて、文武兼備の理想的な武士像を説きました。

本居宣長（一七三〇～一八〇一年、七十一歳）の「敷島の大和心を人問はば朝日に匂ふ山桜花」は武士道ではなく、日本独特の自然で清浄な精神性という思想的で倫理的な意味合いです。

吉田松陰（一八三〇～一八五九年、二十九歳）が松下村塾にいたのは一八五五年からたった三年間ほどで、多くの明治維新を推進した才能を育成し、武士道に国学的な思想的概念としての意味を継承し、自らの論理的思想の中核に据え、理想化しました。その後の国粋主義的な用法は松蔭の与えた影響が強いようです。

かくすればかくなるものと知りながらやむにやまれぬ大和魂(吉田松陰)

親思う心に勝(まさ)る親心　今日のおとづれ何と聞くらん(吉田松陰)

身はたとひ武蔵の野辺に朽ちぬとも留め置かまし大和魂（吉田松陰)

一八五八年、二十二歳の山岡鉄舟は前出の定義をしました。明治維新は一八六七年、大政奉還、王政復古の大号令から始まり、戊辰戦争、江戸無血開城（山岡鉄舟が貢献）があり、廃藩置県、四民平等が布告され、社会制度的な家制度が解体され、全国の武士は、生活の糧を失いました。

明治になった一八六九年六月二十三日、南部（盛岡）藩最後の筆頭家老であった**楢山佐渡**（ならやまさど）は、戊辰戦争で奥羽越列藩同盟として賊軍となったために、叛逆首謀の責任を一身に負わされて、三十九歳で刎首（ふんしゅ。扇で切腹の形をした状態で斬首）されました。辞世の句には「最後の武士（もののふ）」の矜持が伺えます。

花は咲く 柳はもゆる 春の夜に ぅつらぬものは 武士（もののふ）の道

一八七二年「学制」の公布（初等教育）、一八八二年「軍人勅諭」の公布（軍隊）によって、武士道ではなく天皇に「忠節」を以って仕えることとされました。

一八七三年、四十二歳の**榊原鍵吉**が武士の命脈を保とうと、「撃剣会」を組織し、浅草見附外の左衛門河岸で撃剣興行を始めましたが、一八七六年には廃刀令が出、事実上武士はいなくなりました。

一八九四年、内村鑑三（一八六一～一九三〇年、六十九歳。近代日本のキリスト教思想家）がアメリカで英語で **"Japan and The Japanese"**（代表的日本人）を出版しました。日蓮、西郷隆盛、上杉鷹山、二宮尊徳、中江藤樹の五人を代表的な日本人として紹介しました。これをアメリカ合衆国大統領第三十五代ジョン・**F**・ケネディが読んでいて、日本人で一番尊敬する人に上杉鷹山を挙げたと言われていますが、事実ではないようです。

新渡戸稲造（一八六二～一九三三年、七十一歳）は幕末の盛岡藩で勘定奉行の子として生まれ、クラーク博士が一期生を教えた札幌農学校二期生となり、クラーク博士の遺した「イエスを信ずるものの誓約」に署名してクリスチャンとなりました。卒業して同庁に就職しイナゴの退治に努力した後、東大に進学しましたが、その当時の研究レベルが低かったので退学。「太平洋の架け橋」なろうと自費で、クェーカー教徒のジョンズ・ホプキンズ大学（**Johns Hopkins University**）に留学しました。そこで知り合った米国女性メリー・パターソン・エルキントンと結婚しました。キリスト者の倫理観に感銘を受けると同時に、日本での精神的基盤は宗教ではなく「武士道」が相当すると、周囲や妻に説明するために、**"Bushido The Soul of Japan"** を一九〇〇年にアメリカで英語で出版し、その後各国語に訳されベストセラーになりました。武士の倫理は「卑劣な行為を忌む義」「敢為堅忍としての勇」「惻隠の情たる仁」「礼儀作法」「信実としての誠」「名を惜しむ」「忠義」「克己」からなるとしました。新渡戸は、「武士道とは己の良心に対する恥を持つことである」「恥はすべての徳、善き道徳の土壌である」と述べています。儒教では「仁、義、礼、智、信」を人が常に行うべき五つの正しい道とし、これを五常と呼んでいますが、新渡戸稲造の「武士道」は、この影響を強く受けている事が分かります。海外での説明用に脚色した"Samurai"は日本人にとって違和感ある内容もあります。

アメリカでは、日清戦争（一八九四～五年）から太平洋戦争（一九三九～一九四五年）まで黄色人種を差別する「黄禍（こうか。"yellow peril"黄色人種の進出によって白色人種に災禍が加えられるであろうという人種主義的感情論。日清戦争に際して、ドイツ皇帝ウィルヘルム二世が唱えた）」が猛威を振るっていました。その中で新渡戸は「黄色人種・アジアの野蛮で未開の国」を払拭し、日本が平和主義であることを国際社会に理解してもらう為、「願わくは、われ太平洋の橋（架け橋）とならん」と各国を回って説明しました。世界に日本人の素晴らしさを説明し、国際連盟の事務次長を七年間務めるなど、日本人を世界に認知させた功労者です。

また**森寅雄**は一九三八年、フェンシングの南カリフォルニア代表に選ばれ、全米選手権で準優勝し、「タイガー・モリ」と呼ばれました。

特筆すべきは、武士道精神は第二次世界大戦（一九三九～一九四五年）でも発揮されたということです。一九四二年、駆逐艦の「雷（いかずち）」の**工藤俊作**艦長（海軍中佐）による、海に漂流する四百二十二人のイギリス兵の救助・病院船への引き渡しが有名になりましたが、欧米各国が領土の侵略戦争をし、植民地支配や人種差別をしていましたが、日本人は占領した植民地の人々と融和・共存し、現地人を監督者として採用したり、道路や鉄道などのインフラや建物などを建設し、治安維持をしました。現在もそれらが残って役立っているばかりか、アジアのほとんどの国は日本および武士道精神に感謝しています。

戦後は「武士道」や「大和魂」といった、日本・日本人特有の指導理念や道徳規範が戦争の士気発憤のためのものと誤解されているようです。しかし、本来は、大きく和すること、つまり「**大和**」（やまと）は、一人一人が自分の個性を最大限に発揮して、「自立』することです。そして自己主張をして我侭を通すのではなく、極めて強い精神力に裏打ちされた愛によって大きく和する、他人を尊重し認め合い、感謝して、譲り合うという、積極的で前向きな力強い調和の精神が「大和魂」なのです。古事記には、「大和は国のまほろばたたなづく青垣山ごもれる大和しうるはし」とあります。実は美しいのは大和の国ではなくてそこに住む日本人の心なのです。

武士道は、「大和魂」とともに「日本人らしさ」「日本人の特徴的考え方」「日本人の常識」として現代にも息づいています。そしてその特徴は、「自分に厳しく、質素勤勉で生涯自己研鑽を怠らない。恥を知り、誇り高く意志が強く、上品で美しく、親密で優しい。矜持（きょうじ。剣道家としての自信と誇り）を持っている。行儀作法、マナー、礼儀、身だしなみや言葉遣いや立ち居振る舞い、他者や周囲への気配り、節度、謙虚を心がけている」などです。未来に向かって維持したい特徴です。

フランスの貴族にも、「ノーブレス・オブリージュ（仏：noblesse oblige）」と言って、私欲を制して公義（ソーシャル・ジャスティス）の道、一般大衆への慈愛を含んでいた大きな義務が課されていました。レディファーストに繋がっていると言われていイギリスの騎士道もあります。

③ 武士道の中心だった儒教の発想

武士道の中心的な思想は儒教でした。「義」「勇」「仁」「礼」「誠」「名誉」です。

「義」は、孟子が「義は人の道なり」と言う様に（「孟子・上」P.253）、人が果たすべき正しい大義であるとしています。

「勇」は、「義」と表裏一体の関係にあります。正しいと信じたならば、それを思い切って行動に移す事が、勇気で「義を見てせざるは勇なきなり」と『論語』「為政第二」（「仮名論語」P.22）にもあります。「武勇」を発揮する為に自己の弱さを克服する鍛練をしました。「弱い犬ほど良く吠える」という「匹夫（ひっぷ）の勇」ではなく、どんなに切迫した状況でも、穏やかに平静に判断できる「大義の勇」があるべき姿ということです。

「仁」とは己に勝ち、「己の欲せざる所は人に施すことなかれ」で、慈しむこと、思いやる心で、武士の美徳として、奨励されました。最高の徳目とされています。たとえ敗者に対しても、相手の立場に立って敗者の名誉を傷つけないようにしました「顔淵第十二」（「仮名論語」P.161）。

「礼」とは、相手への思いやりの気持ちの現れで、特に真の礼儀とは「敵ながら天晴れ」というように、相手の感情を察した上で、同情的な思いやりを表現する事です。新渡戸稲造は、「礼は寛容にして慈悲あり、礼は妬まず、礼は誇らず、驕らず、非礼を行わず、己の利を求めず、憤らず、人の悪を思わず」と言い、「礼」を「愛」にも匹敵するものとしてとらえ慈悲の心で相手に接し、決して利益を求めてはならないとしています。

「誠」とは、「偽り飾らぬ情。人に対して親切にして欺かぬこと」です。「武士に二言はない」という言葉があります。

「名誉」とは、武士としての尊厳と価値を自覚する事で、「名」「面目」「外聞」等の言葉で表される観念で、それが汚されるのは「恥」です。武士は幼少から「廉恥心」「人に笑われるぞ」「体面を汚すなよ」「恥ずかしくはないのか」などと教わりました。

「忠義」とは、主君の為に命を捧げる事で、忠臣は後世にまで高く評価されました。日本独特のものです。

うつし世を神去りまし大君のみあとしたひて我はゆくなり（乃木希典）

出でましてかへります日のなしときくけふの御幸に逢ふぞかなしき（乃木静子）

武士の恥

井上正孝は『正眼の文化』P.32）で述べています。

一、聞き怯じ、聞いただけで見てもいないのに怖気づくこと

二、見崩れ、貧相な所作、風体、言動、態度で信念や誇りのない様

三、内笑い、心の中であざ笑われていること

（中でも内笑いは一番の恥とされているそうです。）

節目年齢（ふしめねんれい）

七五三（しちごさん）男女三歳、男子五歳、女子七歳

志学（しがく）十五歳、孔子が学問に志した年齢

弱冠（じゃっかん）二十歳、成人式。「若干」と間違えぬように

而立（じりつ）三十歳、孔子が学問・道徳を確立した年齢

不惑（ふわく）四十歳、孔子の考えに一点の惑いもなくなった年齢

知命（ちめい）・五十歳、孔子が彼の天命を悟った年齢

耳順（じじゅん）・還暦（かんれき）・六十歳、孔子が人の話を聞けばすぐにその是非が分かるようになった年齢。十干十二支が一巡する。

従心(じゅうしん)・古希（こき）・七十歳、孔子が思いのままに振る舞っても、決まりに外れないようになった年齢。杜甫「人生七十、古来稀なり」

喜寿（きじゅ）・七七歳、「喜」の草書体が七十七と読める

傘寿（さんじゅ）・八十歳、八十と書くと「傘」の略字「仐」に見える

半寿（はんじゅ）・八十一歳、八十一と書くと「半」に見える

米寿（べいじゅ）・八十八歳、八十八と書くと「米」に見える

卒寿（そつじゅ）・九十、九十と書くと「卒」の略字「卆」に見える

白寿（はくじゅ）・九十九歳、百から一をとる

桃寿（ももじゅ）・百寿（ひゃくじゅ）・紀寿（きじゅ）・「百」を「もも」と読む。一世」「紀」

茶寿（ちゃじゅ）・百八歳、「茶」の字を分解すると二つの「十」と「八十八」

皇寿（こうじゅ）川寿（せんじゅ）、百十一歳。「白は「百」の「一」を取って「九十九」、「王」は分解すると「十」と「二」にで「十二」、その合計。「川」は「111」。

大還暦（だいかんれき）・百二十歳

武術（ぶじゅつ）

中世日本の領主は、自分の本拠とした土地（一所）を命をかけて守り抜きました。「一所懸命」の語源です。守るためには武術が必要でしたので発達しました。武士が戦いのために身につける技術が武術でした。

武術には、武器系には、剣術、居合術、槍術、薙刀、杖術、長刀術、弓馬術、手裏剣術、鎖鎌術などがあり、体術系には柔術、拳法、空手、捕縛術などがあります。

仏教（ぶっきょう）

仏教は五三八年（五五二年とも）に日本に入って以来、日本人に、自然、運命、など人間にとって受け入れがたい四苦八苦に対する観念的な理解と、常に人間向上の道を志

すことが人間の理想だとする禁欲的な生き方をもたらしました。

因みに私たちの知っている仏教は「大乗仏教」で、それまでの仏教を「小乗」と否定して生まれました。大乗仏教では、四月八日で「灌仏会（かんぶつえ）」をしてお釈迦様の生誕を礼拝するように、お釈迦様は「如来（にょらい）」であって人間ではないのです。しかし、小乗仏教では釈迦が三十五歳のとき菩提樹の下で悟りを開かれたときに、人間から仏陀になったとします。

「仏法僧」の「三宝」の中の法の「法印」が、あらゆる仏教の根本特徴です。「三法印」と言った場合は「諸行無常」、「諸法無我」、「涅槃寂静」で、「一切（諸行）皆苦（いっさい〈しょぎょう〉かいく）」を加えると「四法印」と言います。

①諸行無常（しょぎょうむじょう）万物は流転しながら変化するので、執着せず、無常を観じ、前向きな生き方に目覚めよう。

②諸法無我（しょほうむが）あらゆる現象は、「空」であり実体はない。無碍自在であれ。

③涅槃寂静（ねはんじゃくじょう）涅槃とは、サンスクリット語の「ニルヴァーナ」を音写したものであり、火を吹き消した状態。寂は不動、静は静かなこと。真理に合致した完全な調和、安らぎの状態。

④一切（諸行）皆苦（いっさい〈しょぎょう〉かいく）輪廻転生する凡夫には一切の現象は苦である。

大乗仏教の修行道は「六波羅蜜」ですが、小乗仏教の修行道は「八正道」です。「六波羅蜜」にあって「八正道」にないのは「布施」と「忍辱（ニンジョク）」です。これらは対社会的な善行で、大乗仏教の修行道には「利他救済」があるのです。小乗仏教は自己の知恵や人格の修行道なので、ないのです。

仏教関係の歴史

天竺・支那・他	日本
BC531 孔子 BC500 釈迦 BC500 頃 「孫子」孫武 BC500 頃 老子、荘子	
300「華厳経」、「法華経」 ？～528 達磨、禅宗開祖 638～713 慧能、禅宗第六祖 700 ごろ「六祖壇経」 ？～867 臨済禅師 1120「臨済録」円覚宗演 1130～1200 朱熹 1125「碧巌録」 1229「無門関」無門慧開 1254「五家正宗賛」 1472～1528 王 陽明	538 仏教伝来 574～622 聖徳太子 607 法隆寺建立、680 薬師寺建立 754 鑑真来朝 767～822 最澄、日本天台宗 774～835 空海、真言宗 1141～1215 栄西、臨済宗 1200～53 道元、曹洞宗 1222～82 日蓮 1363～1443 世阿弥 1489～1571 塚原卜伝 1508～1577 上泉信綱 1523～1594 千 利休 1569～1628 小野忠明 1571～1646 柳生宗矩 1573～1646 沢庵宗彭 1584～1645 宮本武蔵 1685～1768 白隠 1727「田舎荘子」 1836～1888 山岡鉄舟 1868 明治維新、廃仏棄釈

<table>
<tr><th colspan="4">**悟り**（心の安らぎ）を得る修行道</th></tr>
<tr><th colspan="4">小乗仏教</th></tr>
<tr><td rowspan="11">**四諦八正道**（したいはっしょうどう・釈迦尊の四つの真理）</td><td colspan="3">**苦聖諦**（くしょうたい）
生まれて来た我々の世の中の様相は「苦」だと見極めること。
怨憎会苦（おんぞうえく）
愛別離苦（あいべつりく）
求不得苦（ぐふとくく）
五取蘊苦（ごうんじょうく）</td></tr>
<tr><td colspan="3">**苦集聖諦**（くじゅうしょうたい）
苦を引き起こすのは「渇愛」だということを見極わめること。</td></tr>
<tr><td colspan="3">**苦滅聖諦**（くめつしょうたい）
見極めた「苦」の原因である「渇愛」と執着を捨て去ること。「涅槃」、「慧解脱→心解脱」</td></tr>
<tr><td rowspan="8">**苦滅道聖諦**（くめつどうしょうたい）
悟りに到達する方法は「八正道」であるという真理。</td><td colspan="2">**正見**（しょうけん）
すべて無常であることを認め、中道の立場で四聖諦を見極める。</td></tr>
<tr><td colspan="2">**正思惟**（しょうしゆい）
正見に基づいて正しい思惟が生じます。</td></tr>
<tr><td>**正語**（しょうご）</td><td rowspan="3">正しい言葉、正しい行動、正しい生活、正しい努力をします。</td></tr>
<tr><td>**正業**（しょうごう）</td></tr>
<tr><td>**正命**（しょうみょう）</td></tr>
<tr><td colspan="2">**正精進**（しょうしょうじん）</td></tr>
<tr><td colspan="2">**正念**（しょうねん）
正しく四聖諦を見きわめるという意味</td></tr>
<tr><td colspan="2">**正定**（しょうじょう）
正念や正見に基づいて実現される「心の統一」つまり正しい禅定（禅をする）。</td></tr>
</table>

<table>
<tr><th colspan="3">大乗仏教</th></tr>
<tr><td rowspan="6">**六波羅蜜**（仏教の徳目としての「大乗の菩薩が悟りを得るために修行しなければならない六つの修行」）</td><td>**檀那波羅蜜**（だんなはらみつ）</td><td>喜びの気持ちでほどこす。檀那（Dāna ダーナ）は**布施**と訳します。布施をすることを喜捨（きしゃ）と言います。
財施：文字通り、金銭や物品を他人に施す布施です。地震や水害時などの義援金も、財施です。
無畏施：畏無施。無畏を施すこと。誰かの恐怖を取り除いてあげること。
無財七施：「雑宝蔵経」にあり、地位や財産がなくても容易にできる無畏施のひとつ。
眼施（げんせ）優しい眼ざしで接する。
和顔（悦色）施（わげんえつじきせ）優しい微笑みを湛えた笑顔で人に接する。
言（辞）施（ごんじせ）温かい思いやりのある言葉を掛ける。
身施（しんせ）肉体を使って手助けする。
心施（しんせ）思いやる。心から感謝する。
牀座施（しょうざせ）席、座を譲る。
房舎施（ぼうしゃせ）泊めたり休憩させる。
法施：仏の教えを説く出家者たる僧侶の役目。在家の方も仏様の教えを伝えること。また、パソコンの使い方、漬物の漬け方、暮らしの知恵などを教えて、人の役に立つこと。</td></tr>
<tr><td>**尸羅波羅蜜**（しらはらみつ）</td><td>戒を守る。尸羅（Śīla）は戒で、**持戒**のこと。即ち自分を律する内面的な道徳規範です。戒には、五戒
不殺生戒[フセッショウカイ]殺生をしない
不偸盗戒[フチュウトウカイ]盗みをしない
不邪淫戒[フジャインカイ]夫婦以外でしない
不妄語戒[フモウゴカイ]嘘をつかない
不飲酒戒[フインシュカイ]酒を飲まない
のほか、八齋戒、菩薩戒、十重禁戒、三聚浄戒、男性僧には二百五十戒、女性僧には三百五十戒の小乗戒があるそうです。</td></tr>
<tr><td>**羼提波羅蜜**（せんだいはらみつ）</td><td>堪え忍ぶ。羼提（Ksyānti）は**忍辱**と訳し、他人の迫害や侮辱に対して心を掻き乱されることなく耐え、さらに怒らず、恨まず、他者に悪心を抱かない。</td></tr>
<tr><td>**毘梨耶波羅蜜**（びりやはらみつ）</td><td>努力することを持続する。毘梨耶（Vīrya）は**精進**（しょうじん）で、六波羅蜜を修行します。八正道の正精進と同じこと。</td></tr>
<tr><td>**禅那波羅蜜**（ぜんなはらみつ）</td><td>心を静かに落ち着け自己を見つめる。**禅那**（Dhyāna）は禅定で禅をすること。四禅（四静慮）、四無色定、九次第定、百八三昧となるようです。</td></tr>
<tr><td>**般若波羅蜜**（はんにゃはらみつ）</td><td>すべては「空」であると理解する。般若（prajñā）は**智慧**。</td></tr>
</table>

仏教の五戒（ぶっきょうのごかい）

仏教の徳目としての「大乗の菩薩が悟りを得るために修行しなければならない六つの修行」が六波羅蜜です。そのうちの尸羅波羅蜜（しらはらみつ）が戒を守ることです。尸羅（Śīla）は戒で、「持戒」のこと。即ち自分を律する内面的な道徳規範です。小乗仏教では「八正道」のうちの「正語（しょうご）」「正業（しょうぎょう）」「正命（しょうみょう）」です。

在家信者の五戒は以下です。

不殺生戒（ふせっしょうかい）殺生をしない
不偸盗戒（ふちゅうとうかい）盗みをしない
不邪淫戒（ふじゃいんかい）夫婦以外でしない
不妄語戒（ふもうごかい）嘘をつかない
不飲酒戒（ふいんしゅかい）酒を飲まない

このほか、八齋戒（はっさいかい）、菩薩戒（ぼさつかい）、十重禁戒（じゅうじゅうごんかい）、三聚浄戒（さんじゅじょうかい）、男性僧には二百五十戒、女性僧には三百五十戒の小乗戒があるそうです。

武道（ぶどう）

相手を殺傷しようとする武術・技であると同時に、動じない精神を鍛え、礼を修め人格の完成、人のお役に立ち、社会に貢献し、人類の平和繁栄に寄与することをめざす、日本古来の伝統文化。格技。

日本武道競技会が**武道憲章**を一九八七年四月二十三日に制定し、日本剣道連盟も次のように「武道」を標榜しています。

「武道は、日本古来の尚武の精神に由来し、長い歴史と社会の変遷を経て、術から道に発展した伝統文化である。かつて武道は、心技一如の教えに則り、礼を修め、技を磨き、身体を鍛え、心胆を錬る修業道・鍛錬法として洗練され発展してきた。このような武道の特性は今日に継承され、旺盛な活力と清新な気風の源泉として日本人の人格形成に少なからざる役割を果たしている。いまや武道は、世界各国に普及し、国際的にも強い関心が寄せられている。我々は、単なる技術の修練や勝敗の結果のみにおぼれず、武道の真髄から逸脱することのないよう自省するとともに、このような日本の伝統文化を維持・発展させるよう努力しなければならない。ここに、武道の新たな発展を期し、基本的な指針を掲げて武道憲章とする」

第一条（目的）武道は、武技による心身の鍛錬を通じて人格を磨き、見識を高め、有為の人物を育成することを目的とする。

第二条（稽古）稽古に当たっては、終始礼節を守り、基本を重視し、技術のみに偏せず、心技体を一体として修練する。

第三条（試合）試合や形の演武に臨んでは、平素錬磨の武道精神を発揮し、最善を尽くすとともに、勝っておごらず負けて悔やまず、常に節度ある態度を堅持する。

第四条（道場）道場は、心身鍛錬の場であり、規律と礼儀作法を守り、静粛・清潔・安全を旨とし、厳粛な環境の維持に努める。

第五条（指導）指導に当たっては、常に人格の陶冶に努め、術理の研究・心身の鍛錬に励み、勝敗や技術の巧拙にとらわれることなく、師表にふさわしい態度を堅持する。

第六条（普及）普及に当たっては、伝統的な武道の特性を生かし、国際的視野に立って指導の充実と研究の促進を図るとともに武道の発展に努める。

不立文字　教外別伝　直指人心　見性成仏（ふりゅうもんじきょうげべつでん　じきしにんしん　けんせいじょうぶつ）

最も簡明直截に禅宗の考えを示したもの。「言葉では表せない種類の悟りを修行によって直接自分の心に問いかけて、自分の本当の姿、仏心仏性を看て取れ」ということ。禅宗の開祖である達磨大師が教えました。

「**不立文字**」とは、釈尊の悟りの内容をすべて文字で表現し尽くすことは不可能で、実際に体験してみることが、どんな言葉や文字にまさる、という意味です。**言詮不及**（ごんせんふきゅう）といって、本当のところは言葉では言い表せず、むしろ言葉が尽きたときが始まりです。

「**教外別伝**」とは、弟子の目覚め（悟り）によって、師から弟子の心から心へと伝えられるとする、という意味です。

「**直指人心**」とは、自分の奥底に秘在する心を凝視して、本当の自分、すなわち仏心、仏性を直接端的にしっかり把握する、ということです。「直指」とは、文字、言葉などの他の方法によらず、直接的に指し示すことを言います。「人心」とは、感情的な「心」ではなく、自分の心の奥底に存在する、仏になる可能性ともいうべき本心、本性、仏心、仏性といわれるものです。ですから、「直指人心」とは、相手の問に対して問の出てくる事前のところを問い返すこと。あるいはその問を発していないときの存在のありかたを問う方法です。例えば、「解脱とは何か」との問いに「いったい誰が君を縛っているのかね」、「悟りとは何ですか」との問いに「仏は一度だって迷っただろうか」、「浄土はどこにあるんですか」との問いに「誰が君を汚しているんだ？」と問いなおします。

「**見性成仏**」とは、自分の奥底に存在する仏心仏性になり切って、真実の人間になる、ということです。「見性」の見とは、対象そのものになり切る、一体、一枚になることです。性とは、直指人心、すなわち、仏心仏性を意味します。「成仏」とは、世間で言われるように死ぬことではありません。仏陀（覚者）になること、覚った人間になることです。

噴せずんば啓せず。非せずんば・・・（ふんせずんばけいせず・・・）

『論語』「述而第七」の八（「仮名論語」P.82）。「噴せずんば啓せず。非せずんば発せず。一隅を挙げて三隅を以て反さざれば則ち復たせざるなり」「分かろうと努力して歯噛みをするほどでなければ指導しない。言えそうで言えないと口をゆがめるほどでなければ手引きをしてやらない。四隅のうちの一つのことを示したら、残りの三つのことを自発的に研究するようでなければ二度と教えない」

へ

平常心（へいじょうしん）→「平常心」（びょうじょうしん）

辞書的には「へいじょうしん」で「ふだんと変わらない揺れ動くことのない心理状態」ですが、剣道では「心を乱される状況下にあっても」という意味を含めて、仏教用語として「びょうじょうしん」と読む場合が多いです。

碧巌録（へきがんろく）

中国の仏教書。『仏果圜悟禅師碧巌録（ぶっかこくごぜんしへきがんろく）』の略。「仏果」は北宋の徽宗（きそう）皇帝が賜った号です。碧巌集。

宋時代、圜悟克勤（えんごこくごん。中国・北宋時代の禅僧。一〇六三〜一一三五、七十二歳。成都彭州崇寧（四川省）の人。姓は駱、名は克勤、字は無著）が一一二五年に著しました。十巻。**雪竇重顕**選の公案百則に、「垂示（すいし、序論的批評）」、「著語（じゃくご、部分的短評）」、「評唱（ひょうしょう、全体的評釈）」を加えた形式です。

克勤は妙寂寺の自省法師に就いて出家。のち五祖山の法演に参じ、五祖法演禅師との脚下照顧の故事にあるように修行して印可を得ました。

生前に北宋の徽宗（きそう）皇帝から「佛果禅師」、南宋の高宗皇帝から「圜悟禅師」の号を賜い、諡号を「真覚禅師」と言います。弟子に大慧宗杲、虎丘紹隆らがいます。

第一則、**廓然無聖**（かくねんむしょう）、**不識**（ふしき）。

「頭の中で考えたり、本で学んだ知識などでおしはかれるものではない、あらゆる偏った見方、考え方を捨てて、仏様に身も心も預けて、仏様とともにその教えに生きる」ということ。この段階になって初めて真理と自分とがひとつになり、悟りがひらけるとされます。

梁の武帝、達磨大師に問う、「如何なるか是れ聖諦（しょうたい）」。

磨曰く、「廓然無聖（かくねんむしょう）」。

帝曰く、「朕に対する者は誰ぞ」。

磨曰く、「不識」。

武帝が達磨大師を迎え、「聖諦第一義（仏法の究極の真実）とは？」などと難しい仏教教理を問いかけたので、達磨は「チリ一つない徹底無が究極だ」とカラッと答えました。この意味が分からない武帝は「何もないわけないじゃないか、今、私の前にお前という僧が居るじゃないか」と言いました。達磨大師は「知らんわい！」と断じました。

第六則、**日々是好日**（にちにちこれこうにち）

「将来は何があるか分からないが、二度とない一日いちにちを主体的に全身全霊で生きることが大切だ。十五日後もそうであるし、今もそうである」と言う意味です。中国唐時代の雲門文偃（ぶんえん八六四～九四九年、八十五歳）禅師の語。雲門禅師はある日、大勢の弟子たちに向かって「十五日後の心境を一句ひねりなさい」と言ったのに、誰も持って来なかったので、雲門は自ら作って、「日々是好日」と言いました。

第十二則、**洞山麻三斤**（まさんぎん）

洞山の守初禅師が麻の目方を計っているとき「垂示に云く、殺人刀、活人劍は、乃ち上古の風規にして、亦た今時の樞要（とても大事なこと）なり。・・・仏とは何ですか」と聞かれて、「麻三斤」と答えました。仏とは「見るもの聞くものがすべて」という意味でしょう。

第十四則、**斬釘截鉄**ざんていせってつ）

「釘を斬り鉄を截つ」ということで「妄想や煩悩などの迷いをすっぱりと断ち切る」という毅然とした態度で強い決断力があること。「斬」と「截」はどちらも断ち切るということ。

第十六則、**鏡製草裏の観（きょうせいそうりのかん）**

「終日行而未嘗行、終日說而未常說、便可以自由自在、展啐啄之機、用殺活之劍」「終日行じて未だ嘗て行ぜず、終日説いて未だ嘗て説かずして、便ち以て自由自在にして、**啐啄の機**（そったくのき）を展べ、**殺活の劍**を用うべし」

僧、鏡清（きょうしょう）に問う「学人啐す、請う師、啄せよ」（私は十分に悟りの機が熟しております、私は今まさに自分の殻を破って悟ろうとしています、どうぞ先生、外からつついてください）

清云く「還（は）た活くることを得るや」（本当に悟ったのかしら）

僧云く「もし活（い）きずんば、人に怪笑（あざわらわれん」（もし悟ってなかったら世間に笑われます）

清云く「また是れ草裏の漢」（この煩悩まみれのたわけものめが）

成長のための、教わる弟子と教える師の効果的な機会と働きかけの妙味を言っています。啐啄同時とも。「啐」は卵の殻を内側から雛が嘴でコツコツと突っつく音。「啄」は殻を外からは親鳥がコツコツと突っつく音。雛が孵るときは、雛の力だけでは殻は割れず、親の協力が一致して初めて可能になります。師弟も同じで、まず教わる方が一心に学び、成長の壁を乗り越えられずに行き詰っているとき、先生は効果的な指導をします。例えば親子もそうですが、相互に理解しあう関係にあって、あることが起こるようになるきっかけ（機縁）が熟した時が分かり、その時に指導するのが理想です。

第四十二則、**西江水**（せいこうずい）

「自然と一体になったときに、真理の世界に入り、見事に価値を得る」と言う意味です。「後参馬祖、又問、不与万法為侶、是什麼人。祖云。待你（なんじ）一口吸尽西江水、即向汝道。士豁然大悟、作頌云、十方同聚会、箇箇学無為、此是選仏場、心空及第帰」「石頭（せきとう）に参じた後、龐居士が馬祖に、仏法の本質（いっさいの存在を超越するような者）を知ろうとしたらどうしたらいいのでしょうか、と聞いたら、馬祖は、あなたが一口で西江（揚子江）の水を吸い尽したら（自然と一体になったとき）、答えてやるよ、と言いました。そのときぱっと悟って偈頌を作って、言いました。

十方同聚会。箇箇学無為。これは是れ選仏場。心空及第して帰ると」

柳生新陰流の秘歌に、「兵法の数の習いを打ち捨てて、西江水を一口に呑む」というのがあります。また、柳生新陰流の技の名前（第三段、躰（体））にもなっています。「躰と心は一つ也。躰のなす所は心のなす所也。心をすてては、躰はたらかず、心と躰と一つなれば、所作違う事なし」と注釈があります。大森曹玄は『剣と禅』のP.134に「すべての習いを除き去り、『心を定め、たんぷと水に入って敵をのんで以って不動という心』で、腹の臍の囲りと、背中、特に腹の裏と、そして全身に活気を充実し、心・身・刀を一つにして『西江水、ソノママノスガタ』で『つっ立った身』を現ずるところが西江水であり、それが新陰流の『無形の位』というものであろう」と書いています。掛け軸には「一口吸盡西江水（いっくに　きゅうじんす　せいこうの　みず）」と書きます。

第四十五則、**萬法帰一**（ばんぽうきいち）

あらゆるものが一つにつながり、関わりあって存在しているということ。「円相（えんそう）」にもつながります。ある僧が趙州に問います。「萬法は一に帰す、一何れの処にか帰す」（すべてのものは一に帰すといいますが、それじゃぁ、その一はどこに行くのですか）。すると趙州は「わしが青州におったとき、一領（一枚）の布衫（ふさん、短い衣）を作ったが、その重さが七斤あったよ」と、さらりと答えました。この意味は分かりにくく、何十年も修行した僧が昔から大勢いると言われています。趙州は日常の著衣喫飯、起居動作、一挙手一投足のすべてが不即不離に関わりあって一つになっていることを「一領の布衫の七斤」にぶっきらぼうにたとえたのです。「その一」は「すべての存在には実体的なものは何も存在しない」という真理そのもので、**真如**（しんによ）、**法性**（ほっしょう）、**一心、自性清浄心**（じしょうじょうしん）、**真如**(しんによ)、**法界**(ほっかい)、**涅槃**(ねはん)などと言います。華厳経の中の「**一即一切、一切即一**」の語は、「一つの微塵も宇宙の一部であり、また宇宙は一つの微塵も宇宙を示している。あらゆるものが無縁の関係性（縁）によって成り立っている（「**法界縁起**」という）」と言っています。

第六十三則、南泉斬猫。南泉一日東西兩堂爭猫兒。南泉見遂提起云。道得即不斬。衆無對。泉斬猫兒爲兩段」「諸君、よく聞きなさい。ある日、南泉普願の門下の雲水達が東西に分かれて猫について言い争っていました。南泉は見かねて、猫をつまみ上げて言いました。「何か言うことができれば斬らない。」大衆は何も答えられませんでした。南泉は猫を真っ二つに**一刀両段**してしまいました。ここでは「両断」ではなく「両段」としています。

『無門関』第十四則、『従容録』第九則や『正法眼蔵随聞記』巻二、『永平頌古』第七十六則などにも出てきます。

第百則、**吹毛剣**（すいもうのけん）

吹きかけた毛髪すら両断するほどの切れ味の剣。名刀。僧が巴陵顥鑑（こうかん）に聞きました。「どういうのが吹毛剣（吹きかけた毛が切れたという伝説の名剣）ですか」。巴陵は答えて「珊瑚が枝の一つ一つが月光を受けとめて美しく輝いている」と答えました。この剣は私たちの煩悩、執着、妄想を断ち切る「般若の智剣」を指しているのです。

変化のレベルと受け入れ

変化のレベル（程度）によってその困難度が増します。
①知識レベルの変化（Knowledge）……………困難度一。
②技能レベルの変化（Skill）…………………困難度三。
③態度（心的）レベルの変化（Attitude）…………困難度五。
④価値観、組織文化レベルの変化（Vlue,Cultural）…困難度七～十。

変化を受け止めていく心理的局面は次のように変わって行きます。

①Shock　「えっ！」　ショックを受ける。
②Disbelief　「まさか！」　信じられない。
③Regret　「しまった！」悔やむ。
④Projection　「あいつのせいだ！」なすりつける。
⑤Rationalization「しかたない。まあいいか」言い聞かせる。合理性を考える。
⑥Integration　「一概に悪いとは言えない。いい面だって」統合化、調和化。
⑦Acceptance　「よし！認めよう」受容。変化の受入れ。変化へのアレルギーがなくなる。

それではどういうときに変化に抵抗するのでしょうか。

変化に対する抵抗の諸原因は以下です。
①変化の目的、目標が不明確のとき
②変化を受ける側が計画への参画が不十分のとき
③変化についてのコミュニケーション不足のとき
④変化を受ける側が個人的利害特質、個人的主張の上に立っているとき
⑤変化を受ける側が十分に報われない（やり甲斐がない）と思うとき
⑥変化を受ける側に未知や失敗への恐れのあるとき
⑦変化を受ける側が現状満足のとき
⑧変化の推進者が集団規範を無視してかかるとき
⑨変化の推進者に対して信頼がないとき
⑩変化が急激過ぎるとき

扁額（へんがく）

門や室内にかける、文言を書いたり彫り込んだりした横長の額のこと。「扁」は入り口にかける札という意味。道場内に教えをかけてあることが多いです。また、その文言は手拭いにすることも多いです。

ほ

防具か剣道具か？

全日本剣道連盟が結成された翌年の一九五三年に制定された「全日本剣道連盟試合規程」から「防具」でした。一九七九年の剣道試合規則・剣道審判規則改正で、試合規則の第八条に「剣道具は、…」と定められ、「剣道具」になりました。

放下著（ほうげじゃく）

『従容録（しょうようろく）』第五十七則と、『五家正宗賛(ごけしょうじゅうさん、一二五四年に南宋の希叟紹曇が初祖菩提達磨より五家の各派に至る祖師七十四人の略伝を掲げて、各派の宗風の綱要を明らかにし、四六文による賛頌を付しました)』の趙州(じょうしゅう)和尚の章にある話です。『六祖壇経』には探せませんでした。

「著」は、「～せよ」という意味ですから、「執着を離れよ」「こだわるな」「捨て去れ」という意味です。

厳陽尊者趙州に問う、「一物不将来（ふしょうらい）の時如何」。趙州「放下著」。厳陽「已に是れ一物不将来、這の什麼をか放下せん」。趙州「恁麼ならば即ち担取し去れ」。

「何もかも捨て去って一物も持っていないとき如何致しましょう。投げ捨ててしまえ。既に何も持っていないのに何を捨て去れと言われるのですか。それなら何も持っていないということに執着する心を棄ててしまえ」。

木刀による剣道基本技稽古法

一、目的

① 竹刀は日本刀という観念を理解させ日本刀に関する知識を養う。

② 木刀の操作によって剣道の基本技を習得させ、応用技への発展を可能にする。

③ この稽古法の習得によって。日本剣道形への移行を容易にする。

二、基本指針

① 所作事は「日本剣道形」に準拠する。

② 木刀を使用、幼少年は発育段階に応じて適切な木刀を使用する。

③ 習技は集団指導により、相互に平等の立場で行うという観点から「元立ち」「掛り手」と呼ぶ。

三、構成

基本一、一本打ちの技、「正面」「小手」「胴（右胴）」「突き」

基本二、二・三段の技（連続技）、「小手→面」

基本三、払い技、「払い面（表）」

基本四、引き技（鍔競り合い）、「引き胴（右胴）」

基本五、抜き技、「面抜き胴（右胴）」

基本六、擦り上げ技、「小手擦り上げ面（裏）」

基本七、出ばな技、「出ばな小手」

基本八、返し技、「面返し胴（右胴）」

基本九、打ち落とし技、「胴（右胴）打ち落とし面」

木刀による剣道基本技稽古法は「級」を取得するために小学生が学ばなくてはならず、日本剣道形は中学生が「段」を取得するために必要なので、習得に倍以上の時間がかかり、教育現場での困惑を引き起こしています。

煩悩（ぼんのう）

身心を乱し悩ませ、智慧をさまたげる心のはたらき。四九で三十六、八九で七十二、合せて百八あるとか。煩悩の根源（人間の諸悪の根源）は、**妄想三毒五欲**というさまざまな欲望に執着することです。

「三毒」とは「貪瞋痴（とん・じん・ち）」とも言い、

貪欲（とんよく）自分の幸せばかり求める貪(むさぼ)りの心
瞋恚（しんに・しんい）自分の意にそむくものへの瞋(いか)りの心
愚痴（ぐち）物の道理、真理がわからない迷い、痴(ち)の心です。

「五欲」とは、財欲、色欲、食欲好、名誉欲、睡眠欲、です。

中国唐代の馬祖道一禅師の門下の汾州無業禅師（ふんしゅうむごうぜんし、七六〇〜八二一、六十一歳）の語といわれ、無業和尚は常の口癖のように「莫妄想」を唱え、この語をもって人々を接化教化したと言われます。

元寇の危機にさらされていた鎌倉時代、執権・北条時宗は、強大な元軍とどう戦ったら勝てるのか悩み、中国から招いていた無学祖元禅師（むがくそげん）を訪ね伺うと、無学禅師は「**莫妄想**」と大書して渡しました。時宗はこの一言で決心を固め、「今できる限りの防備に全力を尽くして、あとは天命を待つ」心境に至ったといわれています。元軍は二度とも暴風雨に襲われ、壊滅状態になりました。

ま

間（ま）、間合（まあい）

お相手と自分の間の空間的、時間的、心理的な「自分がどこから打てるのか」という間隔です。「間」も、「間合」も同じ意味です。

① 空間的には、相手と自分の実力の差によって**打突可能な距離**。
② 時間的には、構えから打突までの時間や、「間拍子」や「拍子の間」などの**タイミング**。
③ 心理的には、「己に近く敵より遠い」というような、相手と自分の実力の差によって起きる**精神的な距離や時間**。

「間(ま)」という言葉は、例えば「遠間」のように「遠い『間合』」が省略されている場合もありますが、時間的距離やタイミングを指すことが多く、「間に合う」「間が悪い」「間伸び」「間違い」「間抜け」「変間（へま）」「飛間（とんま）」「間誤（まご）つく」などの言葉があります。いずれにしても、自分がどこからだったら打てるのか、日ごろの稽古のときに自分の間合を知ることが大切です。自分の打ちが届くかどうかをお相手との距離を認識することを「**間積もり**（まづもり）」と言い、ギリギリのところで届かない距離を取ることを「見切る」と言います。

本書の「『攻めて』、『動く先』を読んで打つ」という「攻め打ち」では、「攻め」は「打つ途中」の気と形ですから、触刃の間合いから交刃の間合いまでの出入りのみを考えますので、取り立てて間合いを気にすることがなくなります。常に打ちに行くのです。

唯心一刀流の古藤田弥兵衛俊定の書いた、一刀流の伝書『一刀齋先生剣法書』にも「勝負のポイントは、間にある。自分が利を得ようとすれば、相手もまた利を得ようとします。自分が（打って）いこうとすれば、相手もまた（打って）来る。勝負の大切なポイントは、この間というものにある。よってわが流派の間というものは、位が拍子にまさった状態をもって間というのである。敵に向かって、その間に一毛をも入れず、その危険をも顧みず、すぐさま利点に乗じ、相手に応じて生かすも殺すも自由な位に至るのである。もしも心が間にとらわれる時は変化できない。自らの心が間にこだわらない時は、間は明白なものとして、その（あるべき正当な）位にあるのである。よって心に間をとどめず、間に心をとどめず、**水月の位**に至ることができるようにすべきである。道理も技も超越した位を水月の本心というのである。だから（そこに到達したいと）求めるのであれば、それは水月（の位）ではない。心が清らかに静かに、曇り一つない時は、すべてがみな水月である。（そうなると）たどりつけない所はないのである」と無心の状態こそ肝心だと言っています（「武道秘伝書」吉田豊一九六八年徳間書店P.127）。

しかし、この心の間合を体得するのは一朝一夕には行きませんので、有形の間合を学びます。それが以下の三つです。この三つは空間的な「有形の間合」と言われ、千葉周作は「**間合三段の位**」と言っています（千葉勝太郎編千葉周作遺稿『剣法秘訣』四、剣術他流試合心得。「近代剣道名著大系・第二巻」P.218、244）。

① **遠間**とは、お相手とお互いの「横手」を合わせた位置。竹刀で言うとお互いの先革が重なる位置。もう一歩入らないと踏み込んでも当らない位置。「**触刃の間（しょくじんのま）**」とも言います。構えたら、まずはこの間合をとり、一足一刀の間合に攻めて進むことで、隙を作って打突します。お互いに打突が届かない距離をとることを「間を切る」と言います。

② **一足一刀の間合**とは、剣が三センチ程度重なる、一歩踏み込み一振りすれば相手を打突でき、一歩さがれば相手の攻撃をはずすことのできる、相手との距離。「彼我太刀をとり相対し、一歩踏み込めば相手を撃突し得べき位置に迫ったとき、彼我たがいに間合に入った、あるいは間合に接したという。間合に入ったならば、それより一歩踏み込めばわが打った太刀は相

手に届き、一歩退けば相手の打つ太刀はわが身からはずれる。この場合太刀下三尺、相手の太刀下三尺と見て、その間合を約六尺としてこれを「一足一刀の間合」といい、通常間合の基準とする」（佐藤卯吉範士著『永遠なる剣道』より）。

水月の矩（すいげつのかね）も一足一刀の間を言います。蒨園せんえん（「セン」は草冠ににんべんに青一七二八年～？）が七十二歳の一八〇〇年に書いた『剱術秘傳獨修行（ひでんひとりしゅぎょう）』にあります。「場合の事。場合とは、相手と我と立ち向かいたるあいだなり。遠ければ太刀届かず、近ければつかえてはたらき自由ならず。いかほどということ、兼ねて定め難し。度々立ち合いて、自然に合点ゆくべきなり。これを水月の矩という」「場合とは相手と自分との向かい合った間のことである。遠ければ太刀が届かず、近ければつかえて自由がきかない。どのくらいが良いかということは定められない。何度も立ち合ううちに自然に合点がゆくものである。これを水月の矩（かね）という」。千葉周作と高野佐三郎の「水月の矩（かね）」は敵の動くに従って変転自在に打ち勝つことです。

③ **近間**とは、攻めが弱いか、相手の反応が無かったか、意地の張り合いで、「一足一刀の間合」より入ってしまった位置。そこから面を打てば**元打ち**となり、一歩退けばすかさず相手から打突される危険な距離。初心者が打ちやすいので、指導をするときに使います。

④ 「**見切り**」とは、「相手の間合」を読み切ることができれば、「相手の間合」の外にいられるので打たれません。自分の構えや体勢を崩すことなく、攻撃できる十分な備えを持って、刀を使うことなく体さばきでスッと躱す（かわす）ことを「見切り」と言います。刀で避（よ）ける動作は、相手の刀が上にあるので、もし自分の刀が折れたり避け損ねたときには切られる危険があります。しかし、「見切る」ことができれば、相手の刀は自分の上にないので無効になります。「太刀風三寸にして身をかわす」とか「**一寸の見切り**（いっすんのみきり）」とも言われます。柳生流では「**鳥飼い間ぎり**（とりかいひぎり）」という稽古で、幼い頃からギリギリで反射的にかわす稽古を積んだようです。袋竹刀（ふくろしない）なので失敗して頭や顔に当たることがありますが、勇猛心をもってまたたき一つしないように稽古します。獣のような危機察知力と反射能力を得て、突然切りかかられても、自然にかわせるようになったようです。

⑤ 「**敵より遠く我より近い**」とは、「明鏡止水」の心境で一点の曇りもない無念無想なA名人に対して、打たれたくないあまり驚恐疑惑の雑念で動作が鈍くなっているB有段者が立ち合ったら、B有段者は「届かない」という思いになり、A名人は「敵より遠く我より近い」有利な状態になります。この心理的要因による間合を「無形の間合」「心の間合」と言います。

⑥ 「**間合に明るい**」とは、まず、「自分の間合」を知ります。自分がどのくらい、どのように入ったときに、一足一刀で面や小手や胴を打てるのか、突けるのかです。二足一刀で打突する間合、相手が打ってくるときにさばいて返し胴を打てる間合、擦り上げ面を打てる間合なども知ります。「自分の間合」と「相手の間合」は、体格、筋力、錬度、心境で相対的な差が出ます。例えば、構えたときに竹刀の間が5センチも離れているのに一足一刀で面を打てる

背の高いC有段者とD初心者が立ち合ったら、D初心者が打ち始める前に打たれてしまいます。そこで、「相手の間合」を測ることで、打たれない間合を知ります。上段や二刀流の間合も学んでおきます。「相手の間合」から一歩下がることを「間合を切る」と言います。打ち終わった後は間合を切って残心をとることが望ましいです。

⑦「**間合の攻防**」とは、自分の攻めとお相手の攻めとのやり取りです。「打たれずに打つ」ために、打突の機会をお互いに探ることです。「間合での攻防」が正しい表現かも知れません。「剣先の攻防」と言う場合もあります。

参った（まいった）

相手を認め、敬（うやま）い、自分の非力や負けたことを自分から認めること。素晴らしい日本語の一つ。「この暑さには参った（=閉口する）」「彼女に参っている（=すっかりほれている）」などにも使われます。剣道では、相手の打突を認めるときに、相手に対して、「参りました」とか「一本頂戴しました」と言ったり、黙って相手に礼をしたり、小手をとられた場合は小手を上げて示したりします。素晴らしい稽古をする人は、有効打突にいたらなくても機会を作られたら「参った」します。事実や良いものを認める、謙虚な剣道をしましょう。少し先に打たれていても「自分の方が早い」という感覚の時があります。自分のビデオを撮って冷静に確かめましょう。日常生活でも、この謙虚さは尊いです。多いに降参しましょう。

魔女の一撃（まじょのいちげき）

ドイツ語の「Hexen schuss」。英語では「Blow of the witch」いずれも「魔女」のせいなのですね。ぎっくり腰のこと。

急激に起きる腰痛の総称で、大半が「腰椎捻挫」によるものです。アキレス腱断裂、ひふく筋断裂、五十肩と並んで、剣道をする人に多い障害の一つです。

四十歳を超えると、腹筋を鍛えないと背筋が弱くなっています。それが主たる原因です。

曼荼羅（まんだら）

密教の経典にもとづき、主尊を中心に諸仏諸尊の集会(しゅうえ)する楼閣を模式的に示した図像でしたが、仏教では、空海がもたらした「金剛界曼荼羅」と「胎蔵曼荼羅」があり、この二つを合わせて、「両界曼荼羅」といいます。また、仏教の根本思想を表した「六道曼荼羅」もあります。

金剛界曼荼羅は、悟りと智の曼荼羅で、「金剛」すなわちダイヤモンド、大日如来の智慧が、何ものにも傷ついたり、揺らぐことはないということを表しています。また、これは九つの区画で構成されていますので、「金剛界九会曼荼羅」とも言われることもあります。

「胎蔵界曼荼羅」は、「金剛界曼荼羅」と対にして扱われ悟りと慈悲が現実の世界に広がる様が現れている図です。「胎蔵」とは、「大悲胎蔵生（だいひたいぞうしょう）」のことで、子供が母親の胎内で育つように、大日如来によって、悟りの本質が生まれてくるという意味です。四仏と四菩薩の八つの蓮華の中心は大日如来です。

輪廻をモチーフにした「六道曼荼羅」には、ブッダの教えの四つのエッセンスが示され、無知や渇望、執着を知恵に変え、怒りや憎しみを愛に変え、プライドやエゴを慈悲にしようと努めることで、人間は苦悩から解き放たれるのだということを表しています。

み

道（みち）

道路、行政区画、仏教徒として修行すべき行い、または仏教の教え、中国哲学上の術語、道教の略、修行が必要なお稽古事などを表します。

字は、「首」つまり「人間」と、「しんにゅう」は止ると行くという字でできているので、「道（みち、どう、タオ）」とは人間が行きつ戻りつするところという意味でした（「漢字の成り立ち事典」**P.52**）。

仏教や儒教や道教では、この意味から発展して人間が何べんも同じことを反復思考して得た最高至善のものに至るもので、しかも私たちがとても及ばない崇高な境地を指すのではなく、私たちが歩くことができるものでもあると言います。

「習字」を「書道」、「いけばな」を「華道」というように、人間的な成長を師弟関係で促進することを、「道」と言うようです。そして、成長のプロセスが重要視されます。

老子は第二十五章（『老子P.115』）で、「道は自然そのものだ」と言っています。

荘子では多分「道」とは心を虚にして、無心になりきることを指すのではないでしょうか。無心になりきって、いっさいをあるがままに受けいれていく、これが「道と一体になる」という無限に自由な生き方なのだと言っているようです。『荘子』第二冊P.99で、そもそも道は、天地のように万物をおおい、万物を載せるものである（天地篇 第十二）と言っています。

儒教の『四書』の一つである『中庸』「第一章」一の冒頭で「天の命ずるをこれ性といい。性に従うをこれ道という。道を修むるをこれ教（おしえ）という」と言っています。「性」とは「生まれながらに持っている心」であり、その生まれつきの心のままに生きてゆくのが「道」です。その道の修行鍛錬が「教」です。続けて「道というものはほんのしばらくの間も離れることのないものである。離れられるようなものは、道ではない」と書いてあります（「大学・中庸」P.141）。

孟子は、「道はごく身近なところにあるのに、人はこれをわざわざ遠いところに求めようとする」と言っています（離婁（りろう）章「孟子・下」P.32）。

三所（処）避け（みところよけ）

左手を頭上にとり、右手を右前に出し、竹刀を斜め前に傾け、小手、面、胴の三カ所全部を守る方法。攻撃が一切できないのに負けたくないためにする、恥かしい行為です。剣道は攻め打ちか、さばいて打つことが正しいのです。井上正孝は「一文字開き」と書いています。

峰打ち（みねうち）

刀の峰で打つこと。殺さないで、特に打撃だけ与える目的での刀法。よく時代劇などで使われます。

しかし、東京都無形文化財保持者の刀匠の吉原国家氏は、「峰打ちは折れることが多い。零下になるところでは折れやすい」とのことです。刃側はマルテンサイトという非常に固い鋼なのですが、体積膨張が大きいため高張力になっており、脆いからだそうです。

なお、刀の側面でたたくことは「平打ち（ひらうち）」と言い、「刃筋が立たない」ので斬れません。

宮本武蔵（みやもとむさし）

一五八四～一六四五年、六十一歳。

名は玄信、政名、新免武蔵(しんめんむさし)。播磨(はりま)または美作(みまさか)国吉野郡竹山城下讃甘村宮本生れ。父は新免武仁、祖父は平田将監。

他流試合を続け、一度も負けることがなかったそうです。父より十手を習い、それを土台にして剣法を工夫して、「心月円明」から円明流と称したようです。『五輪書』の序では、「兵法の道、二天一流(にてんいちりゅう)と号し」、「地の巻」の五番目の「この一流二刀と名付る事」では「二刀一流（にとういちりゅう）」と二つの名称が用いられています。

吉川英治（一八九二～一九六二年、六十八歳）が『宮本武蔵』を一九三五年から約四年間、朝日新聞に掲載し、大人気を得ましたが、そこでは、巫女の打つ太鼓のバチさばきや、百姓の水喧嘩に巻きこまれ両手に棍棒を持って振り廻していたのにヒントを得て、武蔵自身が「太刀を片手にて取り習わせんが為なり」と言ってるように、まさかの時に左右両手が自由に使えるようにするために工夫修練したものと考えられます。真剣勝負において二刀を使ったことはなく、巌流との試合も一刀だったと考えられます。

現在でも兵法二天一流玄信会（福岡県太宰府市）で第十一代継承者宮田和宏氏が形を伝えています。一刀で演武する「一刀太刀勢法」と、二刀流の「二刀太刀勢法」の二種類があります。

書画でも優れた作品を残しています。

一六四一年に細川藩主、細川忠利の命により、初めて自ら編み出した兵法「二天一流」の心得や太刀筋（技法）、体のさばき方について、『兵法三十五箇条』にまとめました。『五輪書』に書いていない項目が八つあります。『五輪書』は八十項目あります。

晩年に書いた「**獨行道**（どっこうどう）」です。

一、世々の道をそむく事なし
一、身にたのしみをたくまず
一、よろずに依枯の心なし
一、身をあさく思ひ、世をふかく思ふ
一、一生の間よくしん思わず
一、我事において後悔をせず
一、善悪に他をねたむ心なし
一、いずれの道にもわかれをかなしまず
一、自他共にうらみかこつ心なし
一、れんぼの道思いよる心なし
一、物毎にすきこのむ事なし
一、私宅においてのぞむ心なし
一、身ひとつに美食をこのまず
一、末々代物なる古き道具を所持せず
一、わが身にいたり物いみする事なし
一、兵具は格別よの道具たしなまず
一、道においては死をいとわず思う
一、老身に財宝所領もちゆる心なし
一、仏神は貴し仏神をたのまず
一、身を捨て名利はすてず
一、常に兵法の道をはなれず
正保弐年五月十二日　新免武蔵　玄信(花押)

乾坤をその侭庭に見るときは我は天地の外にこそ住め
筑波山葉山繁山繁けれど　打ち込む太刀は真の一刀
蟻の這う　音も聞こゆるほどまでに心すまして場に入るべし

武蔵晩年の一六四三年から死の直前の一六四五年にかけて、熊本市近郊の金峰山にある霊巌洞で『**五輪書**』を執筆したようです。密教の五輪（五大）の「地、水、火、風、空」の五巻構成で、勝つための合理的な戦術、戦略術が良く書かれており、ビジネス書としても世界中で読まれています。

魅力（みりょく）

呂坤（りょこん。呂新吾とも。八十三歳）は、ずるがしこい官僚のはびこる混迷腐敗の中国・明代万暦年間に、官僚政治家として多くの治績を上げていましたが、「政治がうまくゆくか否かは、上に立つ者の姿勢にある」と改革を上書しました。それが非難されると病と称して下野。学究の道に果てた硬骨の士です。呂坤が書いた『**呻吟語**』は大塩平八郎をはじめ多くの人々に強い影響を与えました。

「魅力」あるリーダーを次のように語っています。

深沈厚重ナルハ其レ第一等の資質
磊落豪雄ナルハ其レ第二等の資質
聡明才弁ナルハ其レ第三等の資質

これを、**伊藤肇**（一九二六〜一九八〇年、五十四歳。安岡正篤の高弟で昭和後期の評論家）が『人間的魅力の研究』で、歴史上の人物を挙げて解説しています。

む

無財七施（むざいのしちせ）

『雑宝蔵経』にあり、地位や財産がなくても容易にできる無畏施（むいせ）です。


眼施（げんせ）優しい眼ざしで接する。

和顔（悦色）施（わげんえつじきせ）優しい微笑みを湛えた笑顔で人に接する。

言（辞）施（ごんじせ）温かい思いやりのある言葉を掛ける。

身施（しんせ）肉体を使って手助けする。

心施（しんせ）思いやる。心から感謝する。

牀座施（しょうざせ）席、座を譲る。

房舎施（ぼうしゃせ）泊めたり休憩させる。

法施（ほうせ）：仏の教えを説く出家者たる僧侶の役目。在家の方も仏様の教えを伝えること。また、パソコンの使い方、漬物の漬け方、暮らしの知恵などを教えて、人の役に立つこと。

武者修行

戦国末期から江戸時代にかけて、武士が武術修行のために諸国を旅してまわったこと。諸国の大名や領主も優れた剣客や師範を求めていたという事情と、長男でないため家督を継げない武士や牢人になった武士が仕官先を捜すなどの目的もありました。商業活動の活発化によって各地に都市が形成され、それらをつなぐ交通網も整備されたことで旅ができる条件が整ったことも助長しました。

江戸時代はじめに他流試合が禁止されて一時は下火になりましたが、天保（一八三一〜一八四四年）の頃から幕末にかけて盛んになりました。明治、大正時代も多くの剣士が武者修行したようです。

無念無想（むねんむそう）

自然に状況の変化に対応できる、迷いや自分勝手な意思や思い込みがない、理想的な心の状態。**無心**も同じ。

剣道では、相手に自然に反応して、思い切って技が出せるように、張り詰めて攻めて、機会を作っている無心な状態です。「**四戒**」または「**四病**」ともいう驚（きょう）、懼（く）、疑（ぎ）、惑（わく）といった心の混乱や、自分の気持ちが一時的に止まって瞬間的動作のできない心が居着く「**止心**」という状態、「**狐疑心**」「**疑心暗鬼**」といった疑い深く進退の決心がつかない心、勝敗や自分の利己的な考え、などの心や体の自由を奪う状態から解放された、虚心坦懐、光風斎月の心境です。

以下の言葉も同義です。

①**明鏡止水**　原文は『荘子』「内編」「徳充符編（とくじゅうふ）」（「荘子 第一冊 P.149~154」）「人莫鑑於流水、而鑑於止水、唯止能止衆止」「人は流れている水面を鏡とはしないで、静止した水面を鏡とする。静止しているからこそ、他の多くの静止したものを止められるのだ」と、「鏡明則塵垢不止、止則不明也、久與賢人處、則無過」「鏡が光っていれば塵はつかない。塵がつくのが鏡が曇っているのだ」の二つに分かれて出て来ます。

柳生宗矩は『兵法家伝書』で、「心は水の中の月に似たり、形は鏡の上の影の如し」と言っています（「兵法家伝書」P.80）。

②**平常心**（びょうじょうしん）・いついかなる時でも、いつもとなんら変わらぬ態度。柳生新陰流の伝書に「何もなす事なき常の心にて、よろづをするとき、よろづの事、難なくするとゆくなり」と説かれ、さらに「此の平常心をもって一切の事をなす人是れを名人と云うなり」と、平常心は名人の境地であるとしています。語源は、『無門関』第十九則に出てくる修行者の趙州と師の南泉和尚とのやりとりで、平常心是道（びょうじょうしんこれどう）です（「無門関提唱」P.220）。「平常心」とは、「心が動じない」のではなく、「ありのままの心、ありのままの姿を認め、受け入れるとき、自分が否定し排除しようとした自分の心はなくなり、障りとする緊張感はなくなり、それなりの平常心があるのみ」という意。

③**不動心**　『不動智神妙録（沢庵禅師）』には、「心の唯一所に止めぬ工夫、是れ皆修行なり。不動とは『我心を動転せぬ事』にて候、動転せぬとは物毎に留まらぬ事にて候。物一目見て其の心を止めぬを不動と申し候」とあります。「独楽は自転しているので何かがぶつかっても倒れない」ことにも例えられ、どっしりと動かないことではありません。

④**放心**　一般には、「何も考えず注意力を失った状態」を言いますが、剣道では「自然に状況の変化に対応できる、自分勝手な意思や思い込みがない、理想的な心の状態」です。

孟子の言う「其の放心を求めるのみ」は「自分のなくした心（義や仁）を探し求めよ」（「孟子・下」P.253）です。沢庵禅師は不動智神妙録の「放心を求めよ」で、孟子の考えを紹介しつつ、邵康節（しょうこうせつ。一〇一一~一〇七七、六十六歳。宗の哲学者）の考え「蓮の花が泥に染まらない様に、心も染まらぬように放っておけ」という「求放心」を紹介しています（沢庵 不動智神妙録 P.99）。

⑤**無心**　仏教でいう、「一切の妄念を離れた心」。これに対して「有心（うしん）」と言います。良寛（りょうかん、一七五八~一八三一年、七十二歳。江戸時代後期の曹洞宗の僧侶、歌人、漢詩人、書家）の詩「花無心招蝶　蝶無心尋花　花開時蝶来　蝶来時花開　吾亦不知人　人亦不知吾

不知従帝則」「花は無心にして蝶を招き、蝶は無心にして花を尋ぬ。花開くとき蝶来たり、蝶来たるとき花開く。吾また人を知らず、人また吾を知らず。知らず、帝の則に従う」「作為なく、天地の道理に従って生きている」ということです。

無門関（むもんかん）

中国宋代に無門慧開（一一八二〜一二六〇年、七十八歳）によって編集された公案集。中国宋代一二二九年成立。臨在宗は**看話禅**（かんな）と言われ、「公案（こうあん）」を師から出されて答えることで修行を積みます。無門関には四十八の公案があります。

自序、**大道無門**（だいどうむもん）。「大道無門、千差路（みち）有り。この関を透得せば、乾坤（天地）に独歩せん」とあります。「どこから入ろうと自由自在。『おれが』という関を通れば、わが身は天地に独歩できる（「無門関提唱」**P.1**）。

第一則、趙州狗子（趙州無字）（じょうしゅう　くす〈むじ〉）「無門曰く、参禅はすべからく祖師の関を透るべし。妙悟は心路を窮めて、絶せんことを要す。祖関透らず、心路絶せずんば、尽くこれ依草附木の精霊ならん」「禅の実践は、先ず最初に「祖師の関」を透らなければならない。それから、悟りを得る道に踏み込み、己事究明を通じて「心」を窮め、夢想、妄想、煩悩から解放されることが肝要で、祖師の関も透らず、夢幻や妄想に取り付かれたまま、煩悩を滅さずに「禅」に取り組んでも無駄である」。「趙州ちなみに僧問う、狗子に還って仏性有りや、また無しや。州云わく、無」「趙州にある僧が「犬にも仏性があるでしょうか」と尋ねると、趙州は「無」と答えた」というだけですが、禅者が最初に与えられる課題で、これを解くのに三年はかかるといわれているほどの難問です（「無門関提唱」**P.14**）。元は**趙州録第十八則「趙州狗子」**です。

第六則、**拈華微笑**

「世尊昔在靈山會上、拈花示衆。是時衆皆默然、惟迦葉尊者破顔微笑。世尊云、吾有正法眼藏、涅槃妙心、實相無相、微妙法門、不立文字、教外別傳、付囑摩訶迦葉。」「世尊、昔、霊山会上に在って花を拈じて衆に示す。是の時、衆皆な黙然たり。ただ迦葉尊者のみ破顔微笑す。世尊云く、吾に正法眼蔵、涅槃妙心、実相無相、微妙の法門有り。不立文字、教外別伝、摩訶迦葉に付嘱す」「釈迦が霊鷲山（りょうじゅせん）で説法した際、花を拈（ひね）り大衆に示したところ、だれにもその意味がわからなかったが、ただ摩訶迦葉（まかかしょう）だけが真意を知って微笑した」釈迦は「無上の法門、仏と宇宙の根本原理、法の真実の姿、非常に深く不可思議な法門がある。それは言葉ではい い表せない以心伝心のものだが、摩訶迦葉に全て授ける」と言ったのです。言葉に寄らない教え、つまり「禅」を言葉を使わないで伝えたのです。知識「正法」でなく知恵の法門である『正法眼蔵』を「教化別伝」したのです。以心伝心で法を体得する妙を示すときの語として、禅宗における師資相承（ししそうじょう。師から弟子へ教えを引き継ぐ）の始まりとされます（「無門関提唱」**P.88**）。

第十二則、**巖喚主人**（がんかんしゅじん）「瑞巌の彦（げん）和尚、毎日自ら主人公と喚（よ）び、復た自ら応諾す。乃ち（すなわち）云く、惺々著（せいせいじゃく）、喏（だく）。他時異日（たじいじつ）、人の瞞を受くること莫れ、喏喏（だくだく）」（瑞巌和尚という方は、毎日庭前の石上に坐り、自分自身に向かって大声をあげて「主人公（しゅじんこう）」と呼びかけ、また自分で「ハイ」と返事をしていました。「惺惺著—目をさましているのか！主人公がお留守になっていないか！、他人のうわさ話を気にするな！主人公を見失うなよ！、ハイハイ」（「無門関提唱」P.150）。瑞巌和尚は中国浙江省・丹丘の瑞巌寺に住していた師彦(しげん)禅師（生没年不詳）のことです。

第十九則、**平常是道**（びょうじょうこれどう）。「南泉因みに趙州問う、『如何なるか是れ道』泉云く、『平常心是れ道』州云く、『還って趣向すべきや否や』泉云く、『向井わんと擬すればち乖く』州云わく、『擬せざれば争か是れ道なることを知らん』泉云く、『道は知にも属せず、不知にも属せず、知は是れ妄覺、不知は是れ無記。若し眞に不疑の道に達せば、猶お太の廓然として洞豁なるが如し。豈に強いて是非すべけんや』州、言下に頓悟す」（「無門関提唱」P.220）。「平常心」とは、「心が動じない」のではなく、ありのままの心、ありのままの姿を認め、受け入れるとき、自分が否定し排除しようとした自分の心はなくなり、障りとする緊張感はなくなり、それなりの平常心があるのみ、という意です。辞書的には「へいじょうしん」で「ふだんと変わらない揺れ動くことのない心理状態」ですが、剣道では「心を乱される状況下にあっても」という意味を含めて、仏教用語として「びょうじょうしん」と読む場合が多いです。その語源です。

第四十六則、**竿頭進歩**。百尺竿頭進一歩（ひゃくしゃくかんとう）。『五灯会元』四にもあります。どんなに高い境地に入っても、そこに留まって安住せず、長い竿の先から踏み出して、命を投げ出して衆生救済せよ、大死一番、絶後に蘇る、ということです（「無門関提唱」P.470）。

め

目付（めつけ）

対戦する相手のどこを見るかです。修行の段階として、相手の動きに応じて打つ→相手の動きを予測して打つ→相手の心を読んで打つ、となるので、物事を正確に把握する「観察眼」と、その内側に秘められた本質を深く見る「洞察眼」を養いましょう。

「みる」の文字は、「見、看、相、覩、覧、観、矚、眄、視、覗、診、睨、睹、監、覯、瞰、瞥」とたくさんあります。「きく」は、「聞、聴、可、聆、訊、（利、効）」など意味が異なる二字を加えても六文字です。「みる」文字が「きく」文字より多いのは実物を観察したり洞察することが重要だからではないでしょうか。

① **目付が重要であること**

「**一眼二足三胆四力**(いちがんにそくさんたんしりき)」と言います。全剣連の「剣道指導要領（平成二十年七月一日発行）」の「第十一章主な剣道用語」に、「目の付けどころ。相手の目を見ながらも身体全体に意を配ること」とあり、「剣道を修行する上で重要な要素を、その重要度の順に示した言葉。第一に眼の働き、第二に足さばき、第三に何事にも動じない強い気持ち、第四に思い切った技およびそれを生み出す体力の発揮・・・」と示しています。

「目」は相手の左目です。稽古だけでなく、木刀による剣道基本技稽古法や日本剣道形でも、視線を相手の左目から外さないのが原則です。「眼」は洞察力、「足」は迅速な足さばき、「胆」は度胸、「力」は単に物理的な力ではなく、「眼」「足」「胆」の要素をすべて含む力を言います。なぜ、目付けが一番重要なのかというと、「勝つに技あり、負けるに理あり」と言われるように、剣道は表面上は技の争いですが、内面の心の戦いが勝敗を決し、「目は心の窓」「目は口ほどにものを言い」「目は心の鏡」というように、心の動きは目に現れるからです。そこで相手の目を見ることになります。お相手の現状の動きから次の動きを洞察したり、相手の心や思考を見破る眼力すなわち洞察力である「心眼」を養います。

②お相手の目を見て、全体を見ること

遠山の目付け（えんざんのめつけ）は、高野佐三郎著の「剣道教本・上」第二章 基本練習 其の三構方の七眼の著方（P.19）に「恰（あたか）も遠山を望むが如く、接近しておる敵も遠くを視るような見方で見る。敵の頭上から爪先までを一目に見て、注意の及ばぬ所なきように努める」とあり、一刀流では「**見山**」と言うように、遠い山を見るように、相手の左目を中心に見ます。相手のどこか一点を集中して見てしまうと、その部分が動くと迷ったり、見えなくなったりします。しかし全体を見れば、「色」や「起こり」が出た瞬間に惑わされず、打突の大切な機会を判断できて、瞬時に打ち込めます。「色」とは、心にある「打とう」という気持ちが、気配や動きに表れた様子。「起こり」とは、技を出そうとする瞬間の動きを言います。『**直心影流霊剣伝**』にも「目付之事」で、「お相手の目を見つつも全体を見渡して弱点を見出す」と説いているとのこと。柳生宗矩の『兵法家伝書』では、「とおやま」と読み（「兵法家伝書」P. 37、39）、拳や腕が見えないときに両肩先と胸の間を見ることを言うようです。

沢庵禅師は、柳生宗矩に与えた『不動智心妙録』で「千手観音の不動智」で、「千手観音でも一所に心を止めぬにより手が皆用に立つ」、「一本の木の赤い葉一枚に心を止めねば百千の葉皆見え候」とたとえています（「沢庵 不動智神妙録」P. 41）。

相手の目を通してその意志を察するという「**二星（両目）の目付**」（柳生新陰流の兵法家伝書や柳生十兵衛三厳の「月之抄」では二星〈にしょう〉は拳を指しています）、目を中心に相手の顔つき、表情に注目する「**谷の目付**」など。

③目は見ない目付

宮本武蔵は『五輪書』の「風の巻」の六番目で「他流に目付けということ」で「心の迷いを生まないように、特にどこかを見ない」と言っておきながら（「五輪書・武教講録」P.260）、『兵法三十五箇条』の六と『五輪書』の「水の巻の」三番目で、「**観**（相手の目を見て心の中を探る洞察力）**の目強く、見**（相手の目を中心に体全体を見て物理的な相手の動きを捕らえる）**の目弱し**」と言って、相手の心を読むことが重要であると説いています（「五輪書・武教講録」P.95）。

柳生宗矩は相手の動きを察知して打つときのもっともな大切な目付けを「**手字種利剣の目付**（しゅじしゅりけんのめつけ）」と言っていて、見るところを特定していないようです（「兵法家伝書」P.65）。「待〔たい〕なる敵に、様々表裏をしかけて、敵のはたらきを見るに、みる様にして見ず、見ぬやうにして見て、間々に油断なく、一所に目をかず、目をうつしてちやくちやくと見る也。（中略）敵のはたらきをちやくちやくとぬすみ見に見て、油断無くはたらくべき也。猿楽の能に、二目つかひと云ふ事あり。見て、やがて目をわきへうつす也。見とめぬ也」と「**二目遣**」とも言っていますす（「兵法家伝書」P.40～41）。

山岡鉄舟も、『一刀流兵法箇条目録』の六で、「**目心之事**（めごころのこと）」として、「目で見ず心で見ること。目は捨て目付けとして使うようにし、心で見る」と書いていますす（「剣禅話」P.61）。

千葉周作の教えの「**帯の矩**（おびのかね）や「**脇目付け**」は腰の辺りを見ます。『剣法秘訣(孫の千葉勝太郎編・千葉周作遺稿)』に「他流試合に帯のかねという教えあり、甚だ面白き意味あり。例えば双方とも立ち合いの場に至り、目と目を見合わせいる内に、この方の未熟にては、わがなさんとする処、必ず目に顕れる者ゆえ、向う明らかなれば悟らるることあり、左様のときには、右帯の矩というて我が目の付け所を替え、相手の帯の所へ目を付くれば、向うそれに迷いて悟り得ぬものなり、そのとき不意にわが思う処を打ち突けば、敵に勝つと云う意にて、大いに面白き処あり。心得いて善きことなり」とあります（「近代剣道名著大系・第二巻」P.210）。

相手の剣先と相手の拳との二つの動きに注意する「**二つの目付**」、切先と拳のうちでも、特に拳に注意する「**楓の目付**（かえでのめつけ）」、相手の肩の表情（力が入って凝りが表れる）を見る「**蛙の目付**（カワズのめつけ）」、相手の全体を見て心底を見抜く「**有無の目付**」、小手を見る「**篭手の目付け**」などが古くからあり、出典が分かりません。

柳生新陰流の上段に対する目付けに「**嶺谷**（みねたに）」があります。右肘を嶺、左肘を谷と言い、両腕の伸び縮みを見ます。

面にこだわる

一番難しいことに挑戦し続ける修行ということです。

面は一番遠い打突部位で、打ち込むには、出小手を打たれないようによく攻め、抜き胴や出頭面を打たれないように、十分に攻め込んで相手を崩して、思い切りよく、捨て身で打ち込まなければならない。しっかりとした攻めと、電光石火の打ちをします。

「剣道は面打ちに始まり、面打ちに終わる」というように、面打ちができることが剣道の醍醐味です。面打ちに自信ができれば、他の技は自然に出るので、面打ちしか教えない先生もおいでになります。

「待っていて自分が打ちやすくなる機会は、同格以上では訪れることはない。守りながら攻めていくと、相手はその自信に圧倒されて、何らかの反応を示す。①その反応が「自由な打ち」であったときは、大変危険なので、擦り上げで応じる。②相手が四戒に入ったならば、一拍子で打ち抜ける。一拍子の打ちは、遠くで見切って遠くで振りかぶり打ち下ろしながら打つ方法と、切っ先を相手に寄せておいて、小さく打ち込む方法があるが、いずれも打った後、相手に浴びせかかるようにぶつかって、相手の意気を消沈せしめる必要がある。③相手が退いて余したときは、さらにもう一つ攻めて崩してから打つ」ということでしょうか。「攻め打ち」をしましょう。

面技の主なもの

①払い面　相手の竹刀の切っ先に近いところを、表から払って切っ先を殺し、直ちに踏み込んで面を打ちます。

②出端面　相手が打突をしようとする出端をすかさず飛び込んで打ちます。

③攻め込み面　気力を持って、自分の切っ先を相手の喉もしくは少し下げて拳につけるように攻めます。相手がその気力に押されて思わず居ついたとき、切っ先を散らして身を引いたとき、直ちにその虚（＝隙）を打ちます。

④飛び込み面　遠間で、相手の起こり頭、引き際、技の尽きたところ、居着いたところが見つかったら、その気を逃さず思い切って捨て身で打ちます。

⑤抜き面　相手が面を打ってきたとき、もしくは小手を打ってきたときに左足から大きく後ろに下がって、相手が竹刀を空振りしたところを打ちます。

⑥擦り上げ面　相手の竹刀を自分の左鎬で擦り上げると同時に、一拍子で打ちます。右鎬でもできます。

⑦応じ返し面　体を左右いずれかにさばきながら、鎬を使って応じてから打ちます。

⑧左片手面　上段からだけでなく、中段で、切っ先を下げ鋭く攻め込むと、相手は小手を防ぐため切っ先を下に動かします。その瞬間にすかさず左足を踏み込み体を左半身にかわしながら、相手の切っ先越しに右横面を打ちます。右手は腰につけます。小手を打って来ても突いて来ても、半身でかわします。下がるお相手にも有効です。

⑨上段面　諸手、片手で相手の出端、引き（退き）際を打ちます。

も

孟子（もうし）

紀元前三七二年？～紀元前二八九年、八十三歳。戦国時代中国の儒学者。孟子の「子」は先生という意味。儒教では孔子に次いで重要な人物であり、そのため儒教は別名「孔孟の教え」とも呼ばれます。

黙想（もくそう）

剣道では稽古を始める前と終わったときに、正坐して黙想をします。静坐とも言います。

因みに、漢字としては「**坐**」はsit「すわる」という「動作」を表わす自動詞、「**座**」はseat「すわるところ」という「場所」を表わす名詞ですが、常用漢字では「座」だけが採用されています。この本では使い分けました。

明治三十年頃から始められ、目的は、稽古前に今日の課題を考えたり、稽古後に反省したりすることもありますが、坐禅と同じく、気息(息)働きに媒介されて、思量(心)と、座相(身)とが渾然と一つになることです。禅ならば結跏趺坐(けっかふざ)のところ、剣道では正坐のままですが、作法は禅に倣います。

①調身　姿勢を調えます。正坐して、顎を引き、まっすぐ前方を向いたまま視線だけを約一メートル前方に落としますと、自然に目は半分開いた菩薩のような、**半眼**（はんがん）状態になります。目を閉じると妄想が湧いてきますので、閉じないで下さい。背筋は、まっすぐに伸ばし、智力判断力等の英智の沸き出ずる眉間の間の「上丹田（じょうたんでん）」と、ヘソの下五センチメートルの下腹部の精気の無限に生じる「臍下丹田（せいかたんでん、「気海丹田きかいたんでん」も同じ）」を垂直にします。手は膝の上で「禅定印（ぜんじょういん）」という印を結びます。右手のひらの上に左手のひらを置き、両手の親指の腹を合わせるのではなく、親指の先をかすかに接触させます。

②調息　「数息観（すそくかん）」で呼吸を調えます。腹式（丹田）呼吸による長息法で、「ひとー」と腹をへこましながら口を軽く閉じて口から静かに長く吐き切ります。吸うときは下腹部（丹田）を膨らまして短く静かに鼻から息を吸い「つ」と心の中で数えます。以下「ふたー」「つ」と続けます。

③調心　「数息観」をしばらく続けた後、「随息観」に移行すると良いそうです。「数息観」では出入りの呼吸を数えましたが、「随息観」はただ呼吸に精神を集中します。吐くときは吐くだけ、吸うときは吸うだけを考え、自分が呼吸に成り切ったとき、「無」の境地が訪れる、ということのようです。

目標（もくひょう）

特定の期間に努力して達成すべき具体的な成果。

「目標＝めあて」を明確にする、５Ｗ１Ｈで表現することは、上達の前提です。さらに達成しやすいレベルまで下げて細分化して、段階的に行うことも重要です。例えば、「今日は面をとろう」というのではなく、面を打つためにどんな攻めをするのか、相手の動きがどうなったときが打てるときなのか、と具体的に考えることが効果的です。関西弁で言えば「できばえ、なんぼで、何日で」。

できないことをできるようにするためには、具体的な目標設定と、指導者の観察下での努力と、達成したときの指導者の確認が効果を高めます。

持田盛二（もちだもりじ）

一八八五年一月二十六日～一九七四年二月九日、八十九歳。剣道範士十段。高野佐三郎、中山博道と並ぶ昭和の剣聖の一人ですが、この二大勢力どちらにも傾かず、独自の立場を貫き、講談社の創業者である野間清治が設立した野間道場を中心に稽古をつけました。娘さんの嫁ぎ先が中野八十二（やそじ）先生（一九一一～一九八五年十月十八日、七十四歳）です。

持田盛二先生遺訓

「剣道は五十歳までは基礎を一生懸命勉強して、自分のものにしなくてはならない。普通基礎というと、初心者のうちに習得してしまったと思っていますが、これは大変な間違いであって、そのため基礎を頭の中にしまい込んだままの人が非常に多い。私は剣道の基礎を体で覚えるのに五十年かかった。私の剣道は五十を過ぎてから本当の修行に入った。心で剣道をしようとしたからである。

六十歳になると足腰が弱くなる。この弱さを補うのは心である。心を働かして弱点を強くするように努めた。

七十歳になると身体全体が弱くなる。こんどは心を動かさない修行をした。心が動かなくなれば、相手の心がこちらの鏡に映ってくる。心を静かに動かさないように努めた。八十歳になると心は動かなくなった。だが時々雑念が入る。心の中に雑念を入れないように修行している」。

元立ち（もとだち）・掛かり手

師の位にあって技をしかけ、機会や間、技に応じて勝つ方法を教え、受ける側の指導者と、弟子の立場で、習うためにをかかる側の生徒を、日本剣道形あるいは古流剣術の形においては、「**仕太刀**」「**打太刀**」と言います。木刀による剣道基本技稽古法や打ち込みやかかり稽古、では「元立ち」「掛り手」と呼びます。警視庁では「元」「習技者」と呼びます。

互角稽古（地稽古とも）の場合も、段位や経験の上級者を**元立ち**と言います。段位や経験に関わらない、「**元に立つ**」という使い方もあります。「元太刀」は、「打太刀・仕太刀」からくる誤記だと考えられます。

元立ちの心得

懸り稽古や互角稽古で、成長、進歩のためのもう一歩の努力を習技者に促します。

① 虚（＝隙）や機会を与え、打突の機会を観る目を養わせます。熟練するに従って虚を少なくします。

② ①の機会に、初心者には大きく、真っ直ぐに、伸び伸びと打たせ、練度の上がってきた者には冴えある打ちをさせます。機会を外したり勝手な打ちは、いなしたり返したり抜いたりして打たせません。

③ 緩より速、簡より繁に、体力・気力の限界まで動作させ、無我夢中の間に勝機を見いだすことのできる眼力とさまざまな技を身につけさせます。

物打ち（ものうち）

日本刀の刀身の中で、最も切れる部分のこと。切っ先より十センチほどの所のこと。

竹刀では剣先より中結いまでのこと。正確には、小手を打つときは先側近く、面を打つときは中結い近く、胴を打つときは中結いより柄に近いところです。

「木刀の柄を軽く支えて横にしておき、小刀の上をすべらせていって刃が立ったところが物打ちだ」は間違いです。二点で支えたときに反りで重心が下がれば立つだけで、柄頭を支えれば切っ先から三分の一ぐらいのところで立ちますが、鍔に近い方を支えれば切っ先に近い方でも刃が立たない場合がほとんどです。

木刀の長刀の刃を上に向けて、小刀で小さくたたいていくと、長刀がぶれないところが三センチぐらいあります。そこが物打ちで、物を打ってもぶれません。しかし刀はどこで斬っても切れるように作るわけですから、物打ちとは「一番威力の出るところ」が正しい表現でしょう。

十分に斬れるだけの勢いがあり、刃筋が立っていれば、面打ちは、切っ先が触れても、竹刀の元の方でガツンと打っても有効でもいいのではないでしょうか。刀では「鍔で打ち割れ八幡座（はちまんざ）」という言葉があります。真八幡座は「鉢真座」で、兜のてっぺんの穴の飾りです。真剣勝負はどうしても腰が引けるので、「思い切り踏み込んで鍔で相手の頭(ず)がい骨を打ち割るくらいの気概を持て」という教えです。

桃井春蔵（もものいしゅんぞう）

一八二五〜一八八五十二月三日、六十一歳。旧姓は田中、幼名は甚助、通称は左右八郎、諱は直正。「桃井春蔵」の名は八丁堀蜊河岸の「士学館」の館主が代々襲名した名跡であり、直正は四代目桃井春蔵です。「無理なく、無駄なく、無法なし。これを**三無の剣**といい剣の至高なるものなり。音なしの剣はこの境地より出るものなり」と言いました。幕臣でしたが朝敵の汚名に耐えられず「至仕（退官）し、大阪府で士学館を再興しました。斎藤弥九郎の練兵館（神道無念流）、千葉周作の玄武館（北辰一刀流）と並んで幕末江戸三大道場の一つに数えられます。

「位は桃井、技は千葉、力は斎藤」と言われました。コレラで六十一歳で没。現在は失伝してしまい、末流である鏡心流に抜刀型が一本と、警視流木太刀形と立居合に一本ずつ伝えられるのみだということです。弟子は武市半平太（一八六五没、三十六歳）、上田馬之助（一八九〇年没、五十九歳）、逸見宗助（一八四三年没、五一歳）、秋山多吉郎（一九三四年没、八十九歳）など。

森信三（もりのぶぞう）

一八九六年九月二十三日〜一九九二年十一月二十一日、八十六歳。哲学者・教育者。『修身教授録』が有名。剣道とは直接関係ありませんが、「立腰」論、「人生二度なし」の真理を説き、日本民族の再定義をしてくれました。

森寅雄（もりとらお）

一九一四～一九六九年、五十四歳。群馬県桐生市に、森要蔵（幕末の剣豪で玄武館の四天王の一人。戊辰戦争で戦死）の孫として生まれました。講談社の創始者・野間清治は母方の伯父であったことから、八歳で、東京の野間家に養子縁組し、野間清治の一人息子「恒(ひさし)」の話し相手として兄弟のように育てられました。

一九三四年、皇太子殿下御誕生奉祝天覧試合の東京予選決勝で、野間恒に破れ、野間恒が逆二刀の藤田薫（一九一四～四二年、二十八歳。香川県出身。ビルマにてで左腕を撃たれ壊疽（えそ）を発症。「腕落としたら剣道ができんよなる」との言葉を残し戦死）に勝って日本一の剣士となりました。

一九三七年、剣道普及のために渡米し、南カリフォルニア大学でフェンシングを学び、翌年全米フェンシング大会サーブル部門で準優勝し、その後も太平洋沿岸選手権で優勝するなど、世界トップレベルの活躍を見せ、「タイガー・モリ」と賞賛されました。

一九四一年太平洋戦争開戦直前に日本に帰国しました。戦後も証券会社勤務の傍ら、日米両国でフェンシングと剣道の指導に尽力。

一九五一年　フェンシングアメリカ西部地区大会で優勝。

一九六〇年　ローマオリンピックでアメリカ代表監督、一九六八年　メキシコオリンピックでアメリカ代表コーチ。証券会社引退後、L.A.に「モリ・フェンシング・アカデミー」を設立、し、全米初のプロフェンシングコーチとして生計を立てる一方、世界剣道選手権大会開催のために奔走していましたが、一九六九年一月八日、剣道の稽古中に心臓発作をおこし、五十四歳で亡くなりました。

講談社の創業者・初代社長、野間清治は一代にして大出版社を育て上げましたが、一九三八年十月十六日に五十九歳で急逝。即日、一子・野間恒（ひさし）が二代目社長に就任しましたが、直腸癌に侵されており、病床に臥したまま、十一月七日、二十九歳の若さで亡くなりました。

や

柳生石舟斎宗厳やぎゅうせきしゅうさい　そうげん）

一五二七～一六〇六年、七十九歳。一五六五年に新陰流を開いた上泉信綱から一国一人の印可を受け、新陰流を継承し、「柳生新陰流」としました。上泉信綱からお願いされた「無刀取り」を考案しました。一五九四年五月、徳川家康（一五四二～一六一六、七十四歳）を相手にして無刀取りをやって見せたところ、剣術指南役として請われましたが、六十七歳の高齢を理由に、五男の柳生宗矩を推挙しました。

上泉信綱は一五六六年二月に肥後の丸目蔵人佐にも印可を与えています。

禅の「転（まろばし）」（人生に自然・自由・活発なる炬燵の境地）と、『孫子』の兵法の「転」とが一体となり、「転」の悟りをもって「柳生新陰流」としました。

「**転**」とは、「円石を高き山の嶺より千仭の谷へ転ずるが如き勢」（『孫子』「勢篇第五」（「孫子」P.58）を言います。従って、「**転打**（まろばしうち）」とは上記の如く勢いのある打を言います。しかも、敵の篭手あるいは柄中へ、己の**人中路**（じんちゅうろ）を正しく指向するという絶対条件を満たした上でなければ「転打」とは言わないのです。人中路は頭のてっぺんからの中心軸で、「正しく指向する」とは斜めになったり捻ったりしないことだと思われます。

「**刀中蔵**（とうちゅうぞう）」とは、相手から見たときに自分の身体を構えた太刀に隠します。

無刀取り（むとうどり） は、「刀を持たずに（相手に勝つ）」意味で、柳生心陰流の極意のひとつです。「両手で相手の太刀をはさみこんでもぎ取る」技ではなくて、「とる」ということは「一本とる」というように「勝つ」という意味です。自分が無刀の折に相手を制する際に「相手を恐れず敵の間合に入り切られて取る覚悟が必要」と言っています。「**無刀**と云ふは、人の刀をとる芸にはあらず、諸道具を自由につかはむが為也。刀なくして、人の刀をとりてさへ、わが刀とするならば、何かわが手に持ちて用にたたざらん。扇を持ちてなりとも、人の刀に勝べし。無刀は此心懸也。刀持たずして、竹杖つかひて行くとき、人の寸の長き刀をひんぬいてかかるとき、竹杖にてあしらひても人の刀を取り、もしまた必ずとらずとも、おさへてきられぬが勝也。此心持を本意と思ふべし」（「兵法家伝書」P.99）

柳生十兵衛（じゅうべえ）三厳（みつよし）

一六〇七～一六五〇年四月二十一日、四十三歳。江戸時代前期の武士、剣豪、旗本。初名は七郎、諱（いみな）は三厳、通称は十兵衛。柳生宗矩の子。徳川家光に小姓として仕えましたが出仕停止となり、後に許されて書院番を務めました。祖父石舟斎、父但馬守宗矩より受けた柳生流の秘伝秘剣を柳生家秘伝書「**月の抄**」として書き留めました。「武蔵野」なども書いたようです。

兵法に勝たんと思ふ心こそ仕合に負くるはじめなりけり

柳生兵庫助（やぎゅうひょうごのすけ）、利厳（としとし/としよし）

一五七八～一六五〇年、七十一歳。通称は兵助、兵庫助、茂佐衛門。柳生新陰流三代。柳生厳勝の次男。石舟斎宗厳の孫。柳生家一の剣の使い手であったとも言われます。肥後熊本の加藤清正に仕えましたが、尾張藩主・徳川義直の師範として剣術・槍術・長刀術を相伝するなど三十年ぐらい兵法指南役となり、現代まで新陰流を伝える尾張柳生家の礎を築きました。甲冑をつけた介者剣術から素肌剣術への移行に伴い「**沈なる身**」から「**直立ったる身**（つったったるみ）」を工夫しました。

柳生宗矩（やぎゅうむねのり）

但馬守（たじまのかみ）一五七一～一六四六年、七十五歳。徳川将軍秀忠、家光の兵法師範。大和国柳生藩　初代藩主。柳生宗厳（石舟斎）の五男。

宗矩は、将軍家兵法指南役として「大の兵法」の、さらに家光自身の心の鍛錬にもなるように『兵法家伝書』を一六三二年に書いています。**沢庵宗彭**に多大の影響を受けており、一六二四年ごろもらった「**不動智神妙録**」を参考に、漢籍の古典（大学、三略など）も取り入れて新陰流の技法、理論を集大成しました。

徳川家光の打太刀を務めた鍋島元茂（一六〇二～一六五四年、五十二歳。肥前国小城藩（おぎはん）の初代藩主）が死ぬ前年に、『兵法家伝書』と新陰流の兵法目録である「**新陰流兵法之書**（**進履橋（しんりきょう）**（P. 9～17、117）」とも呼ばれる）」を共に与えました。

「敵を切るにはあらず。卒尓（そつじ、突然）に仕掛けずして、手前を構へて、敵に切られぬやうにすべし」とあり、相手の動きや切っ先の動きに応じて切って抜けていくために「敵をよせぬ心地」が重要であると言い、これが宗矩の武道兵法および剣法の根本です。

宗矩は『兵法家伝書』において、「この巻上下を、**殺人刀**、**活人剣**と名付けたる心は、人をころす刀、却而人をいかすつるぎ也とは、夫れ亂れたる世には、故なき者多く死する也。亂れたる世を治めむ爲に、殺人刀を用ゐて、已に治まる時は、殺人刀即ち活人劔ならずや。こゝを以て名付くる所也（P.119）」と言い、「一人の悪を殺して万人を生かす。これら誠に、人を殺す刀は人をいかすつるぎなるべきにや」としています（P.20）。

「**習いを離れれて習いにたがわず、何事もするわざ自由也。このときは、わが心いずくにありともしれず、天魔外道もわが心のうかがひ得ざる也**（P. 30）」「基本を正しく学び、基本を考えなくとも基本通り行えるようになれば、技は自由自在に使える様になり、自分の心が何処にあるか（何を考えているか）は何者であろうとも、誰も窺い知る事は出来ない」との意です。

「**道は秘するに非ず。秘するは知らせんが為なり**（P. 26）」とは、自ら進んで難行苦行の末体得して欲しいということ。他の芸道においても「芸は盗むもの」といわれるように、いかなる道と雖も簡単に教わっては身につかないものであり、その真髄を知るためには盗むくらいの真剣味と積極性がなければならないということです。

十余年後に書かれた『五輪書』とともに近世武道書の二大巨峰といわれます。

このほか、『**玉成集**』という柳生新陰流の極意書を書き、肥前国小城藩（おぎはん）二代藩主の鍋島直能に伝授しました。

柳生連也斎（れんやさい）厳包（げんぽう）

一六二五〜一六九五年、六十九歳。尾張柳生家柳生利厳（兵庫助）の三男。柳生新陰流五世。必死の修行をした後に至る、自在の働きができる境地「**放つ位（はなつくらい）**」に至ったそうです。

張れや張れただゆるみなきあづさ弓放つ矢先は知らぬなりけり。

安岡正篤（やすおかまさひろ）

一八九八〜一九八三年、八十五歳。五歳から論語の素読をさせられ、陽明学者となりました。昭和天皇の終戦の詔に加筆、「平成」の元号考案者。第四十五代吉田茂から第八十四代の小渕恵三まで歴代の総理や、多くの政財界人に影響を与えた人格者。しかし、病床の八十五歳の時、細木数子に婚姻届けを出され、その二カ月後に死去。

「四條畷（しじょうなわて）中学時代に朝から晩まで剣道ばっかりしていたのに、一高に入り、東大に一番で入りました」（堀江幸夫先生談）。

困難な時代を生き抜く「しるべ」として、『**人生の五計（じんせいのごけい）**』を書きました。南宋の朱新仲（しゅ しんちゅう一〇九七〜一一六七、七十歳）が『人生の五計』という教訓を書いたのをもとにしました。

「生計」いかに生きるべきか。「日用心法」。

「身計」いかに身をたてるか。「師恩友益」。

「家計」家庭をいかに営み、維持していくか。結婚、女房に「参る」こと、「敬すべき」父親。子育て。

「老計」いかにうまく年齢をとるか、美しく死ぬのはさほど難しいことではない。だが美しく老いることは、難しい。

「死計」いかに死すべきか「死をみること帰するが如し」というところまでいけば「死計」を確立したと言えよう。

この「五計」を要約すれば、結局は第一の「生計」つまり「いかに生きるか」に尽きます。

理想的な生き方を『**百朝集**』の中で、**六中観**（りくちゅうかん）として説いています。

忙中有閑　忙中につかんだ閑こそ本当の閑。

苦中有楽　苦味の中の甘味こそ真の甘味だとする「プラス思考」。

死中有活　身を捨ててこそ浮かぶ瀬もあれ。

壺中有天　別天地。昔中国に、費長房という市役所の役人がいました。ある日、市役所の二階から窓外を眺めていると、城壁沿いに店を並べている露天商の一老翁が、夕方になって店をしまと、城壁に懸けてあった壺の中に消えていきました。翌日夕方、その老翁が店をたたむのを待ち構えて、「あなたは仙人だろう。昨夕、壺の中に消えていくのを見た。ぜひとも私を一緒に連れていってくれ」と懇願しました。それでは、ということで。ふと気づくと素晴らしい景色の所へ来て、金殿玉楼の中に案内されて大いに歓待を受けました。人間はどんな境遇にあろうとも、自分だけの壷中の天を創ることができるのです。音楽、芸術、信念、信仰などによって、意に満たない俗生活から解放されるのです。

意中有人　何ごとによらず人材の用意がある。
腹中有書　腹中に哲学、信念がある。万巻の書がある。

安岡正篤の「人物学」
①「元気、気魄」が旺盛であること。
②「志」を持っていること。
③その志をいつも持ちつづける「節操」があること。
④志に添って、こうあるべきだという「見識」、活断がたつこと。
⑤その見識にしたがって、物に動かない、つまり誘惑や脅威に動かない。錬磨された見識、すなわち「胆識」があること。

山岡鉄舟（やまおかてっしゅう）
一八三六～一八八八年七月十九日、五十一歳。癌で亡くなりました。幕末・明治維新に殉じた人々の菩提を弔うために一八八三年四十八歳のとき自身が建立した全生庵（ぜんしょうあん）に眠ります。幕末の幕臣、子爵。剣、禅、書の達人。書は、弘法大師流**入木道（じゅぼくどう）**五十二世で一楽斎と号しました。一刀流相伝。**一刀正伝無刀流（無刀流）**の開祖。勝海舟、高橋泥舟とともに「**幕末の三舟**」と称されます。

『鉄舟居士自叙伝』に「爾来丹を練るは斯道に如かじと思ひ、武州柴村長徳寺**願翁（がんのう）**、豆州沢地村龍沢寺**星定元志（せいじようげんし）**、京都相国寺**獨園**、同嵯峨天龍寺**由理滴水（ゆりてきすい）**、相州鎌倉円覚寺今北**洪川（いまきたこうぜん）**の五和尚に参じ」と禅を学びました。

二十歳ごろ十年ぐらい**願翁**に参じて「本来無一物」の公案をもらい、「無」を悟った三十二歳の鉄舟は、一八六八年四月十一日に江戸の無血開城をさせました。

三十七歳から三年間、臨済宗妙心寺派の三島の円通山・龍沢寺（りゅうたくじ。一八七二年、明治天皇の侍従になったとき白隠の高弟・東嶺円慈（とうれいえんじ）が伽藍（がらん）を創建したのを明治になって星定元志（せいじようげんし）が再興）の**星定和尚**のところへ二十里を歩いて通い「晴れてよし曇りてもよし富士の山もとの姿はかわらざりけり」の悟りを開いた。

増上寺大教正であった臨済宗相国寺派大本山の京都の相国寺**荻野独園**（おぎのどくおん。一八一九～一八九五、七十六歳。廃仏政策に激しく抵抗した）。

京都の、臨済宗天龍寺派大本山・天竜寺の**由理滴水**（ゆりてきすい一八二二～一八九九、七十七歳）から印可を受け、一八八〇年四十七歳のとき無刀流を開きました。

鎌倉の円覚寺今北洪川（いまきたこうぜん。一八一六〜一八九二、七十六歳）

自宅の裏の「春風館」や、宮内省の道場「済寧館」、剣槍柔術永続社で剣術を教えました。

山岡鉄舟は『無刀流剣術大意』で、以下のように言っています（「剣禅話」P.59）。

一、無刀流剣術は、勝負を争わず、心を澄まし胆を錬り、自然の勝ちを得るを要す。

一、事理(じり)の二つを修業するに在り。事は技なり、理は心なり。事理一致の場に至る、これを妙処と為す。

一、無刀とは何ぞや、心の外に刀なきなり。敵と相対する時、刀に依らずして**心を以て心を打つ**、これを無刀という。其の修業は、刻苦工夫すれば、たとえば水を飲んで冷暖自知するが如く、他の手を借らず自ら発明すべし。

構えただけで相手が恐れをなして逃げてしまうため、一度も人を殺したことがないとのことです。

『一刀流兵法箇条目録（山岡鉄舟の遺した目録）**』**

一、二之目付之事（切先と拳に目を付ける）

二、切落之事（いつのまにか敵にあたる。あたかも枝から落葉するように）

三、遠近之事（敵が自分を打つには遠く、敵を打つには近く位置をとること。面を打つことばかり考えて近くの拳に勝があることを忘れているということ）

四、横竪上下之事（心を中心に置き〈不動心〉、気を配り、上からの攻めのときは下から応じ、横からに対し縦から応ずること）

五、色付之事（敵の変わった動作や声に心を奪われるなということ）

六、目心之事（目で見ず心で見ること）

七、狐疑心之事（こう動いたらこう出てくるとか、あるいはこうかなどと疑っているうちに敵に打たれしまうこと）

八、松風之事（合気をはずすということ。風が松にあたるとさわさわと鳴ることを合気という。相手の拍子に無拍子で打つ。敵が弱くくれば強く応じ、敵が青眼に構えれば下段で応じる）

九、地形之事（つま先が上向きになる地形を逆といい、つま先が下向きになる地形を順という。敵を逆地におくということ）

十、無他心通之事（敵を打うとするだけの心に成りきること。余念をはさまない）

十一、間之事（一足一刀の間合。一歩踏み出さなければ敵に当たる事ができない距離）

十二、残心之事（心を決めて余念なく打つということ。捨てきればすぐに本の心と姿に戻れる。またこの伝を捨てることも大事である。初心の一にかえり怠慢なく精進すること。これが当伝の要である）

以上十二箇条。

「そもそも当流刀術を一刀と名付たる所以のものは、元祖伊藤一刀齋なるを以っての故に一刀流と云うにはあらず一刀流と名付けたるには其気味あり。万物、大極の一より始まり、一刀より万化して一刀に治まり又一刀に起こるの理有り。又曰く、一刀流は活刀を流すの字義あり。流すはすたるの意味なり。当流すたることを要とす。すたると云うは、一刀に起こり一刀にすたる事なり。然れども其すたるの理通じ難し。於是か（ここにおいてか）、さきより門前の瓦と云へるたとえあり。瓦を以て門をたたき、人出で門開く。この時用をなしたる程に瓦をすつるべきを、其のまま席上に通らばかへって不用の品とならん。是、すてざるがゆえなり。業も亦然り。うつべきところあらば一刀にうちて用をなしたる故、ここにすたることあらばまた起こる。万化すといえどもみなしかり。うつてうたざるもとの心となる。これ力すたるの至極なり」（山岡鉄舟「剣禅話」高野澄・タチバナ教養文庫P.62）。

切り結ぶ　太刀の下こそ地獄なれ　身を棄ててこそ浮かぶ瀬もあれ

無刀　刀は持っているが刀に頼らずに勝つこと。「**無刀流剣術大意**」で山岡鉄舟が「無刀とは何ぞや、心の外に刀なきなり。（「**心外無刀**（しんがいむとう）」）敵と相対する時、刀に依らずして心をもって心を打つ」（「剣禅話」高野澄・タチバナ教養文庫P.59）。

柳生新陰流の極意の「無刀取り」と言う場合は、相手の刀をもぎ取るのではなく、「自分は刀を持たず外のものを利用して（相手に勝つ）」意味です。

山本五十六（やまもと　いそろく）

一八八四年四月四日～一九四三年四月十八日、五十五歳）は、日本の海軍軍人。最終階級は元帥海軍大将。第二十六、二十七代連合艦隊司令長官。前線視察の際、ブーゲンビル島上空で戦死（海軍甲事件）。旧姓は高野。武田家家臣山本勘助の子孫と伝えられる山本家の養子となった。

「**五つのて**」で有名な最初の所は、上杉鷹山の「してみせて、言って聞かせて、させてみる」から影響を受けていると言われています。その後に続く文章が欠けて紹介される場合が多いです。

「やってみせ、言ってきかせて、させてみて、ほめてやらねば人は動かじ。話し合い、耳を傾け、承認し、任せてやらねば、人は育たず。やっている、姿を感謝で見守って、信頼せねば、人は実らず。

「苦しいこともあるだろう。言いたいこともあるだろう。不満なこともあるだろう。腹の立つこともあるだろう。泣きたいこともあるだろう。これらをじっとこらえてゆくのが、男の修行である」

「実年者は、今どきの若い者などということを絶対に言うな。なぜなら、われわれ実年者が若かった時に同じことを言われたはずだからだ。今どきの若者は全くしょうがない、年長者に対して礼儀を知らぬ、道で会っても挨拶もしない、いったい日本はどうなるのだ、などと言われたものだ。その若者が、こうして年を取ったまでだ。だから、実年者は若者が何をしたか、などと言うな。何ができるか、とその可能性を発見してやってくれ」。

ゆ

有効打突（ゆうこうだとつ）

有効打突は「剣道試合・審判規則」第十二条で「充実した気勢、適正な姿勢をもって、竹刀の打突部で打突部位を刃筋正しく打突し、残心あるもの」と規定され、下の「有効打突」の図で、以下のように説明しています。

有効な打突は理合（正確な打突）と残心・構えからなっており、理合を要素（成り立つ素）と要件（必要な条件）に分けると、要素には、間合・機会・体さばき・手の内の作用・強さと冴えが含まれる。要件には、姿勢・気勢（発声）・打突部位・竹刀の打突部・刃筋が含まれる。残心は、打突後の身構え・気構えである。

審判員は「有効打突の条件」に基づく「要件」や「要素」により有効打突を見極めます。

・打突の強度不足（要素）
・打突部位はとらえていた（要件）が、手の内の冴え（要素）がなかった
・打突後の身構え、気構えがない（残心）など。

「擦り上げ技」のように「玄妙な技」は打突が軽くても一本になる場合があります（『剣道試合・審判・運営要領の手引き』P.6）。

打突の基本的理解（剣道講習会資料P.8）」では下のようになっています。

気剣体の一致・・・・・・・残心	気＝充実した気勢	意思を決行する心のはたらき	呼吸法 気　合
	剣＝正確な刀法	各関節部及び掌中の合理的作用による刀の操作法	打突部位 打突部 刃　筋 強度と冴え
	体＝適正な姿勢及び体の運用	各種打突の時の正しい姿勢	体勢(姿と勢)ー構え 体さばき

（右端：理合）

かつて昔は「先後の技は強き方を採れ」という審判基準があったようです。高野佐三郎は『剣道』第一編教習 第五章仕合 第二節審判心得の中の審判方法で「飛び込み面は軽くも採るべし。出掛けの小手はやや軽くも採り、撃つ間もなく押えたるも採るべし。甲が先に胴を撃ち後にて乙

が甲の面をを撃つも前後の相撃ちなり。甲が先に小手を撃ち、乙が遅れて甲の横面を撃ちたるときも相撃ちとす」と言っています（「近代剣道名著大系・第三巻」P.85)。

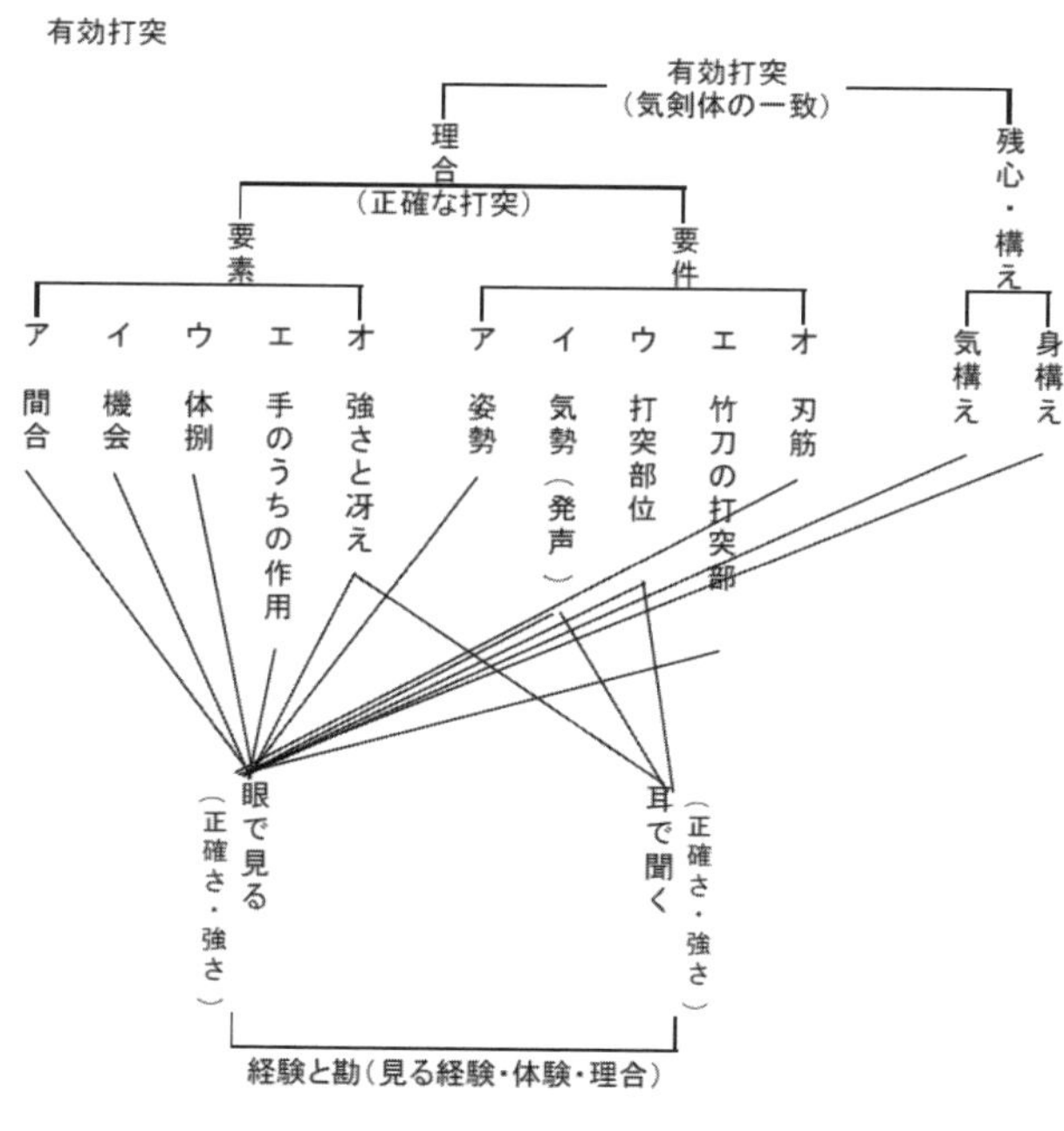

有効打突の取り消し

「剣道試合・審判規則」の第二十七条に「試合者に不適切な行為があった場合は、主審が有効打突の宣告をした後でも、審判員は合議の上、その宣告を取り消すことができる。」細則二十四条で次のとおりとする。

① 打突後、相手に対して身構え気構えがない場合。
② 打突後、必要以上の余勢や有効などを誇示した場合。

宣告は、「取り消し」。旗の表示方法は、両旗を前下で左右に振ります。

二〇〇七年三月十四日施行で、細則第二十四条一項の有効打突を取り消す条文の「打突後、相手に対して身構え気構えがない場合」が削除されました。剣道試合・審判規則の第二十七条に「試合者に不適切な行為があった場合は、主審が有効打突の宣告をした後でも、審判員は合議の上、その宣告を取り消すことができる」とあり、「剣道試合・審判規則」第二十四条　規則第二十七条(有効打突の取り消し)「不適切な行為とは、打突後、必要以上の余勢や有効を誇示した場合などとする」です。宣告は、「取り消し」。旗の表示方法は、両旗を前下で左右に振ります。打ってすぐにガッツポーズや「引き揚げ」をしたり、必要以上に駆け抜けたり、片手を放すなどがこれに当たります。

弓（ゆみ）

鎮西八郎源為朝（みなもとのためとも一一三九～一一七〇年、三十一歳）、那須与一（一一六九年～?）、日置弾正正（政）次（へき　だんじょうまさつぐ一四四〇～一五〇〇年、六十歳）の時代に確立したと言われます。

初代の**小笠原長清**が**源頼朝**に糾法（このときは「弓・馬」を指し、七代目の小笠原貞宗からは「礼」を加えた三法を言いました）指南役に命じられたことに端を発し、七代目の小笠原貞宗は南北朝時代に後醍醐天皇に仕え「弓馬の妙藴に達し、かつ礼法を新定して、武家の定式とするなり」という御手判を賜り、このときから徳川時代まで、小笠原氏は将軍家の**弓馬術礼法**の師範でした。小笠原貞宗・常興は弓馬術礼法を集大成しました。

財団法人全日本弓道連盟の前身の日本弓道連盟が一九五三年八月「弓道教本　第一巻」を発刊し、射礼・体配を統一し、「一、足踏み（あしぶみ）、二、胴造り（どうづくり）、三、弓構え（ゆがまえ）、四、打起し（うちおこし）、五、引分け（ひきわけ）、六、会（かい）、七、離れ（はなれ）、八、残心（残身）（ざんしん）」の「**射法八節**」を定め、「**真・善・美**」を最高目標としました。

弓道の弓は照準機をつけてはいけないので自分の体感だけが頼りですので、周囲や、対戦相手に動じない「不動心」を養うことが肝要とのことです。

古代の矢の長さは七十～九十センチメートル程、重量は五十～七十グラムほど。握り拳一つを一束（矢束）といい、源平時代の矢の長さは十二束が標準とされます。

矢柄（矢の本体）の素材は、古くは葦や柳、後に篠竹が主に使われています。形状は主に三種類あり、一般的な、全体の太さが均一の「**一文字**」、矢先が太く矢羽側が細くなる「**杉成**」、中央が太く両端が細い「**麦粒**」があります。

日本の弓矢の機能は、「射通す」「射切る」「射当てる」「射砕く」という四つの機能があります。そのため矢の先端につける**鏃**（やじり）はその機能に合わせて用意されています。

「射通す」、貫通させるために「**尖矢**（とがりや）」を使います。「射切る」のは「**平根**（ひらね）」ですが、大きな傷口を作るだけでなく、股のように開いた角が体内の腸に引っかかって繰り出してしまい、傷を大きくするので「**腸繰**（わたくり）」とも言われ、殺傷力が大きいです。

「**射当てる**」ときは金属の刃を持たない木製の鏃や鏑を使います。**鏑矢**（かぶらや）は**雁又**に**鏑**（かぶら）をつけたもの、鏑とは木や角を蕪形に加工して、中が洞空洞で、矢を飛ばすと穴から風が入り甲高い音を発します。鎌倉時代では合戦の戦闘開始の合図として使い、「矢合せ」と呼ばれました。いわゆる**嚆矢**（こうし）はこの鏑矢のことを言うそうです。那須与一が「ひょう」と射たのも鏑矢です。競技や神事の流鏑馬などの際に用いられますが、「射砕く」ときは金属製です。尖ってない鏃を使いますが、「射砕く」ときは金属製です。

矢羽（やばね）の形もそれぞれの目的に合わせて二つあります。「**三立羽**（みたてば）」は、矢羽の数が三つのもので、矢を旋回させる工夫がこらされています。右旋回する「**甲矢**（はや）」と左旋回する「**乙矢**（おとや）」があり、必ずセットで用いられました。「**四立羽**（よたてば）」は矢羽の数が四つのもので、主に狩猟用の狩矢に用いられ、旋回させないようにしています。

よ

腰間の秋水（ようかんのしゅうすい）

刀（かたな）のこと。「剣（けん）」、「打刀（うちがたな）」、「寸鉄」などとも言われます。腰に差した日本刀。「秋水」は「秋の澄みきった水」であり「曇りのない、よく研ぎ澄ました刀」です。「三尺の秋水」とも。

「腰間の秋水鉄を断つべし」は、頼山陽（らいさんよう）の死後刊行された「山陽詩鈔（全八巻）」に「前兵児謡(ぜんへこのうた)」として載っているそうですが、もともとは薩摩（鹿児島）の民謡の「兵児の歌」を漢詩に直したようです。「衣至骭袖至腕　腰間秋水鉄可断　人触斬人馬触斬馬　十八結交健児社　北客能来何以酬　弾丸硝薬是膳羞　客猶不属饜　好以宝刀加渠頭衣」「衣は骭（すね）に至り、袖は腕に至る。腰間の秋水鉄も断つべし。人触れなば人を斬り、馬触れなば馬を斬る。十八で交わりを結ぶ健児の社、北客能（よ）く来たれば何を以て酬いん。弾丸、硝薬、是れ膳羞（ぜんしゅう）。客、猶お属饜（あきたら）ずんば、好し宝刀を以て渠（かれ）が頭に加えん」という、健児社に集う若者の士気旺盛な様です。健児社とは、新納忠元〈にいろただもと〉武蔵守が一五九六元旦に書いた『二才咄格式定目（にせばなしかくしきじょうもく）』を原典として、男子七歳から厳しい訓練を受けさせた薩摩の到るところにつくられた自治的修養団体『郷中（「方限」とも）』です。

吉田松陰（よしだしょういん）

一八三〇年八月四日～一八五九年十月二十七日、二十九歳。長州藩士、思想家、教育者。山鹿流兵学師範。武士道に治者としての儒学的要素を加えた。明治維新の精神的指導者・理論者・倒幕論者。

長州藩士・杉百合之助の次男として生まれ、四歳で叔父で山鹿流兵学師範である吉田大助の養子となり、兵学を修めました。畑仕事や夜の仕事をしながら四書五経の素読をし、頼山陽の詩などを父や兄の杉民治（みんじ、梅太郎）と読みあったりし、日常がすべて儒教の世界でした。

大助が死亡した五歳のときから叔父の玉木文之進が開いた松下村塾で指導を受けました。

九歳のときに藩校明倫館の兵学師範に就任。

十一歳のとき、藩主・毛利慶親への御前講義が素晴らしかったので才能が認められました。

十三歳のときに長州軍を率い西洋艦隊撃滅演習を実施。

十五歳で山田亦介より長沼流兵学の講義を受け、山鹿流、長沼流の江戸時代の兵学の双璧を収めることとなりました。

世界に視野を広げたことから、幕府や藩から危険人物とされ一八五四年にペリーが日米和親条約締結の為に再航した際に渡航しようとしたために長州の野山獄に幽囚されました。一八五五年出獄を許されたものの、杉家に幽閉の処分になりました。

一八五七年に杉家の敷地に松下村塾を開塾しました。一八五八には野山獄に再度入れられたため、たった一年間で、明治維新で重要な働きをする多くの若者に思想的影響を与えたことになります。

一八五九年に安政の大獄に連座し、伝馬町牢屋敷に檻送されて投獄され、十月二十七日に斬首刑に処されました。

四つ習い

「師に習い、友に習い、己に習い、場に習う」。習得するには、師に習い、友にたずね、自ら反省し、実地に修練することが必要だということ。井上正孝著『正眼の文化』（P.197）。

ら

り

六然（りくぜん）

人間こうありたいという心の処し方。明の崔後渠（さいこうきょ一四七八～一五四一年、五十三歳。王陽明と同時代）の言葉。勝海舟の座右の銘でした。安岡正篤（一八九八～一九八三年、八十五歳）が著作で度々紹介しています。

「**自處超然　處人藹然　有事斬然　無事澄然　得意澹然　失意泰然　即是　六然**」

自處超然(自ら処すること超然)、自分自身に関してはいっこう物にとらわれないようにする。

處人藹然(人に処することあい然)、なごやかに人に接して、のびのびと心地良くさせる。

有事斬然(有事にはざんぜん)、事があるときはぐずぐずしないで活発にやる。

無事澄然(無事にはちょうぜん)、事なきときは水のように澄んだ気でいる。

得意澹然(得意にはたん然)、得意なときは淡々とあっさりしている。

失意泰然(失意には泰然)、失意のときは泰然自若としている。

膂力（りょりょく）
腕の力。「膂」とは背骨、筋肉の力。

臨済録（りんざいろく）
臨済禅師（?～八六七年）の言行録。「鎮州臨済慧照禅師語録」が正式な名前です。一一二〇年に円覚宗演が重刊しました。

随処に主となる（ずいしょにしゅとなる）「随処作主　立処皆眞」「随処に主となれば、立処皆眞（りっしょかいしん）。「随処に主となれば、たちどころに皆真なり」「自己がはっきりして（平常無事びょうじょうぶじ）おれば、外境にいかなる変化が起きても、振り回されることはない」ということです。どこでもいつでも主人公になって自分の心を自由にし、主体的に考え、行動すれば思い通りに動けます。示衆四。（「臨済録」P.81）
「**仏に逢うては仏を殺し、祖に逢うては祖を殺す**（ぶつにおうてはぶつをころし、そにおうてはそをころす）」「真実の自己に出逢うためには、自分を惑わせるもの、特に権威をもって自分に迫ってくるものは、たとえそれが仏や祖師、父母や親族であっても、徹底して否定しなければならない」ということです。示衆十。（「臨済録」P.141）

れ　る

礼（れい）

相手を敬い感謝する心を表すこと。礼式、**礼儀**とも。

「剣道は、**礼に始まり礼に終わる**」と言われます。礼はなんのためにするのでしょうか?それは相手を敬い感謝する心を表すためです。

辞書では「礼」という字の旧字体が「禮」と出ていますが、「高貞碑」「鄭文公下碑」という書の古典では使い分けられています。「礼」は、「神前に供物を載せ、頭を垂れている姿」です。「禮」は、「収穫の喜びを神前でお祭りし感謝する」ことです。「礼」は礼儀、「禮」は神をまつる意味でした（「漢字の成り立ち事典」P.106）。

孔子が、「人にして仁ならずんば、礼をいかにせん。人にして仁ならずんば、楽をいかにせん」「社会の秩序と調和を保つ形式であるが、その心持が大切」（『論語』「八佾〈はちいつ〉第三」（「仮名論語P.24）と言っています。

それでは、なぜ相手を敬い感謝しながら剣道をするのでしょうか。それは、「剣道はもともと殺し合いであり、相手を打ち負かす戦いであるので、なりがちな粗暴さを押さえるため」であり、「お相手がいなければ剣道はできないのでお相手を尊重するため」の「礼」をするのでしょう。しかし、本当は神様の前で「正しい稽古をするため」の「禮」でもあるのでしょう。

剣道では、力の強い若者でも、老齢の高段者に歯が立たないことがあります。迷わない心（高い精神）と熟達した技（知恵）を磨く、「正しい稽古」をすることによって、歳をとっても強い「永遠の強さ」というものを得られるのです。「正しい稽古」とは、全日本剣道連盟の制定した**剣道の理念**にいうところの「剣道は剣の理法の修練による人間形成の道」なのです。相手に勝つことより、自分に勝って迷いを断つ精神を鍛える稽古です。「捨て切って打とうと思っていても、いざとなると避けながら斜め振りをしてしまう」「相面を制することより打たれないようにとりあえず避けてしまう」というような迷いは、「七つの知恵」で努力し続ければ解消します。また、自分の打突が当たっても、相手が納得するかどうか謙虚に反省し欠点を矯正し、打たれたときには、自分の欠点を相手から教えてもらったということですから感謝する、**「打って反省、打たれて感謝」**します。まさに「禮」の心が必要なのです。

日本の礼法は武士の礼節が、生け花（華道）、茶の湯（茶道）などに伝わり広がっていったものと考えられ、弓術（および馬術）の**小笠原流**に体系的に残っていたものが、明治時代に学校教育に取り入れられ、一般にも広く浸透していきました。

形としての剣道の「礼」には、次のような「四つの礼」があります。

① 道場に出入りするときは立礼する。道場は稽古をさせていただける特別な場所ですから、入るときと出るときに、出入り口に立ち、中に向かって姿勢を正し、道場、中の先生、先輩、同期、後輩すべてに感謝の気持ちを込めて、大きな声で「こんにちは」「おはようございます」などと挨拶をしてから、上半身を背筋を伸ばしたまま三十度ほど前に傾けて、一呼吸ぐらいの間頭を下げて、静かにもとの姿勢に戻します（「語先後礼」「分離礼」）。帰るときも道場の出入り口に立って「失礼します」「ありがとうございました」などと感謝を込めて礼をします。日本礼法だと言って「ひじを張っておヘソを押える」姿勢で頭を下げる方法を教えるビジネスコンサルタントもいますが、これは大間違いです。小笠原弓馬法から始まる日本の伝統的な礼にはない所作で、韓国の礼法です。日本の礼法では、立礼のときの両手は腿の前です。

②神前へは、座礼をします。正坐をして、黙想をして心を落ち着けてから、神前(神棚がない場所では神棚を仮定して正面)に、黙って座礼をします。心の中で、「正しい剣道を精一杯しますので、見ていてください」というように誓います。稽古の終わりには「ありがとうございました」という感謝の気持ち「禮」を込めて同じように礼をします。ほぼ同時に両手をつきます（「左手、右手の順に」という教えもあります）。両手で正三角形の二辺を作ります。「親指を使って三角形を作る」のは間違いです。「合手礼（ごうしゅれい）」と言い、親指と人差し指は揃えます。正三角形の中に額を入れるつもりで、頭を下げます。このときおしりが上がらないように、頭を下げ過ぎて襟足から背中まで見せないように、背骨が水平になる状態を約三秒続けます。両手をついたまま両手が伸びきるまで頭をあげ、目上の人が完全に頭を上げてから、体を起こして両手を膝の上に置きます。

③先生へは座礼をします。先生に正対し、大きな声で「お願いします」と言いながら座礼をします。手をついたまま、先生が元に直るまで待ち、それから元の姿勢に戻ります。教えていただくという感謝の気持ちを所作に込めましょう。礼をするときは気持ちを合わせますが、座礼は目上の人が完全に頭を上げてから、手を上げます。立礼も元立より早く頭を上げません。

④お互いに礼をします。相手を尊重する気持ちを表します。先輩や同期や後輩は左右に坐っていますので、正面を向いたまま座礼をし、気持ちは左右の全員に配りましょう。

②〜④の礼をする前には正坐をして**黙想**をします。

「**左坐右起**（さざうき）」とは、正坐するときに、左の膝を先に床につけ、立ちあがるときは右の膝を先に上げることです（剣道だけの作法と考えましょう。表千家は両足同時、裏千家は下坐の膝を立てるなど、様々です）。

①「自然体」から、左足を半歩ほど後ろに下げ、左膝を床に着けます。

②右足を引き、両足の爪先を立て、膝立ちになります。

③いったん爪立てた両踵（踵の内側をつける）の上に腰をしっかり置きます。この状態を「**跪坐**（きざ）」と言います。

④腰を少し浮かせて、両足の爪先を同時に伸ばし、右足の親指が上になるように両足の親指を重ねます（逆も、重ねない方法もあり）。

⑤両踵を外側に開いてその上に臀部を乗せます。坐った時の膝の間隔は、男性は拳ひとつ分とします。女性は空けません。

⑥あごを引き、腰を伸ばし、正面を見、胸をはります。手はひじを張らないように体の脇に付け、指をすべてそろえて太ももの上に置きます。

⑦立ち上がる時は先ず腰を上げ、両足先を爪立て「跪坐（きざ）」になります。

⑧右足の膝を上げ（このとき右足は小さく前に出します）、次に左足の膝を床から離し立ち上がり「自然体」に戻ります。

※　竹刀や木刀、日本刀を持っているときは、④で腰を落としてから、静かにつば（鍔）が膝頭のところへ来るように置きます。立つときは⑦の前に腰に着けます。

なお、立礼のときの両手は体側です。腕を前で組んでお腹を両手で押さえてする挨拶は日本の礼ではありません。

ろ

六祖壇経（ろくそだんきょう）

禅宗の第六祖、曹渓慧能（えのう六三八～七一三年、七十四歳）の説法集。宋の時代、九六七年に弟子の恵昕（えきん）が上巻六門、下巻五門に分けて整理しました。

本来無一物（ほんらいむいちもつ）あらゆる相反は上位に統合される「一如」である。事物はすべて本来空(くう)であるから、執着すべきものは何一つないということ（「六祖壇経」P.54）。

本来の面目（ほんらいのめんもく）（「六祖壇経」P.68）純粋な持って生まれた自己そのものを指します。人間は、泰や分別心があるため、本来そなわっている真実の自己が見えて来ないものです。道元禅師は、この自然の姿が見えることを大切にされ、「春は花、夏ほととぎす、秋は月、冬雪さえて掠しかりけり。」と歌集『傘松道詠（さんしようどうえい）』に詠まれているようです。禅門においては、そうした生まれながらに持っている清らかな人間性をとり上げ、仏心とか、あるいは主人公などといいます。

六根（ろっこん）

眼（げん）、耳（に）、鼻（び）、舌（ぜつ）、身（しん）、（い）の総称。それぞれが感ずるものが色声香味触法。

人間の持つ六つの器官であり六内入処（ろくないにゅうしょ）とも言います。

六根清浄（ろっこんしょうじょう）とは、人間に具わった眼、耳、鼻、舌、身、意の六根が持つ欲望の執着を断ち、無垢清浄になろうという祈りの言葉です。昔の人は山登りの時など「六根清浄」(ろっこんしょうじょう)を口々に唱えました。それが「どっこいしょ」となったそうです。

老子（ろうし）

中国春秋時代（紀元前五C頃）の謎につつまれた思想家。孔子も一度教えを得たと言われます。「**道**」を唱え、**荘子**が継ぎ、二人の思想を合わせて「**老荘思想**」と言われます。後に**道教**となりました。「道」は森羅万象を貫く宇宙の根源、大法則、名前すらない「無」とし、宇宙では人間の行いは無力であって、他と争わず、優しく、自然の道に従って生きる事を理想とし、修行し煉丹術をおこない、仙人になることを究極の理想とする、漢民族の土着的・伝統的な宗教です。道の字は「しんにょう」が終わりを、首が始まりを示し、道の字自体が太極図に表わされる二元論的要素を含んでいます。太極図は道教のシンボルです。

伝説によれば、姓は李、名は耳（じ）、字は耼（たん＝一説に伯陽）。子は先生という意味。春秋時代の末期、周の守蔵の史（蔵書室の管理者）でしたが、周末の混乱を避けて隠遁を決意し、西方の某関所を通過するとき、関所役人の尹喜（いんき）に請われて「老子道徳経」二巻（約五千字）を著したのが唯一の書。さらに集約したエッセンスが以下の「**老子の十徳**」です。

①**有無相生（うむそうせい）** 有無相い生じ、醜があるから美がある。善悪美醜を隔てない。（第二章 P.18）

②**不争** 決して争わない。（第六十八章 P.313）

③**和光同塵** その光を和し、その塵に同じくす。わこうどうじん。才知は見せびらかさずに、謙虚に俗世と同調する。（第四章 P.27、第五十六章 P.256）

④**上善如水（じょうぜんみずのごとし）** 謙虚に生きる。（第八章 P.39）

⑤**為腹不為目（はらのためにしめにためにせず）** 是以聖人、為腹不為目。「腹の為にし目の為にせず」「腹を満たす（質素な生活の）ためには力を注ぐが、目を楽します（華美な生活の）ためには力を注がない」（第十二章 P.52）

⑥**無物之象（むぶつのしょう）** 見えないものを信じる。（第十四章 P.61）

⑦**絶学無憂** 学を絶てば憂いなし。知識より意識を大切にする。（第二十章 P.89）

⑧**曲則全（まがればすなわちまったく）** 曲なれば則ち全（まった）し。間違っていたら直す。理想を人に押しつけない。（第二十二章 P.101）

⑨**知者不言** 知る者は言わず、言う者は知らず。和光同塵、世の中の人に同化する。（第五十六章 P.256）

⑩**天網恢恢** 生命の法則によって生きる。「天網恢恢、疎而不漏（てんもうかいかい、そにしてもらさず）」と続き、天が世を正すために張った網は粗いが決して悪人を逃しはしない。（第七十三章 P.329）

後継者の**孟子**は**「仁義礼智の四徳」を**唱え、後に董仲舒が**信**を加えて**五常**としました。「仁」は他への思いやり、「義」は人間の行うべき道、「礼」は社会秩序を保つ生活ルール、「智」は善悪の判断能力、「信」はウソをつかないことです。

「無用の用（むようのよう）」 一見、役に立たないように見えるものが、却（かえ）って非常に大切な役を果たしているということ。「故有之以為利、無之以為用」から（『老子』十一章P.51）。『荘子』「外物編」（P.24）にも、「荘子曰、然則無用之為用也、亦明矣」「役に立たない無用に見えるものが実は役に立つ働きを持っているということが、今やはっきりしたでしょう」とあります。道路に引かれた白線の上を十メートル歩くのは簡単ですが、深い渓谷に架かった十メートルの狭い橋を渡るのは至難の業です。この場合の白線以外の道路は「無用」ですが、「無用の用」をなし、「有用」なのです。

大器晩成（たいきばんせい）』 鐘や鼎（かなえ）のような大きな器物は早くは作れないように、真の大人物は、遅いけれども実力を養い、やがて大成するということ。本来の意味は「人間はずっと未完成なものだ」ということのようです。老子·四十一「大方無隅、大器晩成」「大方（たいほう）は隅（ぐう）なく、大器は晩成なり」（「老子」P.195）。

ローカル・ルール

中体連（財団法人日本中学校体育連盟）、高体連（財団法人全国高等学校体育連盟）、各大会で以下のようなローカル・ルールを定めます。

試合者に対して

①試合前に円陣を組むこと、選手交替の際の胴突き等の行動は禁止。
②お守り等の付属品を見えるところにつけることは禁止。
③テーピングは、事前に許可が必要な場合があります。
④先鋒戦・大将戦は監督・選手ともに正坐をします。
⑤紅白の目印(五×七十センチメートル）は番号の早いチーム（個人）を赤とします。
⑥補員は、欠員の出た位置へ出場します。出場の場合は、審判長（競技委員長）に申し出ます。一度退場したものは最後まで復帰できません。オーダーの変更は認めません。
⑦竹刀は計量検印を受けたものを使用します。不正竹刀とは竹刀は検印のないもの、異物を入れたもの、テープを巻いたもの。
⑧竹刀の弦の色は、白・紫・黄です。つばは茶色又は革色です。
⑨試合途中での医療行為は五分間とし、それ以上は不戦負け。
⑩アイガードの使用は認める。
⑪団体戦は三人以上で出場を認めます。三人の場合には、次鋒・副将を欠員にします。四人の場合には次鋒を欠員とします。

剣道の試合を観戦する場合、また応援は、

①拍手のみとし、監督や選手へのサイン、声援は禁止。
②会場内（競技場・観客席）への応援旗・激励旗の持ち込み禁止。
③応援は声を出さないで拍手します。
④競技場への時計ストップウォッチの持ち込みを禁止。

わ

和光同塵（わこうどうじん）

聖人君子が自分の持っている高い道徳的品性や秀れた才智の輝きを隠して、俗塵の娑婆(しゃば)世界に入って衆生済度すること。

『老子』第四章に「和其光、同其塵」「其の光を和らげて世の中の人々に同化する」とあり（「老子」P.27）、第五十六章に「挫其鋭、解其紛、和其光、同其塵。是謂玄同」「知恵の鋭さを弱め、知恵によって起こる煩わしさを解きほぐす。知恵の光を和らげ、世の人々に同化する。このことを道との玄妙な合一という」とあります（「老子」**P.256)**。

禅の悟りに至った道人は、何の違和感もなく、長屋の八つぁん、熊さんと同居して、人知れず衆生を教化済度して行きます。

この言葉が禅にとって重要である事は、「**韜光晦跡**(とうこうまいせき、光をつつみ収めて跡を晦(くら)ます)」「**入鄽垂手**(にってんすいしゅ、市街に出て手を下して済度する)」「**入泥入水**(にゅうでいにゅうすい、泥に入り、水に入るように済度する)」等々、同義語が沢山ある事によっても頷けます。

「和光同塵」を実践したのは、「七福神」の一人布袋(ほてい)和尚です。七福神とは市井(しせい)で福徳長寿の神として信仰されている「恵比須(えびす)」「大黒天(だいこくてん)」「毘沙門天(びしゃもんてん)」「弁財天(べんざいてん)」「福禄寿(ふくろくじゅ)」「寿老人(じゅろうじん)」「布袋(ほてい)」を言います。

体が大きく、腹は大きく薄い衣一つで一本の杖を持って、大きな袋を背中に負った人物が布袋和尚です。中国の後梁(こうりょう)の時代の僧で、名は釈契此（しゃくかいし）と言い、明州(みんしゅう浙江省)奉化(ほうか)県の生まれで、九一六年、同地の嶽林寺(がくりんじ)で遷化(せんげ)（死亡）したと伝えられています。履物も衣類も経本も食物も生活用具すべてを背中の袋の中に一緒に入れて持ち歩き、市街に出て施されるものすべて喜んで貰い、食べ残りは袋の中に入れて貯えたと言います。天真爛漫で腹が減ったら袋の中のものを食べ、満腹になると所かまわず眠るといった居住不定で、誰に会ってもニコニコ笑うという「喜心」と、太鼓腹の「太心」と、優しい両眼の「愛心」とを以て接し、会った人は誰でも、自然に福徳円満な気持になり、人々は**長汀子**(ちょうていし)と呼び親しんだと言われています。

ちなみに、七福神は、李鉄拐・漢鐘離・張果老・何仙姑・藍采和・呂洞賓・韓湘子・曹国舅という八仙人が中国から海を渡って日本に来るとき（**八仙過海**はっせんかかい）、海に一人落ちて七人になったのだとも言われます。しかし、七福神は多国籍の神様ですし、八仙人は中国人で神様ではありませんので、誤説ではないかと思われます。

割り稽古（わりけいこ）
部分を稽古すること。

我以外皆師なり

吉川英治が代表作『宮本武蔵』で使った言葉。「我以外皆我師」。

茶道では、① 基礎（立つ・坐る・歩く）からはじまり、② 割稽古（帛紗捌き（ふくささばき）、お辞儀の仕方、など所作）、③ 基本的な点前（てまえ）、薄茶・濃茶へと稽古が進みます。

剣道でも稽古そのものだけでなく、稽古着袴のつけ方、立ち方坐り方などにも道としての大きな意義がありますので、おろそかにせず大事に学ぶ必要があります（井上正孝著『正眼の文化（P.221）』より）。

ワルになる三つの要因

元小学校教師で教育技術法則化運動を進めた向山洋一氏は、赤城特別少年院の院長先生が話した、ワルになった子供の三つの特徴を紹介しました。

① 今までの人生でこれをやったという充足感のある経験が一度もない
② 人様からほめられた経験が一度もない
③ 両親や教師等大人に対する不信が大きい

子供は、達成感・充足感のある経験を重ね、それを親や権威に認められながら育てば、自信をもって人生を切り拓いていくでしょう。同様に企業や組織の中でも、この三つの条件は成長・発展に重要な要因です。

索引

あ

い

う

え

こ

さ

す

せ

そ

た

ち

な

に

ぬ

ね

の

は

終わりに

還暦を過ぎ、両親も親戚のほとんども永久の旅に出ました。周りに迷惑をかけずに、しかも本人が辞世の句などを詠んで亡くなることがいかに希であるか痛感します。「人は生まれてくるときには本人が泣いて周囲が笑っている。亡くなるときには本人が笑って周囲が泣いている」という理想は夢に近いようです。

そこで私は、健康であるうちに生きていることを楽しもうと思いました。現在六十二歳。既に耳鳴りがし、耳が遠いので会話をごまかします。夕方暗くなると視力が落ちるので自転車は危険です。酒も三合で十分になりました。もちろん、思い出せない悔しさにも慣れて来ました。すると、自分のしたいことをできるかどうか、残り時間があるかどうか心配になってきました。そこで、「何事も具体的に考え、具体的に実行、しかも、すぐに」するようになりました。かえってそれが剣道でも家庭でもいい方向に向かっているようです。思ったことを素直に言い、それに対する意見を伺い、さっさと修正する。これが実は「楽しむ」ことだったと気付きました。「楽しむ」には自分以外の人との共感が必要です。同じときに同じ場所で同じ状態で「喜、怒、哀、楽、愛（いとしみ）、憎（にくしみ）」のプラス部分を共有することがとてつもなく豊かなのです。私が楽しめば、私を理解してくれる人たちが共振して喜びます。私も他の人の素晴らしい行動に感動して元気をいただきます。

素直に知らないことを知ることを喜ぶのは大切ですが、さらに自分の枠組み価値観、ものさしと違うことを、違うんだと受け入れること、そちらの立場から考えてみることで、こだわる心やうろうろ迷う心を捨てて、自分の中にある本当にしたいことが、いまここでできているようになるのではないでしょうか。私は誰とも違う例外者であるように、他人も変えることのできない価値観やこだわりの塊です。過去と他人は変えられないのです。

短くても自分の未来は変えられるのです。「人から見てどう思われるか」という価値の心を「空」にして、変えるのは「今、ここで」と考え、知恵＝「心の法則」を磨くのです。人間がその人の好きな目的を完遂しようと知恵を磨く必死な姿には、無垢な心、川の流れが上から下に流れるようにいっさいにとらわれない純粋さや「無心」、「無碍」が現れるので、周りの人は「心」を打たれます。こうして「知恵」は、共に修行する人の心に「慈悲」を放って救つ「般若」になっていくのでしょう。

参考文献

「剣道」高野佐三郎一九一五年一月
「武術叢書」国書刊行会編一九一五年（国立国会図書館デジタルコレクション）
「五輪書・武教講録」小林一郎 一九四二年 平凡社
「警視庁剣道教本」警視庁警務部教養課 一九六八年
「大言海」大槻文彦一九五六年 冨山房
「無門関提唱」山本玄峰一九六〇年 大法輪閣
「武道秘伝書」吉田豊一九六八年 徳間書店
「孫氏」金谷治訳注一九六三年 岩波文庫
「孟子(上)」小林勝人訳注 一九六八年 岩波文庫
「孟子(下)」小林勝人訳注 一九七二年 岩波文庫
「仏教の基礎知識」水野弘元一九七一年 春秋社
「荘子 第一冊[内編]」 金谷治訳注 一九七一年 岩波文庫
「荘子 第二冊[外編]」 金谷治訳注 一九七五年 岩波文庫
「荘子 第三冊[外編・雑編]」 金谷治訳注 一九八二年 岩波文庫
「荘子 第四冊[雑編]」 金谷治訳注 一九八三年 岩波文庫
「言志四録(一)言志録」 川上正光一九七八年 講談社学術文庫
「言志四録(二)言志後録」 川上正光一九七九年 講談社学術文庫
「言志四録(三)言志晩録」 川上正光一九八〇年 講談社学術文庫
「言志四録(四)言志耋録」 川上正光一九八一年 講談社学術文庫
「正眼の文化」井上正孝一九八一年 講談社
「剣と禅」大森曹玄一九八三年 春秋社
「山岡鉄舟」大森曹玄一九八三年 春秋社
「日本武術神妙記」中里介山一九八五年 河出文庫
「仮名論語」伊與田覺一九八五年 論語普及会
「兵法家伝書」柳生宗矩渡辺一郎校注一九八五年 岩波文庫
「日本武術神妙記」中里介山一九八五年 河出文庫
「一刀流極意」笹森順造一九八六年
「近代剣道名著大系 第二巻」一九八五年 同朋舎出版
「近代剣道名著大系 第三巻」一九八六年 同朋舎出版
「近代剣道名著大系 第十二巻」一九八六年 同朋舎出版
「学道用心集講話」西嶋和夫一九八八年 金沢文庫
「利休大辞典」千宗左、千宗室、千宗守一九八九年 淡交社
「修身教授録」森 信三一九八九年 至知出版社
「剣道のしおり」小沼宏至一九九一年 警視庁剣道連盟
「剣道教本」高野佐三郎一九九一年 島津書房
「正法眼蔵（一）」水野弥穂子校注一九九〇年 岩波文庫
「正法眼蔵（二）」水野弥穂子校注一九九〇年 岩波文庫
「正法眼蔵（三）」水野弥穂子校注一九九一年 岩波文庫
「正法眼蔵（四）」水野弥穂子校注一九九三年 岩波文庫
「碧巌録(上)」入矢義高ほか一九九二年 岩波文庫
「碧巌録(中)」入矢義高ほか一九九四年 岩波文庫
「碧巌録(下)」入矢義高ほか一九九六年 岩波文庫
「漢字の成り立ち事典」辻井京雲一九九三年 教育出版
「剣道用具マニュアル」石渡康二 一九九四年
「全国諸藩剣豪人名事典」間島勲一九九五年 新人物往来社
「禅がわかる本」ひろさちや一九九六年 新潮社
「道元禅師」鏡島元隆一九九七年 春秋社
「大学・中庸」金谷治 一九九八年 岩波文庫
「臨済録」朝比奈宗源二〇〇〇年 タチバナ教養文庫
「運動科学アスリートのサイエンス」小田伸午二〇〇三年 丸善
「人生の五計」安岡正篤 二〇〇五年 ＰＨＰ文庫
「孟子」二〇〇八年 岩波書店
「心と技の道標」石渡康二 二〇〇八年
「沢庵 不動智神妙録」池田諭 二〇一一年 タチバナ教養文庫
「天狗芸術論・猫の妙術」佚斎樗山二〇一四年 講談社学術文庫
「剣道試合・審判規則 剣道試合・審判細則」一九九九年
「剣道試合・審判・運営要領の手引き」二〇〇七年
「剣道講習会資料」二〇一二年
「剣道指導要領」二〇一〇年
ほか

著者紹介

石渡康二

剣道研究者

1956 年 東京都練馬区に生まれる。

1968 年 東大泉剣友会（創設者は中尾根康雄）に入門。

1981 年 中央大学法学部法律学科卒業。

1985 年 宮本孝雄に師事する。

1994 年『剣道用具マニュアル』上梓。

1996 年 東大泉剣友会の会長に就任

1998 年 徳島県の堀江幸夫（範士八段）に師事する。

2008 年『心と技の道標』上梓。七段合格。

2011 年 教士合格。

2018 年 東大泉剣友会の会長を辞任。

心を打つ剣道

2018 年 7 月 12 日 初版発行

著 者 石渡康二

発行人 橋本雄一

編 集 株式会社小林事務所

発行所 株式会社体育とスポーツ出版社

〒101-0054 東京都千代田区神田錦町 1-13 宝栄錦町ビル 3 F

ＴＥＬ 03-3291-0911（代表）

ＦＡＸ 03-3293-7750

http://www.taiiku-sports.co.jp

印刷所 図書印刷株式会社

乱丁・落丁はお取替えいたします。

定価はカバーに表示してあります。

ISBN 978-4-88458-415-3

C3075 Printed in Japan